Beiträge zur Lehre und Forschung im Sport

Martin Nolte

Sport und Recht

Ein Lehrbuch zum internationalen, europäischen und deutschen Sportrecht

hofmann

Bibliografische Information Der Deutschen Bibliothek
Die Deutsche Bibliothek verzeichnet diese Publikation in der Deutschen Nationalbibliografie; detaillierte bibliografische Daten sind im Internet über http://dnb.ddb.de abrufbar.

Bestellnummer 1961

© 2004 by Verlag Karl Hofmann, Schorndorf

www.hofmann-verlag.de

Alle Rechte vorbehalten. Ohne ausdrückliche Genehmigung des Verlags ist es nicht gestattet, die Schrift oder Teile daraus auf fototechnischem Wege zu vervielfältigen. Dieses Verbot – ausgenommen die in §§ 53, 54 URG genannten Sonderfälle – erstreckt sich auch auf die Vervielfältigung für Zwecke der Unterrichtsgestaltung. Dies gilt insbesondere für Übersetzungen, Vervielfältigungen, Mikroverfilmungen und die Einspeicherung und Verarbeitung in elektronischen Systemen.

Texterfassung und Layout: Martin Nolte

Erschienen als Band 146 der „Beiträge zur Lehre und Forschung im Sport"

Druck und Bindung: Daab Druck & Werbe GmbH, Reinheim
Printed in Germany · ISBN 3-7780-1961-9

Inhalt

Verzeichnis der Beispielsfälle 10
Vorwort 15

Einführung

1	Sport, Regel und Recht	17
2	Aufgabe und Begriff des Sportrechts	18
3	Ziele und Konzeption der Monographie	20

I Internationales Sportrecht (Beispielsfälle 1–3)

1	Internationale Schiedsgerichtsbarkeit	24
2	Internationale Zuständigkeit	25
3	Deutsches Internationales Privatrecht	26
3.1	Organisationsstrukturen internationaler Sportverbände	26
3.2	Art der Rechtsstreitigkeit	27
3.2.1	Verbandsstatut	27
3.2.2	Vertragsstatut	29
3.2.3	Deliktsstatut	31

II Europäisches Sportrecht (Beispielsfälle 4–7)

1	Anwendbarkeit des Gemeinschaftsrechts im Sport	34
1.1	Erklärung Nr. 29 der Amsterdamer Schlussakte	35
1.2	Sport als europapolitische Querschnittsmaterie	36
1.3	Sport als eigenständiger Kompetenzartikel	37
2	Europäische Individualrechte im Sport	39
2.1	EG-Grundfreiheiten	39
2.1.1	Freier Warenverkehr, Art. 23 EGV bis Art. 38 EGV	39

2.1.2	Freizügigkeit der Arbeitnehmer, Art. 39 EGV bis Art. 42 EGV.....	42
2.1.3	Niederlassungsfreiheit, Art. 43 EGV bis Art. 48 EGV	46
2.1.4	Dienstleistungsfreiheit, Art. 49 EGV bis Art. 55 EGV................	47
2.2.	EG-Grundrechte..	48
3	Wettbewerbsregeln	50
3.1	Wettbewerbsbeschränkende Vereinbarungen und Verhaltensweisen	50
3.1.1	Verbot des Art. 81 Abs. 1 EGV	50
3.1.2	Verbotsausnahmen nach Art. 81 Abs. 3 EGV.............................	53
3.2	Missbrauch einer marktbeherrschenden Stellung, Art. 82 EGV.....	55
3.3	Unzulässigkeit von Beihilfen, Art. 87 EGV...............................	60
3.3.1	Tatbestandsvoraussetzungen des Verbots nach Art. 87 Abs. 1 EGV	60
3.2.2	Vorbehalte gemäß Art. 87 Abs. 2 und Abs. 3 EGV.....................	63

III   Nationales Sportrecht (Beispielsfälle 8–30)

1	Verfassungsstatus des Sports	67
1.1	Förderungsstatus des Sports	67
1.1.1	Staatszielbestimmungen zu Gunsten des Sports	68
1.1.2	Inhalte landesverfassungsrechtlicher Verbürgungen.....................	70
1.1.3	Auswirkungen auf staatliche Funktionsträger	74
1.1.4	Grundgesetzliche Einführung...	77
1.2	Grundrechtsstatus des Sports	81
1.2.1	Subjektivrechtliche Abwehrgehalte der Grundrechte	82
1.2.2	Objektivrechtliche Funktionen der Grundrechte.........................	87
1.2.2.1	Schaffung der Voraussetzungen zur Grundrechtsausübung...........	87
1.2.2.2	Erfüllung von Schutzpflichten	89
1.2.2.2.1	Kinderhochleistungssport..	90
1.2.2.2.2	Dopingproblematik	92
1.2.3	Grundrechtskollisionen im Sport	95
1.2.3.1	Grundrechtsgeltung im Privatrechtsverkehr...............................	95
1.2.3.2	Auflösungen der Grundrechtskollisionen..................................	96
1.2.3.2.1	Transfer- bzw. Ausbildungsentschädigung	96
1.2.3.2.2	Lizenzierung	97
1.2.3.2.3	Verbandsaufnahme	100

1.2.4	Tri- und multidimensionale Konflikte	104
1.2.4.1	Schulsport zur Verwirklichung des staatlichen Erziehungsauftrags	104
1.2.4.1.1	Adressaten des Erziehungsauftrags	105
1.2.4.1.2	Funktionen des Erziehungsauftrags	106
1.2.4.1.3	Ausgestaltung des Erziehungsauftrags	107
1.2.4.1.4	Sportunterricht als Beitrag zur Verwirklichung der Erziehungsziele	108
1.2.4.1.5	Verfassungsrechtliche Grenzen des Erziehungsauftrags	109
1.2.4.2	Kinder- und Jugendsport und elterliches Erziehungsrecht	112
1.2.4.2.1	Grundrechtliche Abstützung des Kinder- und Jugendinteressen	112
1.2.4.2.2	Gegenstand und Umfang des elterlichen Erziehungsrechts	113
1.2.4.2.3	Staatliche Überwachung der elterlichen Erziehung	114
1.2.4.2.4	Berücksichtigung von Dritt- und Viertinteressen	116
1.3	Kompetenzverteilung im Bereich des Sports	116
1.3.1	Gesetzgebung	117
1.3.2	Verwaltung	119
1.3.3	Rechtsprechung	124
2	Einfachgesetzliche Steuerung des Sports	125
2.1	Sportförderungsrecht	125
2.1.1	Konkretisierungen staatlicher Sportförderkompetenzen	126
2.1.2	Ausgewählte Rechtsprobleme staatlicher Sportförderung	128
2.2	Polizeirecht	130
2.2.1	Aufgaben und Befugnisse bei Sportgroßveranstaltungen	132
2.2.1.1	Informationelle Vorfeldtätigkeiten und Passbeschränkungen	133
2.2.1.2	Kontrollstellen und Aufklärungsgespräche	135
2.2.1.3	Datenerhebungen, Observationen, Bild- und Tonaufzeichnungen	136
2.2.1.4	Sicherstellungen, Platzverweise und Ingewahrsamnahmen	138
2.2.2	Ausgewählte Rechtsprobleme sportbezogener Gefahrenabwehr	140
2.2.2.1	Einsatz privater Sicherheitskräfte	140
2.2.2.2	Kostentragung bei Sportgroßveranstaltungen	142
2.2.2.2.1	Erfordernis einer parlamentarischen Erstattungsnorm	143
2.2.2.2.2	Spezialgesetzliche Kostenregelungen im Polizei- und Vollzugsrecht	144
2.2.2.2.3	Allgemeine Regelungen im Verwaltungskostenrecht	148
2.3	Umweltrecht	149
2.3.1	Naturschutzrecht	150

2.3.1.1	Gemeinschaftsrechtliche Vorgaben	151
2.3.1.2	Bundes- und landesnaturschutzrechtliche Bestimmungen	153
2.3.2	Forst- und Waldrecht	156
2.3.3	Immissionsschutzrecht	159
2.3.3.1	Privatrechtlicher Immissionsschutz	160
2.3.3.2	Öffentlich-rechtlicher Immissionsschutz	163
2.3.3.2.1	Genehmigungsbedürftige Sportanlagen	164
2.3.3.2.2	Nichtgenehmigungsbedürftige Sportanlagen	165
2.3.4	Wasserrecht	168
2.3.4.1	Wasserwegerechtliche Bestimmungen	168
2.3.4.2	Wasserwirtschaftliche Bestimmungen	170
2.3.5	Umwelthaftungsrecht	172
2.3.5.1	Privatrechtliche Umwelthaftung	173
2.3.5.2	Öffentlich-rechtliche Umwelthaftung	177
2.3.5.2.1	Naturschutzrechtliche Bestimmungen	178
2.3.5.2.2	Forst- und waldrechtliche Bestimmungen	179
2.3.5.2.3	Immissions- und bodenschutzrechtliche Bestimmungen	180
2.3.5.2.4	Wasserschutzrechtliche Bestimmungen	182
2.3.5.2.5	Europäische Umwelthaftungsrichtlinie	183
2.4	Baurecht	184
2.4.1	Bauplanungsrecht	185
2.4.1.1	Entfaltung sportbezogener Planungsleitsätze	186
2.4.1.2	Festsetzung sportbezogener Planinhalte	188
2.4.2	Bauordnungsrecht	190
2.5	Medienrecht	192
2.5.1	Gemeinschaftsrechtliche Vorgaben	193
2.5.2	Privates Medienrecht	195
2.5.3	Öffentliches Medienrecht	196
2.6	Versicherungsrecht	199
2.6.1	Versicherungsprivatrecht	200
2.6.2	Sozialversicherungsrecht	202
2.7	Vereins- und Verbandsrecht	206
2.7.1	Private Sport(verbands)gerichtsbarkeit	207
2.7.2	Rechtsstaatliche Verfahrensgrundsätze	209
2.7.3	Grundrechtsschranken sportgerichtlicher Sanktionen	211

2.8	Arbeitsrecht	212
2.8.1	Sportleistungspflicht	213
2.8.2	Werbeleistungspflicht	215
2.9	Strafrecht	217
2.9.1	Sportverbandsregeln und Strafrecht	218
2.9.1.1	Diskrepanz zwischen Einwilligung und Verletzung	219
2.9.1.2	Defekt der Einwilligung selbst	220
2.9.2	Strafrechtliches Dopingverbot	223
2.9.2.1	Staatliche Schutzpflicht zu Gunsten des dopenden Sportlers	225
2.9.2.2	Staatliche Schutzpflicht zu Gunsten des Sportethos	226
2.9.2.3	Staatliches Recht zur Pönalisierung des Dopings	228
Nachwort		231
Literaturverzeichnis		233
Anhang		250

Verzeichnis der Beispielsfälle

Internationales Sportrecht

Beispielsfall 1 „Internationale Dopingsperre": Klage gegen Sperre eines Internationalen Sportverbandes wegen Dopingvergehen (Internationale Schiedsgerichtsbarkeit, Deutsches Internationales Privatrecht, Verbandsstatut)

Beispielsfall 2 „Sponsoringvertrag": Schadensersatzansprüche gegen einen Internationalen Sportverband bei unzureichender Erfüllung eines Sponsoringvertrags (Deutsches Internationales Privatrecht, Vertragsstatut)

Beispielsfall 3 „Formel-1": Schadensersatzansprüche eines Finnen gegen einen Deutschen wegen vorsätzlicher Herbeiführung von Sach- und Personenschäden (Deutsches Internationales Privatrecht, Deliktsstatut)

Europäisches Sportrecht

Beispielsfall 4 „Ausländerklausel": Vereinbarkeit von Ausländerklauseln zur zahlenmäßigen Beschränkung von EU-Ausländern mit Gemeinschaftsrecht (Arbeitnehmerfreizügigkeit, Wettbewerbsbeschränkende Vereinbarungen und Verhaltensweisen, Missbrauch einer marktbeherrschenden Stellung)

Beispielsfall 5 „Transferklausel": Vereinbarkeit von Transferklauseln zur pauschalen Erhebung einer Transferentschädigung bei Vereinswechseln mit Gemeinschaftsrecht (Arbeitnehmerfreizügigkeit, Wettbewerbsbeschränkende Vereinbarungen und Verhaltensweisen, Missbrauch einer marktbeherrschenden Stellung)

Beispielsfall 6 „Fernsehrechtevermarktung": Vereinbarkeit der zentralen Vermarktung von Fernsehrechten an nationaler Sportliga mit Gemeinschaftsrecht (Wettbewerbsbeschränkende Vereinbarungen und Verhaltensweisen, Missbrauch einer marktbeherrschenden Stellung)

Beispielsfall 7 „Beihilfe": Öffentliche Finanzierung eines Bahnanschlusses zum Sportstadium im Zuge der Fußball-WM 2006 (Unzulässigkeit von Beihilfen)

Nationales Sportrecht

Verfassungsstatus:

Beispielsfall 8 „Grundstücksenteignung": Enteignung eines Grundstücks zum Zwecke der Sportnutzung (Förderungsstatus, Inhalte landesverfassungsrechtlicher Staatszielnormen)

Beispielsfall 9 „Flusssperrung": Untersagung der Nutzung eines Flusses zu wassersportlichen Zwecken (Förderungsstatus, Inhalte landesverfassungsrechtlicher Staatszielnormen)

Beispielsfall 10 „Körperschaftssteuerbefreiung": Befreiung von der Körperschaftssteuer wegen Verfolgung gemeinnütziger Zwecke der Sportförderung (Förderungsstatuts, Inhalte landesverfassungsrechtlicher Staatszielnormen)

Beispielsfall 11 „Reitverbot": Verbot des Reitens auf Waldwegen (Grundrechtsstatus des Sports, Subjektivrechtlicher Abwehrgehalt)

Beispielsfall 12 „Nationale Dopingsperre": Vierjährige Sperre bei Dopingvergehen wegen Verstoßes gegen sportverbandliche Satzungsbestimmungen (Grundrechtlicher Abwehrgehalt, staatliche Schutzpflichten, Grundrechtskollisionen)

Beispielsfall 13 „Kinderhochleistungssport": Gesundheitsgefährdendes Leistungstraining bei Minderjährigen gegen deren Willen (Grundrechtlicher Abwehrgehalt, staatliche Schutzpflichten, Grundrechtskollisionen)

Beispielsfall 14 „Sportförderung": Vereinbarkeit eines Bundesgesetzes zur Förderung von Sportlern mit grundgesetzlicher Kompetenzverteilung (Kompetenzverteilung, Gesetzgebung)

Beispielsfall 15 „Abkommen": Zulässigkeit eines europäischen Abkommens über die gemeinsame Durchführung einer internationalen Meisterschaft (Kompetenzverteilung, Verwaltung)

Einfachgesetzliche Steuerung:

Beispielsfall 16 „Sonderprogramm": Sonderprogramm eines Bundeslandes zur Förderung des Sports durch Haushaltsplan (Sportförderungsrecht, Geltung des Gesetzesvorbehalts)

Beispielsfall 17 „Private Sicherheitskräfte": Einsatz privater Sicherheitskräfte bei Ausschreitungen während eines Fußballspiels (Polizeirecht, staatliches Gewaltmonopol)

Beispielsfall 18 „Kostenerstattung": Erstattung der Kosten für Polizeieinsätze bei Sportveranstaltungen (Polizeirecht, parlamentarische Erstattungsnorm, spezialgesetzliche Regelungen, Verwaltungskostenrecht)

Beispielsfall 19 „Motorsport": Motorsport als Nutzung von Wegen in der freien Landschaft zum Zwecke der Erholung (Umweltrecht, Naturschutzrecht)

Beispielsfall 20 „Eissporthalle": Abwehr von Geräuschimmissionen durch Betrieb einer Eissporthalle (Umweltrecht, Immissionsschutzrecht, Nichtgenehmigungsbedürftige Sportanlagen)

Beispielsfall 21 „Freiluftschießsportanlage": Sanierung bleikontaminierten Bodens infolge des Betriebs einer Freiluftschießsportanlage (Umweltrecht, Bodenschutzrecht)

Beispielsfall 22 „Sportanlagenplanung": Abwägung öffentlicher und privater Belange bei Aufstellung von Plänen zum Bau einer Sportanlage (Baurecht, Bauplanungsrecht, Entfaltung sportbezogener Planungsleitsätze)

Beispielsfall 23 „Sportstättenbau": Vorkehrungen für Menschen mit Behinderungen bei Errichtung von Sportstätten (Baurecht, Bauordnungsrecht)

Beispielsfall 24 „Kurzberichterstattung": Ansprüche eines Fernsehsenders gegen den Inhaber von Exklusivrechten zur Übertragung von Sportereignissen (Medienrecht, Kurzberichterstattungsrecht)

Beispielsfall 25 „Programmvielfalt": Etwaige Pflichten von Fernsehsendern zur angemessenen Berücksichtigung bei der Übertragung unterrepräsentierter Sportarten (Medienrecht, kulturelle Verantwortung, Programmhoheit der Sender)

Beispielsfall 26 „Versicherungsschutz": Gesetzliche Ansprüche aus Unfall- und Rentenversicherung bei sportbedingter, dauernder Berufsunfähigkeit eines Profisportlers (Versicherungsrecht, Sozialversicherungsrecht)

Beispielsfall 27 „Rechtsschutz": Klage eines Sportlers vor ordentlichem Gericht wegen Länge einer schiedsgerichtlichen Sperre und fehlendem rechtlichen Gehör (Vereins- und Verbandsrecht, Private Schiedsgerichtsbarkeit, Rechtsstaatliche Verfahrensgrundsätze, Grundrechtsschranken sportgerichtlicher Sanktionen)

Beispielsfall 28 „Arbeitsvertragsklauseln": Zulässigkeit arbeitsvertraglicher Klauseln über Werbepflichten des Sportlers und Alkoholverbot (Arbeitsrecht, Sportleistungspflicht, Werbeleistungspflicht)

Beispielsfall 29 „Eishockey": Konkludente Einwilligung in strafrechtsrelevante Verletzungsfolgen beim Eishockey (Strafrecht, Diskrepanz zwischen Einwilligung und Verletzung)

Beispielsfall 30 „Masseur": Sittenwidrigkeit einer ausdrücklichen Einwilligung in die Verabreichung von Dopingsubstanzen (Strafrecht, Defekt der Einwilligung)

Vorwort

Die Wortverbindung Staat und Gesellschaft bezeichnet ein Begriffspaar, das der analytischen Erfassung von Ordnungsstrukturen der heutigen politischen Welt dient und zugleich ein verfassungsrechtliches Theorem zum Ausdruck bringt. Das spezielle Verhältnis von Staat und Sport ist hierbei ein wichtiger Teilaspekt des Verhältnisses von Staat und Gesellschaft. So ist Sport Teil des gesellschaftlichen Bereichs, in dem Individuen allein, in lockeren Gruppierungen oder in Vereinen und Verbänden freiverantwortlich wirken. Sport zählt damit zu der Wirkzone innerhalb des Gemeinwesens, in der Selbstbestimmung sowie Selbstentfaltung stattfinden, umfangen von den bürgerlichen Freiheitsrechten der Verfassung.

Bearbeitet man das Verhältnis von Staat und Sport, so stellen sich zwangsläufig die Erkenntnisse ein, auf die man bei der Analyse des allgemeinen Beziehungsverhältnisses von Staat und Gesellschaft stößt. Dieses Verhältnis wird überwölbt durch das Subsidiaritätsprinzip und zeichnet sich im Wesentlichen durch zwei Merkmale aus:

Zum einen können grundrechtliche Freiheitsgewährleistungen zugunsten des Sports ohne staatliche Hilfe nicht effektiv genutzt werden. Die Vielfalt staatlicher Fürsorge- und Unterstützungsmaßnahmen sowohl für den Breiten- als auch für den Spitzensport, die Anerkennung des Sports als Bestandteil des staatlichen Erziehungs- und Bildungsauftrags sowie die großen Lasten, die von Bund, Ländern und Gemeinden für den Ausbau von Sportstätten aufgewendet werden, vermitteln einen plastischen Eindruck vom Ausmaß staatlicher Garantenstellung.

Zum anderen ist der Staat gehalten, Gefährdungen des Sports, die in erster Linie aus ihm selbst erwachsen, abzuwenden. So ist es eine Binsenweisheit, dass die Freiheitlichkeit der gesellschaftlichen Ordnung vom staatlichen Verzicht auf Regulierung und Reglementierung des Bereichs privatautonomer Handlungs- und Gestaltungsbefugnisse abhängt; dennoch ist staatliche Enthaltsamkeit für sich allein genommen keine Garantie für freiheitliche Verhältnisse in der sozialen Wirklichkeit.

Analysiert man die vorgenannten Einwirkungen des Staates auf den Sport genauer, so ist eine dezidierte Auseinandersetzung mit den rechtlichen Strukturen und Grundlagen heutiger Sportorganisation und Sportausübung unerlässlich. Der vorliegende Beitrag zur Lehre und Forschung stellt sich dieser Herausforderung und ist zugleich das erste deutschsprachige *Lehrbuch* mit dem Titel „Sport und Recht". Es veranschaulicht die zunehmende Verrechtlichung des Sportgeschehens anhand unterschiedlicher Referenzgebiete des Öffentlichen Rechts, des Zivilrechts und des Strafrechts. Den einzelnen Kapiteln und Abschnitten vorangestellt werden Beispielsfälle, mit denen die nachfolgenden Darstellungen konkretisiert werden. Auf diese Weise soll dem Leser der Zugang und die Vertiefung zu dem komplexen Verhältnis von Sport und Recht erleichtert werden.

In diesem Sinne wünsche ich dem Buch eine interessierte Leserschaft und in Konsequenz eine sachlich fundierte und kritische Auseinandersetzung mit dem Thema Sport und Recht.

Walther Tröger
Frankfurt am Main, Juni 2004

Einführung

1 Sport, Regel und Recht

Das Theorem von *Sport und Recht* erscheint nur bei laienhafter Betrachtung als willkürliche Bündelung beziehungsloser Subsysteme. Dem Wissenden eröffnen sich zahlreiche Schnittmengen. Aus heutiger Sicht zählen hierzu nicht nur die gemeinschaftsrechtliche Zulässigkeit von Transferentschädigungszahlungen oder die verfassungsrechtliche Überprüfung des Kurzberichterstattungsrechts, sondern auch Fragen nach der Kostenverteilung von Polizeieinsätzen bei Sportgroßveranstaltungen oder aber der Befugnis staatlicher Gerichte zur Kontrolle sportverbandlicher Entscheidungen.

Die Beziehung zwischen Sport und Recht ist für Soziologen und Ethnologen, die einen *pluralistischen* Rechtsbegriff vertreten, schließlich auch von tradierter Wesensimmanenz. Denn der heutige Begriff des Sports leitet sich aus dem Englischen *sports* ab und bezeichnete im 16. Jahrhundert Freizeitbeschäftigungen des englischen Adels wie etwa Pferderennen, Laufwettbewerbe, Ring- und Boxkämpfe (Bauer, 1999, S. 245 ff.). Zu den Wesensmerkmalen dieser Veranstaltungen, die auch heute noch für den Sport verbindlich sind, zählten seit jeher Bewegung, Zweckfreiheit, Organisation, aber auch Leistungsvergleich, Wettkampf und Chancengleichheit (Pfister & Steiner, 1995, S. 185 f.). Diese Aspekte erforderten einheitliche *Regeln*, aus denen sich zumindest Ziel und Rahmen der sportlichen Betätigungen ergaben. So werden noch in heutiger Zeit Sportregeln als typisches Merkmal des Sports überhaupt bezeichnet (Pfister, 1998, S. 3 f.). Zwar werden jene Sportregeln durch nationale und internationale Sportverbände, also juristischen Personen des privaten Rechts, erlassen, aufgehoben und durchgesetzt. Doch akzeptieren Soziologen und Ethnologen auch solche Rechtsquellen, Rechtsschichten und Normen als Recht, für deren Einhaltung besonders dazu bestellte Personen verantwortlich sind.

Das Interesse der Rechtswissenschaft ist demgegenüber konzentriert auf den Staat und sein Recht. Aus Sicht dieses *monistischen* Rechtsverständnisses scheint es dabei wenig Zweck zu haben, auch andere Ordnungssysteme mit eigenem Entscheidungsmaßstab wie Sportvereine und Sportgerichte mit dem Namen Recht zu bedenken (Röhl, 1994, S. 209). In Ansehung seines eigenen Ordnungssystems wurde Sport deshalb auch lange Zeit als rechtsfreier Raum bezeichnet (Kummer, 1973, passim). Gleichwohl muss aus heutiger Sicht akzeptiert werden, dass staatliche Rechtsnormen im Sport Anwendung finden und diesen in vielfältiger Hinsicht ermöglichen, steuern und eingrenzen. Sieht man die (Spiel-)Regel als ersten Schritt einer sportbezogenen Verhaltenssteuerung an, so ist der Weg zur sporterheblichen, staatlich gesetzten Rechtsnorm kurz. Setzt man Spielregel und staatliche Rechtsnorm ins Verhältnis zueinander, so lassen sich überdies gegenstromförmige Entwicklungen erkennen, in denen die Beachtung sportverbandlicher Spielregeln die Anwendung des staatlichen Rechts beeinflusst wie auch umgekehrt die staatlichen Rechtsnormen auf die Ausgestaltung und Anwendung der Spielregeln Einfluss haben (Pfister, 1991, S. 175).

2 Aufgabe und Begriff des Sportrechts

Aufgabe des *Sportrechts* als die Gesamtheit der verbandsautonomen und sporterheblichen staatlichen Regelungen ist es, die vielfältigen und zunehmenden Konfliktsituationen im ökonomischen, soziologischen, ökologischen und politischen Beziehungsgeflecht Sport zu ordnen. Diese Aufgabe ist nur zu leisten, wenn die verschiedenen, rechtsrelevanten Konfliktlagen analysiert und so strukturiert werden, dass die Probleme einer durchweg konsistenten Lösung zugeführt werden.

Das Sportrecht bedient sich dabei zunächst der inneren Ordnungsfähigkeit und Fachkompetenz der Sportorganisationen. Diese findet ihren Ausdruck in dem selbstgeschaffenen Regelwerk des Sports, das auf der Ebene nationalen Verfassungsrechts durch Art. 9 Abs. 1 GG und auf europäischer Ebene gemäß Art. 11 EMRK i.V.m. Art. 6 Abs. 2 EUV abgestützt wird. Dieses Regelwerk wird als eine der beiden Säulen des Sportrechts verstanden und als wirkliche (private) *lex sportiva* bezeichnet. Es beinhaltet sportverbandliche Satzungsbestimmungen sowie Wettkampf- und Spielregeln.

Angesichts der wachsenden Bedeutung des Sports, insbesondere seiner Ökonomisierung und Professionalisierung, stoßen die Selbstregulierungskräfte der Sportorganisationen jedoch immer öfter an Steuerungsgrenzen. Hinzu kommt, dass gewisse polizei-, umwelt-, bau-, medien-, versicherungs-, vereins-, arbeits- und strafrechtliche Instrumentarien bereits aus kompetenziellen Gründen nur von staatlicher Seite eingesetzt werden dürfen. Deshalb müssen Lösungsansätze des allgemeinen (staatlichen) Rechts, der zweiten Säule des Sportrechts, korrigierend und ergänzend herangezogen und angewandt werden. Dieses Recht kann als *lex extra sportiva* bezeichnet werden.

Die gleichzeitige Geltung der gesamten, allen gegenüber wirksamen staatlichen Rechtssätze beruht hierbei auf folgender Überzeugung: Der Sport ist weder ein Staat im Staate, noch ist der internationale Sport ein Staat neben den völkerrechtlich anerkannten Staaten der Welt. Ein staatliches Sportgesetz, wie es beispielsweise Frankreich, Griechenland, Italien und Spanien erlassen haben, existiert in Deutschland – abgesehen von speziellen Einzeltatbeständen (Steiner, 1995, S. 418) sowie landesrechtlichen Sportfördergesetzen – nicht. Auch zukünftig ist nicht mit dem Erlass eines speziellen Sportgesetzes zu rechnen, da die Heterogenität des Lebensbereiches Sport zu erheblichen kompetenziellen Konflikten zwischen Bund und Ländern führen dürfte. Das Nebeneinander von privatautonom gesetztem Verbandsrecht der Sportorganisationen und allgemeinem staatlichen Recht ist damit letztlich das charakteristische Kennzeichen des Sportrechts in Deutschland überhaupt. Herkömmlich wird es als Zweispurigkeit oder Zweisäulenmodell des Sportrechts bezeichnet (Vieweg, 1983, S. 825: *Zweispurigkeit*; Pfister, 1998, S. 5: *Zweisäulenmodell*).

Ferner ist zu berücksichtigen, dass die meisten nationalen Spiel- und Wettkampfbestimmungen auf internationale Regelwerke der Dachorganisationen zurückzuführen sind und von ihnen beeinflusst werden. Hinzu kommt eine zunehmende Internationalisierung und Europäisierung des Sportgeschehens, die durch Schaffung eines expliziten Kompetenztitels in den Gemeinschaftsverträgen (Art. III – 182 Abs. 1 S. 3) manifestiert wird. Aus diesen Gründen müsste man konsequenterweise von einem zweistöckigen Zweisäulenmodell oder *Viersäulenmodell* sprechen.

Die Lösung aktueller Rechtsfragen hängt dabei vornehmlich von der Auslotung der verschiedenen Regelungssäulen ab. Wechselseitige Spannungen zwischen sportverbandlichem Regelwerk und staatlichem Recht werden gleichwohl dadurch gemildert, dass der Sport Grundsätze des staatlichen Rechts übernimmt und der Staat die Besonderheiten des Sports, das sog. Sport-Typische berücksichtigt und dem Sport hierfür weitgehende Autonomie belässt.

3 Ziele und Konzeption der Monographie

Das Ziel der vorliegenden Monographie besteht in der Darstellung des komplexen Verhältnisses von Sport und Recht in Deutschland. Die einzelnen Abschnitte werden jeweils eingeleitet durch plastische, zumeist an Gerichtsentscheidungen angelehnte Beispielsfälle, die zur Auflockerung und Veranschaulichung der abstrakten Darstellungen dienen.

Die Gesamtkonzeption des Werkes ist dabei ausgerichtet an der Normhierarchie, beginnend mit dem internationalen Recht über das europäische Regelwerk bis hin zum nationalen Verfassungsrecht und einfachen Recht. Im einfachen Recht konnten allein wegen des begrenzten Umfangs eines solchen Werkes nicht alle sportrelevanten Rechtsbereiche wie etwa der privatrechtlicher Haftungsfragen Berücksichtigung finden. Diesbezüglich wird auf andere kompakte Darstellungen wie etwa das informative *Praxishandbuch Sport* von Fritzweiler/Pfister/Summerer verwiesen.

Sporttypisch ist ferner, dass aktuelle Querschnittsprobleme häufig auf unterschiedlichen Normebenen und -bereichen relevant werden. So betrifft das staatliche Engagement im Rahmen der Dopingbekämpfung nicht nur grundrechtliche Schutzpflichten, sondern berührt außerdem die Auslegung und Anwendung landesverfassungsrechtlicher Sportförderklauseln sowie einfacher Sportfördergesetze; hinzu treten letztlich auch kriminologische sowie strafrechtliche Fragestellungen wie etwa nach der Schaffung neuer Strafrechtsnormen, die ihrerseits wiederum nur unter Einbeziehung verfassungsrechtlicher Aspekte beantwortet werden können. Im Übrigen haben die Einzelabschnitte den Charakter von Überblicksdarstellungen, sog. *reviews*.

Zielgruppe der Monographie sind:
- Lernende und Lehrende der Sportwissenschaften sowie der Rechtswissenschaften und

Ziele und Konzeption

- Beschäftige der privaten Sportverwaltung sowie des öffentlichen Sektors und der Politik.

Die Notwendigkeit der Publikation liegt auf der Hand. So ist der Einfluss des staatlich gesetzten Rechts auf die Eigenwelt des Sports in den vergangenen Jahren angesichts wachsender rechtstatsächlicher Bedeutung des Sports ständig gestiegen. Es gibt zwar eine zunehmende Anzahl von Monographien, die sich Einzelfragen zuwenden. Überblicksdarstellungen über das Theorem von Sport und Recht sind jedoch selten. Didaktisch ausgerichtete Werke fehlen im deutschsprachigen Raum bisher ganz. Dies liegt sicherlich daran, dass heterogene Lebensbereiche wie der Sport fachsäulenübergreifende Rechtsfragen aufwerfen, die nicht zum Kernbestand wissenschaftlicher Forschung und Lehre gehören. Im Vordergrund steht nach wie vor die klassische, in Fachsäulen gegliederte Wissenschaft des Öffentlichen Rechts, des Zivilrechts und des Strafrechts. Zunehmende Spezialisierung innerhalb der einzelnen Fachsäulen weckt jedoch zwangsläufig das Bedürfnis, die vielfältigen Verbindungslinien zwischen den jeweiligen Fachbereichen aufzudecken und lebensbereichsorientiert darzustellen. Das vorliegende Werk unternimmt diesen Versuch auf dem Gebiet des Sports und bedient sich hierbei didaktischer Instrumentarien, wobei auf epische Ausführungen und seitenlange Literatur- bzw. Rechtsprechungsangaben verzichtet wurde. Das Werk konzentriert sich regelmäßig auf wenige Angaben wie etwa einen Zentralbeitrag oder die Leitentscheidung.

I Internationales Sportrecht

Beispielsfall 1 (Internationale Dopingsperre): Der deutsche Leichtathlet B wird wegen eines Dopingvergehens von dem Internationalen Leichtathletikverband mit Sitz in Monaco (IAAF) für einen längeren Zeitraum gesperrt und erleidet dadurch empfindliche Gewinnausfälle (in Bezug auf Antrittsprämien, Werbeeinnahmen u.a.). B will sich gegen diese Sperre vor einem staatlichen Gericht zur Wehr setzen. Vor welchen Fragen steht er dabei aus Sicht des internationalen Sportrechts.

Beispielsfall 2 (Sponsoringvertrag): Der Internationale Hockeyverband mit Sitz in Brüssel (Belgien) schließt mit einer deutschen Getränkefirma G einen Sponsoringvertrag, wonach sich G zur Zahlung einer bestimmten Geldsumme verpflichtet und dafür das Recht hat, eine bestimmte internationale Hockeymeisterschaft zu Werbezwecken zu nutzen. Bei der Vertragserfüllung durch den Hockeyverband kommt es zu Problemen. Nach welchem Recht müssten etwaige Schadensersatzansprüche der G beurteilt werden, wenn diesbezügliche Parteivereinbarungen fehlen?

Beispielsfall 3 (Formel-1): Der deutsche Formel 1-Rennfahrer S drängt seinen finnischen Konkurrenten R beim Großen Preis von Ungarn vorsätzlich von der Strecke, so dass sich dieser überschlägt und einen erheblichen Sach- und Personenschaden erleidet. R fragt danach, welches Recht auf denkbare Schadensersatzansprüche gegen S anzuwenden ist.

Die Internationalisierung des Spitzensports schreitet rasant voran. Die Existenz internationaler Sportverbände (Summerer, 1998, S. 90 f.) und die Abhaltung großer internationaler Sportveranstaltungen, wie beispielsweise der Olympischen Spiele, lassen Rechtsfragen zwischen Verbänden, Sportlern, Sponsoren, Fernsehrechteverwertern und weiteren Personen aus unterschiedlichen Staaten entstehen, deren Beantwortung dem sog. internationalen Sportrecht obliegt.

Unter internationalem Sportrecht ist also der Bereich des Sportrechts zu verstehen, der sich mit zwischenstaatlichen, grenzüberschreitenden Konfliktsituationen im

Sport befasst. Zum internationalen Sportrecht zählen daher die Regelwerke der internationalen Sportverbände und die sportrelevanten (zwischen-)staatlichen Vorschriften über international-rechtliche Rechtsstreitigkeiten.

Eine internationale Streitigkeit zwischen Beteiligten, die ihren Sitz oder Wohnsitz in verschiedenen Staaten haben, oder ein sonstiges Rechtsproblem mit Auslandsberührung wirft dabei im Wesentlichen drei nacheinander zu beantwortende Fragen auf:
- Welcher Staat ist für die Entscheidung zuständig?
- Welches nationale Rechtssystem ist auf die jeweilige Streitigkeit anwendbar?
- Wird das ggf. in Deutschland erwirkte Urteil im Ausland anerkannt und kann es auch vollstreckt werden? (Pfister, 1998, S. 425).

Im Beispielsfall 1 (Internationale Dopingsperre) müsste sich B also zunächst die Frage stellen, ob die Klage vor einem deutschen oder monegassischen Gericht zu erheben wäre; danach müsste er fragen, ob sich die Erfolgsaussichten einer gegen die IAAF anzustrengenden Schadensersatzklage nach deutschem oder monegassischem Recht bestimmt und schließlich drittens feststellen, ob ein ggf. vor einem deutschen Gericht erstrittenes Urteil von den monegassischen Behörden anerkannt werden würde und sich vollstrecken ließe.

Die Lösung dieser Fragen findet man auf Grundlage der
- Verfahrensvorschriften der Verordnung (EG) Nr. 44/2001 über die gerichtliche Zuständigkeit und die Anerkennung und Vollstreckung in Zivil- und Handelssachen vom 22.11.2000, in Kraft seit dem 01.03.2002 (ABl. EG Nr. L 12 vom 16.01.2001), sowie ergänzend nach dem Europäischen Übereinkommen vom 27.9.1968 über die gerichtliche Zuständigkeit und die Vollstreckung gerichtlicher Entscheidungen in Zivil- und Handelssachen (EuGVÜ, BGBl. 1972 II, S. 773, i.d.F. des 4. BÜbK. vom 29.11.1996, BGBl. 1998 II, 1412),
- der Zivilprozessordnung (ZPO)
- und dem deutschen Internationalen Privatrecht, das überwiegend in Art. 3 bis 46 Einführungsgesetz zum Bürgerlichen Gesetzbuch v. 18.8.1896 (EGBGB, RGBl. 1896, S. 604, i.d.F. der Bekanntmachung vom

21.9.1994, BGBl. 1994 I, 2494 bzw. 1997 I, 1061) kodifiziert ist und im Übrigen von Rechtsprechung und Rechtswissenschaft entwickelt wurde.

1 Internationale Schiedsgerichtsbarkeit

Die Zuständigkeit staatlicher Gerichte hängt zunächst davon ab, dass die Parteien keine Schiedsvereinbarung getroffen haben. So ist es ihnen durch Rechtsgeschäft erlaubt, einen Streit dem ordentlichen (staatlichen) Gericht zu entziehen und einem (nichtstaatlichen) Schiedsgericht zu überantworten, das im Regelfall schneller, sachnäher und mit geringeren Kosten den Prozess zwischen den Parteien führen kann.

Unter Führung des IOC wurde zu diesem Zweck das Internationale Schiedsgericht für Sportangelegenheiten, das Tribunal Arbitral du Sport (TAS), eingerichtet, das seit 1994 von dem International Council of Arbitration for Sport (ICAS) verwaltet und beaufsichtigt wird. Bei dem TAS und den von ihm gebildeten ad-hoc-Schiedsgerichten anlässlich wichtiger internationaler Meisterschaften, wie etwa zu den Olympischen Sommerspielen in Sydney im Jahre 2000 (hierzu Hofmann, 2002, S. 7 ff.), handelt es sich im Gegensatz zu den nationalen sportverbandlichen Schiedsgerichten um echte Schiedsgerichte. Sie genügen den Anforderungen der §§ 1025 ff. ZPO durch die Beachtung rechtsstaatlicher Verfahrensgrundsätze und durch die Unabhängigkeit und Neutralität ihrer Schiedsrichter (OLG München, SpuRt 2001, S. 64 f.). Daraus folgt, dass die Entscheidungen des TAS einschließlich seiner ad-hoc-Schiedsgerichte als Rechtsprechung im materiellen Sinne anzusehen sind. Staatliche Gerichte sind dabei im Wesentlichen auf eine bloße Missbrauchskontrolle, die Prüfung der Gültigkeit der Schiedsvereinbarung und auf den Ausspruch der Vollstreckbarkeit der Entscheidung beschränkt. Ist der Schiedsvertrag wirksam und beruft sich eine Partei auf ihn, so ist eine Klage nach § 1032 Abs. 1 ZPO unzulässig.

Hätten B und die IAAF im Beispielsfall 1 (Internationales Dopingsperre) demnach eine Vereinbarung getroffen, wonach die betreffende Rechtsstreitigkeit über die Sperre bei Dopingvergehen vor dem TAS oder eines seiner ad-hoc-Schiedsgerichte auszutragen ist, so dürfte sich ein deutsches (staatliches) Gericht lediglich damit befassen, ob die Vereinbarung missbräuchlich zustande kam, ob die Schiedsvereinbarung zwischen B und der IAAF wirksam ist und inwieweit die schiedsgerichtliche Vereinbarung vollstreckt werden kann.

2 Internationale Zuständigkeit

Ist keine Schiedsvereinbarung getroffen, so stellt sich als erstes die Frage nach der gesetzlich vorgesehenen internationalen Zuständigkeit, d.h. die Frage, in welchem Staat eine Klage zu erheben ist, wenn die Parteien ihren Wohnsitz oder Sitz in verschiedenen Staaten haben. Grundsätzlich stellt jeder Staat selbst die Regeln auf, in welchen Fällen seine Gerichte international zur Entscheidung zuständig sind; eine dem einzelstaatlichen Recht vorgegebene Ordnung der internationalen Zuständigkeit gibt es nicht. Ob im Ausland eine Klage erhoben werden kann, bestimmt sich daher nach dem dort geltenden Verfahrensrecht. Gewähren für einen Rechtsstreit mehrere Länder eine Zuständigkeit, muss sich der Kläger Gedanken darüber machen, in welchem Land er Klage erheben will. Seine Entscheidung wird in erster Linie davon abhängen, ob das von ihm erstrittene Urteil auch dort vollstreckt werden kann, wo er dessen Vollstreckung begehrt.

Die Anerkennung und Vollstreckung von Gerichtsurteilen ist in den EU-Staaten im Wesentlichen einheitlich durch die VO (EG) Nr. 44/2001 sowie ergänzend durch das EuGVÜ geregelt, wobei im Verhältnis zu den European Free Trade Association-Staaten (EFTA-Staaten) das weitgehend wortgleiche Luganer Übereinkommen gilt (LÜ, BGBl. 1995 II, S. 221). Diese Übereinkommen sind in das deutsche Recht durch Bundesgesetze transformiert worden und ersetzen in ihrem Anwendungsbereich die Vorschriften der ZPO und die zweiseitigen Staatsverträge (Art. 69 EuGVO; Art. 55 EuGVÜ).

Außerhalb des Anwendungsbereichs dieser Übereinkommen bestimmt sich die internationale Zuständigkeit deutscher Gerichte nach der ZPO, und zwar nach den Bestimmungen über die örtliche Zuständigkeit; ist ein deutsches Gericht nach den §§ 12 ff. ZPO örtlich zuständig, so ist aufgrund der sog. Doppelfunktionalität dieser Vorschriften auch die internationale Zuständigkeit der deutschen Gerichte gegeben. Die Grundsatzzuständigkeit liegt danach am Wohnsitz/Sitz einer Partei. Wird also ein Sportler mit Wohnsitz in Deutschland verklagt, so liegt die Gerichtszuständigkeit bei dem für diesen Wohnsitz nach §§ 12 ff. ZPO zuständigen deutschen Gericht. Gleiches gilt nach Art. 2 EuGVÜ/LÜ, der für die weitergehende örtliche und sachliche Zuständigkeit auf die Vorschriften des GVG und der ZPO verweist. Ist die beklagte Partei eine juristische Person (z.B. ein Internationaler Sportverband), so kann diese grundsätzlich vor dem deutschen Gericht verklagt werden, das für den in der Satzung bestimmten Sitz nach § 17 ZPO örtlich zuständig ist. Art. 2, 53 EuGVÜ/LÜ entsprechen diesem Grundsatz, der somit auch für juristische Personen aus den EU- bzw. EFTA-Staaten gilt. Im Übrigen können die Parteien gem. § 38 III ZPO nach Entstehen eines Rechtsstreits eine Gerichtsstandsvereinbarung treffen. Eine vorherige Vereinbarung ist nach der deutschen ZPO nur Vollkaufleuten und juristischen Personen des öffentlichen Rechts gestattet. Inländische Sportverbände, Sportvereine und Sportler selbst sind daher nicht zum Abschluss einer vorherigen Gerichtsstandsvereinbarung berechtigt.

3   Deutsches Internationales Privatrecht

Das Deutsche Internationale Privatrecht beantwortet die weitere Frage, welche nationale Rechtsordnung in Streitigkeiten anzuwenden ist, an denen wie im Beispielsfall 1 (Internationale Dopingsperre) mit der IAAF ein internationaler Sportverband beteiligt ist. Diese Antwort kann nur gefunden werden, wenn man zunächst den Status des internationalen oder ausländischen nationalen Sportverbandes in den Blick nimmt. Dabei müssen insbesondere die Beziehungen zwischen internationalem und nationalem Sportverband und dem Sportler hinterfragt werden. Anschließend ist der Grund bzw. die Art der Rechtsstreitigkeit in den Blick zu nehmen und zwischen dem Verbands-, Vertrags- und Deliktsstatut zu differenzieren.

3.1   Organisationsstrukturen internationaler Sportverbände

Die Organisationsstruktur internationaler Sportverbände ähnelt der deutschen Sportverbandsorganisation, insbesondere wird weitgehend das Ein-Platz-Prinzip durchgesetzt. An der Spitze stehen Weltsportfachverbände, deren Mitglieder die regionalen (kontinentalen) und nationalen Fachverbände der betreffenden Sportart sind.

Eine Sonderstellung nimmt das Internationale Olympische Komitee (IOC) mit Sitz in Lausanne ein, das nur natürliche Personen, keine Sportverbände, als Mitglieder hat; allerdings erkennt das IOC ebenfalls nach dem Ein-Platz-Prinzip je (olympischer) Sportart nur einen Welt-, ggf. auch je einen regionalen Fachverband und je einen nationalen Fachverband sowie pro Land ein Nationales Olympisches Komitee (NOK) an. Voraussetzung für die Anerkennung durch das IOC ist, dass der betreffende Verband das Regelwerk des IOC durch einen sog. *Regelanerkennungsvertrag* verbindlich akzeptiert.

Die internationalen Sportverbände, zu denen das IOC gehört, sind keine Völkerrechtssubjekte. Völkerrechtssubjekte sind die einzelnen Staaten und die von ihnen gegründeten internationalen und supranationalen Organisationen. Die Gründung der internationalen Sportverbände beruht indes auf der Entscheidung privater Personen, zumeist der nationalen Sportverbände; eine spätere Verleihung der Völkerrechtssubjektivität hat nicht stattgefunden. Man bezeichnet sie deshalb als *Non-Governmental Organizations* (sog. NGOs). Daraus folgt, dass die internationalen Sportverbände ihre Autonomie und Rechtsfähigkeit nur von einer staatlichen Rechtsordnung ableiten können. Nach welcher Rechtsordnung dies geschieht, ist wiederum eine Frage des staatlichen internationalen Privatrechts und seiner Kollisionsnormen (von Bar, 1991, Rz. 617 f.).

3.2 Art der Rechtsstreitigkeit

Differenziert man zwischen den verschiedenen Arten sportrechtlicher Streitigkeiten, so ist mit Blick auf die Frage nach der Anwendbarkeit einer nationalen Rechtsordnung zwischen dem *Verbandsstatut*, dem *Vertragsstatut* und dem *Deliktsstatut* zu unterscheiden.

3.2.1 Verbandsstatut

Die Bindung der Sportbeteiligten an die Sportorganisationen und das von ihnen gesetzte Regelwerk erfolgt – im Unterschied zum staatlichen Recht – freiwillig durch einen rechtsgeschäftlichen Willen der Betroffenen. Zu unterscheiden ist hierbei zwischen einer mitgliedschafts- oder individualvertragsrechtlichen Bindung, da nur Erstere dem Verbandsstatut unterliegt.

So besteht eine mitgliedschaftsrechtliche Bindung etwa zwischen den nationalen und regionalen Verbänden gegenüber höheren Sportverbänden. Das Verbandsstatut ist damit die Rechtsordnung, der der Verband unterliegt. Ausdrückliche Aussagen, welcher Rechtsordnung Sportverbände unterfallen, trifft das hierfür maßgebliche Einführungsgesetz zum Bürgerlichen Gesetzbuch (EGBGB) nicht. Art. 37 Nr. 2 EGBGB bestimmt lediglich, dass die für die vertraglichen Schuldverhältnisse maßgeblichen Art. 27 ff. EGBGB auf das Gesellschafts- und Vereinsrecht keine Anwendung finden. In Ermangelung einer ausdrücklichen Bestimmung wird in Deutschland auf den effektiven Verwaltungssitz, nicht aber auf den Gründungs- oder Satzungssitz abgestellt (sog. *Sitztheorie*). Danach unterliegt der Verband der staatlichen Rechtsordnung desjenigen Landes, in dem die laufenden Geschäfte abgewickelt werden bzw. die grundlegenden Entscheidungen der Leitung effektiv in laufende Geschäftsführungsakte umgesetzt werden (BGH, DB 1986, S. 2019). Inhalt des Verbandsstatuts sind die Regelungen der Rechtsfähigkeit des Verbandes, seiner Organe, ihrer Zusammensetzung, ihrer Befugnisse und die Rechtsbeziehungen zu den Mitgliedern. Regelmäßig überlässt zwar das staatliche Recht den Verbänden weitgehend Rechtsetzungsautonomie. Dennoch müssen zwingende Normen des Heimatstaates stets beachtet werden. Widerspricht eine Verbandsregel dem zwingenden Recht des Heimatstaates, so ist sie nichtig mit der Folge, dass sie von einem deutschen Gericht nicht angewandt wird. Beachtenswert ist darüber hinaus eine weitere Einschränkung des Verbandsstatuts durch den *ordre public* (Art. 6 EGBGB). Steht danach das Ergebnis, das nach dem Verbandsstatut durch die Anwendung ausländischen Rechts gewonnen wurde, wesentlichen Grundsätzen des deutschen Rechts (z.B. Grundrechten) entgegen, so genießt das deutsche Recht Anwendungsvorrang vor dem ausländischen Recht.

Würde etwa B aus dem Beispielsfall 1 (Internationale Dopingsperre) vor einem deutschen Gericht eine Schadensersatzklage gegen die IAAF erheben und das Gericht zu dem Ergebnis gelangen, dass die ausgesprochene Sperre beispielsweise wegen ihrer Länge zwar nach den Regeln des Sportverbandes und dem Recht dessen Heimatstaates, nicht aber mit deutschen Rechtsgrundsätzen (wie etwa der mittelbar geltenden Berufsfreiheit aus Art. 12 GG) vereinbar ist, so würde deutsches Recht zur Anwendung kommen und die Schadensersatzklage wäre ggf. begründet.

3.2.2 Vertragsstatut

Im internationalen Sportgeschäft werden im Regelfall Verträge abgeschlossen, die eine Auslandsberührung aufweisen. Eine Auslandsberührung liegt etwa dann vor, wenn die Vertragsparteien wie im Beispielsfall 2 (Sponsoringvertrag) in verschiedenen Ländern (Belgien und Deutschland) ihren Sitz oder Wohnsitz haben oder wenn der Vertragsgegenstand einen Bezug zum Ausland aufweist. Das auf diese Verträge anzuwendende Recht, das sog. Vertragsstatut, bemisst sich in Deutschland nach den Art. 27 ff. EGBGB. Danach können die Parteien (internationaler oder nationaler Sportverband, Sportverein, Sportler oder Unternehmen) gem. Art. 27 EGBGB zunächst selbst durch eine sog. *Rechtswahlklausel* bestimmen, welchem (staatlichen) Recht die Verträge unterliegen sollen. Vor allem internationale Sportverbände werden Wert darauf legen, dass die Rechtsordnung des Staates angewendet wird, in dem sie ihren Sitz haben oder dessen Rechtsordnung ihnen am günstigsten erscheint. Bei großen internationalen Wettkämpfen kann es hingegen sinnvoll sein, in allen Verträgen die am Ort der Wettkämpfe geltende Rechtsordnung durch eine Schiedsabrede zu vereinbaren. Denkbar ist weiterhin auch eine Vereinbarung, wonach eine sog. neutrale Rechtsordnung gilt, in deren Bereich keine der Parteien ihren Sitz hat und zu der der Sachverhalt keine besondere Beziehung aufweist. Die Parteien könnten also etwa das schweizerische Recht wählen, vor allem dann, wenn auch das TAS mit Sitz in Lausanne als Schiedsgericht zur Streitentscheidung vereinbart wird.

Fehlt indes eine Parteivereinbarung, ist nach der Grundregel des Art. 28 Abs. 1 EGBGB das Recht des Staates heranzuziehen, mit dem der Vertrag die engsten Bindungen aufweist; diese werden nach der Regelvermutung des Art. 28 Abs. 2 EGBGB zu dem Staat vermutet, in dem die Partei, die die charakteristische Leistung erbringen muss, ihre Hauptverwaltung oder ihren gewöhnlichen Aufenthalt hat. Nach der *Ausweichklausel* des Art. 28 Abs. 5 EGBGB soll jedoch entgegen der Vermutung des Art. 28 Abs. 2 EGBGB eine andere Rechtsordnung auf den Vertrag angewendet werden, wenn sich aus den Umständen ergibt, dass der Vertrag zu dieser eine engere Verbindung ergibt.

Zu den sporttypischen Vertragstypen, die sich an den vorgenannten Grundsätzen messen lassen, zählen beispielsweise der sog. *Regelanerkennungsvertrag*, der *Franchisevertrag*, der *Fernsehrechteverwertungsvertrag* und der *Sponsoringver-*

trag, von denen vor allem die beiden zuletztgenannten näher beleuchtet werden. So vergibt bei dem besonders bedeutsamen *Fernsehrechteverwertungsvertrag* ein Sportveranstalter (Verband oder Verein) Senderechte über eine Veranstaltung an einen Rechteverwerter oder direkt an eine Rundfunkanstalt (Fernseh- oder Hörfunkanstalt). In Anwendung der vorgenannten Grundsätze unterliegt ein solcher Vertrag dann dem Recht des Landes, in dem der Verband oder Verein seinen Sitz hat. Denn der Sportveranstalter erbringt hier seine charakteristische Leistung i.S.v. Art. 28 Abs. 2 EGBGB, indem er einem Lizenznehmer (z.B. Fernsehsender) die Aufzeichnung und Sendung des Wettkampfgeschehens gestattet. Die Leistung des Lizenznehmers besteht in einer – den Vertrag nicht charakterisierenden – Geldleistung, so dass diese für die Bestimmung der anwendbaren Rechtsordnung auch dann außer Betracht bleibt, wenn sie in einem anderen Land als dem Wettkampfort erfüllt wird. Finden hingegen die Wettkämpfe in einem anderen Land als dem Sitzland des Veranstalters statt, so dürfte eine engere Verbindung des Vertrages zu dem Veranstaltungsland bestehen, Art. 28 Abs. 5 EGBGB.

Für einen im Beispielsfall 2 (Sponsoringvertrag) konstruierten *Sponsoringvertrag* gilt im Prinzip nichts anderes. Auf der einen Seite erbringt der Sponsor dem Gesponserten Geld-, Sach-, Dienst- oder sonstige Leistungen; auf der anderen Seite erlaubt der Gesponserte dem Sponsor als Gegenleistung, die gesponserte Veranstaltung oder sonstige Rechte des Gesponserten zu Werbezwecken zu nutzen. Haben Sponsor und Gesponserte ihren Aufenthaltsort oder Sitz im selben Land, so ist regelmäßig die Rechtsordnung dieses Landes maßgeblich, wobei es den Parteien auch in dieser Konstellation frei steht, eine abweichende Rechtswahl zu treffen. Fehlt eine Vereinbarung zwischen den Parteien mit unterschiedlichen Aufenthaltsorten (Sitzen) wie im Beispielsfall 2 (Sponsoringvertrag) der Internationale Hockeyverband in Belgien und die deutsche Getränkefirma, so ist grundsätzlich das Recht am Sitz des Gesponserten anzuwenden, wenn die Leistung des Sponsors lediglich in einer Geldzahlung besteht. Denn die Gewährung von Werberechten erfolgt am Sitz des Gesponserten, und die Geldzahlung des Sponsors stellt keine den Sponsoringvertrag charakterisierende Leistung dar.

Zu beachten ist schließlich, dass das Vertragsstatut für den ganzen Vertrag – also für Leistung und Gegenleistung – gilt. Bei Staaten, die aus mehreren Gebietseinheiten mit eigenen Zivilrechtsordnungen bestehen (USA, Kanada), ist gem. Art. 35 Abs. 2 EGBGB die Rechtsordnung des Einzelstaates anzuwenden, dessen Recht vereinbart wurde. Fehlt eine solche Vereinbarung, so ist das Recht des Einzelstaates anzuwenden, in dem der die charakteristische Leistung erbringende Vertragspartner seinen Sitz hat. Das Vertragsstatut ist dabei nicht nur maßgebend für das Zustandekommen des Vertrages und die Folgen einer eventuellen Nichtigkeit, sondern auch für die Auslegung, die Vertragspflichten und ggf. damit zusammen hängende Schadensersatzansprüche. Kommt es also wie im Beispielsfall 2 (Sponsoringvertrag) zu Problemen bei der Vertragserfüllung mit etwaigen vertraglichen Schadensersatzfragen, so müssen diese nach belgischem Recht beurteilt werden, da die charakteristische Leistung des Sponsoringvertrages, die Gewährung von Werberechten, am Sitz des Gesponsorten und damit in Belgien erfolgt.

3.2.3 Deliktsstatut

Internationalprivatrechtliche Probleme entstehen auch bei deliktischen Ansprüchen. So kann sich R im Beispielsfall 3 (Formel-1) zu Recht fragen, ob und inwieweit er aufgrund des unfallverursachenden Verhaltens des S von diesem Sach- und Personenschaden ersetzt verlangen kann. Maßgebend für die Bestimmung des anzuwendenden Rechts sind die Aussagen des Art. 40 bis 42 EGBGB: Danach unterliegen Ansprüche aus unerlaubter Handlung dem Recht des Staates, in dem der Ersatzpflichtige gehandelt hat. Entscheidend ist also zunächst der Handlungsort, im Beispielsfall 3 (Formel-1) käme man also zum ungarischen Recht. Fallen der Ort der Handlung und der Ort, an dem die Rechtsgutsverletzung eingetreten ist (sog. Erfolgsort) auseinander, so kann der Verletzte nach Art. 40 Abs. 1 S. 2 EGBGB verlangen, dass anstelle des Rechts des Handlungsortes das Recht des Staates angewendet wird, in dem der Erfolg eingetreten ist. Hatten der Ersatzpflichtige und der Verletzte zurzeit des Haftungsereignisses ihren gewöhnlichen Aufenthalt in demselben Staat, so ist das Recht dieses Staates anzuwenden (Art. 40 Abs. 2 S. 1 EGBGB). Zu beachten sind jedoch die Haftungsbeschränkungen des Art. 40 Abs. 3 EGBGB, wonach Ansprüche gegen einen deutschen Beklagten aus einer im Ausland begangenen unerlaubten Handlung, die dem Recht eines ausländischen Staates unterliegen, dann nicht geltend gemacht werden dürfen, wenn diese wesentlich weitergehen als zur angemessenen Entschädigung des Verletzten erforderlich ist (Nr. 1), offensichtlich anderen Zwecken als einer angemessenen Entschädigung des Verletzten dienen (Nr. 2) oder haftungsrechtlichen Regelungen eines für die Bundesrepublik verbindlichen Übereinkommens widersprechen (Nr. 3). Erwähnenswert sind schließlich die Bestimmungen der Art. 41 EGBGB und Art. 42 EGBGB, mit denen die Grundsätze der Art. 40 Abs. 1, 2 EGBGB modifiziert werden. So erklärt Art. 41 Abs. 1 S. 1 EGBGB, dass ausnahmsweise das Recht des Staates anzuwenden sei, zu dem eine wesentlich engere Verbindung bestehe als mit dem Recht, das nach dem Art. 40 Abs. 1, 2 EGBGB maßgebend wäre. Art. 42 EGBGB eröffnet den Parteien zudem die Möglichkeit, das Recht zu wählen, dem das deliktische Schuldverhältnis unterliegen soll.

II Europäisches Sportrecht

Beispielsfall 4 (Ausländerklausel): Die Statuten des nationalen Sportverbandes S im Mitgliedstaat L enthalten sog. Ausländerklauseln, mit denen die Zahl der in einem Spiel einsetzbaren Unionsbürger beschränkt ist. Zur Begründung dieser Beschränkung führt S an, dass nur auf diese Weise eine höhere Bindung der Vereine an das Land L und die Repräsentanz einheimischer Spieler in den obersten Ligen zum Zwecke der Nachwuchsförderung zu erreichen sei, die letztlich auch der Nationalmannschaft von L zugute komme. Der dem S angehörige Verein V sieht in dieser Regelung einen Verstoß gegen gemeinschaftsrechtliche Grundfreiheiten. Zu Recht?

Beispielsfall 5 (Transferklausel): Nach den sog. Transferregeln des nationalen Fußballverbandes F ist der Vereinswechsel eines Sportlers davon abhängig, dass der aufnehmende Verein eine pauschale „Transferentschädigung" bzw. „Ausbildungs- und Weiterbildungsentschädigung" an den abgebenden Verein zahlt. Begründet werden die Transferregeln unter anderem mit der Bewahrung des wirtschaftlichen und sportlichen Gleichgewichts im organisierten Sport sowie der Nachwuchsförderung. Der Sportler B ist bei einem dem F zugehörigen Verein im Mitgliedstaat M beschäftigt und beabsichtigt zu einem Verein im Mitgliedstaat N zu wechseln. Die Transferregelung des F hält er für unvereinbar mit seiner Arbeitnehmerfreizügigkeit. Trifft seine Auffassung zu?

Beispielsfall 6 (Fernsehrechtevermarktung): Der nationale (mitgliedstaatliche) Sportverband N vermarktet die Fernsehrechte der nationalen Sportliga, an der 18 Sportvereine beteiligt sind, in zentraler Regie. Der Sportverein B, dessen Spiele sich besonderer Beliebtheit unter den Fernsehzuschauern erfreuen und der deshalb ein starkes Interesse an einer dezentralen (eigenen) Vermarktung der Rechte hat, ist der Ansicht, die zentrale Vermarktung sei mit europäischem Wettbewerbsrecht nicht zu vereinbaren. Stimmt dies?

Beispielsfall 7 (Beihilfe): Im Zuge der Vorbereitungen der Fußballweltmeisterschaften im Jahre 2006 in Deutschland entscheiden sich Bund und Land L zur öffentlichen Finanzierung eines neuen Bahnanschlusses zu einem Sportstadium, das regelmäßig von einem privaten, an internationalen Wettkämpfen teilnehmenden Profi-Sportverein genutzt wird. Der europäische Club A fragt nach der Vereinbarkeit der öffentlichen Finanzierungsmaßnahme mit europäischem Wettbewerbsrecht.

Da der Motor der zunehmenden Internationalisierung des Sportgeschehens in Europa, der Wiege des weltweiten Sports sowie dem Sitz der meisten Sportverbände, steht, wird die internationale Verrechtlichung des Sports vor allem durch das *europäische Gemeinschaftsrecht* geprägt. Das nachfolgende Kapitel befasst sich mit dem primärrechtlichen Status des Sports in den Gemeinschaftsverträgen, wobei es im Einzelnen

- um Darstellung der grundsätzlichen Anwendbarkeit des Gemeinschaftsrechts im Sport sowie Kompetenznormen zu seinen Gunsten,
- um Europäische Individualrechte im Sport sowie
- um Wettbewerbsregeln gehen wird,

aus denen sich Beschränkungen sportbezogener Verhaltensweisen zur Verwirklichung der gemeinschaftsrechtlichen Zielvorstellungen ergeben.

1 Anwendbarkeit des Gemeinschaftsrechts im Sport

Ausgangspunkt aller Überlegungen zur Geltung und Anwendung gemeinschaftsrechtlicher Bestimmungen im Sport wie etwa der Grundfreiheiten in den Beispielsfällen 4 und 5 (Ausländerklausel und Transferklausel)oder der Wettbewerbsregeln in den Beispielsfällen 6 und 7 (Fernsehrechtevermarktung und Beihilfe) ist die Erkenntnis, dass die Europäische Union im Gegensatz zu ihren Mitgliedstaaten nicht über eine formale Übernahmefreiheit bzw. Kompetenz-Kompetenz verfügt, wonach sie ermächtigt wäre, ihren eigenen Wirkungskreis zu definieren und selbstgewählte Aufgaben zu übernehmen. Ihre Tätigkeiten müssen sich vielmehr nach dem gemeinschaftsrechtlichen *Prinzip der begrenzten Einzelermächtigung* (Art. 5 EUV, Art. 5 Abs. 1 EGV) auf eine ausdrückliche oder mindestens auslegungsmäßig nachweisbare Rechtsgrundlage innerhalb der von den Mitgliedstaaten beschlossenen Verträge zurückführen lassen. Vor diesem Hintergrund sind vor allem folgende Gesichtspunkte von Interesse:

- die Erklärung Nr. 29 der Amsterdamer Schlussakte,

- der europapolitische Querschnittscharakter des Sports sowie
- die punktuelle Regelung des Sports in der europäischen Verfassung.

1.1 Erklärung Nr. 29 der Amsterdamer Schlussakte

Bis zum Jahre 2004 enthielt lediglich die Schlussakte der Amsterdamer Konferenz der Vertreter der Regierungen der Mitgliedstaaten vom 2.10.1997 im III. Abschnitt, unter Ziffer 29 eine allgemein formulierte Erklärung zum Sport (Abl. 97/C 340/01 v. 10.11.1997; BGBl. 1998 II, S. 387; ber. BGBl. 1999 II, S. 416) wonach die gesellschaftliche Bedeutung des Sports, insbesondere seine Rolle bei der Identitätsfindung und der Begegnung der Menschen unterstrichen wurde. Zur Anerkennung dieser Bedeutung seien die Gremien der Europäischen Union bei wichtigen, den Sport betreffenden Fragen gehalten, die Sportverbände anzuhören und die Besonderheiten des Amateursports zu berücksichtigen. Die rechtliche Wirkkraft dieser Erklärung ist gleichwohl – und im Gegensatz zu einer Vertragsergänzung oder Protokollfestlegung – sehr gering; überwiegend begreift man sie als bloße politische Willensbekundung, in der zwar die gesellschaftspolitische und soziale Bedeutung des Sports sowie seine identifikationsstiftende und völkerverbindende Rolle unterstrichen werde (Tettinger, 2001, S. 23; Schneider, 2002, S. 138), die aber keine rechtliche Relevanz für die unmittelbare oder mittelbare Geltung des Gemeinschaftsrechts besitze, obschon der Europäische Gerichtshof in mehreren Entscheidungen auf diese Bestimmung hingewiesen hat.

So führte er in einigen sportbedeutsamen Entscheidungen (*Lehtonen*: EuGH, Rechtssache C-176/96, Slg. 2000, I-2681, 2728 = Rz. 33; *Deliège*: EuGH, Rechtssachen C-51/96 sowie C-191/97, Slg. 2000, I-2549, 2613 = Rz. 42) aus, dass die Erklärung seiner jahrzehntelangen Rechtsprechung (seit *Walrave*: EuGH, Slg. 1974, 1405; *Donà*, EuGH, Slg. 1976, 1333) zur prinzipiellen Anwendbarkeit des Gemeinschaftsrechts im Sport auch ohne spezielle Kompetenzzuweisung an die Europäische Gemeinschaft zumindest als Teil des Wirtschaftslebens i.S.v. Art. 2 EG-Vertrag entspreche (EuGH, Slg. 1974, 1405, 1418; Abs. Zif. 4/10; EuGH, Slg. 1976, 1333, 1341, Abs. Zif. 20; EuGH, SpuRt 1996, S. 60; hierzu Nolte, 2001a, S. 162). Im Übrigen stimme das Gericht auch mit der darin zum Ausdruck gebrachten Auffassung überein, wonach Sport von beträchtlicher sozialer Bedeutung sei.

1.2 Sport als europapolitische Querschnittsmaterie

Entspricht es der ständigen Rechtsprechung des Europäischen Gerichtshofs, dass der Lebensbereich Sport zumindest *insofern* in den Anwendungsbereich des Europäischen Gemeinschaftsrechts fällt, als dieser Teil des Wirtschaftslebens ist, so stellt sich die Frage, *welche* gemeinschaftsrechtlichen Regelungsbereiche im Einzelnen auf sportbezogene Sachverhalte anzuwenden sind. Bei diesen Überlegungen wird man zunächst feststellen müssen, dass Sport in zunehmenden Umfang nicht nur als Freizeitvergnügen, sondern auch zu beruflichen Zwecken unter dem Schutz der europäischen Grundfreiheiten ausgeübt wird. Handelt es sich um eine unselbstständige Tätigkeit wie etwa im Beispielsfall 2 (Sponsoringvertrag) bei der Sportausübung des B, so geht es im Kern um das Recht der Arbeitnehmerfreizügigkeit nach Art. 39 EGV. Hinzu kommt, dass der heutige Sport vorwiegend in Vereinen und Verbänden organisiert ist; deren vereinsspezifische Tätigkeiten, zu denen grundsätzlich auch der Erlass von Satzungsbestimmungen gehört, stehen wiederum unter dem Schutz der Vereinigungsfreiheit nach Art. 11 EMRK, deren Bedeutung und Reichweite gemäß Art. 6 Abs. 2 EUV von der Union umfänglich zu beachten ist.

Ausgehend von den Zielen, die in der Präambel des EGV bezeichnet sind und die durch die Verwirklichung des freien Wettbewerbs im Gemeinsamen Markt erreicht werden sollen, kommen weiterhin auch die *kartellrechtlichen Bestimmungen* des Gemeinschaftsrechts nach den Art. 81 ff. EGV zur Anwendung (Hannamann, 2001, S. 348 f.) Dies gilt insbesondere dann, wenn die Entscheidungen oder Regelwerke nationaler Sportverbände wie etwa bei der zentralen Vermarktung von Fernsehrechten (Beispielsfall 3 – Formel-1) wettbewerbsrelevante und möglicherweise –verzerrende Auswirkungen besitzen. Zwar existieren in der Rechtspraxis verschiedene Restriktionsvarianten, nach denen die sportbezogene Anwendbarkeit des Kartellrechts in Frage gestellt wird. Die Kommission der Europäischen Gemeinschaft steht jedoch auf dem Standpunkt, dass die europäischen Wettbewerbsregeln prinzipiell auch im Sport Gültigkeit besitzen. Die Anwendbarkeit des europäischen Wettbewerbsrechts hat dabei nach drei selbst-verpflichtenden Grundregeln zu erfolgen:

- So müsse bei Anwendung der kartellrechtlichen Bestimmungen der spezielle Charakter des Sports berücksichtigt werden, indem nur dessen wirtschaftsbezogene Elemente dem Wettbewerbsrecht unterworfen würden.

- Zudem dürfe bei Anwendung der Wettbewerbsregeln die Kompetenz der Sportorganisationen zur Aufstellung eigener Regelwerke nicht in Frage gestellt werden; dies bedeutet etwa, dass Regelungen nicht unter das Kartellrecht fielen, solange diese objektiv, transparent und nicht diskriminierend seien.
- Schließlich sei das Wettbewerbsrecht nur unter Wahrung der sozialen und kulturellen Funktion des Sports anzuwenden, wie sie bereits in der Erklärung Nr. 29 zum Sport zum Ausdruck gebracht worden sei.

Die Auswirkungen des Gemeinschaftsrechts im Sport zeigen sich ferner im Bereich des Gesundheits- und Jugendschutzes (Streinz, 1998, S. 53 und 63), der Landwirtschaft, des Steuerrechts und der Umweltpolitik, womit der Sport traditionell zu den *europapolitischen Querschnittsmaterien* zählt.

1.3 Sport als eigenständiger Kompetenzartikel

Da das Fehlen eines eigenständigen Kompetenztitels zugunsten des Sports lange Zeit für unbefriedigend gehalten wurde und die Gefahr bestand, durch *mosaikförmige* Anwendung der verschiedenen Gemeinschaftspolitiken eine europäische Sportpolitik ohne Primärkompetenz zu betreiben, wurde seit längerem über eine ausdrückliche Ausweisung des Sports als eigenständige Gemeinschaftspolitik im Wege der Weiterentwicklung des europäischen Vertragsrechts nachgedacht.

Demgegenüber existierte stets eine Gegenposition, die den Sport generell von dem Anwendungsbereich des Gemeinschaftsrechts ausnehmen wollte (Scholz & Aulehner, 1996, S. 44 f.). Zur Begründung wurde angeführt, dass die Europäische Union mit ihren primär wirtschaftlich orientierten Zuständigkeiten den spezifischen Eigenarten und Bedürfnissen des Sports nicht gerecht werden könne. Schließlich normiere Art. 2 EGV die harmonische Entwicklung des Wirtschaftslebens als Aufgabe der Gemeinschaft, wobei die Aktivitäten von Sportlern nicht dem Wirtschaftsleben zuzuordnen seien. Dabei wurde gleichwohl übersehen, dass die Europäische Union bereits jetzt in vielen anderen, nichtwirtschaftlichen Bereichen eigenständige Kompetenzen wie beispielsweise auf dem Gebiet der Umweltpolitik (Art. 174 ff. EGV) sowie der Sozial- und Bildungspolitik (Art. 136 ff. EGV) besitzt. Hinzu kommt, dass die These, wonach Sport nicht zum Wirtschaftsleben gehöre, sondern in die prinzipielle Kulturzuständigkeit der Mitgliedstaaten nach

Art. 151 EGV falle, bereits aus begrifflichen Gründen abzulehnen ist und außerdem an der ökonomischen Realität des Sports vorbei geht.

So wurden im Wesentlichen drei verschiedene Konzeptionen der Aufnahme des Sports in den Gemeinschaftsverträgen diskutiert (hierzu Schneider, 2002, S. 137 ff.). Eine dieser Konzeptionen konnte sich schließlich in dem Europäischen Verfassungskonvent durchsetzen und wird nunmehr als Teil der europäischen Verfassung in Kraft treten: So enthält der neu konzipierte Art. III-182 Abs. 1 S. 3 im Abschnitt 4 zur Allgemeinen Bildung, Beruflichen Bildung, Jugend und Sport einen allgemeinen Förderauftrag zugunsten des Sports, wonach die Union in Anbetracht der sozialen und pädagogischen Funktion des Sports zur Förderung seiner europäischen Aspekte beitrage. Zur Konkretisierung dieser Beitragspflicht, die ausdrücklich auf die rechtstatsächliche soziale Bedeutung des Sports Bezug nimmt und sich unter impliziter Anerkennung der mitgliedstaatlichen Hauptverantwortung für den Sport auf seine europäischen Aspekte beschränkt, regelt Abs. 2 des Entwurfs die einzelnen Ziele, die sich aus der allgemeinen Beitragspflicht ergeben. So richtet sich die Tätigkeit der Union in Erfüllung der nach Abs. 1 genannten Sportförderpflicht im Einzelnen gemäß Abs. 2 Nr. g) auf die Entwicklung der europäischen Dimension des Sports durch Förderung der Fairness bei Wettkämpfen und der Zusammenarbeit zwischen Sportorganisationen sowie durch den Schutz der körperlichen und seelischen Unversehrtheit der Sportler, insbesondere junger Sportler. Hinter diesen Zielsetzungen steht das offensichtliche Bemühen der Europäischen Union, die Dopingbekämpfung im Sport auf europäischer Ebene zu fördern, um so der Fairness und der Gesundheit der Sportler Rechnung zu tragen. Abs. 4 nimmt schließlich Bezug auf das Instrumentarium zur Verwirklichung der Ziele und besagt, dass die Fördermaßnahmen durch europäische Gesetze oder Rahmengesetze unter Ausschluss jeglicher Harmonisierung der Rechts- und Verwaltungsvorschriften der Mitgliedstaaten nach Anhörung des Ausschusses der Regionen und des Wirtschafts- und Sozialausschusses festgelegt werden und der Ministerrat auf Vorschlag der Kommission Empfehlungen abgibt. In systematischer Hinsicht bedeutsam ist schließlich die Feststellung, dass die Verankerung des Sports in einem von dem Kulturartikel selbstständigen Abschnitt ausgewiesen wird. Dies stützt die These, wonach die Lebensbereiche Kultur und Sport Eigenständigkeiten haben, der Sport keinen bloßen Teilbereich der Kultur darstellt, sondern Sport und Kultur eigenständige Lebenskreise mit Schnittmengen sind.

2 Europäische Individualrechte im Sport

Abgesehen von dem jüngsten ausdrücklich formulierten Förderauftrag zugunsten des Sports erstreckt sich die Anwendbarkeit des Gemeinschaftsrechts im Sport vor allem auf die Geltung
- der in dem EGV normierten Grundfreiheiten sowie
- auf die Grundrechte, die sich aus der EMRK und den gemeinsamen Verfassungsüberlieferungen der Mitgliedstaaten ergeben.

2.1 EG-Grundfreiheiten

Blickt man zunächst auf die sportrelevanten EG-Grundfreiheiten, so sind vor allem
- die Gewährleistung des freien Warenverkehrs gemäß Art. 23 EGV bis Art. 38 EGV,
- das Recht der Arbeitnehmer auf Freizügigkeit gemäß Art. 39 EGV bis Art. 42 EGV,
- die Niederlassungsfreiheit gemäß Art. 43 EGV bis Art. 48 EGV sowie
- der freie Dienstleistungsverkehr nach Art. 49 EGV bis Art. 55 EGV

von Bedeutung, während der Schutz des freien Kapital- und Zahlungsverkehrs i.S.v. Art. 56 EGV bis Art. 60 EGV keine spezifischen Auswirkungen auf den europäischen Sportbetrieb hat.

2.1.1 Freier Warenverkehr, Art. 23 EGV bis Art. 38 EGV

Zu den zentralen Politiken der Gemeinschaft gehört die Gewährleistung des freien Warenverkehrs in einem Raum ohne Binnengrenzen (Binnenmarkt). Zu diesem Zweck besteht eine Zollunion, die sich auf den gesamten Warenaustausch erstreckt und das Verbot umfasst, zwischen den Mitgliedstaaten Ein- und Ausfuhrzölle sowie Abgaben gleicher Wirkung zu erheben (Art. 23 Abs. 1 EGV, Art. 25 EGV). Hinzu kommen das Verbot mengenmäßiger Beschränkungen zwischen den Mitgliedstaaten sowie aller Maßnahmen gleicher Wirkung (Art. 28 EGV) und die Kompetenz, entsprechende Rechtsvorschriften der Mitgliedstaaten durch den Erlass von Richtlinien gemäß Art. 94 f. EGV anzugleichen. Die Auswirkungen der gemeinschafts-rechtlichen Bestimmungen zur Gewährleistung des freien Warenverkehrs auf den Sportbetrieb sind vielfältig und reichen von der

- Erleichterung der grenzüberschreitenden Beförderung von Sportgeräten wie beispielsweise das Mitführen bestimmter Feuerwaffen durch Sportschützen (Art. 12 Abs. 2 RL 91/477/EWG des Rates v. 18.6.1991 über die Kontrolle des Erwerbs und des Besitzes von Waffen, Abl. 1991 Nr. L 256, S. 51)
- über die Harmonisierung der Sicherheitseigenschaften von Sportbooten mit einer gemessenen Rumpflänge von 2,5 m bis 24 m (RL 94/25/EG des Europäischen Parlaments und des Rates v. 16.6.1994 zur Angleichung der Rechts- und Verwaltungsvorschriften der Mitgliedstaaten über Sportboote, Abl. Nr. L 164, S. 15)
- bis zur Angleichung von Rechtsvorschriften über Herstellung, Kennzeichnung und Vertrieb von Sportlernahrung (RL 89/398/EWG des Rates v. 3.5.1989 zur Angleichung der Rechtsvorschriften der Mitgliedstaaten über Lebensmittel, die für eine besondere Ernährung bestimmt sind, Abl. Nr. L 186 v. 30.6.1989, S. 0027 bis 0032 sowie Berichtigung derselben in Abl. L 275 v. 5.10.1990, S. 0042).

Besonders augenscheinlich werden die Auswirkungen des freien Warenverkehrs jedoch für staatliche Werbeverbote in den Bereichen Tabak und Alkohol, die vor allem auch das Sportsponsoring betreffen. So erließen das Europäische Parlament und der Rat der Europäischen Union im Jahre 1998 die Tabakwerberichtlinie (Richtlinie des Europäischen Parlaments und des Rates 98/43/EG zur Angleichung der Rechts- und Verwaltungsvorschriften der Mitgliedstaaten über Werbung und Sponsoring zugunsten von Tabakerzeugnissen v. 30.7.1998, Abl. Nr. L 213). Danach wurden die Mitgliedstaaten verpflichtet, jede Form der Werbung und des Sponsorings zu Gunsten von Tabakerzeugnissen bei Sportveranstaltungen innerhalb einer Frist von ausnahmsweise 6 Jahren (bis zum 1.10.2006) zu verbieten. Allerdings verneinte der Europäische Gerichtshof auf eine Klage der Bundesregierung, dass die Richtlinie das mit ihr verfolgte Ziel, Hemmnisse des freien Warenverkehrs und der Dienstleistungsfreiheit sowie Wettbewerbsverzerrungen zu beseitigen, tatsächlich erreichen könne. Er erklärte schließlich die Richtlinie in Ermangelung einer Rechtsgrundlage für nichtig (EuGH, Urt. v. 5.10.2000, Rs. C-376/98, NJW 2000, S. 3701 ff.).

Das nunmehr von der Europäischen Kommission nach Vorbild des französischen *Loi Evin* (Loi No 9132 v. 10.1.1991) in Blick genommene Werbeverbot für alkoholische Getränke soll demgegenüber dem Schutze der Gesundheit insbesondere von Jugendlichen dienen. Fraglich ist jedoch, ob ein mitgliedstaatliches Verbot mit der tätigkeitsbegrenzenden Wirkung der Warenverkehrsfreiheit nach den Art. 23 ff. EGV vereinbar ist und ein gemeinschaftsrechtliches Verbot dementsprechend als Maßnahme zur Verwirklichung des Binnenmarktes qualifiziert und auf Art. 95 EGV gestützt werden kann. Zwar normieren mitgliedstaatliche Werbeverbote keine mengenmäßigen Einfuhrbeschränkungen der Ware Alkohol im Sinne des Art. 28 Var. 1 EGV. Doch könnte es sich um eine Maßnahme gleicher Wirkung gemäß Art. 28 Var. 2 EGV handeln, wenn es nach der *Dassonville-Formel* als Handelsregelung angesehen werden kann, die geeignet ist, den innergemeinschaftlichen Handel mittelbar oder unmittelbar, tat sächlich oder potentiell zu behindern (EuGH v. 11.7.1974, Rs. 8/74, Slg. 1974, 837, 852; hierzu Schütz, 1998, S. 631). Auf eine ausdrückliche Unterscheidung zwischen in- und ausländischen Waren kommt es dabei nicht an (EuGH v. 20.2.1979, Rs. 120/78, Slg. 1979, 649 ff.). Obwohl mitgliedstaatliche Werbeverbote die Wareneinfuhr nicht unmittelbar regeln, sind sie grundsätzlich geeignet, das Einfuhrvolumen zu beschränken, weil sie die Absatzmöglichkeiten für eingeführte Produkte beeinträchtigen. Der für den betroffenen Unternehmer bestehende Zwang, sich für die einzelnen Mitgliedstaaten unterschiedlicher Systeme der Werbung zu bedienen oder auf sein System der Werbung zu verzichten, kann selbst dann ein Einfuhrhindernis darstellen, wenn das Verbot unterschiedslos für inländische und eingeführte Erzeugnisse gilt (EuGH v. 10.7.1980, Rs. 152/78, Slg. 1980, 2299, 2314).

Zwar sind nach der *Keck-Rechtsprechung* des EuGH Beschränkungen und Verbote bestimmter Verkaufmodalitäten, die nicht produkt-, sondern vertriebsbezogen sind, vom Anwendungsbereich des Art. 28 EGV ausgenommen (EuGH v. 24.11.1993, Rs. C-267 und 268/91, Slg. 1993, I-6097 ff.). Allerdings stehen diese Ausnahmen unter der Bedingung, dass das jeweilige Verbot zum einen unterschiedslos anwendbar ist; zum anderen darf es nicht geeignet sein, den Marktzugang zu versperren oder stärker als für inländische Erzeugnisse zu behindern (EuGH v. 24.11.1993, Rs. C-267 und 268/91, Slg. 1993, I-6097). Ein mitgliedstaatliches Alkoholwerbeverbot, wie beispielsweise § 2 des schwedischen *Alkoholreklamlag*, würde zwar uneingeschränkt gelten. Doch wäre es geeignet, den Marktzugang für ausländische Erzeugnisse stärker als für inländische Produkte zu behindern, da typischerweise inländische Produkte stärker auf dem nationalen Markt präsent und daher dem Verbraucher vertrauter sind als ausländische Waren. Umfassende Werbeverbote beeinträchtigen daher die Vermarktung von Erzeugnissen aus anderen Mitgliedstaaten stärker als diejenige inländischer Erzeugnisse und stellen ein Handelshemmnis dar, das jedoch zum Schutze der Gesundheit gemäß Art. 30 S. 1 EGV gerechtfertigt werden kann. Denn es stellt weder eine willkürliche Diskriminierung, noch eine verschleierte Beschränkung des Handelns zwischen den Mitgliedstaaten i.S.v. Art. 30 S. 2 EGV dar (EuGH v. 8.3.2001, Rs. C-405/98, Slg. I-1816 Rn. 34). Mitgliedstaatliche Regelungen über Werbeverbote für Alkohol bei Sportveranstaltungen, die den Schutz der Gesundheit bezwecken und diese über die Belange des freien Warenverkehrs stellen, sind daher prinzipiell mit dem Gemeinschaftsrecht vereinbar.

2.1.2 Freizügigkeit der Arbeitnehmer, Art. 39 EGV bis Art. 42 EGV

Von besonderer Bedeutung für den Sport ist ferner die Arbeitnehmerfreizügigkeit nach Art. 39 EGV. Danach wird allen Gemeinschaftsbürgern das Recht gewährt, ihren Beruf in jedem Mitgliedstaat unter den gleichen Bedingungen wie ein Angehöriger des jeweiligen Staates auszuüben (Abs. 1). Das Recht auf Freizügigkeit haben dabei ausschließlich Arbeitnehmer, die in Übereinstimmung mit dem nationalen Arbeitnehmerbegriff als Personen verstanden werden, die eine Beschäftigung in einem Abhängigkeitsverhältnis ausüben. Die Beurteilung, ob jemand in einem Abhängigkeitsverhältnis beschäftigt ist, liegt nicht in der Bestimmungsmacht der Sportverbände. Die verbandsrechtliche Differenzierung zwischen Profisportler und Amateursportler ist daher nicht entscheidend für die mit dem Vorliegen einer Arbeitnehmerstellung verbundene Anwendbarkeit der Arbeitnehmerfreizügigkeit. Die Arbeitnehmerschaft ist vielmehr nach den charakteristischen Gesamtumständen des Verhältnisses der Beteiligten untereinander zu ermitteln (Wertenbruch, 1993, S. 180; Randelzhofer, 2003, Art. 39, Rn. 2; Ehlermann/Bieber, 1983, I A 27, Rn. 21 ff.). Sie bemisst sich insbesondere danach, ob der Sportler nach Zeit, Dauer, Ort und Ausführung fremder Bestimmung unterliegt. Von indizieller Bedeutung ist es hierbei, wenn Sportler für ihre Leistung ein Entgelt erhalten (Schicke, 1996, S. 13 ff.), das über eine bloße Aufwandsentschädigung hinausgeht. Dies dürfte regelmäßig auf Mannschaftssportler der höheren Ligen beispielsweise in den Sportarten Fußball, Eishockey, Basketball aber auch auf einzelne Individualsportler wie Tischtennisspieler und Leichtathleten im Verhältnis zu ihren Vereinen zutreffen. Deshalb ist es gerechtfertigt, diese wie den B im Beispielsfall 5 (Transferklausel) als Arbeitnehmer ihres Vereins anzusehen (Fischer, 1994, S. 174 sowie 1996, S. 34 f.). Ausgeschlossen von der Gewährleistung der Arbeitnehmerfreizügigkeit sind demgegenüber jedenfalls Hobby- und Freizeitsportler, die kein Entgelt für ihre sportlichen Betätigungen erhalten und diese einen so geringen Umfang haben, dass sie sich als völlig untergeordnet und unwesentlich darstellen. Vergleichbares gilt für Mitglieder von Nationalmannschaften, soweit sportliche Interessen wie die Repräsentation der jeweiligen Nation und die identifikationsstiftende Funktion nach innen im Vordergrund stehen und die wirtschaftlichen Gründe in den Hintergrund treten.

Ihrem Regelungsgehalt nach ist die Arbeitnehmerfreizügigkeit nach Art. 39 Abs. 1 EGV zunächst eine spezielle Ausformung des allgemeinen Diskriminierungsverbotes i.S.v. Art. 12 EGV. Sie umfasst nach Art. 39 Abs. 2 EGV die Abschaffung jeder auf der Staatsangehörigkeit beruhenden unterschiedlichen Behandlung der Arbeitnehmer der Mitgliedstaaten in Bezug auf Beschäftigung, Entlohnung und sonstige Arbeitsbedingungen. Ferner verleiht sie jedem Arbeitnehmer nach Art. 39 Abs. 3 EGV das Recht, sich vorbehaltlich der aus Gründen der öffentlichen Ordnung, Sicherheit und Gesundheit gerechtfertigten Beschränkungen um tatsächlich angebotene Stellen zu bewerben, sich zu diesem Zweck im Hoheitsgebiet der Mitgliedstaaten frei zu bewegen, sich in einem Mitgliedstaat aufzuhalten, um dort nach den für die Arbeitnehmer dieses Staates geltenden Rechts- und Verwaltungsvorschriften eine Beschäftigung auszuüben. Schließlich räumt die Arbeitnehmerfreizügigkeit das Recht ein, nach Beendigung einer Beschäftigung im Hoheitsgebiet eines Mitgliedstaates unter Bedingungen zu verbleiben, welche die Kommission in Durchführungsvorschriften festlegt. Artikel 4 Abs. 1 VO 1612/68 des Rates vom 15.10.1968 über die Freizügigkeit der Arbeitnehmer innerhalb der Gemeinschaft (Abl. Nr. L 257 v. 19.10.1968, S. 0002 bis 0012) konkretisiert diese Bestimmungen. Der Artikel normiert, dass Rechts- und Verwaltungsvorschriften der Mitgliedstaaten, durch welche die Beschäftigung von ausländischen Arbeitnehmern zahlen- oder anteilsmäßig nach Unternehmen, Wirtschaftszweigen, Gebieten oder im gesamten Hoheitsgebiet beschränkt wird, auf Staatsangehörige der übrigen Mitgliedstaaten keine Anwendung finden.

Dies hat erhebliche Auswirkungen auf den Sport in Deutschland, insbesondere auf sog. Ausländerklauseln, mit denen die Zahl der in einem Spiel einsetzbaren Unionsbürger wie im Beispielsfall 4 (Ausländerklausel) beschränkt wird. Zwar könnte man grundsätzliche Zweifel daran haben, dass die Arbeitnehmerfreizügigkeit einschließlich der entsprechenden Verordnung überhaupt auf die sog. Ausländerklauseln anwendbar ist, da es sich nicht um mitglied*staatliche* Bestimmungen, sondern um Vorschriften handelt, die von *privaten* nationalen oder internationalen Sportverbänden aufgestellt werden. Doch hat der Europäische Gerichtshof frühzeitig eine generelle *Privatrechtsgeltung* der Arbeitnehmerfreizügigkeit zur Sicherung ihrer einheitlichen Durchsetzung anerkannt (EuGH, Slg. 1974, 1405, 1420 = NJW 1975, 1093). Ausländerklauseln, die zahlenmäßige Beschränkungen von Unionsbürgern enthalten, stellen damit Diskriminierungen gegenüber Staatsangehörigen von Mitgliedstaaten dar, für die keine zahlenmäßigen Beschränkungen gelten. Gründe für die Ungleichbehandlung, die einen mit dem Vertrag zu vereinbarenden Zweck verfolgen und aus zwingenden Gründen des Allgemeininteresses (EuGH, SpuRt 1996, S. 61 Ziff. 104; Hilf & Pache, 1996, S. 1172 m.w.N.) unter Berücksichtigung des Verhältnismäßigkeitsgrundsatzes geboten wären, bestehen hierfür nicht. Zwar ist mit Blick auf die Argumentation der Sportverbände wie im Beispielsfall 4 (Ausländerklausel) zu erwägen, ob Ausländerklauseln notwendig sind, um die Bindung jedes Vereins an sein Land zu erhalten und damit die Identifikation des Publikums mit dem jeweiligen Verein zu gewährleisten. Auch ist zu berücksichtigen, dass Ausländerklauseln die Repräsentanz einheimischer Spieler in den obersten Ligen sichern. Damit dienen sie als Reserve für Nationalmannschaften und können zugleich für die Aufrechterhaltung des sportlichen Gleichgewichts sorgen. Allerdings bestehen ernsthafte Zweifel daran, dass die vorgenannten Argumente bereits aus sachlichen Gründen zutreffen. So erscheinen Ausländerklauseln bereits ungeeignet, die Identifikation mit Vereinen zu stärken, da die Sportler in höheren Ligen regelmäßig nicht aus der Region oder Stadt des Vereins stammen. Ob der Einsatz von Inländern eine Reserve der jeweiligen Nationalmannschaften begünstigt, kann ebenfalls bezweifelt werden. So hat man sich zu vergegenwärtigen, dass eine erhebliche Anzahl von Nationalmannschaftsmitgliedern für ausländische Vereine tätig ist. Ob Ausländerklauseln generell zur Gewährleistung eines sportlichen Gleichgewichts beitragen können, ist angesichts der Gefahren, die von finanzstarken Vereinen mit Blick auf die Verpflichtung inländischer Sportler ausgehen, äußerst fraglich. Vor diesem Hintergrund können Ausländerklauseln vor der Arbeitnehmerfreizügigkeit nicht bestehen (Hilf, 1984, S. 522). Die Rechtsauffassung des V im Beispielsfall 4 (Ausländerklausel) zutrifft.

Ähnliches gilt für die sportverbandlichen Transferregeln wie im Beispielsfall 5 (Transferklausel), wonach der Wechsel eines Sportlers von seinem bisherigen Verein zu einem neuen Verein bzw. dessen Neubeschäftigung von der Zahlung einer sog. *Transferentschädigung* bzw. *Ausbildungs- und Weiterbildungsentschädigung* des aufnehmenden Vereins an den abgebenden Verein abhängig gemacht wird. Zwar knüpfen die Transferregeln im Gegensatz zu den Ausländerklauseln nicht an die Staatsangehörigkeit, sondern den Vereinswechsel an. Aus diesem Grunde enthalten die Transferregeln jedenfalls keine Ungleichbehandlung, die auf der Staatsangehörigkeit von Personen i.S.v. Art. 39 Abs. 2 EGV beruht. Allerdings geht der Regelungsgehalt des Art. 39 EGV über das Bestehen eines gleichheitsrechtlichen Diskriminierungsverbotes hinaus. Er enthält nämlich außerdem ein freiheitsrechtliches Beschränkungsverbot (EuGH, Slg. 1974, 837), das sich mit dem Wortlaut des Art. 39 Abs. 1 EGV vereinbaren lässt und den Staatsangehörigen der Mitgliedstaaten das Recht vermittelt, ihr Herkunftsland zu verlassen, um sich zur Ausübung einer wirtschaftlichen Tätigkeit in das Gebiet eines anderen Mitgliedstaats zu begeben und sich dort aufzuhalten (EuGH v. 5.2.1991, Rechtssache C-363/89, Slg. 1991, I-273, Rd. 9). Aus dieser Freiheitsdogmatik folgt, dass Bestimmungen, die einen Unionsbürger an dem Verlassen seines Herkunftslandes zum Zwecke der Berufsaufnahme hindern oder abhalten auch dann Beeinträchtigungen der Arbeitnehmerfreizügigkeit darstellen, wenn sie nicht an die Staatsangehörigkeit der betroffenen Arbeitnehmer anknüpfen (EuGH v. 7.3.1991, Rechtssache C-10/90, Slg. 1991, I-1119, Rn. 18, 19; EuGH, SpuRt 1996, S. 61 Abs. Zif. 96; Fischer, 1996, S. 35; a.A. Scholz & Aulehner, 1996, S. 47). Transferregeln gelten zwar unabhängig davon, ob der Wechsel ausschließlich im Inland vollzogen wird oder einen Auslandsbezug aufweist. Doch stellen die Transferregeln jedenfalls insoweit eine unmittelbare Beschränkung der Arbeitnehmerfreizügigkeit dar, als sie den Wechsel oder die Neubeschäftigung eines Sportlers wie die des B im Beispielsfall 5 (Transferklausel) zu einem Verein in einem anderen Mitgliedstaat von der Zahlung einer Geldsumme abhängig machen. Von mittelbaren Beschränkungen ist demgegenüber bei solchen Transferregeln auszugehen, welche die Tätigkeit des Sportlers als solche zwar unberührt lassen, allerdings die Verweigerung einer Transferleistung mit empfindlichen Sanktionen für den aufnehmenden Verein belegen (EuGH, NJW 1996, S. 505 ff., Ziff. 101; Hilf & Pache, 1996, S. 1172). Gründe, die für eine Beschränkung der Arbeitnehmerfreizügigkeit sprechen, greifen dabei im Ergebnis nicht durch. So ist zwar zu erwägen, ob Transferregeln mit der Aufrechterhaltung des wirtschaftlichen und sportlichen Gleichgewichts im organisierten Sport, der Nachwuchsförderung oder der gewohnheitsrechtlich anerkannten Vereinigungsfreiheit der Sportverbände gerechtfertigt werden können. Dies ist jedoch im Ergebnis abzulehnen. So erscheint bereits zweifelhaft, ob Transferentschädigungspflichten überhaupt geeignet sind, zum wirtschaftlichen Ausgleichsmechanismus oder zur Nachwuchsförderung beizutragen. Angesichts arbeitnehmerneutraler Alternativen ist jedenfalls ihre Erforderlichkeit mit Blick auf die verfolgten Zielsetzungen zu verneinen (EuGH, NJW 1996, S. 505 ff.). Schließlich erscheint auch die Vereinsautonomie der Sportverbände einschließlich ihrer Bestands- und Funktionsgarantie nicht derart gefährdet, dass Einschränkungen der Arbeitnehmerfreizügigkeit durch Transferklauseln legitimiert wären (EuGH, NJW 1996, S. 505 ff., Ziff. 112; Krogmann, 2001, S. 29). Aus diesem Grunde verletzen Transferklauseln die Grundfreiheit aus Art. 39 EGV, soweit sich diese wie im Beispielsfall 5 (Transferklausel) auf grenzüberschreitende Vereinswechsel beziehen.

2.1.3 Niederlassungsfreiheit, Art. 43 EGV bis Art. 48 EGV

Darüber hinaus ist auch die Niederlassungsfreiheit gemäß Art. 43 EGV bis Art. 48 EGV von Bedeutung. Danach sind gewisse Beschränkungen der freien Niederlassung von Staatsangehörigen eines Mitgliedstaats im Hoheitsgebiet eines anderen Mitgliedstaats verboten. Die Grundfreiheit erstreckt sich hierbei auf jede Niederlassung einer natürlichen oder juristischen Person in einem anderen Mitgliedstaat zum Zwecke der Aufnahme oder Ausübung selbstständiger Erwerbstätigkeiten. Im Gegensatz zu den unselbstständigen Tätigkeiten nach Art. 39 EGV zeichnet sie sich die Tätigkeit im Rahmen der Niederlassungsfreiheit dadurch aus, dass sie schwerpunktmäßig unternehmerisch, also weisungsfrei und nicht in einem Abhängigkeitsverhältnis zu einem Dienstherrn erfolgt (Bröhmer, 2002, Art. 43 Rn. 10). Demzufolge können sich Mannschaftssportler regelmäßig nicht auf die Niederlassungsfreiheit berufen, weil sie ihre Tätigkeit in Weisungsgebundenheit von ihrem Verein ausüben (EuGH v. 15.12.1995, Rs. C-415/93, Slg. 1995, I-4921, Rn. 97). Verschiedene Individualsportler hingegen wie beispielsweise Tennisspieler (Summerer, 1998, S. 505) entscheiden demgegenüber in der Regel selbst, d.h. eigenverantwortlich und weisungsfrei über ihre Auftritte und sind daher keine Arbeitnehmer. Ihnen kommt die Niederlassungsfreiheit gemäß Art. 43 EGV indes nur mit

Blick auf die Niederlassung in einem anderen Mitgliedstaat zugute. Unter Niederlassung ist hierbei die tatsächliche Ausübung einer wirtschaftlichen Tätigkeit mittels einer festen Einrichtung in einem anderen Mitgliedstaat auf unbestimmte Zeit zu verstehen (EuGH v. 25.7.1991, Rs. C-221/89, Slg. 1991, I-3905, Rn. 21). So wird die Anwendung der Niederlassungsfreiheit beispielsweise dann relevant, wenn ein deutscher Tennisspieler eine eigene Vermarktungsgesellschaft in einem anderen Mitgliedstaat der Europäischen Union gründen möchte.

Im Verhältnis zur Arbeitnehmerfreizügigkeit ist die Bedeutung der Niederlassungsfreiheit im europäischen Sport jedoch ungleich geringer, da wirtschaftsbezogene Sporttätigkeiten bei grenzüberschreitenden Sachverhalten im Regelfall unselbstständig ausgeübt werden.

2.1.4 Dienstleistungsfreiheit, Art. 49 EGV bis Art. 55 EGV

Letztlich wird der europäische Sport auch durch die Dienstleistungsfreiheit nach den Art. 49 ff. EGV beeinflusst. Diese gewährt jede diskriminierungsfreie selbstständige Erwerbstätigkeit von Unionsbürgern in anderen Mitgliedstaaten als demjenigen, in welchem sie ansässig sind. Aufgrund der Komplementärfunktion gilt die Dienstleistungsfreiheit jedoch nur insoweit, als das Verhalten nicht durch Vorschriften über den freien Waren- und Kapitalverkehr oder über die Freizügigkeit geschützt ist, Art. 50 EGV. Im Gegensatz zur Arbeitnehmerfreizügigkeit werden von der Dienstleistungsfreiheit nur selbstständige Tätigkeiten erfasst, während es im Unterschied zur Niederlassungsfreiheit nicht auf die Gründung einer selbstständigen gewerblichen Niederlassung ankommt (Randelzhofer, 2003, Art. 59, Rn. 3; Schweitzer & Hummer, 1996, S. 362 ff.). Als Dienstleistung sind vielmehr zeitlich begrenzte, d.h. vorübergehend grenzüberschreitend erbrachte entgeltliche Leistungen anzusehen (Randelzhofer, 2003, Art. 59, Rn. 18) wie beispielsweise die Teilnahme von Hochleistungssportlern an einem internationalen Wettkampf gegen Zahlung eines Antrittsgeldes. Irrelevant ist dabei nach der *Deliège-Entscheidung* des Europäischen Gerichtshofs, ob einzelne Dienstleistungen von denen bezahlt werden, denen sie zugute kommen (EuGH v. 11.4.2000, Rs. C-51/96 und C-191/97, Slg. 2000, I-2549, in Fortschreibung von EuGH v. 26.4.1988, Rs. 352/85, Slg. 1988, 2085, Rn. 16). So bietet der Veranstalter eines Wettkampfes dem Sportler die Gelegenheit, seine sportliche Tätigkeit auszuüben und sich dabei mit anderen Wettkämpfern zu messen, während gleichzeitig die Sportler durch ihre Teilnahme am Wettkampf dem Veranstalter ermöglichen, ein Sportereignis zu veranstalten, an dem das Publikum teilnehmen kann. Ferner besteht die Möglichkeit, das Sportereignis von einem Fernsehsender übertragen zu lassen. Dies ist wiederum für Werbetreibende und Sponsoren von Interesse, wobei der Sportler für seine eigenen Sponsoren eine Werbeleistung erbringt, die direkt auf der sportlichen Tätigkeit beruht.

Neben der Dienstleistungserbringungsfreiheit schützt Art. 49 EGV über den Wortlaut hinaus auch die Dienstleistungsempfangsfreiheit. Sie verleiht jedem Unionsbürger das Recht zur Entgegennahme einer Dienstleistung in einem anderen Mitgliedstaat (Kluth, 2002, Art. 50 Rn. 27). Diese sog. negative Dienstleistungsfreiheit könnte für Empfänger von sportbezogenen Dienstleistungen wie beispielsweise für Zuschauer von Boxkämpfen im Ausland Relevanz erlangen und dem Verbot einer Einreise entgegen stehen, soweit Letzteres nicht durch zwingende Gründe des Allgemeininteresses wie beispielsweise der Aufrechterhaltung der öffentlichen Sicherheit und Ordnung gerechtfertigt werden kann (in diesem Zusammenhang hält Summerer, 1998, S. 506, bspw. Kennkarten für nicht vorbestrafte EU-Bürger zum Zwecke des Nachweises einer Stadionzutrittsberechtigung für unzulässig). Insgesamt gesehen ist jedoch die Bedeutung der Dienstleistungsfreiheit für den Sport entsprechend ihrer allgemeinen Komplementärfunktion weit geringer als etwa der Einfluss der Arbeitnehmerfreizügigkeit.

2.2 EG-Grundrechte

Schließlich können sich Beteiligte am europäischen Sportgeschehen auf EG-Grundrechte berufen. Hierbei sind insbesondere die Vereinigungsfreiheit nach Art. 11 EMRK i.V.m. Art. 6 Abs. 2 EUV und das allgemeine Verbot der Diskriminierung aus Gründen der Staatsangehörigkeit gemäß Art. 12 EGV von Bedeutung. Sie werden vor allem dann relevant, wenn es darum geht, das Gewicht und die Bedeutung der speziellen Grundfreiheiten zu unterstreichen oder deren Reichweite einzuschränken. So wies der Europäische Gerichtshof in seiner *Walrave-Entscheidung* (EuGH, Slg. 1974, 1405 ff. , 1418, Rn. 4/10) darauf hin, dass die speziellen Grundfreiheiten der Arbeitnehmerfreizügigkeit und der Dienstleistungsfreiheit Konkretisierungen des allgemeinen Diskriminierungsverbots darstellten. Danach habe jede unterschiedliche Behandlung von Staatsangehörigen der Mitgliedstaaten zu unterbleiben. Dieses Verbot müsse von mitgliedstaatlichen Gerichten berücksichtigt werden und könne sportverbandlichen Regelwerken, die diskriminierende Bestimmungen enthielten, entgegenstehen.

Demgegenüber fragte der Europäische Gerichtshof in der dem fünften Beispielsfall (Transferklausel) zugrunde liegenden *Bosman-Entscheidung* (EuGH, NJW 1996, S. 505 ff.), ob sportverbandliche Regelwerke, die zu Einschränkungen der Grundfreiheiten führten, durch Gemeinschaftsgrundrechte zu rechtfertigen seien. In Frage stand hierbei eine Kollision der speziellen Arbeitnehmerfreizügigkeit mit der Vereinigungsfreiheit, deren Schutz in Artikel 11 EMRK bzw. Art. 12 GRCh verbürgt und durch Art. 6 Abs. 2 EUV von der Union zu beachten ist. Die Ausführungen des Gerichts zur Vereinigungsfreiheit waren indes kurz und beschränkten sich auf die Feststellung, dass die von Sportverbänden aufgestellten Regeln nicht erforderlich seien, um die Ausübung der Vereinigungsfreiheit durch die genannten Verbände, Vereine oder Spieler zu gewährleisten oder sie eine unausweichliche Folge dieser Freiheiten darstellten (EuGH, Rs. C-415/93, Slg. 1995, I-4921, Rn. 79). Nichtsdestotrotz können aus dieser Begründung wertvolle Erkenntnisse für die Dogmatik gemeinschaftsrechtlicher Individualverbürgungen für den Sport gewonnen werden.

So deutet die gerichtliche Feststellung, dass die Regeln zur Gewährleistung der Vereinigungsfreiheit nicht erforderlich seien, eine implizite Prüfung an, ob das Ziel (Gewährleistung der Vereinigungsfreiheit) nicht ebenso wirksam durch eine andere Maßnahme erreicht werden kann, die das zu schützende Gut (Arbeitnehmerfreizügigkeit) weniger beeinträchtigt (EuGH v. 10.11.1982, Rs. 261/81, Slg. 1982, 3961, Rn. 17). Dies lässt den Schluss zu, dass die Aufstellung interner Verhaltensnormen unter die gemeinschaftsrechtlich geschützte Vereinigungsfreiheit der Sportverbände subsumiert und als Abwägungsbelang gegenüber der Arbeitnehmerfreizügigkeit berücksichtigt wurde. Mit dem Hinweis auf die Erforderlichkeit als Unterprinzip der Verhältnismäßigkeit hat das Gericht jedenfalls ansatzweise zu erkennen gegeben, dass die Kollision von Individualverbürgungen prinzipiell im Wege der praktischen Konkordanz aufzulösen und dabei auf die Kriterien des allgemeinen Verhältnismäßigkeitsgrundsatzes (EuGH, Rs. 5/73, Slg. 1973, S. 1091 ff., 1112) zurückzugreifen ist (skeptisch Gramlich, 1996, S. 810).

3 Wettbewerbsregeln

Unmittelbare Auswirkungen auf den Sport haben nicht allein die europäischen Grundfreiheiten und Grundrechte. Hinzu treten die europäischen Wettbewerbsregeln nach den Art. 81 ff. EGV. Diese Vorschriften normieren das europäische Kartellrecht, das dem Schutz der wirtschaftlichen Betätigung insgesamt dient und zur Verwirklichung des von der Europäischen Union angestrebten Wirtschaftsraums ohne Binnengrenzen beiträgt. Art. 81 EGV verbietet wettbewerbsbeschränkende Vereinbarungen und Verhaltensweisen zwischen Unternehmen, Art. 82 EGV den Missbrauch einer marktbeherrschenden Stellung und Art. 87 EGV normiert die Unzulässigkeit staatlicher Beihilfen.

3.1 Wettbewerbsbeschränkende Vereinbarungen und Verhaltensweisen

Das in Art. 81 Abs. 1 EGV normierte Kartellverbot ist weit gefasst. Es verbietet alle Vereinbarungen zwischen Unternehmen, Beschlüsse von Unternehmensvereinigungen und aufeinander abgestimmte Verhaltensweisen, welche den Handel zwischen Mitgliedstaaten zu beeinträchtigen geeignet sind und eine Verhinderung, Einschränkung oder Verfälschung des Wettbewerbs innerhalb des Gemeinsamen Marktes bezwecken oder bewirken. Würde man die internationalen und nationalen Sportverbände als Unternehmen im Sinne dieser Bestimmung ansehen, so könnte dies erhebliche Auswirkungen für deren sportverbandliche Regelwerke wie etwa für die verschiedenen Bestimmungen in den Beispielsfällen 4 bis 6 (Ausländerklausel, Transferklausel, Fernsehrechtevermarktung) haben, soweit diese geeignet sind, den Handel in der Gemeinschaft zu beeinträchtigten.

3.1.1 Verbot des Art. 81 Abs. 1 EGV

Die Inhalte sportverbandlicher Regelwerke wie beispielsweise Ausländerklauseln (Beispielsfall 4 – Ausländerklausel), Transferregelungen (Beispielsfall 5 – Transferklausel) oder die zentrale Vermarktung von Fernsehrechten (Beispielsfall 6 – Fernsehrechtevermarktung) könnten handelsbeschränkende und deshalb unzulässige Beschlüsse von Unternehmsvereinigungen i.S.d. Art. 81 Abs. 1 EGV sein. Voraussetzung dafür wäre, dass die einzelnen Sportvereine als Einzelunternehmen anzusehen und ihrerseits in den höherrangigen nationalen und europäischen Sportverbänden als Unternehmensvereinigungen zusammengeschlossen sind. Der Europäische Gerichtshof (EuGH, Rs. C-41/90, Slg. 1991, I-1979, Rn. 21; Rs. C-244/94, Slg. 1995, I-4022, Rn. 14) versteht den Begriff des Unternehmens funktional. Er fasst darunter jede wirtschaftliche Tätigkeit ausübende Einheit unabhängig von Rechtsform, Art der Finanzierung oder dem Vorhandensein etwaiger Gewinnerzielungsabsichten (EuGH, Rs. 209 bis 215 und 218/78, Slg. 1980, 3125, Rn. 88; Rs. C-244/94, Slg. 1995, I-4022, Rn. 21). Die für die Einordnung als Unternehmen maßgebliche wirtschaftliche Betätigung ist dadurch gekennzeichnet, dass die Handlungen der in Rede stehenden Einheit auf den Austausch von Leistungen oder Gütern am Markt gerichtet sind (EuGH, Rs. 118/85, Slg. 1987, 2599, Rn. 7; EuGH, Rs. C-343/95, EuZW 1997, 312, Rn. 16).

Sportverbände und -vereine sind zwar traditionell und überwiegend in Form gemeinnütziger Vereine organisiert. Allerdings sind die Handlungen der Sportverbände, an deren Erträgen die Vereine massiv beteiligt sind, zumindest in Teilbereichen auf den marktbezogenen Austausch von Leistungen und Gütern ausgerichtet. Im Ergebnis dürfte daher unzweifelhaft sein, die einzelnen Vereine als Unternehmen i.S.d. Art. 81 Abs. 1 EGV und die nationalen Sportverbände bzw. europäischen Verbände bei funktionaler Betrachtungsweise als Unternehmsvereinigungen anzusehen. Wirtschaftsrelevante sportverbandliche Regelungen wie Ausländerklauseln, Transferregelungen oder die zentrale Vermarktung von Fernsehrechten lassen ferner den Willen erkennen, das Marktverhalten ihrer Mitglieder (Vereine) zu steuern. Damit handelt es sich um Beschlüsse i.S.d. Art. 81 Abs. 1 EGV (Krogmann, 2001, S. 33). Fraglich ist daher letztlich nur, ob diese geeignet sind, den Handel zwischen den Mitgliedstaaten zu beeinträchtigen und dadurch wettbewerbsverhindernde, -einschränkende oder -verfälschende Auswirkungen innerhalb des Gemeinsamen Marktes haben.

Die Eignung zur Beeinträchtigung des zwischenstaatlichen Handels wird immer dann angenommen, wenn sich anhand einer Gesamtheit objektiver rechtlicher und tatsächlicher Umstände mit hinreichender Wahrscheinlichkeit voraussehen lässt, dass der Beschluss oder die Vereinbarung den Waren- oder Dienstleistungsverkehr zwischen den Mitgliedstaaten unmittelbar oder mittelbar, tatsächlich oder potenziell in einer der Erreichung der Ziele eines einheitlichen zwischenstaatlichen Marktes nachteiligen Weise beeinflussen kann (EuGH, Rs. 31/80, Slg. 1980, 3775, Rn. 18). Letztlich können auch solche Vereinbarungen und Beschlüsse betroffen sein, die sich lediglich über das Hoheitsgebiet eines Mitgliedstaats erstrecken.

Denn die Abschottung der nationalen Märkte hat die Behinderung des Marktzutritts und die angestrebte Verflechtung zur Folge. Ausländerklauseln und Transferregelungen haben signifikante Auswirkungen auf Vereinswechsel und Spielereinsatz (Arbeitnehmerfreizügigkeit). Demzufolge fallen sie selbst dann nicht aus dem Anwendungsbereich des Art. 81 Abs. 1 EGV heraus, wenn sie sich wie in den Beispielsfällen 4 und 5 (Ausländer- und Transferklausel) ausschließlich auf das Hoheitsgebiet eines Mitgliedstaates erstrecken, da hierdurch ein Ausgrenzen des nationalen Marktes bewirkt wird und damit ein Verstoß gegen die Zielbestimmung des Art. 3 lit. g EGV vorliegt (Krogmann, 2001, S. 34). So kommt es für die Zulässigkeit dieser sportverbandlichen Bestimmungen letztlich darauf an, ob sie eine Verhinderung, Einschränkung oder Verfälschung des Wettbewerbs innerhalb des Gemeinsamen Marktes bezwecken oder bewirken.

Ein negativer Wettbewerbseinfluss setzt zunächst das Vorliegen eines Wettbewerbsverhältnisses voraus. Der Europäische Gerichtshof bezeichnet einen wirksamen Wettbewerb als einen Zustand, durch den die grundlegenden Forderungen des Vertrags erfüllt und seine Ziele, insbesondere die Herstellung und Festigung des Binnenmarktes und die Öffnung der nationalen Märkte, erreicht werden (EuGH, Rs. 26/76, Slg. 1977, 1875, Rn. 20). Nationale Ausländerklauseln und Transferregelungen beschränken die Möglichkeit der Vereine, bestimmte Spieler zu beschäftigen. Dies führt zu einer Einschränkung des Wettbewerbs unter den Vereinen, da die Vereine ohne die Regelungen in der Auswahl neuer Spieler frei wären. Insbesondere könnten auch kleinere, weniger finanzstarke Vereine durch zu erwartende Transferentschädigungspflichten von der Verpflichtung eines an sich notwendigen neuen Spielers Abstand nehmen und hätten dementsprechend geringere Chancen als finanzstarke Vereine. Nationale Ausländerklauseln und Transferregelungen wie in den Beispielsfällen 4 und 5 verstoßen daher nicht nur gegen die EG-Grundfreiheit aus Art. 39 EGV, sondern widersprechen zumindest auch dem in Art. 81 EGV normierten Kartellverbot (Streinz, 1998, S. 56).

Problematischer ist die Situation bei der zentralen Vermarktung von Fernsehrechten wie im Beispielsfall 6 (Fernsehrechtevermarktung). Maßgeblich für das Vorliegen eines Wettbewerbsverhältnisses ist hierbei die Frage, ob die Übertragungsrechte dem vermarktenden Sportverband selbst oder den in ihm zusammengeschlossenen Sportvereinen bzw. untergeordneten Verbänden etwa bei der Vermarktung durch einen europäischen Spitzenverband zustehen. Denn nur in dem zweitgenannten Fall bestünde ein Wettbewerbsverhältnis, das ein Kartellverbot i.S.v. Art. 81 Abs. 1 EGV rechtfertigen würde (Springer, 1998, S. 480). Inhaber der Vermarktungsrechte ist der jeweilige Veranstalter der betreffenden Sportereignisse. Betrifft die zentrale Vermarktung daher Sportveranstaltungen von Wettkämpfen, bei denen die Sportvereine das unternehmerische Risiko für Vorbereitung und Durchführung tragen, Inhaber des Hausrechts sind und zu der jeweiligen Veranstaltung einladen, so stehen die Vereine untereinander im Wettbewerb. Dieser wäre durch eine zentrale Vermarktung dieser Veranstaltungen beschränkt (BGH v. 11.12.1997, WuW/E DR-R S. 17 ff.; hierzu Jänich, 1998, S. 438 ff.; Heermann, 1997, S. 665 ff.). Bezieht sich die zentrale Vermarktung demgegenüber auf solche Ereignisse, die allein der übergeordnete Verband veranstaltet (etwa Europa- oder Weltmeisterschaften), so liegt kein Wettbewerb vor, dessen Beschränkungen nach Art. 81 Abs. 1 EGV verboten wären. Zumindest sind jedoch Konstellationen denkbar, die eine Tatbestandsmäßigkeit des Art. 81 Abs. 1 EGV auch bei der zentralen Vermarktung von Fernsehrechten nahe legen.

3.1.2   Verbotsausnahmen nach Art. 81 Abs. 3 EGV

Misst man die vorgenannten Beispiele an der weiten Wortfassung des Kartellverbots nach Art. 81 Abs. 1 EGV, so gelangt man zur Unzulässigkeit einer Vielzahl sportverbandlicher Regeln und Vereinbarungen. Überlegungen zu restriktiveren Tatbestandsauslegungen des Art. 81 Abs. 1 EGV zu Gunsten des Sports (etwa nach dem Vorbild der amerikanischen *Single-Entity-Theory* oder der *Rule of reason*; hierzu Hannamann, 2001, S. 356 ff.), sind nicht Realität geworden. So ist letztlich nur fraglich, ob und inwieweit sportverbandliche Abmachungen als Ausnahmen i.S.v. Art. 81 Abs. 3 EGV anzusehen sind.

Nach Art. 81 Abs. 3 EGV können die Bestimmungen des Absatzes 1 nämlich für nicht anwendbar erklärt werden auf Vereinbarungen oder Gruppen von Vereinbarungen zwischen Unternehmen, auf Beschlüsse oder Gruppen von Beschlüssen von Unternehmensvereinigungen, auf aufeinander abgestimmte Verhaltensweisen oder Gruppen von solchen, die unter angemessener Beteiligung der Verbraucher an dem entstehenden Gewinn zur Verbesserung der Warenerzeugung oder -verteilung sowie zur Förderung des technischen oder wirtschaftlichen Fortschritts beitragen, ohne dass den beteiligten Unternehmen Beschränkungen auferlegt werden, die für die Verwirklichung dieser Ziele nicht unerlässlich sind, oder Möglichkeiten eröffnet werden, für einen wesentlichen Teil der betreffenden Waren den Wettbewerb auszuschalten. Würde man das auf dem Ein-Platz-Prinzip beruhende und durch Konkurrenzverbote gekennzeichnete deutsche Sportverbandswesen als Verstoß gegen das Kartellverbot nach Art. 81 Abs. 1 EGV ansehen, so könnte man zwar eine Freistellung zur Vermeidung von Kompetenzkonflikten, zur Stärkung der verbandsinternen Willensbildung, der Solidarität der Mitglieder und vor allem zur Sicherstellung der für den Sport unerlässlichen Einheitlichkeit der Standards erwägen. Allerdings darf eine Freistellung nicht dazu führen, dass funktionsfähiger Wettbewerb überhaupt ausgeschaltet wird. Dies ist angesichts der durch das Ein-Platz-Prinzip geschaffenen Monopolstruktur bedenklich (Hannamann, 2001, S. 434). Aus diesen Gründen lehnte auch die überwiegende Ansicht eine Freistellung für die Zentralvermarktung der Fernsehrechte ab (Schmittmann & Lehmann, 1996, S. 259). Denn es wird bereits bezweifelt, dass die Zentralvermarktung der Verbesserung der Warenerzeugung oder -verteilung bzw. der Förderung des wirtschaftlichen oder technischen Fortschritts dienen könnte (Jänich, 1998, S. 443). Ferner wird angezweifelt (Seitel, 1999, S. 701 f.), dass die Verbraucher in angemessenem Umfang an diesen Voraussetzungen partizipieren, d.h. aus der Absprache einen erheblichen Nutzen ziehen, der die Nachteile überwiegt, die ihnen aus der Wettbewerbsbeschränkung erwachsen. So könnte die Wettbewerbsbeschränkung allein zu Nachteilen des Fernsehzuschauers führen, indem das Angebot insbesondere an zeitgleichen Spielübertragungen im Fernsehen durch die Zentralvermarktung verknappt wird. Schließlich wird angeführt, dass bei der zentralen Fernsehrechtevermarktung in den Profiligen angesichts der engen Marktgrenzen ein wesentlicher Teil des Wettbewerbs auf dem relevanten Markt ausgeschaltet werde (Springer, 1998, S. 486). Ausnahmen zu Gunsten einer Freistellung der zentralen Fernsehrechtevermarktung von dem Kartellverbot des Art. 81 Abs. 1 EGV kämen danach nur in Betracht, wenn einzelne oder alle Rechteinhaber selbst keine Abnehmer fänden oder ihnen die notwendige Logistik und das entsprechende Know-how fehlen würde (Hannamann, 2001, S. 439), bei Spielzusammenfassungen ferner dann, um im Interesse der Zuschauer eine einheitliche, in der Bildberichterstattung über Kurzberichte hinausgehende, umfassende Sportsendung für eine sportliche Gesamtveranstaltung zu ermöglichen.

So war auch die Kommission der Europäischen Gemeinschaften der Auffassung, dass die starre zentrale Fernsehvermarktung der UEFA für die Champions League nicht die Voraussetzungen einer Freistellung nach Art. 81 Abs. 3 EGV erfüllte. Erst der Vorschlag einer eingeschränkten Zentralvermarktung der UEFA, wonach die Fußballvereine u.a. berechtigt wären, parallel zur UEFA bestimmte Medienrechte für Ereignisse, an denen sie mitwirkten (Champions League), auf nicht ausschließlicher Grundlage selbst zu vermarkten, führte schließlich zur Freistellungsentscheidung der Kommission am 23.7.2003 (abgedruckt in WuW 2004, S. 89-100). Am 24.7.2003 äußerte die Kommission schließlich die Absicht, auch das neue Vermarktungsmodell für die Übertragungsrechte der 1. und 2. Bundesliga vom Kartellverbot freizustellen (Friedmann, 2003, S. 195 f.). Dieser Entscheidung käme gleichwohl nur noch deklaratorische Bedeutung zu, weil die Wettbewerbsbehörden und Gerichte der Mitgliedstaaten auf Grund der neuen VO Nr. 1/2003 (Abl. V. 4.1.2003, L 1/1) ab dem 1.5.2004 zur unmittelbaren Anwendung von Art. 81 Abs. 3 EGV (sog. *Legalausnahmesystem*) ohne zentralisierte Anmeldung befugt sind. Prognostiziert man auf Grundlage dieser Novellierungen, ob die Mitgliedstaaten die eingangs erwähnten Beispiele der Transferregelungen und Ausländerklauseln von dem Kartellverbot des Art. 81 Abs. 1 EGV freistellen werden, so ist zu differenzieren. Transferentschädigungen, bei denen es sich um echte Ausbildungsentschädigungen handelt, die dem Gesamtaufwand entsprechen und der Gewährleistung und Förderung qualitativ hochwertiger Nachwuchsarbeit dienen, ließen sich als Verbesserung der Warenerzeugung im weitesten Sinne deuten.

Problematisch erscheint indes das Merkmal der Unerlässlichkeit. So könnten die Ausbildungskosten beispielsweise auch durch Umwälzung auf die Sportkonsumenten oder über die Mitgliedsbeiträge der Sportvereine finanziert werden (Hannamann, 2001, S. 446). Kartellrechtliche Freistellungen für Ausländerkontingentierungen kämen dabei von vornherein nicht in Betracht, da diese dem Diskriminierungsverbot des Art. 39 EGV widersprechen und nicht gerechtfertigt werden können (Streinz, 1998, S. 57).

3.2 Missbrauch einer marktbeherrschenden Stellung, Art. 82 EGV

Unabhängig von dem Kartellverbot des Art. 81 EGV, das Verhaltenskoordinierungen mehrerer Unternehmen unterbinden will, beschränkt Art. 82 EGV einseitiges Marktverhalten eines oder mehrerer Unternehmen im Interesse eines wirksamen

Wettbewerbs. So formuliert Art. 82 S. 1 EGV ein Verbot der missbräuchlichen Ausnutzung einer beherrschenden Stellung auf dem Gemeinsamen Markt oder auf einem wesentlichen Teil desselben durch ein oder mehrere Unternehmen, soweit dies dazu führen kann, den Handel zu beeinträchtigen. Art. 82 S. 2 EGV zählt verschiedene, nur schwer voneinander abgrenzbare Regelbeispiele auf. Hierzu gehören beispielsweise die unmittelbare oder mittelbare Erzwingung von unangemessenen Einkaufs- oder Verkaufspreisen oder sonstigen Geschäftbedingungen sowie die wettbewerbsbenachteiligende Anwendung unterschiedlicher Bedingungen bei gleichwertigen Leistungen gegenüber Handelspartnern.

Nimmt man die Beispielsfälle 4 (Ausländerklausel), 5 (Transferregelung) und 6 (Fernsehrechtevermarktung) in den Blick, so stellt sich die Frage, ob diese Regelungen Ausdruck einer missbräuchlichen Ausnutzung einer beherrschenden Stellung durch ein oder mehrere Unternehmen mit wettbewerbs-beschränkenden Wirkungen sind. Hierbei muss man zunächst feststellen, dass Sportverbände und -vereine als Unternehmen anzusehen sind und die in Rede stehenden Regelungen wettbewerbsbeschränkende Wirkungen haben. Problematisch erscheint daher allein, ob diese negativen Wirkungen auf der missbräuchlichen Ausnutzung einer beherrschenden Stellung eines oder mehrerer Unternehmen beruhen. Dies setzt zunächst das Bestehen einer beherrschenden Stellung voraus. Darunter versteht der Europäische Gerichtshof eine Situation, in der ein Unternehmen in der Lage ist, die Aufrechterhaltung eines wirksamen Wettbewerbs auf dem relevanten Markt zu verhindern, weil es sich gegenüber Wettbewerbern und Verbrauchern in nennenswertem Umfange unabhängig verhalten kann (EuGH, Rs. 27/76, Slg. 1978, 207 Rn. 63/66; Rs. 85/76, Slg. 1979, 461 Rn. 38). Kriterium hierfür ist vor allem der Marktanteil und die Marktstruktur (Weiß, 1998, S. 101). Fragt man nach dem für die vorgenannten Regelungen relevanten Markt, ist zwischen Ausländerklauseln und Transferregelungen einerseits sowie der zentralen Vermarktung von Fernsehrechten andererseits zu differenzieren.

Bei Ausländerklauseln und Transferregeln geht es um die Anstellung der einzelnen Spieler in den Vereinen, mithin um den vereinsbetriebenen (Krogmann, 2001, S. 35 unter Bezugnahme auf Schlussantrag Generalanwalt Lenz, Rs. C-425/93, S. 1-121 f.) Spielermarkt und nicht um die Stellung der Sportverbände. Ob dieser Spielermarkt von einzelnen oder mehreren Vereinen beherrscht wird, hängt wiederum davon ab, was unter einer Marktbeherrschung verstanden wird. Ausgehend von dem Wortlaut des Art. 82 EGV ist hierbei zwischen einer individuellen Marktbeherrschung (durch ein Unternehmen) und einer kollektiven Marktbeherrschung (durch mehrere Unternehmen) zu unterscheiden. Eine individuelle Beherrschung des Spielermarktes durch einen einzigen Verein liegt hierbei jedenfalls nicht vor, da kein Verein im Vergleich zu anderen Vereinen einen besonders hohen Marktanteil hält, der die Annahme einer Marktbeherrschung rechtfertigen würde (kritischer Wert bei 40% bzw. bei Vorliegen besonderer Bedingungen bei unter 10%; so EuGH, Rs. 26/76, Slg. 1977, 1875 Rn. 17; Rs. 75/84, Slg. 1986, 3021 Rn. 85 f.).

Fraglich ist indes, ob die Vereine kollektiv den Spielermarkt beherrschen. So nehmen Europäischer Gerichtshof und Kommission eine kollektive beherrschende Stellung bei unabhängigen wirtschaftlichen Einheiten an, die durch eine wirtschaftliche Bande so verknüpft sind, dass sie eine marktbeherrschende Stellung im Verhältnis zu den anderen Marktteilnehmern einnehmen (EuG, Rs. T-68, 77, 78/79, Slg. 1992, II-1403 Rn. 258/360). Die Annahme einer wirtschaftlichen Bande kann dabei nicht allein darauf gestützt werden, dass die Unternehmen zusammen einen besonders hohen Marktanteil haben; erforderlich sind vielmehr darüber hinaus gehende Verbindungen, kraft derer ein einheitliches Vorgehen am Markt angenommen werden kann (EuG, Rs. T-24-26, 28/93, C.M.L.R. 273 Rn. 62, 67). Legt man diese Kriterien zugrunde, so leitet sich die Einheitlichkeit, mit der die Vereine auf dem Spielermarkt vorgehen, aus dem Umstand ab, dass Ausländerklauseln wie im Beispielsfall 4 (Ausländerklausel) oder Transferregeln wie im Beispielsfall 5 (Transferklausel) in den Regelwerken der betreffenden Sportverbände kodifiziert sind, in denen sich die Vereine institutionell zusammengeschlossen haben (Weiß, 1998, S. 101). Diese wirtschaftliche Verbandelung reicht jedoch nicht aus, um eine kollektive Beherrschung des Marktes anzunehmen. Letztere liegt nämlich erst vor, wenn die miteinander verflochtenen Vereine die Möglichkeit haben, sich gegenüber der Marktgegenseite in nennenswertem Umfang unabhängig zu verhalten, was bei einem Monopol regelmäßig vorliegt. Die Gegenseite des Spielermarktes, in dem auf der einen Seite die Vereine stehen, wird durch die Gesamtheit der an diesem Markt teilnehmenden Sportler gebildet. Ihnen gegenüber besitzen die Vereine ein Nachfragemonopol, welches sich durch den internationalen Zusammenschluss auf europäischer und internationaler Ebene verfestigt und ausweitet. Damit üben die Sportvereine eine kollektive Beherrschung des Spielermarktes aus (Weiß,

1998, S. 102; a.A. Generalanwalt Lenz, Slg. 1995, I-4930 Tz. 285 f.). Diese reicht jedoch allein nicht aus, um unter das Verbot des Art. 82 EGV zu fallen. Die Sportvereine müssen vielmehr ihre marktbeherrschende Stellung gemäß Art. 82 EGV missbraucht haben. Von einem Missbrauch in diesem Sinne ist nur dann die Rede, wenn das Verhalten die Struktur eines Marktes beeinflussen kann, auf dem der Wettbewerb gerade wegen seiner Anwesenheit schon geschwächt ist und das die Aufrechterhaltung oder Entwicklung des noch bestehenden Wettbewerbs durch Mittel behindert, die von einem normalen Wettbewerb aufgrund der Leistungen abweichen (EuGH, Rs. 85/76, Slg. 1979, 461 Rn. 91; Kommission, Entscheidung v. 14.12.1985, Abl.EG 1985 Nr.L 374/1 Tz.74; v. 10.11.1992, Abl.EG 1993 Nr.L 116/21 Tz. 23). Denn das beherrschende Unternehmen trägt eine Verantwortung dafür, den wirksamen Wettbewerb durch sein Verhalten nicht zu beeinträchtigen (EuG, Rs. T-83/91, Slg. 1994, II-755 Rn. 114 f.; Kommission, Entscheidung v. 10.11.1992, Abl.EG 1993 Nr.L 116/21 Tz. 23). So ist es dem Unternehmen zwar erlaubt, ein Marktverhalten wie jeder andere Wettbewerber zu zeigen. Allerdings ist es ihm untersagt, die Stellung zu einem Verhalten auszunutzen, welches ohne Marktbeherrschung und bei einem funktionierenden Markt unmöglich wäre. Transferregeln, die einem aufnehmenden Verein wie im Beispielsfall 5 (Transferklausel) die Pflicht zur Leistung einer Entschädigung aufbürden, beschränken nicht nur die Anzahl der ernsthaften Interessenten an der Verpflichtung der betreffenden Sportler, sondern reduzieren zugleich die Spielergehälter, die ohne Transferentschädigungspflichten höher wären. So liegt der durch die Transferregeln hervorgerufene Missbrauch in der Erzielung unangemessen niedriger Spielergehälter als Einkaufsbedingungen für die Vereine, was einem Ausbeutungsmissbrauch i.S.v. Art. 82 S. 2 a) EGV gleichkommt (Weiß, 1998, S. 102; Krogmann, 2001, S. 36). Anders verhält es sich mit Ausländerklauseln wie im Beispielsfall 4 (Ausländerklausel). Hier liegt der Missbrauch der marktbeherrschenden Stellung in der diskriminierenden Anstellungsbeschränkung zulasten ausländischer Marktteilnehmer (Weiß, 1998, S. 102; Krogmann, 2001, S. 36), so dass im Ergebnis sowohl Transferregelungen, als auch Ausländerklauseln unter das Verbot des Missbrauchs marktbeherrschender Stellung nach Art. 82 EG-Vertrag fallen.

Bei der zentralen Vermarktung von Fernsehrechten muss mit Blick auf den jeweils relevanten Markt zwischen Fernsehrechten an überregionalen Sportveranstaltungen und nationalen Ligaspielen wie im Beispielsfall 6 (Fernsehrechtevermarktung) differenziert werden. Während die Fernsehrechte an überregionalen Sportveranstaltungen von den überregionalen Sportverbänden gehalten werden, stehen die Fernsehrechte an nationalen Ligaspielen den einzelnen Sportvereinen zu. Daraus folgt, dass bei der Vermarktung überregionaler Sportveranstaltungen nach dem Missbrauch einer marktbeherrschenden Stellung des individuellen Sportverbandes zu fragen ist. Bei Ligaspielen steht demgegenüber der kollektive Missbrauch der einzelnen Sportvereine in Rede. Unter Zugrundelegung der vorgenannten Prämissen besitzen die betreffenden Sportverbände bei überregionalen Sportveranstaltungen zumindest insoweit eine marktbeherrschende Stellung, als es um Fernsehrechte an den in der jeweiligen Landessprache kommentierten internationalen Meisterschaften geht. Da der jeweilige Sportverband über ein faktisches Monopol an diesen Übertragungsrechten verfügt und Sendeanstalten lediglich auf dem nachgelagerten Markt der Ausstrahlung tätig und von den Übertragungsrechten abhängig sind, besitzt der jeweilige Sportverband auf diesem Gebiet eine marktbeherrschende Stellung.

Demgegenüber verfügen die Sportvereine über eine kollektiv beherrschende Stellung bei der zentralen Vermarktung von Fernsehrechten an den jeweiligen Ligaspielen. Entscheidend ist aber, ob die wettbewerbsbeschränkenden Wirkungen auf der missbräuchlichen Ausnutzung der marktbeherrschenden Stellung des individuellen Sportverbandes oder der kollektiven Sportvereine beruhen. Als missbräuchliche Ausnutzung sind alle Verhaltensweisen von Unternehmen in beherrschender Stellung zu verstehen, die die Struktur eines Marktes beeinflussen können, auf dem der Wettbewerb gerade wegen der Anwesenheit dieses Unternehmens bereits geschwächt ist und die die Aufrechterhaltung behindern, die von den Mitteln eines normalen Produkt- und Dienstleistungswettbewerbs auf der Grundlage der Leistungen abweichen (EuGH, Rs. 85/76, Slg. 1979, 461 Rn. 91). Legt man diese Maßstäbe an die zentrale Vermarktung von Fernsehübertragungsrechten an überregionalen Sportveranstaltungen, so kann darin ebenso eine missbräuchliche Ausnutzung erblickt werden wie bei der zentralen Vermarktung von Fernsehrechten an Ligaspielen (Beispielsfall 6 – Fernsehrechtevermarktung) in Bezug auf die kollektive Ausnutzung durch die Sportvereine. Die Entscheidung der Kommission vom 23.7.2003, die zentrale Fernsehvermarktung durch die UEFA vom Kartellverbot des Art. 81 Abs. 1 EGV zu befreien, sowie die entsprechende Absichtserklärung in Bezug auf das neue Vermarktungsmodell für die Übertragungsrechte der 1. und 2.

Fußballbundesliga, lässt jedenfalls die Geltung und Anwendbarkeit des Art. 82 EGV unberührt.

3.3 Unzulässigkeit von Beihilfen, Art. 87 EGV

Schließlich könnten auch direkte und indirekte Fördermaßnahmen der öffentlichen Hand zugunsten von Sportverbänden und -vereinen dem europäischem Kartellrecht und dabei namentlich Art. 87 EGV zuwiderlaufen. So erklärt Art. 87 Abs. 1 EGV staatliche oder aus staatlichen Mitteln gewährte Beihilfen gleich welcher Art, die durch die Begünstigung bestimmter Unternehmen oder Produktionszweige den Wettbewerb verfälschen oder zu verfälschen drohen, vorbehaltlich abweichender Bestimmungen in dem Vertrag für unvereinbar mit dem Gemeinsamen Markt, soweit sie den Handel zwischen den Mitgliedstaaten beeinträchtigen (Abs. 1). Absatz 2 des Art. 87 EGV enthält drei Ausnahmetatbestände für Beihilfen, die von Absatz 1 erfasst werden. Hierzu gehören etwa Beihilfen sozialer Art an einzelne Verbraucher, wenn sie ohne Diskriminierung nach der Herkunft der Waren gewährt werden oder Beihilfen zur Beseitigung von Schäden, die durch Naturkatastrophen oder sonstige außergewöhnliche Ereignisse entstanden sind. Art. 87 Abs. 3 EGV ermächtigt schließlich die Kommission, näher bezeichnete Beihilfen wie beispielsweise zur Förderung der wirtschaftlichen Entwicklung von Gebieten, in denen die Lebenshaltung außergewöhnlich niedrig ist oder eine erhebliche Unterbeschäftigung herrscht oder zur Förderung wichtiger Vorhaben von gemeinsamem europäischen Interesse oder zur Behebung einer beträchtlichen Störung im Wirtschaftsleben eines Mitgliedstaats von dem Verbot des Art. 87 Abs. 1 EGV freizustellen.

3.3.1 Tatbestandsvoraussetzungen des Verbots nach Art. 87 Abs. 1 EGV

Gegenstand des Verbots des Art. 87 Abs. 1 EGV sind staatliche oder aus staatlichen Mitteln gewährte Beihilfen. Was unter einer staatlichen oder aus staatlichen Mitteln gewährten Beihilfe zu verstehen ist, wird im Gemeinschaftsrecht nicht näher definiert. Nach allgemeiner Auffassung sind die Begriffe weit auszulegen. Als Beihilfe in diesem Sinne gilt jede Maßnahme einer mit öffentlich-rechtlichen Befugnissen ausgestatteten Person, die gleich in welcher Form (Tun oder Unterlassen) die Belastung verringert, die ein Unternehmen normalerweise zu tragen hat

(EuGH, Rs. C-404/97, Slg. 2000, I-4897, Rn. 44). Von einer Verringerung der Belastung kann dann gesprochen werden, wenn die in beliebiger Form gewährte Zuwendung keine marktgerechte Gegenleistung für eine von diesem Wirtschaftsteilnehmer erbrachte Leistung darstellt (Lefèvre, 1977, S. 113). Als begünstigte Wirtschaftsteilnehmer gelten hierbei Personen des öffentlichen oder privaten Rechts, die Güter oder Dienstleistungen auf dem Markt anbieten. Private Haushalte scheiden aus dem Anwendungsbereich des Art. 87 Abs. 1 EGV aus. Sportförderungsmaßnahmen des Bundes, der Länder und der Kommunen zugunsten nationaler Sportorganisationen oder einzelner Vereine stellen nach diesen Prämissen staatliche bzw. aus staatlichen Mitteln gewährte Zuwendungen zugunsten wirtschaftlich tätiger Unternehmen dar. Sie verringern deren normale Belastungen und werden nicht durch marktgerechte Gegenleistungen aufgewogen. Dies gilt sowohl

- für direkte Zuschüsse beispielsweise aus Einnahmen von Lotterie und Sportwette, als auch
- für indirekte Förderungen etwa in Gestalt verschiedenster Steuervergünstigungen (Ausnahmeregelungen für gemeinnützige Sportvereine, Umsatzsteuerbefreiungen für Sportvereine, Abzugsfähigkeit von Spenden zugunsten von Sportvereinen etc.), die an bestimmte Sportverbände oder Sportvereine geleistet werden und denen keine marktgerechten Gegenleistungen auf Seiten der betreffenden Sportorganisationen gegenüberstehen.

Problematisch sind in diesem Zusammenhang allgemeine Infrastrukturverbesserungen der öffentlichen Hand, die im Regelfall unterschiedslos der gesamten Wirtschaft zugute kommen und daher grundsätzlich nicht als Begünstigung eines bestimmten Unternehmens i.S.d. Art. 87 Abs. 1 EGV gedeutet werden können. Anders ist die Situation jedoch dann, wenn ein allgemeines Infrastrukturprojekt faktisch auf die Begünstigung eines bestimmten Unternehmens hinausläuft, das heißt eine vermeintlich für die Allgemeinheit erstellte Infrastruktur in Wirklichkeit nur von einem Unternehmen genutzt werden kann bzw. speziell auf dessen Bedürfnisse zugeschnitten ist (Koenig & Kühling, 2002, S. 56). Solche Situationen könnten sowohl bei der öffentlichen Baufinanzierung einer Sportstätte, die primär den Bedürfnissen eines Vereins entspricht, als auch bei der Verbesserung der sportstättenbezogenen Infrastruktur wie etwa bei einem Bahnanschluss auftreten, die eigens wie etwa im Beispielsfall 7 (Beihilfe) auf die Bedürfnisse einer privat betriebenen Sportstätte eines Profi-Sportvereins konzipiert ist (Koenig & Kühling, 2002, S. 56). Hinzu treten Fallkonstellationen, in denen Private (Verbände bzw. Vereine oder ausgegliederte, aber von ihnen beherrschte Gesellschaften) an der Erstellung und am Betrieb der Infrastrukturprojekte beteiligt sind (sog. *public-private-partnerships*). Dies geschieht etwa durch die öffentliche Finanzierung und Überwachung einer durch die Privatwirtschaft erbrachten Infrastrukturleistung oder im umgekehrten Fall durch private (Vor-)Finanzierung öffentlicher Einrichtungen im Wege von Leasing- und Konzessionsmodellen oder Gründung von gemischten Gesellschaften (Tettinger, 1996, S. 764 ff.; Burgi, 1999, S. 100 ff.). Zwar gestaltet sich die Beurteilung dieser Konstellationen mit Blick auf eine unternehmensspezifische Begünstigung i.S.v. Art. 87 Abs. 1 EGV weitaus schwieriger als in den Fällen, in denen die Belastungen ausschließlich durch die öffentliche Hand getragen werden (hierzu Koenig & Kühling, 2002, S. 57). Trotzdem sind Konstellationen wie beispielsweise die Mischfinanzierung von Yachthäfen, Bahnhöfen oder Flughäfen denkbar, in denen unternehmensspezifische Vorteile i.S.v. Art. 87 EGV bejaht werden können (vgl. hierzu die Entscheidung der Kommission N 582/99 v. 8.12.1999, Marina di Stabia SpA sowie Kommission N 464/99 v. 29.3.2000, Sittard, Ziff. 33 f.). Allerdings sind diese Zuwendungen immer nur dann verboten, wenn sie den Wettbewerb verfälschen oder zumindest zu verfälschen drohen. Die Tatsache allein, dass ein Sportverband oder Sportverein eine staatliche Leistung ohne oder zumindest ohne marktübliche Gegenleistung erhält, begründet dabei keine Wettbewerbsverfälschung nach Art. 87 Abs. 1 EGV. Denn ein fehlendes Äquivalent ist zunächst einmal lediglich konstitutiv für die Einstufung einer Maßnahme als Beihilfe (Cremer, 2002, Art. 87 Rn. 12). Wettbewerbsverfälschend ist eine Beihilfe immer nur dann, wenn sie die Stellung des Begünstigten auf dem sachlich, zeitlich und räumlich relevanten Markt zulasten ihrer (potentiellen) Konkurrenten verbessert, wobei diese Feststellung einen Vergleich der jeweiligen Konkurrenzlagen vor und nach der vorgenommenen Zuwendung erfordert (EuGH, Rs. 173/73, Slg. 1974, 709, Rn. 38/40). Da die Ökonomisierung des Sports zur Öffnung immer weiterer Sportmärkte führt, auf denen nationale Verbände und Vereine beispielsweise bei der Vergabe gewinnträchtiger Sportveranstaltungen oder der Teilnahme an internationalen Pokalwettkämpfen auftreten und mit vergleichbaren Sportorganisationen anderer Mitgliedstaaten konkurrieren, erscheint zunächst jede staatliche oder halbstaatliche Zuwendung geeignet, den Wettbewerb in dem betreffenden Markt zulasten der Mitkonkurrenten spürbar zu verfälschen (Koenig & Kühling, 2002, S. 54).

Schließlich fordert Art. 87 Abs. 1 EGV, dass die Wettbewerbsverfälschung (bzw. drohende Wettbewerbsverfälschung) den Handel zwischen den Mitgliedstaaten beeinträchtigt, indem die Einfuhr oder Ausfuhr erleichtert bzw. kehrseitig für die Konkurrenten erschwert wird. Dabei erfasst der Begriff des Handels nach allgemeiner Auffassung nicht nur den Warenaustausch, sondern auch den Dienstleistungsverkehr. Die Forderung nach grenzüberschreitenden Auswirkungen klammert damit Beeinträchtigungen des rein innerstaatlichen Handelns aus dem Anwendungsbereich des Art. 87 Abs. 1 EGV aus. Überträgt man diese Forderungen auf Zuwendungen nationaler Verbände und Vereine, so fallen zwar rein innerstaatliche Konkurrenzsituationen wie beispielsweise bei der Bewerbung um die Vergabe nationaler Wettkämpfe oder im Zusammenhang mit nationalen Ligaspielen aus dem Anwendungsbereich des Art. 87 Abs. 1 EGV hinaus.

Angesichts der zunehmenden Internationalisierung sind jedoch zahlreiche zwischenstaatliche Konkurrenzsituationen zwischen Sportverbänden und -vereinen, wie beispielsweise bei der Vergabe internationaler Sportwettkämpfe bzw. Teilnahme an internationalen Wettkämpfen (so etwa im Beispielsfall 7 (Beihilfe) zwischen dem nationalen Profi-Sportverein und dem europäischen Club A), zumindest denkbar, so dass auch dieses Tatbestandsmerkmal erfüllt sein dürfte. Daraus folgt, dass Art. 87 Abs. 1 EGV staatlichen und halbstaatlichen Zuwendungen zugunsten von Sportverbänden und Sportvereinen Schranken setzt, deren Beachtung allen öffentlichen Funktionsträgern obliegt.

3.2.2 Vorbehalte gemäß Art. 87 Abs. 2 und Abs. 3 EGV

Erfüllen einige sportspezifische Zuwendungen die Tatbestandsvoraussetzungen des Beihilfeverbots nach Art. 87 Abs. 1 EGV, so ist die Kommission zur Prüfung der gesetzlichen Vorbehalte gemäß Art. 87 Abs. 2 und 3 EGV verpflichtet, Art. 88 EGV. Art. 87 Abs. 2 EGV normiert hierbei Legalausnahmen von dem Beihilfeverbot des Art. 87 Abs. 1 EGV, bei deren Vorliegen die Kommission die Beihilfe ohne Bestehen eines Ermessensspielraums genehmigen muss (EuGH, Rs. 730/79, Slg. 1980, 2671, Rn. 17), während sie im Rahmen der Ausnahmetatbestände des Art. 87 Abs. 3 EGV über ein weites Rechtsfolgeermessen verfügt (EuGH, Rs. C-156/98, Urt. v. 19.9.2000, Rn. 67, EuZW 2000, S. 723).

Die Ausnahmebestimmungen des Art. 87 Abs. 2 EGV dürften für sportbezogene Beihilfen weitgehend ausscheiden (Koenig & Kühling, 2002, S. 57). Denn die in

Frage stehenden Zuwendungen des Staates an die Sportverbände und -vereine stellen weder Beihilfen sozialer Art an einzelne bedürftige Verbraucher beispielsweise in Gestalt von Lebensmittel-, Heizmittel- und Kleidungsbeihilfen (Cremer, 2002, Art. 87 Rn. 20) dar (Art. 87 Abs. 2 a) EGV), noch sind es im Regelfall Beihilfen zur Beseitigung der unmittelbaren Schäden von Naturkatastrophen (Art. 87 Abs. 2 b) EGV) oder notwendige Beihilfen zum Ausgleich der durch die Teilung Deutschlands verursachten wirtschaftlichen Nachteile (Art. 87 Abs. 2 c) EGV). Denkbar wäre jedoch eine Freistellung der Zuwendungen von dem Beihilfeverbot auf Grundlage der in Art. 87 Abs. 3 EGV geregelten Tatbestände. Dabei muss die Kommission eine Abwägung zwischen den positiven Wirkungen von Beihilfen [Art. 87 Abs. 3 a) bis d) EGV] und dem Gemeinschaftsziel des unverfälschten Wettbewerbs gemäß Art. 3 Abs. 1 g) EGV vornehmen. Bei den Zuwendungen könnte es sich gemäß Art. 87 Abs. 3 d) EGV um Beihilfen zur Förderung der Kultur und der Erhaltung des kulturellen Erbes handeln, soweit sie die Handels- und Wettbewerbsbedingungen in der Gemeinschaft nicht in einem Maß beeinträchtigen, das dem gemeinsamen Interesse zuwiderläuft. Dann müsste Sport zunächst überhaupt unter den eigenständigen Kulturbegriff des Gemeinschaftsrechts fallen, auf den beispielsweise die Förderklausel des Art. 151 Abs. 1 EGV („...Entfaltung der Kulturen...") sowie der Rechtfertigungstatbestand im Rahmen mengenmäßiger Einfuhr- und Ausfuhrbeschränkungen gemäß Art. 30 S. 1 EGV („zum Schutze .... des nationalen Kulturguts") rekurriert.

Allerdings definiert das Gemeinschaftsrecht den Begriff der Kultur nicht, sondern setzt ihn voraus. Angesichts der Autonomie gemeinschaftsrechtlicher Terminologie (EuGH, Rs. 75/63, Slg. 1964, 379, 395 f.) erscheint es jedenfalls richtig, den Bedeutungsgehalt des gemeinschaftsrechtlichen Kulturbegriffs nicht automatisch dem nationalen Kulturbegriffs gleichzusetzen. Denn gegen eine Gleichsetzung sprechen nicht zuletzt systematische Argumente, da der EG-Vertrag den Bildungssektor und den Wissenschaftsbereich als wesentliche Elemente des nationalstaatlichen Kulturbegriffs außerhalb des XII. Titels zur Kultur (Art. 151 EGV) und zwar im XI. Titel zur Sozialpolitik, allgemeinen und beruflichen Bildung und Jugend (Art. 136 ff., insbes. 149 f. EGV) sowie im XVIII. Titel zur Forschung und technologischen Entwicklung (Art. 163 ff. EGV) gesondert erfasst und regelt. Trotzdem ist zu berücksichtigen, dass die Europäische Gemeinschaft im Bereich der Kultur lediglich über eine subsidiäre und komplementäre Kompetenz verfügt und die Kulturhoheit nach wie vor bei den Mitgliedstaaten verbleibt.

Aus diesem Grunde ist es zumindest pragmatisch, für die Festlegung des Kulturbegriffs auf die traditionellen Bereiche der mitgliedstaatlichen Kulturpolitiken abzustellen. Unter Berücksichtigung systematischer Argumente, wonach die Bereiche der Bildung und Forschung (Art. 149 f. bzw. Art. 163 ff. EGV) ausgeklammert werden, zählen dazu die Literatur (einschließlich des Zeitungs- und Zeitschriftenwesens), die Musik und die bildende Kunst (Malerei, Grafik, Bildhauerkunst, Architektur, Kunsthandwerk), die darstellende Kunst (Theater, Tanz, Film, audiovisuelle Kunst), die Denkmalpflege, das Brauchtum und der Rundfunkbereich (Hörfunk und Fernsehen). Dass sportliche Betätigungen schlechterdings – und nicht etwa in Teilbereichen (z.B. Eiskunstlaufen) – unter diesen *elitären* Kulturbegriff zu subsumieren wären, erscheint fern liegend. So betont zwar die Kommission immer wieder, dass Sport(ausübung) besondere soziale Funktionen erfülle; als Unterfall der gemeinschaftsrechtlichen Kulturpolitik wurde die Sportausübung in der bisherigen (restriktiven) Gemeinschaftspraxis jedoch nicht begriffen. Obwohl der Kultur in ihrer Wandlungs- und Entwicklungsfähigkeit mit einem dynamischen Kulturverständnis auf der Gemeinschaftsebene Rechnung zu tragen ist (Ress & Ukrow, 2003, Art. 151 Rn. 13), wird es der zukünftigen Differenzierung zwischen den unterschiedlichen Artikeln zur Kultur sowie zur Allgemeinen Bildung, Beruflichen Bildung, Jugend und Sport nach dem Entwurf zur Europäischen Verfassung am ehesten gerecht, wenn man reine Sportausübung auch in Zukunft nicht als klassische Form kultureller Betätigung begreift. Allenfalls insofern, als sportliche Betätigung zugleich auch erzieherische, bildungsmäßige oder wissenschaftliche Zwecke verfolgt, erscheint es systemgerecht, Sport unter den Kulturbegriff subsumieren zu wollen. Deshalb ist Sport insgesamt kein homogener Teilbereich des gemeinschaftsrechtlichen Kulturbegriffs, so dass eine Freistellung von dem Beihilfeverbot auf der Grundlage des Art. 87 Abs. 3 d) EGV nicht in Betracht kommt. Schließlich stellt sich die Frage, ob und inwieweit Zuwendungen zugunsten überregionaler Sportveranstaltungen – wie etwa die im Beispielsfall 7 (Beihilfe) skizzierte öffentliche Finanzierung eines Bahnanschlusses zu einem Sportstadion anlässlich der Fußballweltmeisterschaft im Jahre 2006 – als Beihilfen zur Förderung wichtiger Vorhaben von gemeinsamem europäischen Interesse im Sinne der Freistellungsklausel des Art. 87 Abs. 3 b), Var. 1 EGV zu deuten sind (dafür etwa Koenig & Kühling, 2002, S. 58). Was unter einem Vorhaben von gemeinsamem europäischen Interesse zu verstehen ist, bleibt angesichts fehlender Legaldefinitionen jedoch unklar und hat auch durch die bisherige Rechtsprechung keine klaren Konturen erfahren. Entscheidend dürfte hierbei die materielle Zielsetzung des Vorhabens und dabei insbesondere die Frage sein, ob das Vorhaben unter Berücksichtigung der damit verbundenen Nachteile im besonderen Interesse der Gemeinschaft liegt. Ein solches besonderes Interesse kann sich wiederum aus der Summe der in Art. 2 und 3 EGV genannten Gemeinschaftsziele, zu denen die Förderung beiträgt, ergeben oder aber auf einen hoch anzusiedelnden Beitrag zur Verwirklichung eines Gemeinschaftsziels gestützt werden (Cremer, 1995, S. 144 ff.). Angesichts der vielfältigen sozialen Funktionen des Sports erscheint es nahe liegend, die Ausrichtung internationaler, insbesondere europäischer Sportwettkämpfe zumindest auch als Beitrag für eine gemeinsame Sozialpolitik oder zur Förderung des sozialen Zusammenhalts i.S.v. Art. 2 EGV i.V.m. Art. 3 Abs. 1 j), k) EGV anzuerkennen. Eine solche Argumentation könnte sich überdies auf die Erklärung zum Sport in der Schlussakte zu den Beschlüssen von Amsterdam berufen, wonach die Vertreter der Regierungen der Mitgliedstaaten die gesellschaftliche Bedeutung des Sports, insbesondere die Rolle, die dem Sport bei der Identitätsfindung und der Begegnung der Menschen zukommt, hervorgehoben haben. Daher erscheint es unter Berücksichtigung etwaiger Nachteile zumindest denkbar, einzelne Zuwendungen im Zusammenhang mit internationalen Sportveranstaltungen wie etwa zur Fußballweltmeisterschaft 2006 in Deutschland als Beiträge von gemeinsamem europäischen Interesse von dem Beihilfeverbot des Art. 87 Abs. 1 EGV nach Art. 87 Abs. 3 b) EGV freizustellen, zumal der Fußball in Europa seine Wurzeln besitzt.

III Nationales Sportrecht

Die Darstellung des nationalen Sportrechts, das in die zuvor dargestellten internationalen und europäischen Bezüge eingekleidet ist, richtet sich aus an der nationalen Normhierarchie: Zunächst erfolgt
- eine Veranschaulichung des grundgesetzlichen und landesverfassungsrechtlichen,
- danach eine systematische Abhandlung der einfachgesetzlichen Steuerung des Sports in Deutschland.

1 Verfassungsstatus des Sports

Das verfassungsrechtliche Bild des Sports in Deutschland ist im Wesentlichen geprägt durch
- einen landesverfassungsrechtlichen, staatszielnormierten Förderungsstatus,
- einen grundrechtlichen Abwehrstatus, der sich in erster Linie aus dem Grundgesetz ableiten lässt und Sportbeteiligte wie etwa Sportler, Sportvereine oder -verbände vor staatlicher Reglementierung schützt, sowie
- grundgesetzliche Kompetenznormen, mit denen die vom Staat wahrgenommenen und auf den Sport bezogenen Funktionen zischen Bund und Ländern verteilt werden.

1.1 Förderungsstatus des Sports

Beispielsfall 8 (Grundstücksenteignung): Der Grundstückseigentümer G aus einer baden-württembergischen Gemeinde weigert sich vehement, dem privaten Sportverein S sein ungenutztes Grundstück zu Trainings- und Wettkampfzwecken zur Verfügung zu stellen, obwohl es das einzige zur Sportnutzung in Betracht kommende Grundstück der Gemeinde darstellt. Darauf erlässt die Gemeinde einen Bebauungsplan, mit dem sie das Grundstück des G enteignet. Zu Recht?

Beispielsfall 9 (Flusssperrung): Der Kanuverein K nutzt den rheinland-pfälzischen Fluss Wieslauter, einem Gewässer dritter Ordnung, im Rahmen des Gemeingebrauchs zu wassersportlichen Zwecken. Nach einer neuen Naturschutzverordnung wird der Gemeingebrauch an der Wieslauter insoweit eingeschränkt, als das Befahren mit Booten jeglicher Art auf einer den K betreffenden Teilstrecke von ca. 26 km Länge teils ganzjährig und teils für die Zeit von Mitte Oktober bis Ende August untersagt wird. Die Belange des K spielten nach Auffassung der Naturschutzbehörde bei Erlass der Verordnung keine Rolle. Trifft ihre Auffassung zu?

Beispielsfall 10 (Körperschaftssteuerbefreiung): Der hessische Motorsportverein V organisiert Autorallyes, Autoslaloms, Orientierungsfahrten und Leistungsprüfungen. Er beantragt eine Körperschaftsbefreiung wegen Verfolgung gemeinnütziger Zwecke, die nach der maßgeblichen Vorschrift (§ 52 Abs. 2 Nr. 2 AO 1977) anzunehmen ist, wenn die entsprechende Körperschaft den Sport fördert. Das Finanzamt lehnt die Befreiung mit der Begründung ab, dass Automobilsport unfallträchtig und umweltbelastend sei. V weist zutreffend darauf hin, dass diese Belange nicht ausdrücklich in der maßgeblichen Norm als Abwägungskriterien aufgenommen wurden. Das Finanzgericht ist demgegenüber der Auffassung, der verfassungsrechtlich abgestützte Umweltschutz (Art. 20a GG) müsse in § 52 Abs. 2 Nr. 2 AO 1977 als ungeschriebener Gegenbelang hineingelesen werden, so dass es die Norm uminterpretieren wolle. Wer hat Recht?

Der Förderungsstatus des Sports beruht auf landesverfassungsrechtlichen Staatszielbestimmungen, mit deren Normierung drei implizite Erklärungen des betreffenden Verfassungsgebers verbunden sind (vgl. 1.1.1). Die grammatikalischen Konzeptionen der jeweiligen Bestimmungen unterscheiden sich jedoch im Detail, so dass ihre Auswirkungen auf staatliche Funktionsträger zwar vergleichbar, jedoch nicht identisch sind (vgl. 1.1.2 sowie 1.1.3). Die Einführung einer bundesrechtlichen Staatszielbestimmung zugunsten des Sports in das Grundgesetz ist nach wie vor umstritten (vgl. 1.1.4).

1.1.1 Staatszielbestimmungen zu Gunsten des Sports

Entscheidet sich der jeweilige Verfassungsgeber auf Bundes- oder Landesebene für die Normierung eines bestimmten Staatsziels, so sind diesem Vorgang drei Erklärungen zu entnehmen. Zunächst bekräftigt der Staat (Bund oder Land) mit der Nennung eines Staatziels, dass deren Verfolgung aufgrund seiner rechtstatsächlichen Bedeutung im öffentlichen Interesse liegt, also die Allgemeinheit ein Interesse an der Verfolgung dieses Ziels besitzt. Da jedoch auch Private wie etwa größere Unternehmen oder Verbände zur Wahrnehmung öffentlicher Aufgaben berufen sind, reicht dieser Erklärungsinhalt für eine Verpflichtung staatlicher Funktionsträger durch staatsgerichtete Zielnormen nicht aus. Entscheidend ist vielmehr, dass der Staat durch die Aufnahme einer bestimmten Zielbestimmung das öffentliche Interesse an der Verfolgung des betreffenden Zieles für *so* gewichtig hält, dass er dessen Erreichen nicht allein von der Initiative Privater abhängig machen möchte, sondern sich selbst zu dessen Verfolgung verpflichtet. Die Form der rechtlichen Selbstbindung durch Aufnahme eines bestimmten Staatszieles erscheint indes nur sinnvoll, wenn vorher eine normative Regelungslücke bestanden hat und das Staatsziel nicht bereits durch andere Verfassungsnormen geschützt wird. Denn ansonsten besteht die Gefahr einer *Übernormierung*, durch welche die Inhalte der Einzelaussagen entleert oder doch zumindest abgeschwächt werden. So lässt die Entscheidung zur Aufnahme einer bestimmten Zielbestimmung erkennen, dass der Verfassungsgeber von dem Vorliegen einer regelungsbedürftigen Schutzlücke ausgegangen ist.

Überträgt man diese generellen Aussagen zur Aufnahme von Staatszielbestimmungen auf den Sport, so finden sich zahlreiche tatsächliche und rechtliche Argumente, die dessen Förderung als zielvernünftig erscheinen lassen:

In *rechtstatsächlicher* Hinsicht wird vor allem mit den vielfältigen gesellschaftlichen, insbesondere gesundheits-, sozial-, kultur- und bildungspolitischen Funktionen des Sports argumentiert, die seine öffentliche Förderung und eine besondere normative Aufmerksamkeit rechtfertigen. Ein weiteres rechtstatsächliches Argument, warum dem Sport eine grundsätzliche Bedeutung zur Aufnahme einer entsprechenden Staatszielbestimmung zugemessen wird, ist seine positive Bedeutung als wachsender Wirtschaftsfaktor. Sie belegt nachdrücklich die seit langem zu beobachtende Verlagerung des Sports aus der Sphäre privatautonomer Beliebigkeit in eine öffentliche Dimension als Indiz für eine entsprechende verfassungsrechtliche Berücksichtigung (Stern, 1993, S. 276). Sportförderung ist damit zwar eine politisch allgemein akzeptierte Staatsaufgabe (Schwarz, 1998, S. 227).

Die explizite Ausweisung der Sportförderung als Staatsziel macht indes nur Sinn, wenn ein *normatives* Regelungsbedürfnis besteht. Dieses besteht wiederum nur bei

Vorliegen von Regelungsdefiziten oder Schutzlücken. Ein solches Regelungsbedürfnis wird im Zusammenhang mit der öffentlichen Sportförderung zum Teil in der Lösung bestehender Kompetenzkonflikte zwischen Bund und Ländern gesehen, denen man mit einer eindeutigen Entscheidung für ein bundes- oder/und landesverfassungsrechtliches Staatsziel „Sportförderung" beikommen könnte (Stern, 1993, S. 276).

Daneben ist festzustellen, dass dem Sport mittlerweile eine ähnliche Bedeutung wie vergleichbaren Lebensbereichen beispielsweise der Kunst, Kultur und Wissenschaft zukommt; da deren Förderung auf Landesebene bereits weitgehend zu Staatszielen erhoben worden ist, erscheint es aus Gründen der verfassungsrechtlichen Gleichbehandlung geboten, auch die Förderung des Sports als Staatsziel auszuweisen. Ansonsten besteht die Gefahr, dass der Sport bei etwaigen Zielkonflikten – wie etwa in den Beispielsfällen 9 und 10 (Flusssperrung und Körperschaftssteuerbefreiung) zwischen Umweltschutz und Sportausübung – pauschal und ohne Einzelabwägung unterlegen ist und damit seine verfassungs-*politische* Bedeutung in verfassungs*rechtlicher* Hinsicht verliert.

Für eine Ausweisung der Sportförderung als Staatsziel in den neuen Ländern sprachen letztlich auch besondere Motivationen: So erleichterten die erstmaligen Landesverfassungen eine unbefangene Berücksichtigung von Staatszielen, die bislang kaum oder nur wenig in den alten Bundesländern normiert waren. Hinzu kamen Tradition und Stellenwert des Sports in den neuen Bundesländern. Die Aufnahme entsprechender Staatszielbestimmung trug diesen Gegebenheiten Rechnung und stärkte die Integrations- und Identifikationskraft der Landesverfassung insgesamt.

1.1.2 Inhalte landesverfassungsrechtlicher Verbürgungen

Das Thema der öffentlichen Sportförderung als Gegenstand landesverfassungsrechtlicher Staatszielbestimmungen ist gleichwohl jung und existiert – begünstigt durch die Verfassungskonvente in den neuen Bundesländern – erst seit Anfang der 90er Jahre. Mittlerweile haben 15 Bundesländer entsprechende Zielbestimmungen in ihre Landesverfassungen aufgenommen: Allein in Hamburg fehlt ein entsprechender Passus. Die Wortfassungen der verschiedenen Regelungen sind zwar durchweg vergleichbar. Teilweise enthalten sie jedoch signifikante begriffliche und dogmatische Besonderheiten, so dass eine Einzeldarstellung geboten ist.

Die Einführung einer sportbezogenen Staatszielbestimmung in die Verfassung des Landes *Baden-Württemberg*, in dem der Beispielsfall 1 (Internationale Dopingsperre) spielt, war seit 1997 Gegenstand mehrjähriger parlamentarischer Beratungen, in deren Verlauf der Ständige Ausschuss die Aufnahme einer solchen Staatszielbestimmung mit dem Argument ablehnte, dass Baden-Württemberg auch ohne eine entsprechende Zielbestimmung wesentlich mehr für den Sport leiste als die Länder, die eine solche Verfassungsbestimmung eingeführt hätten. Trotz dieser ablehnenden Haltung entschloss sich der Landtag im Jahre 2000 zur Einführung des Art. 3c Abs. 1 LV BW (Gesetz zur Änderung der Verfassung des Landes Baden-Württemberg vom 23.5.2000, GBl S. 449), wonach der Staat und die Gemeinden das kulturelle Leben und den Sport unter Wahrung der Autonomie der Träger förderten.

Sparsamer formuliert ist demgegenüber Art. 140 Abs. 3 der Verfassung des Freistaats *Bayern*, der im Rahmen einer Verfassungsreform des Jahres 1998 aufgenommen wurde (Gesetz zur Änderung der Verfassung des Freistaats Bayern vom 20.2.1998, GVBl. S. 38) und die Förderung des kulturellen Lebens und des Sports schlicht zur Pflicht von Staat und Gemeinden erklärt, ohne auf die Autonomie der privaten Sportträger hinzuweisen.

Im Verhältnis dazu sind die sportbezogenen Ausführungen in der neuen *Berliner* Verfassung aus dem Jahre 1995 (Verabschiedung der neuen Berliner Verfassung vom 23.11.1995, GVBl. S. 779) von nahezu epischer Breite. So formuliert Art. 32 S. 1 VvB, dass Sport ein förderungs- und schützenswerter Teil des Lebens ist, während Art. 32 S. 2 VvB dazu verpflichtet, die Teilnahme am Sport den Angehörigen aller Bevölkerungsgruppen zu ermöglichen.

An der Spitze der Textstufenentwicklung in Sachen Sport (Häberle, 1994, S. 165; zurückhaltender Sachs, 1993, S. 246 f.) steht das Bundesland *Brandenburg*: So differenziert die Landesverfassung aus dem Jahre 1992 (Landesverfassung vom 20.8.1992, GVBl. I S. 298) nicht nur zwischen der Förderung von Sport (Art. 35) und Kultur (Art. 34), sondern enthält eine Reihe sportbezogener Einzelaussagen, die über das klassische Staatsziel Sportförderung hinausgehen. Im Einzelnen bestimmt Art. 35 BbgVerf, dass Sport ein förderungswürdiger Teil des Lebens (S. 1) und die Sportförderung des Landes, der Gemeinden und Gemeindeverbände auf ein ausgewogenes und bedarfsgerechtes Verhältnis von Breitensport und Spitzensport gerichtet ist (S. 2). Darüber hinaus weist Satz 3 darauf hin, dass die Sportförderung die besonderen Bedürfnisse von Schülern, Studenten, Senioren und Menschen mit Behinderungen zu berücksichtigen hat.

Demgegenüber sind die jüngeren Sportförderklauseln in den Verfassungen der Freien und Hansestadt *Bremen* sowie *Hessens*, auf das sich der Beispielsfall 10 (Körperschaftssteuerung) bezieht, wesentlich kürzer formuliert, werfen aber im Vergleich begriffliche Verständnisprobleme auf: So weist die im Jahre 1997 eingefügte sportbezogene Staatszielbestimmung des Art. 36a BremV darauf hin, dass der Staat den Sport pflege und fördere, während Art. 62a der Hessischen Verfassung als jüngste aller sportbezogenen Landesverfassungsbestimmungen aus dem Jahre 2002 in bündiger Weise versichert, dass der Sport den Schutz und die Pflege des Staates, der Gemeinden und Gemeindeverbände genieße. Stellen beide Bestimmungen zwar auf die Pflege des Sports ab, so liegt der Unterschied der Formulierungen darin, dass sie zusätzlich mal die Förderung (Bremen), mal den Schutz des Sports (Hessen) betonen.

Die *mecklenburg-vorpommersche* Norm des Art. 16 Abs. 1 der Landesverfassung von 1993 sieht vor, dass Land, Gemeinden und Kreise Kultur, Sport, Kunst und Wissenschaft nicht nur schützen sind und gefördert werden sollen (S. 1), sondern dabei die besonderen Belange der beiden Landesteile Mecklenburg und Vorpommern zu berücksichtigen sind (S. 2).

Knapp formuliert ist wiederum die entsprechende Novellierung in der *Niedersächsischen* Verfassung (Art. 1 des Zweiten Gesetzes zur Änderung der Niedersächsischen Verfassung vom 21.11.1997, GVBl. S. 480), wonach das Land, die Gemeinden und Landkreise Kunst, Kultur und Sport schützen und fördern sollen (kritisch hierzu Schwarz, 1998, S. 227).

Ähnlich kurz gefasst ist auch die entsprechende Zielbestimmung in *Nordrhein-Westfalen*, die als erste Sportförderklausel bereits im Jahre 1992 (Gesetz zur Änderung der Verfassung für das Land Nordrhein-Westfalen vom 24.11.1992, GVBl. S. 448) als erste Sportförderklausel in den alten Bundesländern Eingang in die entsprechenden Verfassungen gefunden hat. So bestimmt Art. 18 Abs. 3 LV NRW, dass der Sport durch Land und Gemeinden zu pflegen und zu fördern ist.

Vergleichbar mit dieser Regelung ist die auf den Beispielsfall 9 (Flusssperrung) anzuwendende *rheinland-pfälzische* Bestimmung aus dem Jahre 2000 (Art. 40 Abs. 4; Gesetz vom 8.3.2000, GVBl. S. 65), wonach Schutz und Förderung des Sports Aufgabe des Landes, der Gemeinden und Gemeindeverbände ist.

Die sportbezogene Staatszielbestimmung im *Saarland*, dessen Verfassung im Jahre 1999 durch die Einführung eines Art. 34a (Gesetz Nr. 1438 zur Änderung der Verfassung des Saarlandes vom 25.8.1999, ABl. S. 1318) erweitert wurde, ist ferner so konzipiert, dass der Sport wegen seiner gesundheitlichen und sozialen Bedeutung die Pflege und Förderung des Landes und der Gemeinden genieße.

Vielfältiger und präziser als in manchen anderen Verfassungstexten sind die Aussagen der Verfassung des Landes *Sachsen* aus dem Jahre 1992 (Verfassung des Freistaats Sachsen vom 27.5.1992, GVBl. S. 243): So regelt Art. 11 Abs. 1 SächsVerf das Staatsziel der Sportförderung, wonach das Land das kulturelle, das künstlerische und wissenschaftliche Schaffen, die sportliche Betätigung sowie den Austausch auf diesen Gebieten fördere. Daneben normiert der erste Satz des Art. 11 Abs. 2 SächsVerf einen (subjektiv-rechtlichen) Anspruch des gesamten Volkes, an der Kultur in ihrer Vielfalt und am Sport teilzunehmen, während der zweite Satz eine damit korrespondierende und das allgemeine Ziel der Sportförderung konkretisierende Pflicht begründet, öffentlich zugängliche Sportstätten – wenngleich nur im Rahmen verfügbarer Ressourcen (Art. 13 SächsVerf) – zu unterhalten (Degenhart, 1997, S. 177).

Eine mit der sächsischen Regelung vergleichbare Bestimmung findet sich in der Verfassung des Landes *Sachsen-Anhalt* von 1992 (Verfassung des Landes Sachsen-Anhalt vom 16.6.1992, GVBl. S. 600). So bestimmt Art. 36 Abs. 1 VerfLSA, dass Kunst, Kultur und Sport durch das Land und die Kommunen zu schützen und zu fördern seien. Art. 36 Abs. 3 VerfLSA geht darüber hinaus und normiert die zusätzliche Verpflichtung des Landes und der Kommunen, im Rahmen ihrer finanziellen Möglichkeiten die kulturelle Betätigung aller Bürger, insbesondere durch die Unterhaltung öffentlich zugänglicher Sportstätten zu fördern.

In vergleichbarer Weise erklärt die *schleswig-holsteinische* Regelung des Art. 9 Abs. 3 LV SH aus dem Jahre 1998 (Verfassung des Landes Sachsen-Anhalt vom 16.6.1992, GVBl. S. 600) die Förderung der Kultur einschließlich des Sports, der Erwachsenenbildung, des Büchereiwesens und der Volkshochschulen zur Aufgabe des Landes, der Gemeinden und Gemeindeverbände.

Schließlich hat sich auch der Freistaat *Thüringen* in seiner Verfassung von 1993 (Verfassung des Landes Sachsen-Anhalt vom 16.6.1992, GVBl. S. 600) als Letztes der neuen Bundesländer zur Sportförderung als Staatsziel bekannt und in Art. 30 Abs. 3 erklärt, dass der Sport Schutz und Förderung durch das Land und seine Gebietskörperschaften genieße.

1.1.3 Auswirkungen auf staatliche Funktionsträger

Die landesverfassungsrechtlichen Sportförderklauseln haben vielfältige Auswirkungen auf die Entscheidungen und Maßnahmen der Funktionsträger auf Landes-, Kreis- und Gemeindeebene. Bundesgesetzgeber und Bundesverwaltung sind demgegenüber nicht an die Landesnormen gebunden. Hinterfragt man die durch Förderklauseln herbeigeführten Bindungen der verschiedenen Funktionsträger auf Landes-, Kreis- und Gemeindeebene, so muss man sich zunächst daran erinnern, dass Staatszielbestimmungen die öffentlichen Interessen markieren, die sich der Staat zu eigen macht und deren Verfolgung er von allen, prinzipiell gleichrangigen staatlichen Funktionsträgern erwartet. Allerdings obliegt die Bestimmung und Wahrnehmung konkreter öffentlicher Aufgaben, also solcher, an deren Erfüllung ein öffentliches Interesse besteht, nach den Grundsätzen der repräsentativen Demokratie (Art. 20 Abs. 2 GG) zuvörderst dem förmlichen Gesetzgeber. Ihm kommt damit die primäre Aufgabe zur Umsetzung und Konkretisierung von Staatszielbestimmungen zu. Bezogen auf die landesverfassungsrechtlichen Sportförderklauseln bedeutet dies gleichwohl nicht, dass Landesgesetzgeber zum Erlass von Förder-, Pflege- oder Schutzgesetzen zugunsten des Sports verpflichtet wären. Denn eine solche Interpretation widerspräche dem mitgeschriebenem Zweck einer sportbezogenen Staatszielbestimmung, die Autonomie der Sportverbände eher zu stärken und nicht durch eine Flut einfach-gesetzlicher Regelungen zu beschränken (Stern, 1993, S. 281). Nur im Ausnahmefall dürfte daher das grundsätzlich unberührte Entscheidungsermessen der Gesetzgeber zum Tätigwerden auf Null reduziert sein, so dass ein landesgesetzgeberisches Unterlassen verfassungswidrig wäre (Zimmermann, 2000, S. 182 f.). Im Regelfall besteht die landesgesetzgeberische Pflicht vielmehr darin, die sportbezogenen Inhalte bei Ausgestaltung der Gesetze, also bei der Frage des Auswahlermessens, zu beachten. Besonders praxisrelevant sind ferner Bindungen der Verwaltungsorgane auf und unterhalb der Landesebene, insbesondere bei planerischen Entscheidungen sowie bei Auslegung und Anwendung von Gesetzen. So eröffnen Gesetze in der Regel einen exekutiven Entscheidungsspielraum, innerhalb dessen die Zielvorgaben realisiert werden müssen. Dies betrifft sowohl abstrakt-generelle Maßnahmen in Gestalt von Rechtsverordnungen und Satzungen wie auch konkret-individuelle Entscheidungen durch Verwaltungsakte. Sieht man in den Staatszielbestimmungen die Markierung öffentlicher Interessen, die auf einer weiteren Ebene durch formelle Gesetze konkretisiert werden, so kommt der Verwaltung die Aufgabe zu, das jeweilige Staatsziel im höchsten

Maße zu präzisieren und umzusetzen (Sommermann, 1997, S. 385). Diese Umsetzung erfolgt in erster Linie dadurch, dass Ermessens- und Planungsentscheidungen das sportbezogene Staatsziel berücksichtigen, daran ausgerichtet und ggf. mit ihm begründet werden. Dies kann etwa bedeuten, dass in der zielnormierten Sportförderung – wie im Beispielsfall 8 (Grundstücksenteignung) nach der baden-württembergischen Regelung des Art. 3c Abs. 1 LV BW – ein Allgemeinwohl gefunden wird, um eine kommunale Enteignung von Grundstücken zum Zwecke der Erstellung von Sportanlagen auf Grundlage eines Bebauungsplanes zu legitimieren (OLG Stuttgart, SpuRt 2002, S. 27 ff.). Berücksichtigt die Verwaltung demgegenüber die entsprechende Sportförderklausel nicht oder nur unzureichend, so sind entsprechende Maßnahmen rechtsfehlerhaft und müssen im Streitfall aufgehoben oder ergänzt werden. Eine solche Situation liegt im Beispielsfall 9 (Flusssperrung) vor: So erlässt die rheinland-pfälzische Naturschutzbehörde eine Rechtsverordnung, die zu Einschränkungen des Gemeingebrauchs und damit auch zum Kanufahren führt, ohne dabei die verfassungsrechtlich geschützten (Art. 40 Abs. 4 LV RP) Belange des Sports zu berücksichtigen (OVG Rheinland-Pfalz, NVwZ-RR 2002, S. 183 ff.). Die Einstellung der sportbezogenen Zielnorm bedeutet jedoch keinesfalls, dass sich der Sport stets gegenüber anderen öffentlichen Belangen durchsetzen müsste. Es könnte also durchaus sein, dass im Beispielsfall 10 (Körperschaftssteuerbefreiung) die zu berücksichtigenden Belange des Sports hinter denen des Naturschutzes zurückstehen. Auch wäre es zulässig, die Verweigerung einer Ausnahmegenehmigung zur Durchführung einer Motorsportveranstaltung im öffentlichen Straßenraum zu verweigern, wenn die öffentlichen Interessen für ein Verbot den Interessen an der Sportveranstaltung selbst bei verfassungsrechtlicher Anerkennung überwiegen (BVerwG v. 18.9.1997, Az.: 3 C 4/97).

Es kommt also bei alledem darauf an, dass die Belange des Sports überhaupt in die Entscheidungsfindung einfließen und entsprechend ihrer Bedeutung gewichtet werden. Neben der Berücksichtigung in Ermessens- und Planungsentscheidungen ist die Verwaltung jedoch auch gehalten, den sportbezogenen Staatszielbestimmungen durch eine verfassungskonforme Auslegung unbestimmter Rechtsbegriffe oder Generalklauseln Rechnung zu tragen. Wird die betreffende Staatszielbestimmung übersehen oder in ihrer Bedeutung verkannt, so ist die exekutive Maßnahme ebenso angreifbar, als würde das Staatsziel in seiner konkreten Betroffenheit fehl gewichtet oder von vornherein einem anderen gleichberechtigten Staatsziel untergeordnet.

Schließlich ist auch die Rechtsprechung an die Staatszielbestimmungen der Sportförderung gebunden. Diese Bindung besteht darin, die jeweilige Staatszielbestimmung als konkretisierende Interpretationshilfe bei Auslegung verfassungsrechtlicher, einfachgesetzlicher und untergesetzlicher Normen anzuwenden. Dies kann mitunter soweit gehen, dass die Rechtsprechung Rechtsvorschriften uminterpretiert (Günther, 1990, S. 63). Allerdings müssen bei dem richterlichen Erkennungsprozess stets die eindeutigen Wertungen des Gesetzgebers und dessen Primärverantwortlichkeit bei der Zielkonkretisierung beachtet werden. Dies bedeutet, dass die Gerichte verpflichtet sind, legislative Wertungen zu wahren und nicht etwa unter Berufung auf Staatszielbestimmungen zum Zwecke einer eigenen Sozialgestaltung zu missbrauchen (Sommermann, 1997, S. 386 m.w.N.). Eine solche Konstellation ist im Beispielsfall 10 (Körperschaftssteuerbefreiung) gegeben: Bestimmt etwa § 52 Abs. 2 Nr. 2 AO, dass eine Körperschaft unter anderem dann gemeinnützige Zwecke verfolgt, wenn sie den Sport fördert, ist es unzulässig, andere Staatsziele wie beispielsweise den Umweltschutz aus Art. 20a GG bei Auslegung dieser Bestimmung hineinzulesen, ohne dass der Gesetzgeber eine entsprechende Interpretationsmöglichkeit eröffnet hat (BFHE 184, 226). So schützt der Staat die natürlichen Lebensgrundlagen gerade nicht uneingeschränkt, sondern gemäß Art. 20a GG nur im Rahmen der verfassungsmäßigen Ordnung durch die Gesetzgebung „nach Maßgabe von Gesetz und Recht" durch die vollziehende Gewalt und die Rechtsprechung. Dies bedeutet konkret, dass eine uninterpretierbare Vorschrift nicht zu einer richterlichen Rechtsanwendung ermächtigt, die das Staatsziel Umweltschutz *contra legem* umsetzen würde. Stellt sich im Rahmen gerichtlicher Verfahren heraus, dass die gesetzgeberische oder exekutive Entscheidung an einem Zieldefizit oder einer Fehlgewichtung leidet, so ist die Rechtsprechung nicht nur berechtigt, sondern sogar verpflichtet, die entsprechende Maßnahme zu beanstanden bzw. bei Zweifeln an der Verfassungsmäßigkeit der streitentscheidenden Norm diese dem Bundesverfassungsgericht im Wege der konkreten Normenkontrolle nach Art. 100 GG vorzulegen. Eine Uminterpretation der Norm ist dem Gericht hingegen verwehrt.

1.1.4 Grundgesetzliche Einführung

Angesichts der nahezu flächendeckenden Verankerung der öffentlichen Sportförderung als Staatsziel in den Landesverfassungen, stellt sich die Frage nach einer entsprechenden grundgesetzlichen Regelung. Die Beantwortung dieser Frage muss auf dem Boden genereller Erwägungen für und gegen die Aufnahme einer bestimmten Staatszielbestimmung, insbesondere dem Vorliegen tatsächlicher, politischer und rechtlicher Argumente abhängig gemacht werden. So ist die Einführung einer Staatszielbestimmung in tatsächlicher Hinsicht nur dann politisch zweckmäßig und sinnvoll, wenn gewichtige Gründe vorliegen, warum der Staat das Erreichen eines bestimmten Zieles als im öffentlichen Interesse liegend normieren sollte. Vergegenwärtigt man sich die regionale, überregionale und internationale Bedeutung des Sports mit seinen zahlreichen ökonomischen, gesellschaftlichen und biologischen Funktionen, liegen vielfältige Gemeinwohlaspekte vor, die ein öffentliches, insbesondere auch bundesweites Interesse an der Sportförderung begründen. Allerdings geht es bei der Diskussion um eine grundgesetzliche Verankerung der Sportförderung als Staatsziel auch um die Frage, ob die Einführung einer sportbezogenen Staatszielbestimmung auf Bundesebene auch aus rechtlichen und verfassungspolitischen Gründen *geboten* ist. Will eine Verfassung nicht Gefahr laufen, zur *Verfassungslyrik* (Holste, JA 2002, S. 912) mit uneinlösbaren Programmsätzen zu verkommen, so erscheint die Einführung einer Staatszielbestimmung aus rechtlichen Gründen regelmäßig *nur dann* geboten, wenn damit eine bestehende Regelungslücke behoben werden kann. Ein solches Regelungsdefizit wird teilweise im Verhältnis zur umweltschutzbezogenen Staatszielnorm des Art. 20a GG erkannt und argumentiert, dass die Einführung einer sportbezogenen Zielbestimmung ein verfassungsrechtliches *Rebreak* (Steiner, 1991, S. 2730) wäre, das für einen fairen Interessenausgleich zwischen den Lebenskreisen Sport und Umweltschutz sorgen könnte (Steiner, 1997, S. 516 sowie 1994, S. 5; Tettinger, 2000, S. 1072).

Für diese Argumentation spricht vor allem eine signifikante Zunahme von Konfliktsituationen im Verhältnis zwischen Umwelt und Sport (Beispielsfälle 9 (Flusssperrung) und 10 (Körperschaftssteuerbefreiung)), deren Ursachen nicht zuletzt auf eine Veränderung äußerer (Freizeitzunahme, erhöhte Lebenserwartung, steigende Mobilität, höheres Einkommen) und innerer Lebensbedingungen (steigende Verstädterung, Kommunikationsarmut, Automatisierung, sinkende Attraktivität des Wohnumfeldes) mit einer qualitativen und quantitativen Zunahme sog. Outdoorsportarten zurückzuführen sind. Hinzu kommt, dass diese Interessenkollisionen nicht erst auf den Ebenen der Rechtsanwendung und Rechtsprechung, also vornehmlich durch die staatlichen Funktionsträger der Länder, Gemeinden und Gemeindeverbände (Art. 83 GG) zu lösen sind, sondern angesichts der vielfältigen Bundeskompetenzen auf dem Gebiet der umweltbezogenen Gesetzgebung (vgl. die Art. 74, 75 GG) bereits die an der Gesetzgebung beteiligten Organe des Bundes betreffen, welche wiederum nicht an landesverfassungsrechtliche Zielbestimmungen gebunden sind. So gesehen, stellt das vielfach erhobene Gegenargument, der tatsächliche Schwerpunkt der Sportförderung liege auf den Gebieten der Länder, Gemeinden und Gemeindeverbände, so dass vor allem hier mit dem Auftreten exekutiver Interessenkonflikte (Planung und Leistung) zu rechnen sei (Tettinger, 2000, S. 1073), aus meiner Sicht nur eine Seite der „Fördermedaille" dar.

Nahe liegender erscheint es mir demgegenüber, wenn man das Bestehen einer verfassungsrechtlichen Regelungs- und Schutzlücke mit dem Hinweis verneint, dass sportliche Aktivitäten im weitesten Sinne bundesgrundrechtliche Abstützung erfahren, sei es durch die allgemeine Handlungsfreiheit nach Art. 2 Abs. 1 GG, die Vereinsfreiheit nach Art. 9 GG oder durch die Berufsfreiheit des Art. 12 GG. Stellt man demzufolge auf irgendeine grundgesetzliche Verankerung des betreffenden Lebensbereiches ab, so ist eine zusätzliche Staatszielbestimmung zugunsten des Sports weniger erforderlich als etwa die Zielbestimmungen zugunsten der Umwelt und der Tiere (Art. 20 a GG), die gerade nicht auf einen umfänglichen Grundrechtsschutz bauen können und deshalb etwaige einfachgesetzliche Schutzlücken befürchten lassen (bezogen auf den Tierschutz Holste, 2002, S. 908).

Deshalb kann es bei Einführung einer sportbezogenen Staatszielbestimmung nicht darum gehen, den vorhandenen Grundrechtsschutz zu stärken. Das grundgesetzliche Regelungsdefizit muss vielmehr aus dem Fehlen objektiv-rechtlicher Schutzaspekte zugunsten des Sports deduziert werden. Folgt man diesem Argumentationspfad weiter, so verjüngt er sich noch einmal dadurch, dass die moderne Grundrechtsdogmatik nicht bei der Gewährung subjektiv-rechtlichen Schutzes stehen geblieben ist, sondern objektiv-rechtliche Grundrechtsgehalte erarbeitet hat, zu denen die Schaffung ihrer rechtlichen, sozialen und bildungsmäßigen Voraussetzungen, die Erfüllung von Schutzpflichten gegenüber privaten Angriffen und die Bereitstellung von Verfahren gehören. So gesehen, bleibt in der Tat nur noch wenig von der anfänglichen Behauptung einer bestehenden verfassungsrechtlichen Regelungs- und Schutzlücke übrig. Bei dieser Argumentation dürfen jedoch ver-

fassungs*politische* Argumente, die für die Einführung einer sportbezogenen Staatszielbestimmung sprechen, nicht unberücksichtigt bleiben. So kann der primäre Grund für die Aufnahme einer sportbezogenen Staatszielbestimmung weder in der Stärkung subjektivrechtlicher Freiheitsgehalte gesehen werden, noch in der Ergänzung ihrer objektivrechtlichen Wirkungen. Denn eine grundgesetzliche Staatszielnorm der öffentlichen Sportförderung würde sich nicht an die privaten Akteure im Sport richten, sondern konkrete Zielvorgaben für die staatlichen Funktionsträger formulieren. Darüber hinaus hätte die Einführung einer sportbezogenen Staatszielbestimmung in das Grundgesetz positive psychologische Wirkungen auf die Bevölkerung, weil damit vor allem auch solche gesellschaftlichen, ökonomischen und politischen Gemeinwohlbeiträge des Sports Anerkennung finden würden, die außerhalb der individualrechtlichen Grundrechtsperspektiven stehen und nicht bereits durch andere Staatszielnormen abgedeckt sind.
So erscheint auch das weit formulierte Sozialstaatsprinzip aus Art. 20 Abs. 1 GG weder geeignet, die spezifischen sozialen Funktionen des Sports in die Verfassung zu tragen, noch dessen ökonomische und politischen Leistungen anzuerkennen. Diese öffentlichen Belange müssten ohne eine entsprechende sportbezogene Staatszielbestimmung unberücksichtigt bleiben und weiterhin auf Grundlage kompetenzieller Hilfskonstruktionen (etwa der außenpolitischen Bedeutung des Sports nach Art. 32 GG) in den Abwägungsvorgang eingestellt werden.
Kann bei alledem von einem zumindest verfassungspolitischem Regelungsdefizit gesprochen werden, so drängt sich die Frage auf, warum eine sportbezogene Staatszielbestimmung in das Grundgesetz aufgenommen werden muss, wenn doch eine entsprechende Kulturförderklausel mit derselben verfassungsrechtlichen *Dignität* im Grundgesetz fehlt. Diese Fragestellung übersieht jedoch zum einen, dass der Lebensbereich der Kultur in einem wesentlich höherem Maße als der Sport zu den traditionellen Aufgaben der Länder zählt und daher weniger auf Bundesebene anzuerkennen ist als die Förderung des Sports beispielsweise zum Zwecke der gesamtstaatlichen Repräsentation des Bundes, der Pflege seiner auswärtigen Beziehungen, der Planung und Organisation nationaler und internationaler Sportveranstaltungen sowie der Finanzierung von Bundesleistungszentren einschließlich sportwissenschaftlicher Forschungsinstitute auf Bundesebene. Zum anderen wäre es unzulässig, die Staatszielbestimmung der öffentlichen Sportförderung gegen eine Staatszielbestimmung der Kulturförderung auszuspielen, weil die jeweiligen Staatszielbestimmungen ihrer Zwecksetzung nach gerade unterschiedli-

che öffentliche Interessen markieren, die naturgemäß auch unterschiedlich zu bewerten sind. Hat sich der Staat für die Aufnahme von Staatszielen überhaupt entschlossen, so muss er sich die Frage gefallen lassen, ob die verfassungspolitische Bedeutung der erklärten Staatsziele (etwa Art. 20a GG) nicht mit den in Rede stehenden Belangen des Sports vergleichbar ist. Wollte man indes das Fehlen einer Regelungslücke in dem Bereich der Kultur damit begründen, dass wesentliche Ausformungen kultureller Belange grundrechtlich verbürgt sind (vgl. Art. 5 Abs. 3 GG) und dabei subjektiv- und objektiv-rechtliche Funktionen im Sinne von Einrichtungsgarantien entfalten, so greift diese Argumentation zu kurz. Denn auch sportrelevante Verhaltensweisen genießen grundrechtlichen Schutz (Art. 2 GG, Art. 9 GG, Art. 12 GG), der sich in unterschiedlichen Funktionen konkretisiert. Dass jedoch die Aufnahme einer sportbezogenen Zielnorm zu einer tatsächlichen Überforderung des Bundes führen und sich gerade in Zeiten leerer Haushaltskassen nahezu anachronistisch ausmachen würde, ist eine Behauptung, die an der Realität der aktuellen tatsächlichen Bundesförderungsmaßnahmen vorbeigeht und überdies die sportpolitischen Absichtserklärungen sämtlicher Bundesorgane und politischen Parteien ignoriert. Die Aufnahme einer entsprechenden Sportförderungsklausel entspräche damit dem rechtstatsächlichen und verfassungspolitischen Ist-Zustand und wäre damit mehr als nur die Einlösung des Gebotes der *Verfassungsredlichkeit*. Sähe man in der Aufnahme einer grundgesetzlichen Sportförderklausel die Gefahr der Gefährdung freiheitsrechtlicher Verbandsautonomie (Art. 9 GG), so könnte man dieses Bedenken durch Aufnahme einer entsprechenden Beachtungsklausel („unter Wahrung der Autonomie der Träger") ausräumen. Die Einführung einer sportbezogenen Staatszielbestimmung würde sich schließlich der immer wieder geäußerten und generellen Befürchtung ausgesetzt sehen, dass Staatszielbestimmungen zu einer allgemeinen Politisierung und/oder Finalisierung der Verfassung beitragen und damit eine Einschränkung des gesetzgeberischen Ermessens bewirken könnten (Klein, 1991, S. 735; Wienholtz, 1984, S. 553), die möglicherweise sogar kontraproduktiv für die Zielerreichung wäre. Dabei ist jedoch zu bedenken, dass das gesetzgeberische Ermessen, wie es sich aus den Grundsätzen der repräsentativen Demokratie gemäß Art. 20 Abs. 2 GG ableiten lässt, durch die Aufnahme einer sportbezogenen Staatszielbestimmung als solches nicht in Gefahr wäre. Denn es würde weiterhin dem Gesetzgeber trotz der Staatszielbestimmung obliegen, frei über wesentliche Fragen, wie Art, Weise und Zeitpunkt gesetzgeberischer Maßnahmen zu befinden. Die Staatszielbestimmung betrifft lediglich die

Ausgestaltungsfreiheit des Gesetzgebers (Scheuner, 1972, S. 340; Lücke, 1982, S. 24), dessen konkrete Normen sich an dem jeweiligen Staatsziel messen lassen müssten. Hat sich jedoch der Bund bereits vielfältig zu einer Förderung des Sports im Rahmen seiner Kompetenzen entschieden und damit selbst einer gewissen Selbstbindung unterworfen, so sind auch die vorgenannten Bedenken nicht derart schwerwiegend, als dass von der Forderung nach Aufnahme einer sportbezogenen Staatszielbestimmung Abstand zu nehmen wäre. Im Übrigen haben auch die Erfahrungen mit den jüngeren Staatszielbestimmungen zum Umwelt- und Tierschutz gezeigt, dass die vorgenannten Bedenken und der Argwohn gegenüber der Einführung weiterer Staatszielbestimmungen unberechtigt war und diese lediglich dazu führten, dass den staatlichen Funktionsträgern Argumente an die Hand gegeben wurden, die sie ansonsten klammheimlich durch die Hintertüre der Verfassung geholt hätten. Der Sinn einer sportbezogenen Staatszielbestimmung auf Bundesebene könnte danach weniger in dem Auffüllen einer (etwaigen) verfassungsrechtlichen Regelungs- und Schutzlücke, als vielmehr in der Einlösung verfassungspolitischer Versprechen und der Nutzbarmachung verfassungspsychologischer Wirkungen (Identifikation, Integration) bestehen. Nicht zuletzt aus diesen Gründen ist die Einführung einer sportbezogenen Staatszielbestimmung in das Grundgesetz zu begrüßen.

1.2   Grundrechtsstatus des Sports

Beispielsfall 11 (Reitverbot): Der Hobbyreiter H benutzt seit vielen Jahren bei seinen täglichen Reitausflügen einen breiten Waldweg durch den nahe gelegenen Forst. Eines Tage ist der Weg durch eine breite Bake versperrt. An dem Wegrand steht ein Schild, das den Forst als Naturschutzgebiet ausweist und dabei ausdrücklich jeglichen Gebrauch der Weg zum Zwecke des Reitens verbietet. H meint, dass er einen Anspruch darauf habe, den Weg zum Reiten zu benutzen. Hat H Recht?

Beispielsfall 12 (Nationale Dopingsperre): Nachdem der deutschen Berufssportlerin K die erstmalige Einnahme von Doping nachgewiesen wurde, wird diese auf Grundlage der insofern zwingenden nationalen Satzungsstatuten von dem entsprechenden Verband für vier Jahre gesperrt. Ist die Auffassung der K, die Satzungsstatuten und ihre Sperre verstießen gegen Grundrechte, zutreffend?

Beispielsfall 13 (Kinderhochleistungssport): Die dreizehnjährige K spielt leidenschaftlich Tennis und erzielt bereits große Erfolge in ihrer Altersklasse. Der geldgierige Vater V plant Großes mit seinem Kind und verordnet ihr ein umfangreiches, besonders hartes Leistungstraining, das in diesem Umfang sowohl dem Willen der K widerspricht, als auch gesundheitsschädlich sein kann. Ist der Staat zum Einschreiten verpflichtet?

Der Sport in Deutschland besitzt einen facettenreichen Grundrechtsstatus, der
- in erster Linie auf den subjektivrechtlichen Abwehrgehalt der Grundrechte (vgl. 1.2.1) und
- in zweiter Linie auf deren objektivrechtliche Funktionen (vgl. 1.2.2)

beruht. Die nachfolgenden Darstellungen analysieren diese unterschiedlichen Gehalte anhand der sportrelevanten Einzelgrundrechte des Grundgesetzes in den wesentlichen Problemsituationen. Dabei geht es im Einzelnen um den individuellen und kollektiven Grundrechtsschutz, den Erziehungsauftrag des Staates und der Sicherung der Elternrechte, die grundrechtlichen Schutzpflichten, die normative Begründung und die verfassungsrechtlichen Grenzen der Selbstgefährdung sowie die grundrechtlichen Kollisionslagen und klassischen Drittwirkungsprobleme im Sport.

1.2.1 Subjektivrechtliche Abwehrgehalte der Grundrechte

Im Rahmen der Abwehrgehalte der sportrelevanten Grundrechte ist zwischen individueller und kollektiver Freiheitsbetätigung zu unterscheiden.
Individuelle sportliche Betätigung unterfällt jedenfalls dann der allgemeinen Handlungsfreiheit aus Art. 2 Abs. 1 GG, wenn sie wie im Beispielsfall 11 (Reitverbot) nicht Gegenstand beruflicher Betätigung ist (Steiner, 1983, S. 174 sowie 1995, S. 417). Denn der freiheitsrechtliche Abwehrgehalt des Art. 2 Abs. 1 GG erfasst jede Form menschlichen Handelns, ohne Rücksicht darauf, welches Gewicht der Betätigung für die Persönlichkeitsentfaltung zukommt (BVerfGE 6, 32, 36). Eine grundrechtsbezogene Differenzierung zwischen verschiedenen Sportarten (bspw. Eistanzen, Skifahren, Boxen) oder Ausübungsmodalitäten (bspw. Mannschaftssportarten, Individualsportarten) wäre daher unzulässig und widerspräche der Komplementärfunktion des Art. 2 Abs. 1 GG. Die Weite des Schutzbereichs korrespondiert wiederum mit dem Umfang zulässiger Einschränkungen. So wird die

allgemeine Handlungsfreiheit dem Einzelnen nur gewährt, soweit er nicht die Rechte anderer verletzt und nicht gegen die verfassungsmäßige Ordnung oder gegen das Sittengesetz verstößt. Dies wiederum erlaubt dem Staat, eine Vielzahl sportbetreffender Freiheitsbeschränkungen vorzunehmen, soweit er dabei die formellen und materiellen Rechtmäßigkeitsvoraussetzungen, insbesondere den aus Art. 19 Abs. 2 GG abzuleitenden Verhältnismäßigkeitsgrundsatz beachtet. Aus diesem Grunde ist es etwa zulässig, die sportbezogene Benutzung bestimmter Wege wie im Beispielsfall 11 (Reitverbot) zum Zwecke des Naturschutzes einzuschränken. Neben diesen persönlichkeitsbildenden Elementen sind biologische Funktionen des Sports zu berücksichtigen, da dieser Bewegungsausgleich schafft und damit im Normalfall gesundheitsfördernd und -erhaltend wirkt. So könnte dieser Umstand Anlass genug sein, Individualsportlern nicht nur das Recht auf allgemeine Handlungsfreiheit gemäß Art. 2 Abs. 1 GG, sondern auch das Recht auf körperliche Unversehrtheit gemäß Art. 2 Abs. 2 S. 1 GG zuzusprechen. Denn Art. 2 Abs. 2 S. 1 GG vermittelt gerade den in Rede stehenden Schutz der Gesundheit im biologisch-physiologischem Sinn, der auch psychisches Wohlbefinden einschließt (Pieroth & Schlink, 2002, Rn. 393). Zweifellos muss dabei berücksichtigt werden, dass nicht jede sportliche Betätigung der Gesundheit dient, sondern vor allem in jungen Jahren durchaus gesundheitsschädlich sein kann (etwa im Bereich des Hochleistungssports wie im Beispielsfall 13 – Kinderhochleistungssport). Dennoch ist es gerechtfertigt, zumindest diejenigen sportlichen Betätigungen zum Schutzbereich des Art. 2 Abs. 2 S. 1 GG zu rechnen, die unmittelbar der Gesundung, der Gesunderhaltung oder der körperlichen Fortentwicklung dienen wie beispielsweise Rehabilitations-, Behinderten-, Kinder- und Seniorensport (von Münch, 1986, S. 9 f.).

Ist die sportliche Betätigung des Einzelnen darüber hinaus auf Dauer angelegt und dient der Schaffung und Unterhaltung einer Lebensgrundlage, so handelt es sich um eine berufliche Tätigkeit, die wie im Beispielsfall 12 (Kinderhochleistungssport) den Schutz des Art. 12 Abs. 1 GG genießt. Auf die Frage, ob die sportliche Betätigung vom Gesetz her erlaubt und nicht generell verboten ist, kommt es vom Wortlaut, der Systematik und dem Sinn und Zweck der Vorschrift ebenso wenig an (Krogmann, 1998, S. 34; Tettinger, 2003, Art. 12 Rn. 36 ff.) wie auf die Unterscheidung zwischen selbständiger und unselbständiger Berufstätigkeit (Gubelt, 2000, Art. 12 Rn. 17). Die Eröffnung des grundrechtlichen Schutzbereichs ist ferner nicht davon abhängig, ob im Einzelfall die Berufswahl oder die Berufsausübung betroffen ist, da diese Differenzierung allein für die unterschiedlichen Anforderungen der Rechtfertigung von Eingriffen in den Schutzbereich von Bedeutung ist. Entscheidend für den grundrechtlichen Schutz der Berufsfreiheit ist vielmehr die Eignung der sportlichen Betätigung zum Lebenserwerb und ihre nicht nur gelegentliche, vorübergehende oder hobbymäßige Ausübung. Legt man diese beide objektiven, ziel- und zeitbezogenen Kriterien zugrunde, so steht der Schutz der Berufsfreiheit zumindest sog. Profisportlern wie Tennisspielern, Rennfahrern, Boxern, Golfern oder Lizenzspielern der Fußball-, Eishockey- oder Handballligen zu, die regelmäßig an Sportwettkämpfen, Show-Veranstaltungen oder sonstigen Ereignissen teilnehmen, um aus Vereins- oder Verbandsgehältern, Antritts- und Preisgeldern oder Sponsoringzuwendungen ihren Lebensunterhalt zu bestreiten (Krogmann, 1997, S. 36 ff.). Problematisch erscheint daher allenfalls, ob auch der sog. Amateur, der nach allgemeinem Sprachgebrauch und den Satzungsstatuten der Sportverbände kein Entgelt, sondern ohne vertragliche Bindung allenfalls Ersatz seiner Aufwendungen im Rahmen der steuerrechtlich zulässigen Grenzen erhält, als Berufssportler im Sinne von Art. 12 Abs. 1 GG angesehen werden kann. Denn grundsätzlich schließt das allgemeine Sprachverständnis und die binnenrechtliche Definition der Sportverbände das Vorliegen entgeltlicher Tätigkeiten als notwendige Voraussetzungen beruflicher Betätigung aus. Demgegenüber kann es keinem Zweifel unterliegen, dass der grundrechtliche Schutz einer relevanten Tätigkeit nicht von dem allgemeinem Sprachgebrauch oder einer satzungsmäßigen Definition, sondern allein davon abhängig ist, ob das als amateurhaft bezeichnete Verhalten im Einzelfall die grundgesetzlichen Tatbestandsmerkmale des Art. 12 Abs. 1 GG aufweist. So gibt es eine Reihe von Sportlern, wie beispielsweise Leichtathleten (DLV-RA, NJW 1992, S. 2591 f.) und Fußballer, die zwar von ihren Verbänden als sog. Amateure oder Vertragsamateure bezeichnet werden, ihren jeweiligen Sport jedoch so zeitintensiv ausüben und dafür derart erhebliche Gegenleistungen erhalten, dass die Bezeichnung als Amateur den realen Verhältnissen widerspricht. Daher muss in jedem Einzelfall geprüft werden, ob die „amateurhafte" Sportausübung einen grundrechtlichen Schutz nach Art. 12 Abs. 1 GG verdient oder nicht (Krogmann, 1997, S. 38 ff.). Daneben könnten sich Amateure und möglicherweise auch bestimmte Sportler ohne Amateurstatus unter dem Gesichtspunkt der freien Wahl der Ausbildungsstätte auf Art. 12 Abs. 1 GG berufen, wenn man diesen Schutzbereichsaspekt über seinen Wortlaut hinaus nach dem Sinn und Zweck auf die gesamte Freiheit der berufsbezogenen Ausbildung erstreckt (Jarass & Pieroth,

2002, Art. 12 Rn. 44a; Tettinger, 2003, Art. 12 Rn. 69). Denn eine klassische, spezifisch abgrenzbare Ausbildung zum Berufssportler beispielsweise in Gestalt einer Lehrlingsausbildung oder eines Studiums fehlt. Dementsprechend wird der Offenheit des Berufsbegriffs (Gubelt, 2000, Art. 12 Rn. 8) nur dann Rechnung getragen, wenn alle sportlichen Aktivitäten, die ihrer tatsächlichen Ausgestaltung nach als Ausbildungs- und Lernvorgang im Hinblick auf den späteren Berufssport anzusehen sind (Steiner, 1980, S. 20) unter den Ausbildungsbegriff des Art. 12 Abs. 1 GG subsumiert werden. Daraus folgt, dass zumindest solche sportlichen Aktivitäten wie beispielsweise Teilnahmen an Boxturnieren oder Trainingslagern bzw. Sichtungswettkämpfen für Fußballer, die der Vorbereitung auf eine berufliche Karriere dienen und daher nicht nur theoretisch in einen Beruf münden können, auch von Art. 12 Abs. 1 GG erfasst werden (Krogmann, 1997, S. 42 ff.). Demgegenüber scheiden andere sportliche Betätigungen wie das Fechten oder das Kunstturnen im Kinder- und Jugendalter als Ausbildung aus, da diese Sportarten in aller Regelmäßigkeit auch im Erwachsenenalter nicht berufsmäßig betrieben werden.

Von zentraler Bedeutung für den Sport ist ferner die Vereinigungsfreiheit gemäß Art. 9 Abs. 1 GG, dessen Wortlaut allen Deutschen das Recht verleiht, Vereine und Gesellschaften zu bilden. So ist der Vereinsbegriff des Art. 9 Abs. 1 GG weit zu verstehen und zwar als der auf längere Zeit angelegte Zusammenschluss mehrerer natürlicher Personen oder teilrechtsfähiger Organisationen oder juristischen Personen im engeren Sinne (Schnorr, 1965, § 2 Rn. 7) zur Verfolgung eines gemeinsamen Zwecks. Worin dieser Zweck besteht, ist irrelevant, da Art. 9 Abs. 1 GG offen und zielindifferent konzipiert ist. Dementsprechend sind auch Sportverbände und Sportvereine in Deutschland als Vereine im Sinne von Art. 9 Abs. 1 GG anzusehen. Nach seinem Wortlaut ist Art. 9 Abs. 1 GG als Individualgrundrecht formuliert, das die Bildung von Vereinen und Gesellschaften schützt. Darunter fällt das Ob der Gründung, die Organisations- und Rechtsform des gewählten Zusammenschlusses, der Name und der Sitz der Vereinigung (sog. Vereinsautonomie). Anerkannt ist ferner, dass auch der Beitritt zu und der Verbleib in bestehenden Vereinigungen vom Geltungsumfang des Art. 9 Abs. 1 GG erfasst ist, wollte der Schutz der Vereinigungsfreiheit nicht leer laufen (von Mutius & Nolte, 2002, S. 8 ff.). Korrespondierend hierzu wird schließlich auch das Recht zum Fernbleiben (BVerfGE 10, 89, 102) und der Austritt aus der Vereinigung (sog. negative Vereinigungsfreiheit) durch Art. 9 Abs. 1 GG gewährt. Das Bundesverfassungsgericht sieht in ständiger Rechtsprechung neben den aufgezeigten Gewährleistungen für die einzelnen Vereinsmitglieder auch die Vereinigungen selbst, ihr Entstehen und Bestehen von Art. 9 Abs. 1 GG erfasst (BVerfGE 13, 174, 175). So verlange die Effektivität des Grundrechtsschutzes, Art. 9 Abs. 1 GG als Doppelgrundrecht mit einem individualrechtlichen und kollektivrechtlichen Schutzaspekt zu interpretieren ungeachtet der Frage, ob die Voraussetzungen des Art. 19 Abs. 3 GG vorliegen oder nicht (seit BVerfGE 4, 96, 101 f.; Bleckmann, 1997, § 9 Rn. 87). Richtig daran ist, dass die Vereinigungsfreiheit aus Art. 9 Abs. 1 GG grundsätzlich auch kollektivrechtlicher Inanspruchnahme offen stehen kann. Allerdings kann sich dieser Gewährleistungsaspekt aus grammatikalischen, systematischen, historischen und teleologischen Gründen allein aus Art. 19 Abs. 3 GG ergeben, der eine abschließende Regelung darstellt, wonach sich der personale Geltungsbereich der einzelnen Grundrechte auf überindividuelle Organisationseinheiten erstreckt (von Mutius, 1983, S. 197 f.). Liegen dessen Voraussetzungen vor, so gewährt Art. 9 Abs. 1 GG (i.V.m. Art. 19 Abs. 3 GG) auch die Existenz und Funktionsfähigkeit der Vereinigungen selbst. Dazu gehört insbesondere die freie Funktionsentfaltung nach innen wie das Recht auf Fortbestand, autonome Gestaltung der Organisation und verbindliche Festlegung der inneren Ordnung etwa in einer Satzung wie im Beispielsfall 12 (Kinderhochleistungssport) die Normierung bestimmter Folgen bei der Einnahme von Dopingsubstanzen. Sportvereine und -verbände haben danach das Recht, eigene sportethische Wertvorstellungen zu entwerfen, sporttechnische Maßstäbe und Rechtssätze zu setzen (Steiner, 1991, S. 2730; Stern, 1972, S. 143) und Regelverstöße durch verbandseigene Streitschlichtungsinstanzen zu sanktionieren.

Inwieweit darüber hinaus eine sog. externe Vereinsbetätigungsfreiheit von Art. 9 Abs. 1 GG geschützt wird, ist umstritten. Bei teleologisch-funktionaler Betrachtungsweise wird man davon auszugehen haben, dass über das Recht auf Koordination des Wirkens hinaus auch ein Recht auf koordiniertes Wirken von Art. 9 Abs. 1 GG erfasst wird, wozu insbesondere die werbewirksame Selbstdarstellung zu rechnen ist (von Mutius, 1983, S. 196). Eingriffe in den Schutzbereich des Art. 9 Abs. 1 GG sind demgegenüber nur im Rahmen der verfassungsmittelbaren Schranken des Art. 9 Abs. 2 GG sowie aufgrund kollidierenden Verfassungsrechts, insbesondere zum Schutze anderer Grundrechte, zulässig.

1.2.2 Objektivrechtliche Funktionen der Grundrechte

Neben subjektiv-rechtlichen Verbürgungen hat die moderne Grundrechtsdogmatik objektiv-rechtliche Grundrechtsaufgaben erarbeitet. So wirken Grundrechte als negative Kompetenznormen, die Gesetzgebungs-, Verwaltungs- und Rechtsprechungskompetenzen objektivrechtlich und unabhängig davon einschränken, ob der Einzelne seine subjektiven Rechte geltend macht oder nicht. Darüber hinaus enthalten Grundrechte objektive Wertentscheidungen, die nach dem Gebot der verfassungskonformen Auslegung bei Anwendung des einfachen Rechts zu berücksichtigen sind. Dieser Grundsatz gilt für alle Rechtsbereiche und damit insbesondere auch bei Anwendung privatrechtlicher Generalklauseln beispielsweise von Treu und Glauben (§ 242 BGB) oder Sittenwidrigkeit (§§ 138, 826 BGB; § 1 UWG). Entfalten Grundrechte im Privatrecht eine gesetzesmediatisierte (mittelbare) Drittwirkung zwischen Privaten, so wird deren Reichweite durch widerstreitenden Grundrechtsgebrauch (Grundrechtskollisionen) eingeschränkt. Schließlich beinhalten die Grundrechte staatliche Verpflichtungen zur

- Schaffung ihrer rechtlichen, sozialen und bildungsmäßigen Voraussetzungen und zur
- Erfüllung von Schutzpflichten gegen private Übergriffe.

1.2.2.1 Schaffung der Voraussetzungen zur Grundrechtsausübung

Nach der modernen Grundrechtsdogmatik kann eine staatliche Verpflichtung zunächst darauf gerichtet sein, Bedingungen zu schaffen, unter denen eine Grundrechtsrealisierung überhaupt möglich erscheint (BVerfGE 33, 303, 330 ff.). Die Verpflichtung zur Schaffung der notwendigen Realisierungschancen betrifft dabei nicht die Grundrechtsverwirklichung selbst, sondern deren Vorhof bzw. das Vorfeld eigentlicher Grundrechtsbetätigung (Isensee, 1992, § 115 Rn. 11). Ist eine objektivrechtliche Verschaffungspflicht erst einmal begründet, so wendet sie sich zugleich in einen subjektivrechtlichen Anspruch auf die staatliche Leistung. Die objektivrechtliche Funktion der Grundrechte fungiert damit gewissermaßen als *Geburtshelfer* neuer subjektiver Rechte (Pieroth & Schlink, 2002, Rn. 84). Transferiert man diese Erkenntnisse auf den Sportbetrieb, so könnte insbesondere die staatliche Sportförderung zugunsten der Sportvereinigungen als Ausdruck und Anerkennung grundrechtlicher Verschaffungspflichten aus Art. 9 Abs. 1 GG gedeutet werden, da öffentliche Sportförderung zum großen Teil dazu beiträgt, vereinsmäßige Sportausübung überhaupt erst zu ermöglichen. Demgegenüber gibt es jedoch gewichtige Gründe, die gegen die Annahme einer rechtsverbindlichen Verpflichtung des Staates und einer damit korrelierenden Anspruchsposition der Vereinigungen sprechen und die tatsächlichen Förderungsleistungen nicht als Erfüllung grundrechtlicher Verpflichtungen zu deuten. So zeigt bereits das politische Selbstverständnis der öffentlichen Sportförderer, dass die Unterstützungen nicht in Anerkennung etwaiger Leistungspflichten erfolgen. Sportförderung sei nach eigenen Aussagen vielmehr ausschließlich eine Hilfe zur Selbsthilfe und deren Leistung stets davon abhängig, dass Sportorganisationen ihre Finanzierungsmöglichkeiten ausschöpften, bevor sie staatliche Hilfe in Anspruch nehmen dürften (10. Sportbericht der Bundesregierung, Drs. 14/9517, S. 15). Finanzielle Unterstützungen werden somit nicht als Primärquellen zur Realisierung sportverbandlicher Ausübungschancen begriffen, sondern dienen nur der sekundären Absicherung konkreter Freiheitsbetätigungen. Bezeichnenderweise wird dabei stets die abwehrrechtliche Autonomie des Sports unterstrichen und daraus eine partnerschaftliche Zusammenarbeit zwischen staatlichen und sportverbandlichen Akteuren gefolgert (10. Sportbericht der Bundesregierung, Drs. 14/9517, S. 15), die mit der Annahme einer primären Garantenstellung des Staates zur Realisierung der Vereinsfreiheit aus Art. 9 Abs. 1 GG unvereinbar wäre. Grundrechtsdogmatische Bestätigung finden diese rechtspolitischen Auffassungen, wenn man das Grundrecht aus Art. 9 Abs. 1 GG in das grundrechtliche Funktionensystem einpasst: Denn die Vereinsfreiheit sichert zwar bei teleologisch-funktionaler Interpretation reale Ausübungschancen. Die Einräumung dieser Ausübungschancen geht jedoch nicht soweit, dass der Staat verpflichtet wäre, einen dementsprechenden grundrechtlichen Vorhof zu bestellen. Besteht eine staatliche Verpflichtung zur öffentlichen Sportförderung aus Art. 9 Abs. 1 GG nicht, so kann den Vereinen auch kein Anspruch auf staatliche Förderung zugesprochen werden. Art. 9 Abs. 1 GG begründet damit – wie bereits *Tettinger* zutreffend ausführte (1987, S. 52) – keine originäre Leistungspflicht des Staates zur öffentlichen Finanzierung der Sportverbände.

Hat sich der Staat indes zur Förderung von Sportverbänden entschieden, könnte der Gleichheitssatz aus Art. 3 Abs. 1 GG i.V.m. dem Sozialstaatsprinzip allerdings eine der Verschaffungspflicht nahe kommende, zeitlich aber nachfolgende objektiv-rechtliche Verpflichtung zur sach- und sozialgerechten Verteilung der jeweiligen Fördermittel entfalten und damit zugleich einen derivativen Teilhabeanspruch entsprechender Destinatäre verbürgen. So verbietet der Gleichheitssatz Unterscheidungen, die dem in der Wertentscheidung ausgedrückten Willen des Verfassungsgebers zuwiderlaufen würden, einem bestimmten Lebensbereich oder Lebensverhältnis seinen besonderen Schutz angedeihen zu lassen (BVerfGE 17, 210, 217; Alexy, 1994, S. 398 ff.). Dieser Grundsatz soll insbesondere dann gelten, wenn der Staat bestimmte Einrichtungen schafft, an denen er ein faktisches, nicht beliebig aufgebbares Monopol besitzt, und die Beteiligung hieran gleichzeitig notwendige Voraussetzung für die Verwirklichung von Grundrechten ist (Martens, 1972, S. 25). Bei Anwendung dieser Grundsätze ist gleichwohl zu beachten, dass die Verteilung der Fördermittel im Haushaltsplan lediglich angesetzt wird, im Detail jedoch der Steuerung durch parlamentarische Fördergesetze oder binnenrechtliche Verwaltungs-vorschriften unterfällt. Bei Ausgestaltung von Detailfragen haben Gesetzgeber und Verwaltung jedoch einen umso größeren Gestaltungsspielraum, je weniger die Maßnahme zur Abwendung einer sozialen Notlage dient, sondern allgemeine Verhaltenssteuerung aus wirtschafts-, sozial- oder gesellschaftspolitischen Gründen bezweckt (BVerfGE 17, 210, 216; Martens, 1972, S. 22 f.; Tettinger, 1987, S. 52 f.). Dies beutet, dass der Staat im Bereich des Sports relativ frei in seiner Bestimmung ist, welche Vereinigungen oder Einzelsportler gefördert werden, solange er die Fördergesetze und Richtlinien an sach- und sozialgerechten Kriterien z.B. an die Beachtung von Anti-Dopingregeln zur Verbesserung des Gesundheitsschutzes (Art. 2 Abs. 2 S. 1 GG) ausrichtet. Entsprechen seine Förderungsbestimmungen diesen verfassungsrechtlichen Maßstäben, ist eine weitestgehende grundrechtliche Verpflichtung aus Art. 3 Abs. 1 GG i.V.m. Art. 20 Abs. 1 GG im Grundsatz abzulehnen. Teilhabeansprüche werden damit im Regelfall nur innerhalb der entsprechenden Parlamentsgesetze und Richtlinien wirksam, wobei ihnen eine unmittelbare grundrechtliche Anerkennung versagt werden muss.

1.2.2.2 Erfüllung von Schutzpflichten

Möglicherweise könnten die Grundrechte jedoch objektivrechtliche Schutzpflichten des Staates gegen private Übergriffe im Sport enthalten. So ist das Bestehen staatlicher Schutzpflichten auch jenseits ausdrücklicher Normierungen (Art. 1 Abs. 1 S. 2 GG, Art. 6 Abs. 1, 4 GG) insbesondere zum Schutze des menschlichen Lebens gemäß Art. 2 Abs. 2 S. 1 GG i.V.m. Art. 1 GG entwickelt worden (BVerfGE 39, 1, 41) und zugunsten der körperlichen Unversehrtheit (BVerfGE 53, 30, 57;

Böckenförde, 1990, S. 12 f.) sowie des allgemeinen Persönlichkeitsrechts des Einzelnen (Art. 1 GG i.V.m. Art. 2 Abs. 1 GG; BVerfGE 63, 131, 142), der Wissenschaftsfreiheit aus Art. 5 Abs. 3 GG (BVerfGE 35, 79, 128) und der Berufsfreiheit nach Art. 12 Abs. 1 GG (BVerfGE 81, 242, 255) dem Grunde nach anerkannt. Allerdings steht dem Staat bei der konkreten Erfüllung ein erheblicher Einschätzungs-, Wertungs- und Gestaltungsspielraum zu (BVerfGE 81, 242, 255), so dass sich die grundrechtlichen Maßstäbe als relativ konturenarm erweisen und im Wesentlichen durch Gesetzgebung und Verwaltung übersetzt werden müssen. Die Übersetzungsspielräume werden dabei maßgeblich durch den Umfang der jeweiligen Schutzpflicht bestimmt, der sich nach Art und Rang des bedrohten Rechtsguts, der Nähe und dem Ausmaß der diesem Rechtsgut drohenden Gefahren und einer Bewertung der bereits getroffenen staatlichen Maßnahmen richtet (sog. Untermaßverbot: BVerfGE 49, 89, 141 f.). Das Ausmaß der staatlichen Schutzpflicht dürfte ferner davon abhängig sein, ob der Einzelne die Rechtsgutbedrohung selbst und ohne staatliche Hilfe in zumutbarer Weise abzuwenden in der Lage ist (BVerfGE 77, 170, 214). Schließlich hat der Staat bei Erfüllung seiner Schutzpflichten die Geltung kollidierender Grundrechte, insbesondere deren Schrankensystematik und den Verhältnismäßigkeitsgrundsatz im Wege praktischer Konkordanz zu beachten. Wendet man diese Grundsätze auf den Sportbetrieb an, so könnten sich staatliche Schutzpflichten vor allem im Bereich
- des Kinderhochleistungssports (vgl. 1.2.2.2.1) und
- der Dopingproblematik (vgl. 1.2.2.2.2)

ergeben.

1.2.2.2.1 Kinderhochleistungssport

Eine staatliche Schutzpflicht zur Abwehr von Gesundheitsgefahren im Bereich des Kinderhochleistungssports, zu deren Veranschaulichung der Beispielsfall 13 (Kinderhochleistungssport) dient, ließe sich möglicherweise auf Art. 2 Abs. 2 S. 1 GG (ggf. i.V.m. Art. 1 GG) stützen (Steiner, 1984, S. 48). Voraussetzung einer auf Art. 2 Abs. 2 S. 1 GG gestützten Schutzpflicht des Staates wäre in jedem Fall, dass der Kinderhochleistungssport gesundheitliche Gefahren in sich birgt, um dessen Abwendung sich der Staat zu bemühen hat. Hierzu wird man sagen können, dass Gesundheitsrisiken zwar generell mit zunehmendem Training wachsen und der zeitliche und inhaltliche Umfang der Trainingsbelastungen in den vergangen Jahren durch Kommerzialisierung und Professionalisierung des Sports angestiegen ist. Allerdings bestehen nach wie vor erhebliche Unsicherheiten in der Frage, in welchem Umfang Kinder sportlich belastbar und ohne psychische Schäden trainiert werden können (Martin, 1982, S. 255; demgegenüber Frey, 1982, S. 291). Hinzu kommt, dass die eigentlichen Gesundheitsgefahren erst nach der Aktivenzeit beispielsweise durch das Auftreten orthopädischer Spätfolgen registriert werden und damit in einem Stadium auftreten, in dem die Verknüpfungen zwischen der sportlichen Tätigkeit und den Verletzungen nur bedingt erfasst werden können. Sollten allerdings statistische Erhebungen einen eindeutigen Zusammenhang zwischen Kinderhochleistungssport und Gesundheitsgefahren belegen und diese als gesicherte Folge einer bestimmten Sportausübung anzusehen sein, so wäre der Staat und dabei insbesondere der Gesetzgeber unter Berücksichtigung seiner Gestaltungsspielräume verpflichtet, über das Ergreifen entsprechender Schutzmaßnahmen beispielsweise durch Normierung verbindlicher Altersgrenzen nachzudenken. Akzeptiert man das Vorliegen einer staatlichen Schutzpflicht im Grundsatz, so wäre diese allerdings in ihrer Reichweite durch kollidierende Grundrechte der Kinder und Eltern begrenzt. Denn der freie Entschluss der Kinder zum Hochleistungssport fällt grundsätzlich unter die allgemeine Handlungsfreiheit aus Art. 2 Abs. 1 GG, die auch zur Ausübung risikobehafteter Sportarten berechtigt und das Recht der Selbstgefährdung umfasst. Eine Begrenzung des Schutzbereichs oder seiner Ausübung unter dem Aspekt fehlender Einsichtsfähigkeit des Kindes in die mit der Sportausübung zusammenhängenden Gesundheitsgefahren erscheint problematisch, da sich das eigentliche Verhalten des Kindes auf die Sportausübung erstreckt und diese weder generell, noch unausweislich zu Gesundheitsverletzungen führt. Im Übrigen würde eine Begrenzung des Schutzbereichs durch kollidierende Verfassungsbelange wie beispielsweise der staatlichen Schutzpflicht dem Wortlaut der grundrechtlichen Schutzbereiche widersprechen, die eine solche Beschränkung nicht vorsehen. Kollidierendes Verfassungsrecht ist daher grundsätzlich als einzelfallbezogener Rechtfertigungsgrund staatlicher Maßnahmen zu begreifen. Hinzu kommt das elterliche Erziehungsrecht nach Art. 6 Abs. 2 S. 1 GG, das auch die sportliche Erziehung des Kindes umfasst. Entscheiden sich die Eltern, das Kind im Sinne des Hochleistungssports zu erziehen, so müssten sich staatliche Beschränkungen des Kinderhochleistungssports in Erfüllung grundrechtlicher Schutzpflichten auch an Art. 6 Abs. 2 S. 1 GG messen lassen. Ist die hochleistungssportliche Betätigung des Kindes allerdings Ausdruck elterlicher Erziehung, würde sich der staatliche Schutzauftrag nach Art. 2 Abs. 2 S. 1 GG zugunsten des Kindes durch das staatliche Wächteramt über die elterliche Erziehung gemäß Art. 6 Abs. 2 S. 2 GG so verstärken, dass das elterliche Erziehungsrecht aus Art. 6 Abs. 2 S. 1 GG begrenzt wäre. Eine solche Situation würde insbesondere dann auftreten, wenn das Kind wie im Beispielsfall 13 (Kinderhochleistungssport) nicht aus eigenem Antrieb Hochleistungssport betreibt, sondern von seinen Eltern zum gesundheitsgefährdenden Sport bewogen wird. Denn dann ist das Kind selbst nicht in der Lage, die Gesundheitsgefahren abzuwehren, so dass sich der Staat gegen den elterlichen Willen zum Schutze des Kindes durchsetzen müsste.

1.2.2.2.2 Dopingproblematik

Eine staatliche Schutzpflicht könnte ferner zur Verhinderung des Dopingmissbrauchs bestehen, um den es beispielsweise im 12. Fall geht. Dabei bieten sich verschiedene normative Ansatzpunkte an. So gefährdet die missbräuchliche Verwendung von Dopingsubstanzen die Glaubwürdigkeit des Sportgeschehens, insbesondere die in grundrechtlicher Betätigung (Art. 9 Abs. 1 GG) ausgeformten und satzungsmäßig niedergelegten moralisch-ethischen Wertvorstellungen wie Fairplay und Chancengleichheit. Ferner spekuliert der einzelne Sportler durch die Einnahme von Dopingsubstanzen mit seinem eigenen Ansehen, so dass die Verhinderung des Dopingmissbrauchs auch als Ausfluss der staatlichen Pflicht zum Schutze der Menschenwürde nach Art. 1 Abs. 1 S. 2 GG gedeutet werden könnte. Unstreitig ist darüber hinaus, dass der Konsum von Dopingsubstanzen massive Gesundheits- und sogar Lebensgefahren nach sich zieht, deren Abwendung möglicherweise eine staatliche Pflicht nach Art. 2 Abs. 2 S. 1 GG begründen kann. Berücksichtigt man schließlich, dass Doping zur Leistungssteigerung vor allem im Profisport eingesetzt wird und dort zu empfindlichen Wettbewerbsverzerrungen führt, die sich ihrerseits negativ auf die Verdienstmöglichkeiten der Konkurrenten auswirken, wäre auch an einen Schutz der Berufsfreiheit nach Art. 12 GG bzw. des freien Wettbewerbs nach Art. 2 Abs. 1 GG zu denken. Analysiert man diese verschiedenen normativen Ansatzpunkte, so erscheint es am ehesten begründbar, eine staatliche Schutzpflicht aus Art. 2 Abs. 2 S. 1 GG abzuleiten. Denn hierbei handelt es sich um ein besonders schützenswertes Gut, das unzweifelhaft durch Doping in Gefahr ist. Weiterhin stellt der Dopingmissbrauch auch die Glaubwürdigkeit des Sportgeschehens insgesamt in Frage, doch ist die ganz überwiegende Anzahl der

Sportverbände aus meiner Sicht in der Lage und ausreichend darum bemüht, die eigene Glaubwürdigkeit herzustellen und für sie zu sorgen, indem entschieden gegen den Missbrauch von Dopingsubstanzen vorgegangen wird. Dieses Bemühen erstreckt sich nicht nur auf die Schaffung entsprechender Verbotsnormen in den eigenen Regelwerken, sondern auch auf die Durchführung regelmäßiger Dopingkontrollen sowie die strikte Anwendung verbandsinterner Sanktionen. Wendet man sich weiterer normativer Ansatzpunkte zu und fragt, ob die ausdrücklich normierte staatliche Pflicht zum Schutze der Menschenwürde durch Dopingmissbrauch im Sport ausgelöst wird, so muss man sich zunächst mit der Frage auseinander setzen, welchen Einfluss die eigene Entscheidung des Sportlers überhaupt auf den Verzicht seiner Menschenwürde hat. Sieht man das eigene, selbstbestimmte Verhalten als Ausdruck der Würde des Menschen an (Stern, 1983, S. 636), so wird man diese letztlich nur dann als gefährdet ansehen können, wenn sie durch Fremdeinwirkungen in Gefahr steht. Dies ist bei der selbstbestimmten Einnahme von Dopingsubstanzen indes nicht der Fall. So kann die Garantie der Menschenwürde auch nicht in eine Menschwürdepflicht umgedeutet werden, zu deren Bewahrung der Staat gegen den Willen des Sportlers aufgerufen wäre. Geht man demgegenüber davon aus, dass der Willen des Einzelnen keinen Einfluss auf die Bestimmung des Schutzbereichs der Menschwürde hat (BVerwGE 87, 209, 228; Pieroth & Schlink, 1992, Rn. 354) und ein entsprechender Verzicht ohne Wirkung für den staatlichen Schutzauftrag nach Art. 1 Abs. 1 S. 2 GG bliebe, so würde zwar die staatliche Verpflichtung nicht bereits wegen eines selbstverantworteten Verhaltens des Sportlers entfallen. Doch müsste man in diesem Fall die Auslösung einer Schutzpflicht nach Art. 1 Abs. 1 S. 2 GG deshalb ablehnen, weil die Garantie der Menschenwürde lediglich eine *Minimalanthropologie* formuliert und nicht zur Abwehr von Geschmacklosigkeiten abgenutzt werden darf. Die Einnahme von Dopingsubstanzen führt jedoch nicht dazu, dass der Sportler seine Menschenwürde preisgibt und sich selbst zum Objekt freiverantwortlichen Handelns degradiert, sondern bewirkt nur einen Ansehensverlust (Lenz, 2000, S. 128), der sich allenfalls dem allgemeinen Persönlichkeitsrecht nach Art. 2 Abs. 1 GG i.V.m. Art. 1 Abs. 1 GG zuordnen ließe. Wendet man sich weiter der Frage zu, inwieweit die dopingverursachten Erwerbsverluste von Konkurrenten und die Verzerrung des Wettbewerbs als Grundlage staatlicher Handlungspflichten für den Kampf gegen Doping dienen, so muss man zunächst feststellen, dass es sich zwar um Gefahren für die Grundrechte aus Art. 12 GG und Art. 2 Abs. 1 GG handelt. Diese erscheinen jedoch in Art,

Umfang und ihrer jeweiligen Betroffenheit nicht derart gewichtig, dass der primär freiheitliche Abwehrgehalt von einer objektivrechtlichen Schutzdimension flankiert wird. So bleibt schließlich nur die Überlegung, wonach sich eine staatliche Schutzpflicht aus Art. 2 Abs. 2 S. 1 GG ergeben könnte. Bei den Grundrechten auf körperliche Unversehrtheit und Leben handelt es sich zwar um besonders gewichtige Belange, doch ist zu berücksichtigen, dass der Einzelne bereits durch eigenen Verzicht auf die Einnahme von Dopingsubstanzen selbst in der Lage wäre, die mit dem Doping verbundenen Gesundheitsgefahren abzuwenden. Würde man überdies das Recht auf körperliche Unversehrtheit und Leben gemäß Art. 2 Abs. 2 S. 1 GG in eine Pflicht zur gesundheitsgemäßen Lebensführung umdeuten, so hieße dies, den freiheitlichen Charakter unserer Gesellschaftsordnung diametral umzukehren (Tettinger, 1996a, S. 72). Hinzu kommt, dass der Einzelne nicht nur die Gesundheitsgefahren selbst vermeiden kann, sondern die Ableitung eines staatlichen Schutzauftrags gemäß Art. 2 Abs. 2 S. 1 GG gegen den positiven und freiverantwortlichen Willen des Sportlers zur Einnahme von Dopingsubstanzen sprechen würde, der seinerseits Ausdruck grundrechtlicher Betätigung nach Art. 2 Abs. 1 GG ist. Eine Pflicht des Staates, gegen die selbstbestimmte Einnahme von Dopingsubstanzen und der damit verbundenen Selbstgefährdung einzuschreiten, ist damit aus grundrechtlicher Sicht nicht begründet. Etwas anderes gilt selbstredend für den Fall, dass der Sportler die Einnahme der Dopingsubstanzen nicht selbst bestimmt, sondern zu ihrer Einnahme von privater Seite gezwungen wird oder unwissentlich die Dopingstoffe verabreicht bekommt. Bei dieser Form der fremdverantwortlichen Gesundheitsverletzung kann es keinem Zweifel unterliegen, dass der Staat eine Schutzpflicht besitzt, um gegen die Fremdeinwirkungen vorzugehen. In welcher Weise diese Schutzpflicht wahrgenommen wird, liegt in der prinzipiellen Entscheidungsprärogative des Gesetzgebers. Ob und inwieweit der bestehende strafrechtliche Schutz im Bereich der Körperverletzungs- und Tötungsdelikte hierbei als ausreichend anzusehen ist, wird nachfolgend im Bereich des Strafrechts zu behandeln sein.

Die Hauptproblematik wird nach wie vor durch die selbstbestimmte Einnahme von Dopingstoffen bestimmt. Lehnt man diesbezüglich eine Schutzpflicht ab, so könnte man allenfalls ein *Schutzrecht* des Staates erkennen, gegen Doping vorzugehen. Dieses Schutzrecht stünde dem Staat gleichwohl nicht aus Grundrechten zu, da er deren subjektiv-rechtlichen Gehalt für sich nicht beanspruchen kann (arg.e.con. Art. 1 Abs. 3 GG) und deren objektiv-rechtlichen Elemente eine staatliche Schutzpflicht nicht begründen. Das Schutzrecht ließe sich daher allenfalls auf das Eigeninteresse des Staates, Leistungsmanipulationen von Sportlern zu unterbinden, die von ihm gefördert werden. Bei verfassungsrechtlichem Licht ist das staatliche Tätigwerden – unbeleuchtet als unmittelbare objektivrechtliche *Grundrechtsaufgabe* erkannt – damit nichts anderes als eine Konkretisierung des *Staatsziels* Sportförderung durch Anwendung gesundheitsbezogener Verfassungsbelange.

1.2.3 Grundrechtskollisionen im Sport

Geht es bei den Grundrechtsfunktionen um die Wirkweise der Grundrechte in dem Beziehungsverhältnis zwischen Staat und Bürgern, so betreffen Grundrechtskollisionen die Frage der Grundrechtsgewährleistungs bzw. -beschränkung zwischen Privaten (vgl. 1.2.3.1). Rekurriert man auf die vielseitigen Grundrechtsabsicherungen sportlicher bzw. sportbezogener Tätigkeiten, sei es in Gestalt beruflichen Engagements (Art. 12 GG), individual- oder kollektivrechtlicher Vereinsbetätigung (Art. 9 Abs. 1 GG) oder einfach als hobbymäßige Ausübung (Art. 2 Abs. 1 GG), so scheinen Situationen widerstreitender Grundrechtsausübung, sog. Grundrechtskollisionen (hierzu 1.2.3.2), insbesondere zwischen Sportverbänden und Einzelsportlern wie etwa im Beispielsfall 12 (Nationale Dopingsperre) vorgezeichnet.

1.2.3.1 Grundrechtsgeltung im Privatrechtsverkehr

Vorbedingung für das Auftreten von Grundrechtskollisionen in sportrechtlichen Streitigkeiten zwischen Privaten (Sportvereinigungen und Einzelsportlern) ist allerdings, dass Grundrechte in diesem Verhältnis überhaupt gelten. Dagegen spricht zwar der ausdrückliche Wortlaut des Art. 1 Abs. 3 GG, der nur die Gesetzgebung, vollziehende Gewalt und die Rechtsprechung, nicht jedoch Private zur Beachtung der Grundrechte verpflichtet. Über die normierten Ausnahmen (Art. 9 Abs. 3 S. 2 GG) hinaus lässt sich eine Grundrechtsgeltung im Privatrechtsverkehr jedoch mit der objektivrechtlichen Dimension der Grundrechte begründen (seit BVerfGE 7, 198, 205). So konstruieren die Grundrechte eine *objektive Werteordnung,* deren Wertmaßstäbe von den Zivilgerichten bei Auslegung und Anwendung privatrechtlicher Bestimmungen, insbesondere der Generalklauseln bzw. Blankettbegriffe (etwa der §§ 138, 242, 315, 826 BGB) zu berücksichtigen sind (BVerfGE 7, 198, 205 f.). Auf diese Weise entfalten die Grundrechte eine gesetzesmediatisierte

Drittwirkung zwischen Privaten. Gelten Grundrechte prinzipiell mittelbar zwischen Privaten, wird das Auftreten entsprechender Kollisionslagen im Sport durch die pyramidalen Strukturen des nationalen Sportverbandswesen (Vieweg, 1983, S. 826; Prokop, 2000, S. 38 ff.), wonach der regionale bzw. fachliche Zusammenschluss der Vereine und Verbände in jeweils einem übergeordneten Dachverband zusammengeschlossen ist, begünstigt. Ihren Ursprung finden diese pyramidenhafte Strukturen in dem sog. Ein-Platz-Prinzip (Vieweg, 1993, S. 25), welches in den Satzungen der Landessportbünde, der Spitzenverbände und des DSB normiert ist und besagt, dass der übergeordnete Verband für jede Sportart und Region nur einen Verband aufnimmt.

1.2.3.2 Auflösungen der Grundrechtskollisionen

Die Auflösung der Grundrechtskollisionen erfolgt nach der sog. Lehre von der *praktischen Konkordanz* (BVerfGE 28, 243, 261; Hesse, 1999, Rdn. 72). Führen die Schranken der Grundrechte nicht zu einer Auflösung oder werden sie vorbehaltlos gewährleistet, muss ein verfassungsunmittelbarer Ausgleich im Einzelfall gefunden werden. Ziel ist es, die gegenläufigen Interessen schonend untereinander auszugleichen, so dass jedes Interesse optimale Wirksamkeit erlangt (Hesse, 1999, Rn. 72). Erst wenn ein solcher Ausgleich nicht möglich ist, muss entschieden werden, welches Interesse im konkreten Fall verdrängt wird (BVerfGE 35, 202, 225). Ein solches Vorgehen des Staates lässt sich an sporttypischen Fallgestaltungen
- zur Transfer- bzw. Ausbildungsentschädigung (vgl. 1.2.3.2.1),
- zur Lizensierung bzw. Lizenzentzug (vgl. 1.2.3.2.2) und
- zur Verbandsaufnahme (vgl. 1.2.3.2.3)

illustrieren (Nolte & Polzin, 2001a, S. 838 ff. sowie 2001b, S. 980 f.).

1.2.3.2.1 Transfer- bzw. Ausbildungsentschädigung

So entschied der BGH mit Urteil vom 27.9.1999 über die Gültigkeit einer sportverbandlichen Regelung (Niedersächsischer Fußballverband), wonach der Vereinswechsel von Vertragsamateuren mit einer sog. Transfer- bzw. Ausbildungsentschädigung i.H.v. 25.000,- DM abgegolten werden müsse. Während sich der aufnehmende Verein auf die Sittenwidrigkeit der Rahmenbedingung berief und zu Gericht zog, reklamierten die betroffenen Vertragsamateure die Grundrechtswidrigkeit der Regelung. In dem anschließenden Rechtsstreit wurden die verbandsinternen Rahmenbedingungen antragsgemäß auf ihre Sittenwidrigkeit gemäß §§ 138, 242 BGB überprüft. Da der Sportverband nach Ansicht des BGH ein Verband mit erheblicher sozialer und wirtschaftlicher Machtstellung sei (BGH, SpuRt 1999, S. 236, 237) waren hierbei die widerstreitenden Grundrechte zu berücksichtigen und gegeneinander abzuwägen. Die beruflichen Interessen der Vertragsamateure wurden der Berufsfreiheit aus Art. 12 Abs. 1 GG zugeordnet und die Entschädigungspflicht, die zu einem erheblich erschwerten Vereinswechsel führe und allein von finanziellen Erwägungen abhänge, als eine objektive Zulassungsschranke der Berufsfreiheit aus Art. 12 Abs. 1 GG gewertet (BGH, SpuRt 1999, S. 236, 238). Dies gelte selbst für den Fall, dass die Entschädigungsleistung im Gegensatz zum alten Transfersystem nicht mit der Erteilung der Spielerlaubnis verknüpft sei (BGH, SpuRt 1999, S. 236, 237). Auf der anderen Seite fragte sich das Gericht, ob das Interesse an der Entrichtung einer Entschädigungszahlung die Funktionsfähigkeit des abgebenden Vereins berühre und insofern an dem Schutz seiner durch Art. 9 Abs. 1 GG grundrechtlich abgesicherten Vereinsautonomie teilhabe. Der BGH war der Ansicht, dass die Entschädigungsleistung für die Entdeckung, Ausbildung und Förderung der Vertragsamateure trotz ihrer wirtschaftlichen Bedeutung für den abgebenden Verein nicht notwendigerweise mit seinem Vereinszweck verbunden sei. Darüber hinaus ließe sich der Zahlungsanspruch auch nicht mit der Notwendigkeit des Finanzausgleichs zwischen den Vereinen rechtfertigen. Denn die Zahlungspflicht stelle eine pauschale Summe mit Zufallscharakter dar, die völlig unabhängig von den tatsächlichen Aufwendungen der Vereine sei (bereits EuGH, NJW 1996, S. 505; Arens, 1994, S. 188; a.A. Stopper, 2000, S. 4). Demzufolge lehnte das Gericht einen Schutz des V durch Art. 9 Abs. 1 GG ab und entschied, dass die sportverbandlichen Rahmenbedingungen die Berufsfreiheit der betreffenden Sportler verletzten und somit gem. § 138 BGB nichtig seien (BGH, 1999, S. 236, 237).

1.2.3.2.2 Lizenzierung

Mit Urteil vom 28.3.1996 befand das OLG München über die Zulässigkeit verbandsinterner Dopingbestimmungen (OLG München, 1996, S. 133 ff.), um die es etwa im Fall 12 geht. Diesem Rechtsstreit ging voraus, dass im Rahmen mehrerer Dopingkontrollen bei einer bekannten Sprinterin die Einnahme des verschreibungspflichtigen Medikaments Spiropent, das die leistungssteigernde Substanz Clenbuterol enthält, festgestellt wurde. Obgleich Clenbuterol *expressis verbis* auf der Verbotsliste fehlte, stellte der Deutsche Leichtathletik Verband (DLV) einen Dopingverstoß fest, was nach den verbandsinternen Dopingklauseln und den damaligen Bestimmungen des Internationalen Leichtathletikverbandes (IAAF) eine Wettkampfsperre von vier Jahren bedeutete. Der von der Sportlerin angerufene DLV-Rechtsausschuss hob den Beschluss daraufhin auf, verhängte jedoch seinerseits eine zwölfmonatige Sperre. Zur Begründung führte er aus, dass es sich zwar nicht um „echtes" Doping handele, die Einnahme des nicht in der Dopingliste aufgeführten Stoffes jedoch den Tatbestand der sog. „Sportwidrigkeit im Erstfall" i.S.d. DLV-RVO erfülle, d.h. einer „sportwidrigen und unfairen" Medikamenteneinnahme zum alleinigen Zweck der Leistungssteigerung (DLV-RA, SpuRt 1996, S. 68 f.). In Reaktion auf den Beschluss des Rechtsausschusses erließ die IAAF eine weitere Sperre von zwei Jahren, so dass sich die Sperrzeit der Sprinterin auf insgesamt drei Jahre summierte. Mit der Behauptung, die Maßnahmen verletzten sie unverhältnismäßig in ihrer Berufsfreiheit, erhob die Sportlerin Klage, über die das OLG München in der Berufungsinstanz zu entscheiden hatte. Da die Sperren auf den verbandsinternen Dopingbestimmungen von DLV und IAAF beruhten, war deren Wirksamkeit im Rahmen einer verbandsinternen Überprüfung der Sanktionen in Frage zu stellen. Die Unzulässigkeit der Satzungsbestimmungen konnte sich aus den Bestimmungen der §§ 26 Abs. 2, 35 Abs. 1 GWB, 823 BGB (OLG München, SpuRt 1996, S. 133 ff.) ergeben, bei deren Anwendung die Grundrechte der Sportlerin aus Art. 12 Abs. 1 GG und die Interessen des DLV aus Art. 9 Abs. 1 GG gegeneinander abzuwägen waren. Die Sportausübung sowohl für Profisportler als auch für Amateursportler wird von Art. 12 Abs. 1 GG als Beruf geschützt (Prokop, 2000, S. 182; a.A. Arens, 1994, S. 180 f.) unabhängig davon, ob sich der Sportler den Dopingbestimmungen unterworfen hat. Denn die Anerkennung der Dopingbestimmungen bedeutet angesichts der Monopolstellung des Fachverbands keinen freiwilligen Grundrechtsverzicht. Die langfristige Sperre der Sportlerin griff in ihre Berufswahlfreiheit ein, da ihr die Möglichkeit zur beruflichen Betätigung als Sprinterin (trotz der „nur" dreijährigen Sperrzeit auch endgültig) verwehrt wurde. Gemäß der Stufentheorie des BVerfG bedürfen solche Regelungen eines überragenden Gemeininteresses (BVerfGE 7, 377, 405 ff.). Der DLV berief sich auf seine verfassungsrechtlich durch Art. 9 Abs. 1 GG geschützte Organisationsautonomie und den damit korrelierenden Anspruch, die eigenverantwortlich geschaffenen Satzungsbestimmungen durch Ordnungsgewalt auch durchzusetzen. Würde der Verwendung leistungssteigernder Mittel nicht Einhalt geboten, könnten Fairness und Humanität im Sport sowie eine Vergleichbarkeit der Wettkampfleistungen nicht mehr gewahrt werden. Dies sowie die Pflege und Förderung des Sports sind aber gerade Ziel des Sanktionssystems (§ 1 DLV-Satzung.). Der hinter dem Dopingverbot stehende Wille, den Drogenmissbrauch im Leistungssport einzudämmen, rechtfertigte daher eine Sanktion dem Grunde nach. Allerdings hatte sich die jeweilige Sanktionshöhe nach den Grundsätzen der Verhältnismäßigkeit zu bemessen. Einigkeit besteht darüber, die „Sportwidrigkeit im Erstfall" mit nicht mehr als einer zwölfmonatigen (DLV-RA, SpuRt 1996, S. 69; Pfister, 1995, S. 251) und erstmaliges „echtes" Doping (also die Nutzung der nach den Verbandssatzungen verbotenen Substanzen) mit nicht mehr als einer zweijährigen Sperre zu belegen (Steiner, 1991, S. 2736; Pfister, 1995, S. 251). Längerfristige Sperren, wie die frühere vierjährige Wettkampfsperre der IAAF-Regel 60.2. a) aa) a.f. bei („echten") Dopingvergehen sind angesichts Art. 12 Abs. 1 GG verfassungswidrig (LG München, SpuRt 1995, S. 166; Vieweg, 1992, S. 2540; die IAAF beschloss im Juli 1997 die Reduzierung der 4-Jahres- auf eine 2-Jahressperre). Dies muss erst recht für lebenslange Sperren gelten (Krogmann, 1997, S. 107 f., hält sie nur in „extremen Ausnahmefällen" für zulässig). Schließlich liegt die Besonderheit des Sportberufs darin, dass die Karriere ohnehin von relativ kurzer Dauer ist. Der Sportler ist daher gezwungen, in diesem Zeitraum eine möglichst hohe Leistung zu erbringen. Dieses Dilemma des Leistungssports kann zwar kein Freibrief für Doping sein. Es spricht jedoch dafür, dem Betroffenen wenigstens für diese Zeitspanne die Sportausübung nicht völlig zu versagen. Eine andere Praxis würde die berufliche Laufbahn des Sportlers faktisch beenden (DLV-RA, NJW 1992, S. 2592; Segerer, 1999, S. 135). Die Sanktion hatte sich daher in einem zu Art. 12 Abs. 1 GG verhältnismäßigen Umfang zu halten. Dementsprechend differenzierte das OLG München im zu Grunde liegenden Fall nach den unterschiedlichen Sanktionsmaßnahmen, indem es die zwölfmonatige Sperre des DLV für verhältnismäßig befand, die zusätzliche Anordnung der IAAF, die die Sperrzeit auf drei Jahre erhöhte, jedoch als unzulässig ansah (OLG München, SpuRt 1996, S. 133).

1.2.3.2.3 Verbandsaufnahme

Schließlich lässt sich die Auflösung sportrechtlicher Grundrechtskollisionen im Wege der praktischen Konkordanz auch an zwei jüngeren Entscheidungen des BGH vom 23.11.1998 (BGH, SpuRt 1999, S. 159) sowie vom OLG Stuttgart vom 22.8.2000 zum Aufnahmezwang für Verbände mit überragender Machtstellung nachzeichnen (abgedruckt in NZG 2001, S. 997; hierzu Nolte & Polzin, NZG 2001b, S. 980 f.). In der dem BGH vorliegenden Streitigkeit begehrte ein Fußballverein die Aufnahme in einem übergeordneten Sportverband, in dem sich städtische Vereine zur Pflege und Förderung des Sports, insbes. zur Jugendarbeit, zusammengeschlossen hatten. Zu den Aufgaben des Sportverbandes gehörte es, dass er staatliche und private Förderungsgelder verteilte, Wettkämpfe und Veranstaltungen ausrichtete und seinen Mitgliedern als einziger Verband in der Region eine effektive Nutzung der Turn- und Sporthallen bot. Die Weigerung des Sportverbandes, den Fußballverein aufzunehmen, erfolgte unter Hinweis auf (zwingende) Satzungsbestimmungen, wonach der Verein deshalb nicht aufgenommen werden könne, weil er keine Jugendarbeit betreibe und die betreffende Sportart bereits von einem anderen in dem Sportverband organisierten Verein angeboten werde. Der BGH hatte schließlich zu entscheiden, ob die verbandsautonomen Satzungsbestimmungen, die einer Aufnahme des Fußballvereins entgegenstanden, gem. §§ 138, 242, 826 BGB und 27 a.f. GWB (BGH, NJW 1999, S. 1326) deshalb sittenwidrig waren, weil die grundrechtlichen Interessen des Vereins die Interessen des Verbandes überwogen. Dem aufnahmebegehrenden Verein sicherte die nach Art. 9 Abs. 1 GG gewährte Vereinigungsfreiheit Existenz und Funktionsfähigkeit (Pieroth & Schlink, 1992, Rn. 732). Diese wäre gefährdet gewesen, wenn ihm die Aufnahme in den (regional) monopolistischen Verband verwehrt und ihm somit die Möglichkeit genommen worden wäre, existentiell wichtige Fördergelder in Anspruch zu nehmen, Trainingseinrichtungen zu nutzen oder sich an den verbandsausgerichteten Wettkämpfen zu beteiligen (BGH, NJW 1999, S. 1327). Bei Aufnahme vergleichbarer Vereine berührte die Weigerung des Sportverbandes zudem den Gleichheitssatz aus Art. 3 Abs. 1 GG. Andererseits begründete der Verband die Aufnahmeweigerung mit seiner grundrechtlich verbürgten Organisationsfreiheit und Regelungsautonomie, die ihre untergesetzliche Ausprägung durch Satzungen gefunden habe (vgl. BVerfGE 30, 227, 241). Das die Monopolstellung begründende Ein-Platz-Prinzip diene im Übrigen der Straffung des verbandlichen Verwaltungsapparates und begründe einen ordnungsgemäßen Wettkampfablauf

(BGHZ 63, 282, 291). Bei alledem war das Interesse des Vereins an dem Genuss der organisatorischen und finanziellen Leistungen des Verbandes, ohne die ein Kleinverein mit begrenzten Mitteln keine effektive Vereinsarbeit ausüben kann, hervorzuheben. Dem stand das Interesse des Verbands an der Einhaltung des Ein-Platz-Prinzips gegenüber. Die Zulassung mehrerer Vereine einer Sportart würde zudem die einheitliche Willensbildung im Verband gefährden und die Organisation von Wettkämpfen erschweren, über deren Regeln unter den konkurrierenden Vereinen Streit entstehen könnte (BGHZ 63, 282, 292). Unbestritten ist zwar, dass das Ein-Platz-Prinzip eine schnellere, effizientere und kostengünstigere Organisation gewährleistet. Doch führt das Prinzip zu einem Monopol, das den aufnahmebegehrenden Fußballverein in seiner Existenz bedrohte. Da diesem für seine durch Art. 9 Abs. 1 GG garantierte Betätigung faktisch kein anderer Ausweg als die Mitgliedschaft im Verband blieb, war seinem Interesse Vorrang gegenüber der Satzungsautonomie des Verbandes zu gewähren und eine der Aufnahme entgegenstehende Regelung insofern für sittenwidrig zu erklären. Angesichts der Tragweite einer Ablehnung hätte der Aufnahmezwang sogar dann gegolten, wenn der Verein die Anforderungen der Verbandssatzungen in puncto Jugendarbeit nicht erfüllt hätte (BGH, NJW 1999, S. 1327). Mit dieser Entscheidung bestätigte der BGH seine ständige Rechtsprechung zum Aufnahmezwang für Verbände mit überragender Machtstellung (BGHZ 93, 151, 152) und übertrug seine aufgestellten Grundsätze auf Streitigkeiten zwischen Sportverbänden. Dies ist ebenso einleuchtend wie die Tenorierung der Entscheidung zugunsten des aufnahmebegehrenden und daher tendenziell unterlegenen Vereins. Allerdings ist die Entscheidungsbegründung an zwei Stellen derart unklar, dass eine grundrechtsdogmatische Klärung notwendig erscheint. So ist der BGH der Auffassung, dass eine Aufnahmepflicht „in Anlehnung vor allem an § 826 BGB und § 27 (a.F.) GWB – ganz allgemein" dann bestehe, wenn der (aufnehmende) Verein im wirtschaftlichen oder sozialen Bereich eine überragende Machtstellung innehabe und der (aufzunehmende) Verein ein „wesentliches oder grundlegendes" Interesse an dem Erwerb der Mitgliedschaft besitze. Formuliert der BGH „in Anlehnung vor allem.....ganz allgemein", so bleibt die genaue Rechtsgrundlage des im Ergebnis zugesprochenen Aufnahmeanspruchs unklar. Denn dieser könnte sich aus einer direkten oder analogen Anwendung des § 826 BGB und/oder des § 27 (a.F.) GWB ergeben. Hinzu kommt eine Mehrdeutigkeit der aufgestellten Prämisse, wonach der aufzunehmende Verein ein „wesentliches oder grundlegendes" Interesse an dem Erwerb der Mitgliedschaft besitzen müsse. Aus grundrechtsdogmatischer Sicht sind hierbei drei Interpretationen denkbar: Das Gericht könnte mit dieser Wendung meinen, dass nicht sämtliche Belange aufnahmebegehrender Vereine in eine Güterabwägung mit den Interessen aufnahmeverpflichteter Verbände einzustellen sind, sondern nur solche, die auch den Schutz der Vereinsautonomie gem. Art. 9 Abs. 1 GG oder anderer Grundrechte genießen. Des Weiteren ist denkbar, dass der BGH auszudrücken beabsichtigte, dass eine Aufnahmeverweigerung nur dann einen Grundrechtseingriff darstellt, wenn der aufnahmebegehrende Verein sich in Ansehung seiner Interessen auf die Vereinsautonomie gem. Art. 9 Abs. 1 GG (oder anderer Grundrechtspositionen) zu berufen vermag. Vergegenwärtigt man sich die grund-rechtsdogmatische Terminologie, lässt sich diese Formulierung schließlich auch dahin gehend interpretieren, dass das „wesentliche oder grundlegende" Interesse des aufnahmebegehrenden Vereins den verfassungsrechtlich geschützten (Art. 19 Abs. 2 GG) Wesensgehalt der Vereinsautonomie gem. Art. 9 Abs. 1 GG kennzeichnet. Meinte der BGH Letzteres, so wäre seine Formulierung bei einer subjektiv-relativen Deutung der Wesensgehaltsgarantie als bloßer Hinweis auf den Verhältnismäßigkeitsgrundsatz bzw. das Übermaßverbot zu verstehen. Bei Zugrundelegung einer objektiv-rechtlichen Interpretation wäre indes das Interesse des aufnahmebegehrenden Vereins von vornherein überhaupt keiner Abwägung zugänglich und die Interessen des aufnahmeverpflichteten Verbandes stünden in jedem Fall zurück.

Gab der BGH in seiner Entscheidung vom 23.11.1998 dem Aufnahmebegehren eines Vereins in einen Sportverband statt, so bejahte das OLG Stuttgart in seinem Urteil vom 22.8.2000 (abgedruckt in SpuRt 2001, S. 71 f.) den Aufnahmeanspruch eines Fachsportverbandes (Bogensport) in einen regionalen Sportbund (Baden-Württemberg). Dabei wies die oberlandesgerichtliche Begründung zwar in jene Richtung, die von der höchstrichterlichen Rechtsprechung bereits vorgezeichnet war, wich jedoch in einigen Punkten von dem Weg der höchstrichterlichen Entscheidung ab. So wies das OLG Stuttgart in vergleichbarer Weise wie der BGH darauf hin, dass der beklagte regionale Sportbund ein sozial mächtiger Verband (Monopolverband) sei und der Fachsportverband ein wesentliches und grundlegendes Interesse am Erwerb der Mitgliedschaft in diesem Sportbund besitze. Allerdings stützte das OLG Stuttgart den Aufnahmeanspruch unmittelbar auf Art. 9 Abs. 1 GG und meinte, dass das in der Verbandssatzung des Beklagten niedergelegte Ein-Platz-Prinzip, wonach nur ein Fachverband für jede Sportdisziplin in dem regionalen Verband aufgenommen werde, den Aufnahmeanspruch von vornherein unberührt lasse. Des Weiteren war das OLG Stuttgart der Auffassung, dass der Kläger nicht darauf verwiesen werden könne, sich einem bereits vertretenen anderen Fachverband (Württembergischer Schützenbund) anzuschließen, da dieses auf eine nicht zulässige einseitige Bevorzugung des Zuerstgekommenen hinausliefe und eine unzumutbare Selbstauflösung des Klägers zur Folge habe. Schließlich stehe auch die in der Satzung des Beklagten vorgesehene Möglichkeit, von dem Ein-Platz-Prinzip eine Ausnahme zu machen, wenn die beteiligten Fachverbände untereinander ein entsprechendes Abkommen treffen, dem Aufnahmeanspruch nicht entgegen, da damit der Kläger vom Wohlwollen des Verbandes, der bereits Mitglied des Beklagten ist, abhängig gemacht werde. So richtig die Ausführungen im Ergebnis sein mögen, so problematisch erweisen sie sich in dogmatischer Hinsicht. Denn das OLG Stuttgart nimmt an, dass sich ein Aufnahmeanspruch unmittelbar aus Art. 9 Abs. 1 GG ableite (SpuRt 2001, S. 71) und nicht gesetzesmediatisiert über die entsprechenden Bestimmungen des Zivilrechts. Paradoxerweise weist das Gericht jedoch selbst darauf hin, dass die Vereinsfreiheit aus Art. 9 Abs. 1 GG zu jenen Grundrechten gehöre, die eine (nur) mittelbare Drittwirkung entfalteten. Diese Begründung hätte das Gericht jedoch dazu veranlassen müssen, Art. 9 Abs. 1 GG als unmittelbare Anspruchsgrundlage zwischen Privaten abzulehnen. Die Inkonsequenz der Begründung wird schließlich komplett, als das OLG Stuttgart abschließend Bezug nimmt auf die höchstrichterliche Rechtsprechung, die den Aufnahmeanspruch „in Anlehnung vor allem an § 826 BGB und § 27 GWB a.F. ganz allgemein" für begründet sieht. Dogmatisch unanfechtbar wäre es demgegenüber gewesen, den Aufnahmezwang nicht auf eine unmittelbare Anwendung des Art. 9 Abs. 1 GG zu stützen, sondern gemäß § 826 BGB, ggf. § 27 GWB a.F. für begründet anzusehen. Denn Grundrechte gelten aus grammatikalischen, systematischen, historischen und teleologischen Gründen im Regelfall nicht unmittelbar zwischen Privaten und können daher keinen direkten Rechtsanspruch vermitteln. Demgegenüber sind Zivilrichter bei Auslegung und Anwendung des einfachen Rechts verpflichtet, die Bedeutung und Tragweite widerstreitender Grundrechtspositionen mitzuberücksichtigen. Aus Sicht der verfassungsrechtlichen Funktionentrennung besteht diese Verpflichtung insbesondere dort, wo der Gesetzgeber die Güterabwägung im Einzelfall dem Zivilrichter durch die Verwendung ausfüllungsbedürftiger Rechtsbegriffe übertragen hat (Röthel, 2001, S. 426 f.). Im vorliegenden Fall hätten die unbestimmten Rechtsbegriffe der maßgeblichen Rechtsgrundlagen (§ 826 BGB: sittenwidrig; § 27 GWB a.f.: unbillig) ausgereicht, um eine geordnete Grundrechtsabwägung im Wege praktischer Konkordanz vorzunehmen. Die Entscheidung des OLG Stuttgart wäre im Ergebnis womöglich nicht anders ausgefallen. Schließlich bleibt darauf hinzuweisen, dass sich die Unrichtigkeit der Rechtsgrundlage in einer fehlenden Definition des Schutzbereichs von Art. 9 Abs. 1 GG mit Blick auf die Interessen des aufnahmebegehrenden Vereins fortsetzt. Das OLG Stuttgart subsumiert lediglich unter das fragwürdige Kriterium des „wesentlichen oder grundlegenden" Interesses an der Mitgliedschaft im Verband. Eine grundrechtlich fundierte Berücksichtigung und Abwägung der beiderseitigen Interessen, wie sie vom BGH gefordert werden (BGH, Urt. v. 23.11.1998, NJW 1999, S. 1326), bleibt jedoch aus.

1.2.4 Tri- und multidimensionale Konflikte

Die vorstehenden Ausführungen nehmen die verschiedenen Funktionen der Grundrechte sowie sporttypische, bipolare Grundrechtskollisionen in den Blick. Darüber hinaus entstehen jedoch auch tri- oder multidimensionale Konflikte zwischen Grundrechten und weiteren Verfassungspositionen. Typische Referenzgebiete, in denen es zu mehrdimensionalen Konflikten kommen kann, sind der Schulsport und der Kinder- und Jugendsport, auf den der Beispielsfall 13 (Kinderhochleistungssport) hinweist.

1.2.4.1 Schulsport zur Verwirklichung des staatlichen Erziehungsauftrags

So wären die verfassungs-, und dabei insbesondere grundrechtlichen Dimensionen des Sports sicherlich unvollständig ausgeleuchtet, wenn man lediglich die Kollision subjektiv-rechtlicher Freiheitsausübung in den Blick nehmen würde. Hinzu treten Kollisionen, die sich zum Teil aus Verfassungspositionen ergeben, denen keine subjektiv-rechtliche, sondern lediglich objektiv-rechtliche Bedeutung zukommt. Zu diesen objektivrechtlichen Verfassungsaussagen, die in Kollision mit sportrelevanten Grundrechtspositionen treten können, zählt Art. 7 Abs. 1 GG, der das gesamte Schulwesen unter die Aufsicht des Staates stellt und dabei zugleich einen staatlichen Bildungs- und Erziehungsauftrag (BVerfGE 93, 1, 21) normiert. Ursprünglich mit dem allgemeinen Wahlrecht begründet, zu dessen Ausübung gewisse Mindestkenntnisse erforderlich seien, wird der staatliche Bildungs- und Erziehungsauftrag in heutiger Zeit auf die notwendige Integrationsfunktion des Staates zurückgeführt (Böckenförde, 1980, S. 514).

1.2.4.1.1 Adressaten des Erziehungsauftrags

Der Erziehungsauftrag erstreckt sich sowohl auf die Bildung, als auch auf die Erziehung und erfasst damit zwei Vorgänge, die sich nicht trennscharf voneinander unterscheiden lassen. Dennoch lassen sich gewisse Tendenzen ausmachen. So beschreibt der Begriff der Bildung eher die geistige Entwicklung der Persönlichkeit unter Einschluss der Ausbildung und Wissensvermittlung im Sinne technischer Fertigkeiten und Kenntnisse, während der weitergehende Begriff der Erziehung die Beeinflussung der allgemeinen menschlichen Entwicklung (Oppermann, 2001, § 135, Rn. 4) durch die Vermittlung von Werten und Handlungsanweisungen (BVerfGE 47, 46, 72; Kohl, 1984, S. 203) als wesentliche Voraussetzungen der geistigen Selbstbehauptung und sozialethischen Entfaltung des Verfassungsstaates (Grimm, 1984, S. 61) meint. So interpretiert, ist weniger die Frage zu stellen, ob sportliche Betätigung zum Gegenstand der Bildung zählt. Im Vordergrund stehen vielmehr die Zusammenhänge und Berührungspunkte zwischen Erziehung und Sport. Befasst man sich mit dem Vorgang der Erziehung näher, so erkennt man schnell, dass es sich um eine äußerst komplexe Aufgabe handelt, die nach der grundgesetzlichen Konzeption mehreren, kooperativ und arbeitsteilig zusammenwirkenden Trägern wie Eltern (Art. 6 Abs. 2 GG), Kirchen (Art. 4 Abs. 1, 2 GG), gesellschaftlichen Gruppierungen und staatlichen Akteuren obliegt (Isensee, 1977, S. 115: erzieherische Gewaltenteilung als arbeitsteiliges Zusammenwirken). Erziehung ist damit eine idealtypisch pluralistisch, d.h. in geteilter Verantwortung von staatlichen, halbstaatlichen und privaten Akteure zu erfüllende Querschnittsaufgabe. Der Staat hat dennoch eine herausragende Rolle. Denn berücksichtigt man die hohen Scheidungsraten und den schleichenden Bedeutungsverlust der Kirchen, so zeichnet sich eine wachsende Garantenstellung der Schulen ab (Huber, 1994, S. 545), die von dem staatlichen Erziehungsauftrag nach Art. 7 Abs. 1 GG grundrechtlich abgesichert ist. Der Erziehungsauftrag richtet sich nach der grundgesetzlichen Kompetenzverteilung an die Länder (Art. 30, 73, 83 GG), deren Parlamente die (verfassungs-)wesentlichen Entscheidungen (BVerfGE 34, 165 ff.) insbesonre zur organisatorischen, verfahrensrechtlichen und inhaltlichen Ausgestaltung zu treffen haben.

1.2.4.1.2 Funktionen des Erziehungsauftrags

Die verfassungsrechtliche Anerkennung des staatlichen Erziehungsauftrags nach Art. 7 Abs. 1 GG und seine kompetenzielle Zuweisung an die Länder (Art. 30, 73, 83 GG) sind allerdings zu konturenschwach, um daraus klare inhaltliche Vorgaben für das Verhältnis zwischen staatlicher Erziehungsverantwortung und sportlicher Betätigung zu gewinnen. Erforderlich ist vielmehr eine Konkretisierung, die den staatlichen Erziehungsauftrag seiner *Funktion* nach bestimmt und dabei in den Kontext anderer Verfassungsbestimmungen stellt. Denn die Bedeutung des staatlichen Erziehungsauftrags besteht nicht in der Normierung einer objektiven Wertentscheidung um ihrer selbst willen, sondern vielmehr in der Festschreibung einer dienenden Schutzverpflichtung im Interesse des Demokratieprinzips (Art. 20 Abs. 1 GG sowie Art. 38 GG), des Sozialstaatsgrundsatzes (Art. 20 Abs. 1 GG), des Rechts auf freie Entfaltung der Persönlichkeit (Art. 1 GG i.V.m. Art. 2 Abs. 1 GG), der Berufsfreiheit (Art. 12 GG) und weiterer verfassungsrechtlicher Grundentscheidungen wie etwa des gesamtstaatlichen Gleichgewichts (Art. 109 Abs. 2 GG; Huber, 1994, S. 546), die zum Teil in wechselseitiger Verbindung auftreten. Gewichtet man diese unterschiedlichen Verfassungsbelange, so steht das Rechtsgut der individuellen Persönlichkeitsentfaltung des Kindes im Vordergrund. Die Ausgestaltung des staatlichen Erziehungsauftrags muss deshalb vor allem die vorhandenen natürlichen Anlagen des Kindes fördern, wecken und gewährleisten, dass individuelle Persönlichkeitsentfaltung nach Maßgabe der unterschiedlichen Veranlagungen möglich ist. Dies beinhaltet nicht nur die Anerkennung des Leistungsprinzips als Strukturprinzip des schulischen Erziehungswesens, sondern auch die Notwendigkeit einer Selektion der Schüler nach Maßgabe ihrer Leistungen und in der Konsequenz letztlich auch den Zwang zur Notengebung (Huber, 1994, S. 547). Zusätzliche Direktiven erhält der staatliche Erziehungsauftrag ferner durch das Sozialstaatsprinzip in Verbindung mit speziellen Diskriminierungsverboten aus Art. 3 Abs. 3 GG, die zu einem sozialstaatlich motiviertem Ausgleich vorhandener sozialer Unterschiede (Herkunft) zwingen. Hinzu kommen schließlich demokratisch motivierte Zielsetzungen wie beispielsweise die Zusammenfassung der Schüler unabhängig von ihren Konfessionen und landsmannschaftlichen Zugehörigkeiten, die berufsbedingten freien Übertrittsmöglichkeiten von der Grundschule in das Gymnasium und gewisse Lenkungsfunktionen zur Verhinderung von Fehlentwicklungen auf dem Arbeitsmarkt.

1.2.4.1.3 Ausgestaltung des Erziehungsauftrags

Die verfassungsrechtlichen Funktionen des staatlichen Erziehungsauftrags sind Vorgaben für seine notwendige organisatorische, verfahrensmäßige und inhaltliche *Ausgestaltung* durch die Länder. Hierzu gehört nicht nur die Planung und Organisation des Schulwesens (BVerfGE 34, 165, 182 f.), dessen Leitung und Beaufsichtigung (BVerwGE 6, 101, 104), sondern insbesondere auch die konkretisierende Festlegung der Inhalte, Ziele und Maßstäbe schulischer Erziehung, die je nach Grundrechtsrelevanz den Landesparlamenten obliegt und nicht in die Hände der jeweiligen Schulleitung gelegt werden darf (BVerfGE 34, 165 ff.). Erkennt man ferner, dass der Erziehungsauftrag nach Art. 7 Abs. 1 GG dem Elternrecht nicht nach-, sondern gleichgeordnet ist (BVerfGE 47, 46, 71 ff.) und der freiheitliche Staat einer inneren sachlichen Stütze durch Festlegung bestimmter Werte bedarf, so muss der Staat grundsätzlich berechtigt sein, in der Schule unabhängig von den Vorstellungen und Wünschen der Eltern eigene Erziehungsziele zu verfolgen, solange sich diese mit den verfassungsrechtlichen Zwecksetzungen des staatlichen Erziehungsauftrags vereinbaren lassen (BVerfGE 47, 46, 71 ff.; Huber, 1994, S. 551). Aus dieser Erkenntnis ergibt sich eine staatliche Zielpyramide mit grundgesetzlichen Wertentscheidungen als allgemeine Oberziele, mit denen die Funktionen des staatlichen Erziehungsauftrags festgelegt und dabei zugleich inhaltliche Vorgaben gemacht werden, denen die nachrangigen Zielsetzungen nicht widersprechen dürfen. Unter den grundgesetzlichen Wertentscheidungen finden sich landesverfassungsrechtliche Aussagen in Gestalt von mehr oder weniger konkret formulierten persönlichen und gemeinschaftsbezogenen Mittelzielen, die ihrerseits weder konkreter noch wesentlich ausführlicher in den jeweiligen Schulgesetzen nachgezeichnet werden (Pieroth, 1994, S. 952). Die staatliche Zielpyramide endet schließlich mit Unterzielen und Feinlernzielen in kultusministeriellen Rechtsverordnungen und etwaigen Verwaltungsvorschriften wie beispielsweise Stundentafeln und Lehrplänen, mit denen der Kanon der angebotenen Fächer, deren Einteilung in Pflicht-, Wahlpflicht- und Wahlfächer und der Umfang des Unterrichtsangebots in jedem Fach (Stundentafeln) sowie Lernziele, Lerninhalte, das Unterrichtsverfahren und die Leistungskontrollen (Lehrpläne) festgelegt werden.

1.2.4.1.4 Sportunterricht als Beitrag zur Verwirklichung der Erziehungsziele

Die staatliche Entscheidung zur Festlegung der Unterrichtsfächer einschließlich ihrer entsprechenden Klassifizierung in obligatorische oder fakultative Veranstaltungen ist den normativen Erziehungszielen verpflichtet und erfolgt im Regelfall nicht auf parlamentarischer, sondern auf ministerieller Ebene. Dies gilt insbesondere auch für das Unterrichtsfach Sport, dem alle Lehrpläne sowohl der allgemein- als auch berufsbildenden Schulen vielfältige Funktionen zur Entwicklung der geistigen, seelischen und körperlichen Fähigkeiten junger Menschen zuschreiben und ihn als spezifischen, unverzichtbaren und nicht austauschbaren Beitrag zur Erziehung des Kindes begreifen. Analysiert man die in Lehrplänen detailliert ausgewiesenen Funktionen und Beiträge des Schulsports im Lichte der schulgesetzlichen, landesverfassungsrechtlichen und grundgesetzlichen Erziehungsziele, so finden sich zahlreiche Kongruenzen vor allem auf mittlerer und unterer Ebene, aus denen sich die Plausibilität der Entscheidung für das Unterrichtsfach Sport zur Realisierung des staatlichen Erziehungsauftrag nach Art. 7 Abs. 1 GG ergibt. So weisen die Lehrpläne darauf hin, dass der Schulsport einen konstruktiven Beitrag zum friedlichen Zusammenleben der Menschen in unterschiedlichen Kulturen, Völkern und Nationen durch originale Sportaktivitäten und ihre mediale Vermittlung leiste (Art. 20 Abs. 1 GG), dem Erhalt der eigenen Gesundheit diene (Art. 2 Abs. 2 S. 1 GG) und zur Gleichstellung von Jungen und Mädchen in Familie, Schule und Freizeit beitrage (Art. 3 Abs. 2, 3 GG). Nicht weniger bedeutsam sind die anthropologischen und mannigfachen sozialen Zielsetzungen des Schulsports (sozio-emotionale, sozialisierende und sozial-integrative Funktionen), der beispielsweise im Themenbereich „Spielen" vielfältige Anlässe zum Probehandeln für Lebenssituationen biete, in denen Mitwirkung und Mitverantwortung gefordert seien. Bei ganzheitlicher Auffassung seines Anforderungsprofils ermögliche der Schulsport zudem eine umfassende Förderung der Sinne und der gesamten Persönlichkeit (Art. 1 GG i.V.m. Art. 2 Abs. 1 GG). Ein ganzheitlicher Schulsport sei demnach durch Gesundheitserziehung (Gesundheit, Fitness, Wohlbefinden), Stärkung des Selbstwertgefühls (Leistung, Wettkampf, Erfolg), Sozialerziehung (Miteinander, Geselligkeit, Gemeinschaft), Entwicklung der Wahrnehmungsfähigkeit (Eindruck, körperliche und materiale Erfahrung), ästhetische Erziehung (Ausdruck, Darstellung, Gestaltung) und erlebnispädagogische Akzentuierung (Spannung, Risiko, Abenteuer) gekennzeichnet. Hinzu entfalte der Sport eine Reihe sog. Schlüsselqualifikationen zur Wahrnehmung und Beurteilung eigener Ausdrucks- und Darstellungsformen, zur Analyse und Synthese von Bewegungssituationen, zum Transfer, zum Symbolverständnis, zur Gestaltung der Freizeit, zur Berücksichtigug von umweltschonenden Verhaltensweisen und zur Interpretation und selbständiger Gestaltung von Bewegungsformen. Außerdem befähigt er zur Beherrschung räumlicher Strukturen und zeitlicher Abläufe, zum Erwerb fachspezifischer Kenntnisse und Fertigkeiten, zur Beherrschung und Anwendung von Verfahren und Inhalten im Sport, zur Stabilisierung der eigenen Person durch sportliches Handeln und zur Entwicklung von Anstrengungsbereitschaft. Schließlich trägt der Sport auch zur Entwicklung von Risikobereitschaft und Sicherheitsbewusstsein, zur Zusammenarbeit mit der/dem Partnerin/Partner und Gruppe, zur Wahrnehmung sozialer Beziehungen, zur Konfliktlösung und Fairness und zur rationalen Entscheidung gegenüber sich selbst und anderen bei. Strukturiert man diese Einzelbeiträge und Schlüsselqualifikationen, so vermittelt das Unterrichtsfach Sport Sach- und Methodenkompetenz, Selbstkompetenz (motorische Kompetenzen, Körperwahrnehmung, personale und psychische Kompetenzen) und Sozialkompetenz, so dass sowohl persönliche als auch gemeinschaftsbezogene Erziehungsziele durch Sportunterricht erreicht werden.

1.2.4.1.5 Verfassungsrechtliche Grenzen des Erziehungsauftrags

Nimmt der Staat (Gesetzgeber, Verwaltung) seine Erziehungsverantwortung durch Festlegung verschiedener Erziehungsziele wahr, zu deren Verwirklichung das Unterrichtsfach Sport beiträgt, so wird er von Verfassungs wegen in gleichem Maße dazu verpflichtet, die verfassungsrechtlichen *Grenzen* seines objektiv-rechtlichen Erziehungsauftrags zu beachten. Die verfassungsrechtlichen Grenzen des staatlichen Erziehungsauftrags und dessen Erfüllung durch Festlegung und Durchführung des Sportunterrichts ergeben sich dabei insbesondere aus Kollisionen mit widerstreitenden Grundrechtspositionen der betroffenen Schüler und Eltern, die im Wege praktischer Konkordanz (BVerfGE 28, 243, 261) so ausgeglichen werden, dass die gegenläufigen Interessen optimale Wirksamkeit entfalten können (Hesse, 1999, Rn. 72). Zu denjenigen Grundrechtspositionen, die in einer

potentiellen Kollisionslage zu dem staatlichen Erziehungsauftrag im Bereich des Sportunterrichts stehen und zu einem mehrdimensionalen Freiheitsproblem führen, zählen vor allem
- das elterliche Erziehungsrecht nach Art. 6 Abs. 2 S. 1 GG,
- das Recht des Schülers auf freie Entfaltung seiner Persönlichkeit (Art. 1 GG i.V.m. Art. 2 Abs. 1 GG) sowie
- auf Ausbildung nach Art. 12 Abs. 1 GG und
- schließlich die Religionsfreiheit aus Art. 4 GG.

So verfügt der Staat innerhalb der Schule nicht über eine alleinige Erziehungsverantwortung. Das elterliche Erziehungsrecht steht vielmehr gleichrangig (BVerfGE 47, 46, 72) daneben und wird durch Art. 6 Abs. 2 S. 1 GG dahingehend abgesichert, dass die Eltern das Recht haben, nach eigenen Vorstellungen (BVerfGE 59, 350, 376) für die seelische und geistige Entwicklung, die Bildung und Ausbildung ihrer Kinder zu sorgen. Zwar könnte man aus systematischen und genetischen Gründen die Auffassung vertreten, dass das elterliche Erziehungsrecht (Art. 6 Abs. 2 GG) auf den häuslichen Bereich beschränkt ist, also neben dem staatlichen Erziehungsauftrag besteht (Böckenförde, 1980, S. 56 ff.) und im Schulwesen nur bei Regelung expliziter Ausnahmen wie beispielsweise bei der Bestimmung über die Teilnahme am Religionsunterricht (Art. 7 Abs. 2 GG) wirksam wird, so dass im Grundsatz etwaige Kollisionslagen zwischen Art. 6 Abs. 2 GG und Art. 7 Abs. 1 GG ausgeschlossen ist. Gegen eine Differenzierung von häuslichem (elterlichem) und schulischem (staatlichen) Erziehungsrecht spricht jedoch das Interesse des Kindes (Art. 1 GG i.V.m. Art. 2 Abs. 1 GG) an einer homogenen Entfaltung seiner Persönlichkeit, die ein Miteinander der Träger gebietet und Erziehung zu einer gemeinsamen Aufgabe von Eltern und Schule macht (Pieroth, 1994, S. 555). Geht es somit um ein sinnvoll aufeinander bezogenes Zusammenwirken (BVerfGE 34, 165, 182) von Eltern und Schule, so lassen sich Kollisionslagen nur auf Grundlage der funktionellen Unterschiede der verschiedenen Erziehungsrechte auflösen. Während sich das elterliche Erziehungsrecht auf die Gesamterziehung des Kindes erstreckt, gehören Bildung und Ausbildung im engeren Sinne zum schulischen Verantwortungsbereich. Daraus folgt, dass Eltern ein Wahlrecht zwischen den verschiedenen Ausbildungsgängen sowie Schulformen haben und über die persönlich-weltanschauliche Erziehung des Kindes befinden dürfen, zumal der Staat nach Art. 4 Abs. 1 und 2 GG zur religiös-weltanschaulicher Neutralität verpflichtet ist

(BVerfGE 19, 206, 216). Keine Mitwirkungsrechte stehen ihnen demgegenüber bei der Errichtung der Förderstufe (BVerfGE 34, 165, 182), bei der Neuordnung der gymnasialen Oberstufe (BVerfGE 45, 400, 415 f.), bei Veränderungen des humanistischen Gymnasiums (BVerwG, NJW 1981, S. 1056), bei der Festlegung der ersten Pflichtfremdsprache in der Orientierungsstufe (BVerwGE 64, 308, 314) sowie der Zeugnis- und Notengebung in den Grundschulklassen (BVerwG, NJW 1982, S. 250) zu. Ist es dem Staat ferner erlaubt, eigene Ausbildungsgänge und Unterrichtsziele unabhängig von den Vorstellungen der Eltern zu entwickeln und zu bestimmen, so gelten diese Grundsätze auch für den Sportunterricht (BVerwGE 94, 82, 85). Dies berechtigt ihn im Einzelnen, Sport als obligatorisches Schulfach zu bestimmen und damit nicht allein die Förderung der Gesundheit der Schüler sowie die Entwicklung von sportlichen Fertigkeiten und Fähigkeiten, sondern zusätzlich die Einübung sozialen Verhaltens anzustreben und derart den Sportunterricht anzureichern und aufzuwerten (BVerwGE 94, 82, 85). Dem elterlichen Erziehungsrecht sind diese Gegenstände prinzipiell entzogen, so dass es im Regelfall an einer auszulotenden Kollisionslage fehlt. Problematischer erscheint es demgegenüber, wenn sich das elterliche Erziehungsrecht aus Art. 6 Abs. 2 S. 1 GG mit der Religionsfreiheit aus Art. 4 Abs. 1 und 2 GG verbündet und die Teilnahme am Sportunterricht mit den religiösen Vorstellungen der Eltern und/oder Schülerin beispielsweise deshalb kollidiert, weil muslimische Bekleidungsvorschriften für Frauen und Mädchen einer sportüblichen Bekleidung im koedukativen Schwimmunterricht entgegenstehen (BVerwGE 94, 82 ff.). Die Auflösung derart komplexer Interessenkonflikte kann dabei nur unter Berücksichtigung aller maßgeblichen Einzelaspekte erfolgen wie beispielsweise der inhaltlichen Begründung der Eltern/ Schülerin, warum der Sportunterricht gegen die Bekleidungsvorschriften verstößt, sowie einer Differenzierung zwischen den verschiedenen Sportarten, bei denen größtenteils religiöse Bekleidungsvorschriften beachtet werden können, ohne dass die betreffende Schülerin von dem jeweiligen Sportunterricht befreit werden müsste. Sind glaubensnotwendige Bekleidungen im Sportunterricht für die Schülerin trotz alledem unzumutbar, weil sie den Anblick ihrer entblößten Mitschüler ertragen muss, so kommt nur noch die Befreiung von dem Unterricht in Betracht (kritisch Pieroth, 1994, S. 960).

1.2.4.2 Kinder- und Jugendsport und elterliches Erziehungsrecht

Zu mehrpoligen Konflikten zwischen unterschiedlichen Verfassungsbelangen führt auch der Kinder- und Jugendsport, zu dessen Illustration der Beispielsfall 13 (Kinderhochleistungssport) dient. Dabei stehen

- die individualrechtlichen Belange der Kinder und Jugendlichen im Vordergrund (vgl. 1.2.4.2.1).
- Erst an zweiter Stelle ist das elterliche Erziehungsrecht zu beachten (vgl. 1.2.3.2.2),
- über dessen Betätigung in dritter Position die staatliche Gemeinschaft wacht (vgl. 1.2.3.2.3).
- In diesen dreipoligen Interessenkonflikt fließen ggf. Viertinteressen beteiligter Sportvereine mit ein (vgl. 1.2.3.2.4).

1.2.4.2.1 Grundrechtliche Abstützung des Kinder- und Jugendinteressen

Der mehrpolige Interessenkonflikt hat die Kinder- und Jugendinteressen an der Sportausübung in den Mittelpunkt zu stellen. Deren Betätigungen lassen sich auf unterschiedliche Grundrechte stützen. So fällt die Sportausübung jedenfalls unter die allgemeine Handlungsfreiheit nach Art. 2 Abs. 1 GG, sei es, dass die Minderjährigen den Sport ausüben wollen (positive Freiheit) oder nicht (negative Freiheit). Möchte sich der Minderjährige einem Sportverein anschließen oder diesem fernbleiben, so partizipiert diese Entscheidung an der individualrechtlichen Vereinigungsfreiheit des Art. 9 Abs. 1 GG (Beitrittsfreiheit). Die vereinsmäßige Sportausübung selbst genießt demgegenüber nur insoweit den Schutz von Art. 9 Abs. 1 GG, als man dessen Gewährleistungsgehalt auch auf eine Garantie externer Vereinsbetätigungen erstrecken möchte. Das Bundesverfassungsgericht lässt in dieser Hinsicht eine restriktive Haltung erkennen und vertritt die Auffassung, dass externe Vereinsbetätigungen nicht unter die Vereinigungsfreiheit gemäß Art. 9 Abs. 1 GG fallen, sondern anderen materiellen Grundrechtspositionen zuzuordnen sind (BVerfGE 70, 1, 25), was in konsequenter Anwendung dieser Grundsätze zur Eröffnung des Schutzbereichs gemäß Art. 2 Abs. 1 GG (allgemeine Handlungsfreiheit) und nicht zu Art. 9 Abs. 1 GG führen würde. Verlässt man hingegen den Wortlaut des Art. 9 Abs. 1 GG („bilden") und interpretiert die Vereinigungsfreiheit teleologisch-funktional, so wird man den Schutz der Vereinigungsfreiheit zumindest auch in einem Minimalbestand auf externe Vereinsbetätigungen beziehen und die vereinsmäßige Sportausübung unter Art. 9 Abs. 1 GG subsumieren können (Krogmann, 1997, S. 64 f.). Realisiert man schließlich, dass die allgemeine Professionalisierung des Sportgeschehens auch zu einer signifikanten Zunahme von berufs- und ausbildungsähnlichen Vertragsverhältnissen zwischen Sportvereinen und Minderjährigen führt (Hager, 2001, S. 28), so genießen vertragserfüllende Sportbetätigungen von Kindern und Jugendlichen außerdem den Schutz von Art. 12 GG (Berufs- und Ausbildungsfreiheit) bzw. der allgemeinen Wirtschaftsfreiheit aus Art. 2 Abs. 1 GG.

1.2.4.2.2 Gegenstand und Umfang des elterlichen Erziehungsrechts

Die Interessen von Minderjährigen, den Sport als Hobby, im Verein oder zu Ausbildungszwecken auszuüben, müssen zunächst ins Verhältnis zu dem elterlichen Erziehungsrecht aus Art. 6 Abs. 2 S. 1 GG gesetzt werden. Dieses räumt den Eltern das Bestimmungsrecht ein, die Minderjährigen nach ihren Vorstellungen seelisch und geistig zu entwickeln und für die Bildung und Ausbildung ihrer Kinder zu sorgen. Art. 6 Abs. 2 S. 1 GG bestimmt darin eine umfassende Elternverantwortung, die sich auf alle Lebens- und Entwicklungsbedingungen des Minderjährigen (Zacher, 1989, S. 296) bezieht und vielfältige Rechtsbefugnisse inkorporiert, die mit fortschreitendem Alter des Kindes abnehmen und mit dessen Volljährigkeit ganz erlöschen (BVerfGE 59, 360, 382). Zu diesen Rechtsbefugnissen zählt nicht nur die Formulierung eigener Erziehungsziele, sondern auch die Anwendung selbstbestimmter Erziehungsmittel und -methoden, solange sich diese mit dem Kindeswohl vereinbaren lassen. Daher gehört auch der hobby- und vereinsmäßig betriebene Kinder- und Jugendsport zur elterlichen Bestimmungsverantwortung des Art. 6 Abs. 2 S. 1 GG, solange er sich mit den elterlichen Erziehungsvorstellungen deckt und das Kindeswohl nicht gefährdet. Widerspricht die möglicherweise sogar berufsorientierte Sportausübung des Minderjährigen den konkreten Erziehungsabsichten der Eltern beispielsweise dadurch, dass die Eltern dem Kind mit Rücksicht auf dessen schwache schulischen Leistungen den Einritt und die Betätigung in einem Sportverein verweigern, so führt der Kinder- und Jugendsport zu einer formalen Grundrechtskollision (Kirchhof, 1978, S. 180) zwischen kindlichen und elterlichen Interessen. Die Auflösung dieser Kollisionslage erfolgt gleichwohl nicht im Wege praktischer Konkordanz, das heißt nicht auf dem Wege einer klassischen Abwägung zwischen Kindes- und Elternrecht (Ossenbühl, 1981, S. 55), sondern besteht in nichts Anderem als in einer klaren Konturierung des sachlichen Schutzbereichs des Elternrechts zwischen kindlicher Urteilsfähigkeit einerseits und kindlicher Erziehungsbedürftigkeit andererseits. So endet die von Art. 6 Abs. 2 S. 1 GG erfasste kindliche Erziehungsbedürftigkeit dort, wo die Urteilsfähigkeit des Kindes, das heißt dessen Fähigkeit zu Selbstbestimmung und Selbstverantwortung beginnt. Die Abgrenzung zwischen Erziehungsbedürftigkeit und Urteilsfähigkeit kann dabei grundsätzlich nicht abstrakt und generell, sondern nur unter Berücksichtigung der konkreten Sachlage und dem individuellen Alters- und Entwicklungsstandes des Kindes vorgenommen werden. Widerspricht die sportbezogene Erziehung der Eltern dem Kindeswohl, so gerät dieser Konflikt ebenfalls nicht zu einer schutzbereichsexternen Abwägung zwischen elterlichem Erziehungsrecht und Kindesinteressen, sondern bewirkt eine bereits tatbestandsmäßige Begrenzung des elterlichen Erziehungsrechts aus Art. 6 Abs. 2 S. 1 GG. Ein Widerspruch zwischen den sportbezogenen Erziehungsabsichten und dem Kindeswohl, der mit Auslösung staatlicher Schutzpflichten einhergeht, kommt vor allem dann in Betracht, wenn der Erziehungswille der Eltern die Menschenwürde, das Leben, die körperliche Unversehrtheit, die körperliche Bewegungsfreiheit oder die Vermögenssphäre des Kindes gefährdet. In diesen Fällen tritt das Interpretationsprimat über das Kindeswohl (Ossenbühl, 1977, S. 806), das den Eltern außerhalb der schulischen Erziehung zugewiesen wird, hinter einem prinzipiellen Vorrang der Kindesinteressen zurück. Derartige Schutzbereichsschranken sind beispielsweise dann zu ziehen, wenn das Kind wie im Fall 13 gegen seinen Willen zum Hochleistungssport oder zum Vereinstraining gezwungen wird, da hierbei mit seelischen und körperlichen Schädigungen zu rechnen ist. Gleiches muss schließlich auch für den Fall gelten, dass die Eltern dem Kind unerlaubte Mittel, insbesondere Dopingsubstanzen verabreichen, um damit Leistungssteigerungen auf Kosten der Gesundheit des Kindes zu erzielen (Hager, 2001, S. 40).

1.2.4.2.3 Staatliche Überwachung der elterlichen Erziehung

Die grundrechtsdogmatische Besonderheit des elterlichen Erziehungsrechts besteht darin, dass das Grundgesetz den Staat in das bipolare Interessengeflecht zwischen Eltern und Kindern einbindet und ihm nach Art. 6 Abs. 2 S. 2 GG zum ausdrücklichen Wächter über die Betätigung der Elternverantwortung erklärt. Das staatliche Wächteramt bezieht sich auf das Kindeswohl (Art. 1 GG, Art. 2 Abs. 1 GG) und manifestiert so eine staatliche Schutzpflicht (BVerfGE 24, 119, 144), die unverkürzt auflebt, wenn und soweit die Eltern nicht willens oder in der Lage sind, ihrer Verantwortung für das Wohl des Kindes gemäß Art. 6 Abs. 2 S. 1 GG nachzukommen. Das Kindeswohl ist damit gleichermaßen verbindendes wie trennendes Moment, mithin oberste Richtschnur (BVerfGE 24, 199, 144) im Verhältnis von Elternrecht (Art. 6 Abs. 2 S. 1 GG) und staatlichem Wächteramt (Art. 6 Abs. 2 S. 2 GG). Dies gilt insbesondere auch für die Reichweite des staatlichen Wächteramtes, dessen subsidiäre Ausübung zum Elternrecht auf solche Maßnahmen beschränkt ist, welche für die Beseitigung der Kindeswohl-Gefährdung oder -Schädigung notwendig sind (BVerfGE 24, 119, 144). Bezieht man die vorgenannten Maßstäbe auf den Kinder- und Jugendsport, realisiert sich die staatliche Wächteraufgabe nicht erst bei Schädigungen (repressiv), sondern wie im Beispielsfall 13 (Kinderhochleistungssport) bereits bei Gefährdungen des Kindeswohles (präventiv). Da eine effiziente Gefahrenabwehr regelmäßig nur bei vorsorgenden Maßnahmen möglich ist, ist der Staat kraft seines Wächteramtes auch zur Informationsbeschaffung und Beobachtung zumindest dann befugt, wenn begründete Verdachtsmomente einer Kindeswohlverletzung bestehen. Bestehen also nachweisbare Anhaltspunkte für eine sportbedingte Gesundheitsgefährdung des Kindes, dürfte der Staat auch dann zu medizinischen Untersuchungs- und Behandlungsmaßnahmen (Impfungen, Operationen, Röntgen, Transfusionen) berechtigt sein, wenn die Eltern diese Maßnahmen ablehnen. Gleiches gilt für den Fall, dass Eltern die sportlichen Betätigungen des Kindes aus übersteigerten wirtschaftlichen Erwägungen, ggf. sogar unter Einsatz von Dopingsubstanzen so für sich nutzbar machen, dass sie das Kind als Arbeitskraft ausbeuten. Das Verschulden der Eltern ist für die Realisierung der staatlichen Beistandspflicht grundsätzlich irrelevant und wird allenfalls bei der Frage nach Inhalt, Art und Ausmaß der staatlichen Tätigkeiten bedeutsam (Schmitt Glaeser, 1978, S. 631; Ossenbühl, 1981, S. 72 f.). So sind die Wächtermaßnahmen nicht nur an dem Kindeswohl auszurichten, sondern auch durch den Grundsatz der Verhältnismäßigkeit gegenüber den Eltern als Ausfluss des subsidiären Charakters des Wächteramtes in Bezug auf das Elternrecht begrenzt (BVerfGE 7, 320, 324 ff.).

1.2.4.2.4 Berücksichtigung von Dritt- und Viertinteressen

Schließen die Eltern namens des sporttreibenden Kindes Ausbildungsverträge mit Sportvereinen oder Sponsoringvereinbarungen mit Werbeträgern, so gerät das in staatlicher Überwachung liegende bipolare Grundrechtsverhältnis zwischen Kind und Eltern durch wirtschaftliche Dritt- oder Viertinteressen zu einem multidimensionalen Interessenkonglomerat. Geht es in einem ersten Schritt um die grundrechtliche Fundierung der sportverbandlichen Vertragsabschlusskompetenzen, so wird man diese schwerpunktmäßig der allgemeinen Vertragsfreiheit nach Art. 2 Abs. 1 GG (BVerfGE 88, 384, 403) und nicht der Berufsfreiheit nach Art. 12 Abs. 1 GG (so aber für Arbeitsverträge BVerfGE 81, 242, 254) zuzuordnen haben. Die Vereinsfreiheit aus Art. 9 Abs. 1 GG scheidet dabei von vornherein aus, da Vertragsabschlüsse lediglich in den Bereich externer Betätigungsfreiheiten von Vereinen fallen, die von anderen materiellen Grundrechtspositionen geschützt werden. So genießen selbst sportverbandliche Regelwerke, die Klauseln über etwaige Transfer- und Ausbildungsentschädigungen normieren, nicht den Schutz der Vereinsfreiheit, sondern allenfalls der Berufsfreiheit aus Art. 12 Abs. 1 GG bzw. subsidiär der allgemeinen Wirtschaftsfreiheit aus Art. 2 Abs. 1 GG. So schützenswert die Interessen der Vereine und Verbände jedoch auch sein mögen, wird die Auflösung des Interessenkonglomerats entscheidend vom Wohl des Kindes – ggf. auch gegen dessen Willen – abhängen. Lassen sich die von den Eltern im Namen des Kindes und der Vereine abgeschlossenen Ausbildungs- oder Werbeverträge nicht mit dem Kindeswohl vereinbaren, etwa weil die Verpflichtungen des Kindes zu einer Überforderung, Überbeanspruchung oder überlangen Bindung führen, so ist der Staat aufgrund seines Wächteramtes (Art. 6 Abs. 2 S. 2 GG) zum Einschreiten verpflichtet (Hager, 2001, S. 33). Die gegen das Kindeswohl abgeschlossenen Verträge dürften im Übrigen nach §§ 138, 242 BGB, ggf. gemäß § 134 BGB i.V.m. den Bestimmungen des Jugendarbeitsschutzgesetzes nichtig sein, so dass daraus keine Verpflichtungen für das Kind erwachsen können.

1.3 Kompetenzverteilung im Bereich des Sports

Beispielsfall 14: Der Bundestag beschließt Vorschriften zur Förderung von Teilnehmern an einer überregionalen, völkerverständigen Sportveranstaltung. Die Länder zweifeln an der Gesetzgebungskompetenz des Bundes, da es hierfür keinen ausdrücklichen Kompetenztitel gebe, vielmehr die Länder nach Art. 70 GG zuständig seien. Zu Recht?

Beispielsfall 15 (Abkommen): Die Bundesrepublik Deutschland möchte mit zwei weiteren europäischen Staaten ein Abkommen über die gemeinsame Durchführung einer Europameisterschaft schließen. Aus welcher Vorschrift des Grundgesetzes ergibt sich die entsprechende Bundeskompetenz?

Während sich die Kompetenzverteilung zwischen der Bundesrepublik und den Gemeinschaften/der Union, die aufgrund fehlender Staatlichkeit über keine eigenstaatliche Kompetenz-Kompetenz verfügen/verfügt, aus den primärrechtlichen Vorschriften des Gemeinschaftsrechts ergibt, richtet sich die Aufgabenverteilung zwischen dem Bund und den Ländern bzw. Gemeinden und Gemeindeverbänden nach dem Grundgesetz. Dabei ist zwischen den Kompetenzen auf dem Gebiet der Gesetzgebung, der Verwaltung und der Rechtsprechung zu differenzieren.

1.3.1 Gesetzgebung

Die Verteilung der sportbezogenen Gesetzgebungszuständigkeiten zwischen Bund und Ländern bzw. Gemeinden richtet sich vornehmlich nach den Art. 70 ff. GG. Abweichend von der förderativen Grundregel, die den Ländern das primäre Recht zur Gesetzgebung verleiht (Art. 70 GG), ist der Bund nur zuständig, wenn ihm das Grundgesetz (ausschließliche, konkurrierende, rahmengesetzliche oder mitgeschriebene) Gesetzgebungsbefugnisse verleiht. Analysiert man die entsprechenden Vorschriften, so hat der Bund nach Art. 73 Nr. 1 GG die ausschließliche Gesetzgebung über die auswärtigen Angelegenheiten, worunter solche Agenden zu verstehen sind, die das Verhältnis der Bundesrepublik Deutschland als Völkerrechtssubjekt zu anderen Völkerrechtssubjekten betreffen (Stettner, 1998, Art. 73 Rn. 9). Damit umfasst Art. 73 Nr. 1 GG die Regelung der diplomatischen und konsularischen Tätigkeiten, das Auslandsschulwesen (BVerfGE 6, 309, 354) und die Entwicklungshilfe (Wiedmann, 1990, S. 690) einschließlich derjenigen Bestimmungen, die ihrer Vorbereitung und Durchführung dienen und daher in einem funktionalen Zusammenhang mit den ausdrücklich genannten Sachgebieten stehen (sog. Annexkompetenz). Ein solcher Zusammenhang besteht beispielsweise bei gesetzlichen Bestimmungen zur Förderung von Teilnehmern an einer völkerverständigenden oder repräsentativen Sportveranstaltung. Dies hat zur Folge, dass die Regelungen als Annex zu dem Sachgebiet der auswärtigen Angelegenheiten gehören und sich die ausschließliche Gesetzgebungskompetenz des Bundes auch auf diese Regelungen erstreckt (Bauer, 1999, S. 337 f.). Die Zweifel der Länder an der Bundeskompetenz im Beispielsfall 14 (Sportförderung) sind daher unbegründet. Eine ausschließliche Bundeszuständigkeit besteht ferner für die Regelung von Investitionen des kommunalen Sportstättenbaus, soweit die Finanzhilfen konjunktur-, regional- oder strukturpolitische Förderungsziele im Sinne von Art. 104 Abs. 4 S. 1, 2 GG verfolgen. Angesichts der vielfältigen Zusammenhänge zwischen sozialen, kulturellen, technischen und wirtschaftlichen Aufgabenbereichen erscheint die Annahme der in Art. 104 GG genannten Ziele bei Schaffung sportbezogener Infrastrukturen nahe liegend. So fördern denn auch Investitionen im Bildungs-, Gesundheits- und Freizeitbereich die sozioökonomische Attraktivität eines Gebiets erheblich und können zum Abbau von regionalen Strukturschwächen und zur Annäherung der Lebens- und Entwicklungsbedingungen im Bundesgebiet beitragen (Thom, 1992, S. 44 f.). Die Mehrzahl der sportbezogenen Bundeszuständigkeiten resultiert indes aus den Bereichen konkurrierender Gesetzgebung. So trägt der Bund nach Art. 74 Abs. 1 Nr. 1 GG (das bürgerliche Recht) die Verantwortung zur Schaffung vereinsrechtlicher Bestimmungen, mit denen die verfassungs-rechtliche Vereinsautonomie (Art. 9 Abs. 1 GG) ausgestaltet wird (Bauer, 1999, S. 338) und die den Sportorganisationen das Recht vermitteln, ihre Angelegenheiten beispielsweise durch Aufstellen von Sportstatuten selbst zu regeln. Ebenfalls auf die Kompetenz für das bürgerliche Recht (Art. 74 Abs. 1 Nr. 1 GG) lassen sich nachbarrechtliche Regelungen des Zivilrechts (§§ 906, 1004 BGB) zurückführen, deren sportspezifische Bedeutung durch zunehmende Geräuschimmissionen bei dem Betrieb von Sportanlagen gestiegen ist (Pikart, 1984, S. 5 ff.) und schließlich an neue, sportverursachte Konfliktlagen angepasst wurde. Hinzu treten strafrechtliche und strafvollzugsrechtliche Dimensionen des Sports, insbesondere die Pönalisierung sportbedingter Verletzungsfolgen (Schroeder, 1972, S. 21 ff.) sowie die rehabilitierende Teilnahme an sportlichen Aktivitäten und Sportveranstaltungen (§ 67 S. 2 StVollzG), deren Regelung gleichfalls in die konkurrierende Zuständigkeit des Bundes fällt (Art. 74 Abs. 1 Nr. 1 GG). Weiterhin besteht eine konkurrierende Gesetzgebungskompetenz des Bundes für das öffentliche Vereinsrecht (Art. 74 Abs. 1 Nr. 3 GG), welches auch für Sportorganisationen Geltung beansprucht, für die sportbezogenen Regelungen des Jugendarbeitsschutzgesetzes (Art. 74 Abs. 1

Nr. 12 GG; Gitter, 1992, S. 1299 ff.), für die Förderung sportwissenschaftlicher Forschung (Art. 74 Abs. 1 Nr. 13 GG), für das sportbezogene Bodenrecht (Art. 74 Abs. 1 Nr. 18 GG), insbesondere die sportspezifischen Regelungen über die Aufstellung und den Inhalt von Bauleitplänen (§ 1 Abs. 5 S. 2 Nr. 3 BauGB; § 9 Abs. 1 Nr. 5 und 15 BauGB), über den Inhalt von Flächennutzungsplänen (§ 5 Abs. 2 Nr. 2 BauGB) sowie die in der Baunutzungsverordnung (§ 2 Abs. 5 BauGB) enthaltenen Bestimmungen über die Zulässigkeit von Sportanlagen in reinen und allgemeinen Wohngebieten (§ 3 Abs. 3 Nr. 2 BauNVO sowie § 4 Abs. 2 Nr. 3 BauNVO). Ergänzt werden die Gegenstände konkurrierender Bundeskompetenzen um tierschutzrechtliche Fragen der Ausbildung von Sportpferden (Barren, Doping) gemäß Art. 74 Abs. 1 Nr. 20 GG, um die Lärmbekämpfung (Art. 74 Abs. 1 Nr. 24 GG) und dabei insbesondere die auf § 23 Abs. 1 S. 1 Nr. 2 BImSchG beruhende Sportanlagenlärmschutzverordnung (Steiner, 1995, S. 418) sowie um Fragen der Sportförderung durch steuerliche Vergünstigungen für Sportvereine (§ 52 Abs. 2 Nr. 2 AO) auf Grundlage des Vereinsförderungsgesetzes nach Art. 105 Abs. 2 GG. Daneben besitzt der Bund die Rahmenkompetenz zur Regelung der sportbetreffenden Grundsätze des Hochschulwesens (Art. 75 Abs. 1 a GG), der sportbezogenen Bestimmungen im Naturschutz- und Waldrecht (Art. 75 Abs. 1 Nr. 3 GG) sowie der den Sport betreffenden Regelungen im Raumordnungsrecht (Art. 75 Abs. 1 Nr. 4 GG). Schließlich hat der Bund nach Art. 91a Abs. 2 S. 1 GG das Recht, nähere Bestimmungen über sportbezogene Gemeinschaftsaufgaben wie beispielsweise den Ausbau und Neubau von Sportanlagen zur Hochschulnutzung oder zur regionalen Infrastrukturverbesserung (Art. 91a Abs. 1 Nr. 1, 2 GG) zu erlassen. Findet sich keine ausdrückliche oder mitgeschriebene Kompetenzzuweisung im Grundgesetz, so liegen die sportbezogenen Gesetzgebungskompetenzen nach Art. 30, 70 GG bei den Ländern. Zu den Bereichen mit Sportrelevanz gehören die Kultur, das Kommunalrecht, das Beamtenrecht, das Polizeirecht sowie die Planung und Organisation ländereigener Aufgaben sowie der Erlass landeseigener Sportfördergesetze.

1.3.2 Verwaltung

Die Verwaltungskompetenzen liegen nach der föderativen Grundregel des Art. 30 GG bei den Ländern, soweit das Grundgesetz keine abweichenden Regelungen trifft. Art. 30 GG betrifft dabei sowohl den Bereich der gesetzesausführenden

Verwaltung, als auch die nicht-gesetzesakzessorischen Bereiche (BVerfGE 12, 205, 246 ff.), während Art. 83 GG die föderative Zuständigkeitsvermutung zugunsten der Länder lediglich für die bundesgesetzesakzessorische Verwaltung konkretisiert (BVerfGE 11, 6, 15). Legt man Art. 30 GG und Art. 83 GG mit Blick auf die Gemeinden und Gemeindeverbände (Art. 28 Abs. 2 GG) aus, so sind diese dem Verfassungsbereich der Länder zuzuordnen und gelten als mittelbare Landes- bzw. Staatsverwaltung (Blümel, 1990, § 101, Rn. 3). Eng verwoben mit der grundgesetzlich vorgezeichneten Verwaltungszuständigkeit und daher nicht losgelöst zu behandeln, ist hierbei die Frage nach der Finanzierungsverantwortung der öffentlichen Hand, die sich insbesondere bei den vielfältigen Sportförderungsmaßnahmen auf Bundes-, Landes- und kommunaler Ebene stellt. Der Begriff der Finanzierungsverantwortung ist hierbei weit zu verstehen und erstreckt sich sowohl auf die Frage, ob eine bestimmte Funktion vom Bund oder von den Ländern finanziert werden muss – sog. „Ausgabenlast" oder „Finanzierungslast" –, als auch auf das Thema, ob eine bestimmte Ebene freiwillig für die Erfüllung einer bestimmten Funktion finanzielle Mittel bereitstellen darf – sog. „Finanzierungsbefugnis" –. Die Frage nach der Finanzierungslast muss auf Grundlage des Konnexitätsgrundsatzes beantwortet werden, wonach prinzipiell diejenige Ebene die Ausgaben zu tragen hat, welche sich aus der Wahrnehmung ihrer Aufgaben ergeben (Art. 104a Abs. 1 GG). Korrelieren Finanzierungslast und -befugnis im Bereich der gesetzesfreien Verwaltung mit der Verwaltungszuständigkeit des jeweiligen Verbandes, so lässt sich diese Frage im Bereich der gesetzesakzessorischen Verwaltung nicht ohne weitere Überlegungen beantworten. Zu differenzieren ist dabei zwischen den Verwaltungsausgaben (Personal- und Sachkosten zur apparativen Bewältigung der einzelnen Aufgaben), die zwingend von dem jeweiligen Verband zu tragen sind, dessen Behörde gehandelt hat (Art. 104a Abs. 5 GG), und den Zweckausgaben (Sach- und Geldleistungen), die unmittelbar der Förderung des jeweiligen Sachanliegens dienen sollen. Werden Gesetzgebung und Verwaltung von derselben Ebene wahrgenommen (Bund oder Länder), so fallen die Zweckausgaben dem betreffenden Verband (Bund oder Länder) zur Last (Grundsatz des Art. 104a Abs. 1 GG). Fallen Gesetzgebungs- und Verwaltungskompetenz hingegen auseinander wie beispielsweise bei der eigenverantwortlichen Ausführung von Bundesgesetzen durch die Länder (Art. 83 f. GG) oder im Rahmen der Bundesauftragsverwaltung (Art. 85 GG), so ist die Lage komplizierter und kann nur angedeutet werden. Aus dem Umkehrschluss zu Art. 104a Abs. 2 GG, der die Zweckausgaben im Bereich der Bundesauftragsverwaltung durch die Länder dem Bunde zuweist, kann man zumindest ableiten, dass die Länder bei eigenverantwortlicher Ausführung von Bundesgesetzen zur Tragung der Zweckausgaben verpflichtet sind.

Wendet man diese Grundsätze auf die sportbezogene Kompetenzverteilung an, so ist im Bereich der gesetzesfreien Verwaltung von der Verwaltungs- und entsprechenden Finanzierungszuständigkeit der Länder gemäß Art. 30 GG auszugehen. Eine davon abweichende sportbezogene Zuständigkeit *zugunsten des Bundes* ergibt sich indes aus Art. 32 Abs. 1 GG, wonach die Pflege der Beziehungen zu auswärtigen Staaten zur Bundessache erklärt wird. So werden zu den auswärtigen Staaten im Sinne des Art. 32 Abs. 1 GG alle Subjekte des Völkerrechts gezählt, so dass auch internationale Organisationen (BVerfGE 1, 351, 366) darunter fallen. Hinzu kommt, dass die Pflege der Beziehungen in einem äußerst weiten Sinne zu verstehen ist und dabei nicht nur die Anbahnung, die Verhandlung und den Abschluss völkerrechtlicher Verträge jeder Art erfasst, sondern sich auf alle Tätigkeiten erstreckt, die sich auf die Staatengemeinschaft und die Stellung Deutschlands in ihr beziehen (Pernice, 1998, Art. 32 Rn. 25). Deshalb erlaubt Art. 32 GG die Aufnahme von Sportbeziehungen zu anderen Staaten und internationalen Organisationen (Tettinger, 1987, S. 40), aber auch den im Beispielsfall 15 (Abkommen) aufgezeigten Abschluss multi- oder bilateraler Übereinkommen zur Durchführung von Sportveranstaltungen sowie den internationalen Sportaustausch und die sportbezogene Entwicklungspolitik (Steiner, NJW 1991, S. 2731). Darüber hinaus fundiert Art. 32 GG die Mitgliedschaft und Mitwirkung des Bundes innerhalb der Organe des Europarats, der als zentrale Institution der sportpolitischen Zusammenarbeit der Bundesrepublik mit anderen Staaten fungiert. Zu seinen Aktivitäten zählen unter anderem die Durchführung (formeller und informeller) Europäischer Sportministerkonferenzen sowie die Erstellung jährlicher Aktionsprogramme und die Koordinierung von Aktivitäten des Ausschusses zum Übereinkommen über „Gewalttätigkeit und Fehlverhalten von Zuschauern bei Sportveranstaltungen und insbesondere bei Fußballspielen" (Nolte, NVwZ 2001b, S. 153) sowie zum Übereinkommen gegen Doping.

Vergleichbar mit der Mitarbeit im Europarat ist die sportpolitische Mitwirkung der Bundesrepublik in dem „Zwischenstaatlichen Ausschuss für Körpererziehung und Sport" der UNESCO, dessen Hauptaugenmerk darauf gerichtet ist, die Unterschiede im Bereich des Sports zwischen den Industrie- und Entwicklungsländern abzubauen.

Darüber hinaus besitzt der Bund nach Art. 87 GG das Recht zur Organisation von Betriebssport in bundeseigenen Verwaltungen und hat nach Art. 87a, b GG das Recht zur Bildung von Sportkompanien der Bundeswehr. Weitere Bundeskompetenzen resultieren aus Art. 91a GG sowie Art. 91b GG. So vermittelt Art. 91a Abs. 1 Nr. 1 GG dem Bund eine Verwaltungs- und Finanzierungskompetenz beim Bau hochschuleigener Sporteinrichtungen, die neben der sportwissenschaftlichen Lehre und Forschung auch einen fakultätsübergreifenden, der Hochschulallgemeinheit offen stehenden Sportbetrieb (sog. akademischer Breitensport) ermöglichen. Ebenfalls unter Art. 91a Abs. 1 Nr. 1 GG fällt die Errichtung von Sport-Rehabilitationseinrichtungen der Hochschulkliniken, wobei die aus der Errichtung der Sportstätten erwachsenen Folgelasten, wie z.b. Betriebs- und Unterhaltskosten, grundsätzlich von den Ländern zu tragen sind. Eine weitere Bundeskompetenz vermittelt Art. 91a Abs. 1 Nr. 2 GG, soweit der Ausbau, die Entwicklung oder Finanzierung sportspezifischer Infrastruktureinrichtungen (etwa Sportanlagen) regional wirtschaftsfördernde Bedeutung (bspw. für den Fremdenverkehr) besitzt (Tettinger, 1987, S. 40).

Schließlich verleiht Art. 91b GG dem Bund gewisse Mitwirkungsrechte bei der Förderung von Einrichtungen und Vorhaben der sport-wissenschaftlichen Forschung von überregionaler Bedeutung wie beispielsweise der Deutschen Sporthochschule in Köln (Tettinger, 1987, S. 40). Als Träger der Verantwortung für die gesamtstaatliche Konjunktur- und Strukturpolitik hat der Bund darüber hinaus gemäß Art. 104a Abs. 4 S. 1 GG das Recht, den Ländern bestimmte wirtschaftsfördernde Finanzhilfen für besonders bedeutsame Investitionen etwa für die Schaffung von Sportanlagen zu gewähren (Steiner, 1983, S. 177). Neben diese geschriebenen Verbandskompetenzen treten eine Reihe ungeschriebener sportrelevanter Bundeszuständigkeiten (Thom, 1992, S. 45 ff.), deren Existenz verfassungsrechtlich unbestritten ist und welche sich aus der Natur der Sache oder aus dem Sachzusammenhang begründen lassen. Hierzu zählen beispielsweise die Kompetenz zur gesamtstaatlichen und nationalen Repräsentation (Schmidt-Bleibtreu, 1999, Art. 83 Rn. 13), mit der die Förderung des Hochleistungssports zur Vorbereitung auf Olympische Spiele, die Paralympics oder Welt- und Europameisterschaften und die Verwendung von Staatssymbolen bei internationalen Wettkämpfen legitimiert wird (Steiner, 1991, S. 2731), sowie die Zuständigkeit zur Unterstützung nichtstaatlicher zentraler Organisationen (Schmidt-Bleibtreu, 1999, Vorb. v. Art. 83 Rn. 13) wie beispielsweise des Deutschen Sportbundes, des Nationalen Olympischen Komitees und der Bundessportfachverbände (Segerer, 1999, S. 109).

Die *Länder* leiten ihre sportbezogenen Verwaltungs- und Finanzierungskompetenzen traditionell aus der ihnen nach Art. 30 GG zustehenden Kulturhoheit ab. Die Liste der daraus resultierenden Sportfördermaßnahmen auf Landesebene ist lang und erstreckt sich beispielsweise auf die Förderung kommunaler Sport-, Spiel- und Freizeitanlagen, schulischen und hochschulischen Sportanlagen sowie Vereinssportanlagen (Fritzweiler, 1998, S. 39). Hinzu kommt die generelle Förderung des Schul- und Hochschulsports, insbesondere die Finanzierung spezieller Ausbildungsmaßnahmen durch Zuschüsse für Dozenten und Trainer in den Fächern Sportwissenschaft, Fortbildungsmaßnahmen für Sportlehrer sowie die Unterstützung schulsportlicher Wettkämpfe wie Schulmannschaftswettbewerbe und die Mitförderung von Bundesjugendspielen (Fritzweiler, 1998, S. 39). Daneben treten die Fördermaßnahmen der Länder zugunsten der Sportverbände und -vereine etwa in Gestalt von Zuschüssen für den Kauf von Sportgeräten, Sportkleidung, Unterhaltung von vereinseigenen Anlagen sowie Lehrgangsveranstaltungen. Hierzu gehören auch die Unterstützungsmaßnahmen zur Ausbildung und Fortbildung von Übungs- und Jugendleitern sowie im Leistungssport ergänzend zu den Bundesmaßnahmen die Förderung des Betriebs und Ausbaus von Bundes- und Landeszentren sowie Stützpunkten einschließlich der sportmedizinischen Betreuung von Bundes- und Landeskadern (Fritzweiler, 1998, S. 40). Schließlich sind die Länder zuständig für umfangreiche Zielgruppenförderungen beispielsweise von Behinderten, Ausländern, Aussiedlern, Strafgefangenen oder Rehabilitanden (Steiner, 1991, S. 2731). Fasst man diese Einzelangaben zusammen, so muss man sagen, dass die Zuständigkeiten der Länder damit tendenziell den Breitensport betreffen, während der Bund überwiegend für den Spitzensport zuständig ist.

Die *gemeindlichen* Verwaltungs- und Finanzierungskompetenzen beruhen demgegenüber auf der kommunalen Selbstverwaltungsgarantie, die durch Art. 28 Abs. 2 GG i.V.m. den jeweiligen Vorschriften der Landesverfassungen gewährleistet wird. Danach gehört es zu den rechtlich und politisch unbestrittenen Aufgaben der Gemeinden als politischen Organisationen der örtlichen Gemeinschaft, ihren Bürgern einen deren Bedürfnissen, Fähigkeiten und Interessen angemessene sportliche

Betätigung zu ermöglichen (Blank, 1983, S. 177 ff.). Die Vielzahl gemeindlicher Sportpflegemaßnahmen wird transparent, wenn man die Haushaltspläne und Sportförderungsrichtlinien mit einer Fülle von Organisations-, Sach- und Geldhilfen in den Blick nimmt. Die Unterstützungsmaßnahmen betreffen vor allem größere Sportveranstaltungen und den Bau und die Unterhaltung von Sportstätten, die privaten Vereinen und Verbänden zur unentgeltlichen oder lediglich kosten-deckenden Nutzung überlassen werden. Betreffen die Fördermaßnahmen den professionellen Sport, so mag es ungeachtet kartellrechtlicher Bedenken zwar fraglich sein, ob sich diese Maßnahmen noch innerhalb des gemeindlichen Aufgabenkreises im Sinne von Art. 28 Abs. 2 GG bewegen (kritisch hierzu Mathieu, 1983, S. 446 f.). Allerdings muss in diesem Zusammenhang berücksichtigt werden, dass sportliche Spitzenleistungen, die das Leben der Gemeinde prägen und diese auch nach außen profilieren, heute weitgehend nicht mehr auf Basis des Amateurprinzips denkbar sind, so dass die Förderung von Berufssport als Förderung des Gemeinschaftslebens und der öffentlichen Unterhaltung genauso kompetenziell unbedenklich ist wie andere gemeindliche Engagements für die Freizeit der Bürger auch (Steiner, NJW 1991, S. 2732). Eine Differenzierung zwischen zulässiger Breitensportförderung, dem zweifellos der Großteil kommunaler Verwaltungsmaßnahmen dient, und unzulässiger Spitzensportförderung kann daher nicht gefolgt werden.

1.3.3 Rechtsprechung

Die vertikale Verteilung sportbezogener Rechtsprechungskompetenzen zwischen Bund und Ländern richtet sich nach dem IX. Abschnitt des Grundgesetzes (Art. 92 GG – 104 GG), der in Art. 92 HS 2 GG die prinzipielle Zuständigkeitsvermutung zugunsten der Länder (Art. 30 GG) für die Rechtsprechung wiederholt. So normiert Art. 92 HS 2 GG ausdrücklich, dass die rechtsprechende Gewalt von dem Bundesverfassungsgericht durch die im Grundgesetz vorgesehenen Bundesgerichte und durch die Gerichte der Länder ausgeübt wird. Die vertikale Kompetenzordnung zwischen Bund und Ländern wird dabei durch eine horizontale Bereichsverteilung zwischen ordentlicher, Verwaltungs-, Finanz-, Arbeits- und Sozialgerichtsbarkeit ergänzt (Art. 95 GG). Angesichts der Heterogenität des Lebensbereichs Sport mit seinen vielfältigen verwaltungsrechtlichen, finanzrechtlichen, arbeitsrechtlichen, sozialrechtlichen, zivil- und strafrechtlichen Fragestellungen, kann hierbei prinzipiell keine der genannten Gerichtsbarkeiten von vornherein bei der

Analyse sportbezogener Kompetenzverteilungen außer Betracht bleiben. Ein Hauptaugenmerk kommt dabei sicherlich der ordentlichen Gerichtsbarkeit im Bereich vereinsrechtlicher Streitigkeiten sowie der Arbeitsgerichtsbarkeit zu, die nicht zuletzt wegen der Professionalisierung des Sportgeschehens in den vergangenen 25 Jahren zunehmend „sportlicher" (Hilpert, 1997, S. 92) geworden ist.

2 Einfachgesetzliche Steuerung des Sports

Die Darstellung der einfachgesetzlichen Steuerung des Sports orientiert sich an den verschiedenen sportrelevanten Gebieten des
- Sportförderungsrechts (vgl. 2.1),
- Polizeirechts (vgl. 2.2),
- Umweltrechts (vgl. 2.3),
- Baurechts (vgl. 2.4),
- Medienrechts (vgl. 2.5),
- Versicherungsrechts (vgl. 2.6),
- Vereins- und Verbandsrechts (vgl. 2.7),
- Arbeitsrechts (vgl. 2.8) sowie
- Strafrechts (vgl. 2.9).

2.1 Sportförderungsrecht

Beispielsfall 16 (Sonderprogramm): Das Parlament des Bundeslandes B, in dem kein eigenes Sportfördergesetz existiert, beschließt durch Haushaltsplan im Jahre 2004 ein Sonderprogramm zur Förderung des Sports und stellt entsprechende Haushaltsmittel bereit. Die genaue Zielsetzung, der Umfang, die Förderungsvoraussetzungen sowie der Empfängerkreis sind in ministeriellen Richtlinien geregelt. Einige Sportler, die nicht die Förderungsvoraussetzungen erfüllen, sind der Ansicht, dass die Förderung gegen den Grundsatz vom Vorbehalt des Gesetzes verstoße. Zu Recht?

Die Förderung des Sports wird in der juristischen Literatur und ungeachtet rechtsdogmatischer Begrifflichkeiten seit langem als eine kontinuierliche Aufgabe des staatlichen Gemeinwesens auf allen Ebenen (Tettinger, 1987, S. 37) verstanden und stellt hier zu Lande eine politisch allgemein akzeptierte Staatsaufgabe (Stern, 1972, S. 142 f.; Burmeister, 1978, S. 4; Steiner, 1983, S. 173) dar. Auf der Ebene des Gemeinschaftsrechts ist der Förderauftrag nunmehr erstmals im Konventsentwurf normiert, während er auf nationaler Ebene zwar nicht im Grundgesetz, dafür aber in 15 Landesverfassungen verankert ist. Konkretisiert man die verschiedenen Förderaufträge zu Gunsten des Sports auf nationaler Ebene, so erscheint es mit Blick auf die Kompetenzfrage zunächst sinnvoll,

- an die grundgesetzlichen Parameter zu erinnern (vgl. 2.1.1),
- bevor im Anschluss daran ausgewählte Rechtsprobleme staatlicher Sportförderung beleuchtet werden (vgl. 2.1.2).

2.1.1 Konkretisierungen staatlicher Sportförderkompetenzen

Die Frage danach, welcher Funktionsträger für die jeweilige Sportförderung zuständig ist, muss in Ermangelung originärer gemeinschaftsrechtlicher Zuständigkeiten auf Grundlage der nationalen Rechtsordnung beantwortet werden. Maßgeblich sind hierbei in erster Linie die Vorschriften des Grundgesetzes, insbesondere die vertikalen bzw. funktionellen und horizontalen Kompetenzverteilungsregeln. Die vertikale Zuständigkeitsverteilung zwischen Bund und Ländern auf dem Gebiet der sportförderungsbezogenen Gesetzgebung richtet sich dabei vor allem nach den Art. 70 ff. GG sowie Art. 104 f. GG.

Zu den *ausschließlichen* Gesetzgebungszuständigkeiten des Bundes zählen beispielsweise der Erlass von Vorschriften zur Förderung von Teilnehmern an einer völkerverständigenden oder repräsentativen Sportveranstaltung (Art. 73 Nr. 1 GG) oder über Investitionen des kommunalen Sportstättenbaus, soweit die Finanzhilfen konjunktur-, regional- oder strukturpolitischer Provenienz sind (Art. 104 Abs. 4 S. 1, 2 GG).

In die *konkurrierende* Gesetzgebungskompetenz des Bundes fallen demgegenüber Regelungen über die Förderung sport-wissenschaftlicher Forschung (Art. 74 Abs. 1 Nr. 13 GG) oder Fragen der Sportförderung durch steuerliche Vergünstigungen für Sportvereine auf Grundlage des Vereinsförderungsgesetzes (Art. 105 Abs. 2 GG), während der Erlass originärer Sportfördergesetze den Ländern vorbehalten bleibt (Art. 30, 70 GG) und in Umsetzung der entsprechenden landesverfassungsrechtlichen Staatszielbestimmungen erfolgt. Fasst man die Einzelbestimmungen der verschiedenen und in ihrem Aufbau vergleichbaren Sportfördergesetze der Länder (wie etwa das Landesgesetz über die öffentliche Förderung von Sport und Spiel in Rheinland-Pfalz v. 9.12.1974, GVBl. S. 597, das Gesetz zur Förderung des Sports im Landes Bremen vom 5.7.1976, GVBl. S. 173, das Gesetz zur Förderung des Sports im Landes Berlin vom 24.10.1978, GVBl. S. 2105, das Gesetz über die Sportförderung im Land Brandenburg vom 10.12.1992, GVBl. I/92, S. 498, das Thüringer Sportfördergesetz vom 8.7.1994, GVBl. S. 808, oder das Gesetz zur Sportförderung in Mecklenburg-Vorpommern vom 20.9.2002, GVBl. S. 574) abschnittsweise zusammen, so finden sich detaillierte Aussagen über Ziele und Mittel der Sportförderung, über allgemeine Maßnahmen der Sportförderung differenzierend nach den unterschiedlichen Bereichen des Freizeit-, Breiten-, Behinderten-, Gesundheits-, Nachwuchsleistungs- und des Spitzensports, über spezielle Maßnahmen zur Förderung des Sportstättenbaus sowie zur Nutzung von Sportstätten einschließlich der Festschreibung subjektivrechtlicher Nutzungsansprüche und über die Finanzierung der einzelnen Fördermaßnahmen.

Während die Landessportfördergesetze ihrer Zwecksetzung nach der Unterstützung und Begünstigung sportlicher Betätigungen dienen, existiert ferner eine Vielzahl sportfördernder Einzelbestimmungen in nicht unmittelbar sportbezogenen Gesetzen. Hierzu zählen beispielsweise die sportbegünstigenden Bestimmungen auf dem Gebiet des Umweltrechts, insbesondere die naturschutzrechtlichen Vorschriften zu Gunsten der Sportausübung in der freien Natur, wie etwa die Privilegierungsklausel des § 2 Abs. 1 Nr. 13 S. 5 BNatSchG sowie baurechtliche Normen über die Privilegierung sportbezogener Bauvorhaben oder Nutzungsformen.

Reduziert man den Begriff der Sportförderung auf die eigentliche Finanzierung, das heißt die Bezahlung sportbezogener Tätigkeiten, so lässt sich die Frage nach der vertikalen Kompetenzordnung auf dem Gebiet der Sportförderung mit Blick auf die Verteilung der Verwaltungszuständigkeiten gemäß Art. 30, 83 GG beantworten, da von einer Konnexität zwischen Aufgaben- und Ausgabenverantwortung auszugehen ist (Art. 104a Abs. 1 GG).

Nach diesen Grundsätzen besitzt der Bund geschriebene Förderkompetenzen auf dem Gebiet des Hochleistungssports, der internationalen Beziehungen, der Beteiligung der Sportfachverbände bei Olympischen Spielen, Welt- und Europameisterschaften (Art. 32 GG) sowie bei der Finanzierung von Sportförderkompanien der Bundeswehr (Art. 87a, b GG), während die Förderung kommunaler Sport-, Spiel- und Freizeitanlagen, (hoch-)schulischer Sportanlagen und Vereinssportanlagen grundsätzlich in die Kompetenz der Länder fällt (Art. 30 GG). Zu den gemeindlichen Verwaltungs- und Finanzierungskompetenzen (Art. 28 Abs. 2 GG) zählen schließlich die Förderung größerer Sportveranstaltungen, der Bau sowie die Unterhaltung und Bereitstellung gemeindlicher Sportstätten wie beispielsweise Turn- und Sporthallen, Sportplatzanlagen, Hallenbäder, Freibäder, öffentliche Spielplätze, Freizeitzentren und Sondersportanlagen (Reitsportanlagen, Eissportanlagen, Tennisplätze, Skiloipen, Radrennbahnen), Zuschüsse für Leistungs- und Hochleistungssportler der Vereine und Ehrungen für verdiente Vereinsmitarbeiter und erfolgreiche Sportler.

2.1.2 Ausgewählte Rechtsprobleme staatlicher Sportförderung

Zu den aktuellen Rechtsproblemen staatlicher Sportförderung zählen zunächst die Schwierigkeiten bei der genauen Konturierung der Sportförderungszuständigkeiten des Bundes gegenüber der Länderseite sowie die gemeinschafts- und nationalrechtlichen Fragen der Wettbewerbswidrigkeit von Fördermaßnahmen.

Darüber hinaus stellt sich aus Sicht des Demokratie- und Rechtsstaatsprinzips die Frage, ob die Förderung des Sports, die in einigen Ländern auf dem Boden von Sportfördergesetzen erfolgt, auch in den übrigen Ländern (wie etwa im Beispielsfall 16 – Sonderprogramm) und vor allem auf Bundesebene einer speziellen legislativen Grundlage bedarf oder nach wie vor durch einen Haushaltstitel in Verbindung mit Regierungsprogrammen bzw. ministeriellen Richtlinien erfolgen darf, denen die zentralen Aussagen über Zielsetzung, Umfang, Förderungsvoraussetzungen, Empfängerkreis usw. zu entnehmen sind.

Während eine strengere (ältere) Auffassung (Götz, 1966, S. 286 f.; Friauf, 1966, S. 733 ff.; Rupp, 1975, S. 615 f.) im Subventionswesen generell die Notwendigkeit gesetzlicher Vorgaben namentlich für Subventionszweck, Vergabebedingungen, Empfängerkreis, Subventionshöhe, Kompetenzzuweisung und Verwendungskontrolle bejaht und den Gesetzesvorbehalt daher auch konsequenterweise auf die Sportförderung ausdehnen müsste, lehnt die überwiegende Ansicht einschließlich des Bundesverfassungsgerichts (Henke, 1979, S. 53 ff.; Haverkate, 1983, S. 154 f.; BVerfGE 8, 155, 167) einen allgemeinen Gesetzesvorbehalt bereits für subventive Wirtschaftsförderung ab und müsste daher erst recht im Bereich des Sports die Forderung nach einer gesetzlichen Grundlage verneinen. Hinzu kommt, dass der organisierte Sport (Art. 9 Abs. 1 GG) geringeren Manipulationsgefahren ausgesetzt ist als die Presse (Art. 5 Abs. 1 S. 2 GG) oder Parteien (Art. 21 GG), die prinzipiell frei von staatlicher Bezuschussung bleiben sollen. Die Forderung nach einer gesetzlichen Grundlage im Bereich des Subventionswesens wird demgegenüber damit begründet, dass die Förderung des Einen zu einer Belastung Dritter führen kann. Betrachtet man jedoch den Schwerpunkt der Sportförderung und erkennt man, dass es bei der Sportförderung überwiegend um Breitensport- und Gesundheitssport geht, so trifft das Argument der Drittbelastung zumindest für den größten Teil der Subventionierung nicht zu. Doch auch im Hochleistungs- und Spitzensportbereich dürfte der Konkurrentenschutz hinter der primär begünstigenden Wirkung der Sportförderung mit einheitlichen und von jedermann erfüllbaren Förderungskriterien unterhalb des einfachen Rechts zurückstehen. Denn schließlich steht bei dieser Förderung nicht der kommerzielle Wettbewerb im Vordergrund. Damit gilt der Gesetzesvorbehalt für Sportsubventionen nicht, so dass die Förderung im Beispielsfall 16 – Sonderprogramm – auch ohne formellgesetzliche Grundlage, mit der die näheren Vergabemodalitäten geregelt würden, rechtmäßig ist.

Allerdings ist zu beachten, dass für den fördernden Staat eine Reihe weiterer Rechtsbindungen bestehen. So ist er gehalten, die haushaltsrechtlichen Grundsätze zu beachten, die für jedwede Subvention gelten. Staatliche Leistungen dürfen danach an Dritte grundsätzlich nur gewährt werden, wenn der Bund oder das Land an der Erfüllung bestimmter Zwecke durch Stellen außerhalb der Bundes- oder Landesverwaltung ein erhebliches Interesse hat, das ohne die Zuwendungen nicht oder nicht im notwendigen Umfang befriedigt werden kann (§§ 14, 26 Haushaltsgrundsätzegesetz; §§ 23, 44 Bundeshaushaltsordnung und die entsprechenden Landeshaushaltsordnungen). Die Förderung des Sports darf deshalb ihrer Höhe nach keinesfalls über eine subsidiäre Hilfe zur Selbsthilfe hinausgehen, worüber sich jedoch alle Sportbeteiligten verständigt haben und im Grundsatz ausweislich der Parteiprogramme und der regierungsamtlichen Sportberichte Einigkeit besteht. Entschließt sich der Staat zur Förderung des Sports, so hat er ferner die verfassungsrechtlichen Grenzen des Auswahlermessens und dabei insbesondere das rechtsstaatliche Übermaßverbot und den Gleichheitssatz zu beachten, der in Ausnahmefällen ein subjektiv-öffentliches Recht auf eine willkürfreie Mittelvergabe enthalten kann (Tettinger, 1987, S. 52; nach Steiner, 1991, S. 2732, enthält Art. 3 Abs. 1 GG das Verbot der willkürlichen Versagung der Subventionsgunst). Im Regelfall gelten Übermaßverbot und Gleichheitssatz aber bei der Festlegung des

Empfängerkreises, der Beurteilung der Fördermodalitäten wie dem Antragserfordernis, der Reihenfolge der Förderung, den Vergabebedingungen und den Vergabeauflagen wie beispielsweise bei einem absoluten und durch entsprechende Kontrollen gesicherten Dopingverbot, das seinerseits dem Gesundheitsschutz dient und damit zur Realisierung grundrechtlicher Schutzpflichten beiträgt (Steiner, 1983, S. 177 sowie 1984, S. 55).

2.2 Polizeirecht

Beispielsfall 17 (Private Sicherheitskräfte): Während eines Fußballspiels versuchen einige mit der Schiedsrichterleistung unzufriedene Fans das Spielfeld zu stürmen, um den Abbruch des Spieles herbeizuführen. Dabei werden sie zunächst von den privaten Sicherheitskräften des ausrichtenden Fußballvereins zurückgehalten, bevor die zwischenzeitlich informierten staatlichen Sicherheitskräfte eingreifen können. Ist das Handeln der privaten Sicherheitskräfte mit dem staatlichen Gewaltmonopol vereinbar?

Beispielsfall 18 (Kostenerstattung): Der Stadtstaat H überlegt, ob er die Kosten für die „normale Präsenz" eigener oder hinzugezogener Polizeikräfte und/oder die Kosten zur Durchführung von Standardmaßnahmen sowie Vollzugshandlungen bei den Fußballspielen des Bundesligavereins V, die pro Spiel i.H.v. insgesamt 50.000 Euro anfallen, zumindest anteilig von V zurückerstattet verlangen kann. V ist der Auffassung, dass es für die Forderung keine Rechtsgrundlage gebe. Zu Recht?

Die grenzüberschreitenden Gewaltphänomene im Sport führen zu einer zunehmenden Internationalisierung der Gefahrenabwehr, die sich sowohl an der Entwicklung nationaler Einrichtungen mit grenzüberschreitender Aufgabenstellung wie etwa der Besonderen Aufbauorganisation zur Koordinierung der Strafverfolgung und zum Zwecke des informationellen Datenabgleichs anlässlich der Fußballeuropameisterschaft im Jahre 2000, als auch an der steigenden Ratifizierung multilateraler Sicherheitsabkommen und gemeinsamer Erklärungen wie etwa zur Bekämpfung der Zuschauerausschreitungen bei Sportveranstaltungen deutlich ablesen lässt. Dennoch ist die Gefahrenabwehr im Sport weitestgehend nationalrechtlich determiniert und bezieht sich dem Grunde nach sowie unbeschadet der Bekämpfung grenzüberschreitender Gewaltphänomene auf zwei unterschiedliche Konstellationen: Zum einen kann es um die Abwehr von Gefahren gehen, die den Sportlern durch die sportliche Betätigung selbst, insbesondere bei Ausübung sog. Risikosportarten (Boxsport, Motorsport, Bergsteigen, Drachenfliegen) drohen. Zum anderen ist der Staat für die Abwehr von Gefahren verantwortlich, die nicht den Sportausübenden selbst, sondern Unbeteiligten oder Zuschauern anlässlich der Sportausübung anderer und vor allem bei Durchführung von Sportgroßveranstaltungen drohen. In der ersten Konstellation stellt sich im Kern die Frage, ob der Staat auch gegen den Willen des Sportlers zum Einschreiten berechtigt oder sogar verpflichtet ist. So gehören zwar das Leben und die Gesundheit zu den privaten Rechtsgütern, deren Schutz dem Staat bereits von Verfassungs wegen (Art. 2 Abs. 2 S. 1 GG i.V.m. Art. 1 GG) obliegt. Aus diesem Grunde besteht bereits wegen der bedeutsamen Rechtsgüter ein öffentliches Interesse am polizeilichen Einschreiten, ohne dass es auf die Voraussetzungen der polizeilichen Subsidiaritätsklausel ankäme. Doch findet das auf staatliche Schutzpflichten gestützte öffentliche Interesse an einem polizeilichen Einschreiten dort seine Grenze, wo die bewusste Gefährdung als Folge einer freiverantwortlichen Selbstentscheidung den Schutz der allgemeinen Handlungsfreiheit aus Art. 2 Abs. 1 GG genießt (Würtenberger, 1991, S. 31 ff.) und der Einzelne in der Lage ist, die Gefahren in zumutbarer Weise abzuwenden.

Zu einer anderen Bewertung gelangt man jedoch in den Konstellationen, in denen die sportlichen Betätigungen zu Fremdgefährdungen führen, in welche die Betroffenen nicht eingewilligt haben oder die ausgesprochene Einwilligung aufgrund von Kenntnismängeln unwirksam war. Abgesehen von vielfältigen strafrechtlichen Implikationen gehört der Schutz privater Rechte ebenso wie die Funktionstüchtigkeit des Staates und die Unversehrtheit seiner Rechtsordnung grundsätzlich zur Aufgabe der Gefahrenabwehr. Der Grundsatz polizeilicher Subsidiarität, wonach der Schutz privater Rechte nur dann zur Gefahrenabwehr gehört, wenn gerichtlicher Schutz nicht rechtzeitig zu erlangen ist und ohne die Hilfe die Gefahr besteht, dass die Verwirklichung des Rechts vereitelt oder wesentlich erschwert wird, kommt regelmäßig nicht zum Zuge, da Fremdgefährdungen beispielsweise bei Ausschreitungen im Zuge von Sportgroßveranstaltungen im Normalfall Gesundheit und Leben Unbeteiligter betreffen oder die Gefährdungen privater Rechte zugleich kollektive Rechtsgüter, die Funktionstüchtigkeit des Staates und seiner Einrichtungen oder die Unversehrtheit der gesamten Rechtsordnung gefährden. So besteht im Regelfall ein öffentliches Interesse an polizeilichen Maßnahmen.

2.2.1 Aufgaben und Befugnisse bei Sportgroßveranstaltungen

Das Gewaltmonopol des Staates erfordert zunächst eine trennscharfe Unterscheidung zwischen den staatlichen Aufgaben und Befugnissen der Polizeikräfte einerseits und den Sicherheitsdienstleistungen privater Ordnungs- und Sicherungsmaßnahmen des Sportveranstalters (Markert & Schmidbauer, 1993, S. 521; vgl. zu letzteren Hennes, 1994, S. 1 ff.) beispielsweise durch den Einsatz qualifizierter Wachdienste andererseits. Lässt man die privaten Sicherheitsdienstleistungen zunächst außer Betracht, so lassen sich die verschiedenen Aufgaben und Befugnisse der staatlichen Sicherheitskräfte bei Sportgroßveranstaltungen aus polizeitaktischer Sicht in vier Phasen gliedern. Die *erste* Phase stellt die langfristige Vorbereitung einer Sportgroßveranstaltung dar, in der beispielsweise Aufklärungsmaßnahmen durch szenekundige Fan-Kontaktbeamte (sog. Fan-Betreuer) durchgeführt werden. Die *zweite* Einsatzphase beginnt mit der Anreise und dem Zusammenkommen der Zuschauer vor dem eigentlichen Spielbeginn bzw. vor der Wettkampferöffnung, während sich die *dritte* Phase auf die Dauer des Sportwettkampfes selbst erstreckt und die vierte Phase polizeilichen Tätigwerdens alle Vorgänge nach dem Sportwettkampf erfasst. Nach den Erfahrungen vieler Polizeieinsätze handelt es sich bei jener *vierten* und letzten Phase, die von Hooligans häufig auch als „dritte Halbzeit" missverstanden wird, um die gefährlichste Zeitspanne, da viele aus dem Spielverlauf resultierende Faktoren, wie z.B. Sieg oder Niederlage, schlechte Mannschafts- oder umstrittene Schiedsrichterleistungen, zu einer stark emotionalen Aufladung führen, die in dieser Nachspielphase abreagiert werden (Markert & Schmidbauer, 1993, S. 58).

Analysiert man die verschiedenen Einsatzphasen mit Blick auf das staatliche Aufgaben- und Eingriffsinstrumentarium näher, so erkennt man, dass die präventive Aufgabe der Gefahrenabwehr bei Sportgroßveranstaltungen neben der eigentlichen Abwendung konkreter Gefahren auch die vorbeugende Bekämpfung von Straftaten und die Gefahrenvorsorge erfasst und damit einer langläufigen allgemeinen Tendenz im Gefahrenabwehrrecht entspricht, wonach polizeiliches Tätigwerden zunehmend im Vorfeld konkreter Gefahren oder konkretisierbarer Anfangsverdachte stattfindet. Die Ausdehnung der eigentlichen Gefahrenabwehr auf das Vorfeld der klassischen Gefahrenabwehr ist bereits aus tatsächlichen Gründen erforderlich, weil nur auf diese Weise Sicherheitsbehörden in der Lage sind, modernen Erscheinungsformen der Kriminalität etwa in Gestalt des organisierten Hooliganismus effektiv zu begegnen. Ist eine tatsächliche Gefahrenabwehr nur durch Ausdehnung der klassischen Gefahrenabwehraufgaben leistbar, so ist deren Erweiterung vor dem Hintergrund des verfassungsrechtlichen Schutzauftrags der staatlichen Sicherheitskräfte geboten (BVerfGE 46, 214 , 222 f.; Friauf, 1999, S. 110 f., Rn. 3 ff.; Würtenberger, 2000, S. 395 ff. Rn. 28 ff.). Teilweise werden jene Vorfeldtätigkeiten vor allem auf dem Gebiet der Datenerhebung zwar als „dritte Aufgabenkategorie" neben den beiden klassischen Polizeiaufgaben der präventiven Gefahrenabwehr und der repressiven Strafverfolgung verstanden. Rechtsdogmatisch betrachtet, handelt es sich jedoch nicht um eine selbständige Aufgabenkategorie, sondern lediglich um eine Form vorverlagerter Gefahrenabwehr.

Näher beleuchtet werden nachfolgend:
- informationelle Vorfeldtätigkeit und Passbeschränkungen (vgl. 2.2.1.1),
- Kontrollstellen und Aufklärungsgespräche (vgl. 2.2.1.2),
- Datenerhebungen, Observationen, Bild- und Tonaufzeichnungen (vgl. 2.2.1.3) sowie
- Sicherstellungen, Platzverweise und Ingewahrsamnahmen (vgl. 2.2.1.4).

2.2.1.1 Informationelle Vorfeldtätigkeiten und Passbeschränkungen

Planung und Durchführung eines effizienten Polizeieinsatzes bei einer Sportgroßveranstaltung beruhen im Wesentlichen auf dem Vorhandensein zuverlässiger Planungsdaten. Die Erhebung personenbezogener Daten in der Fanszene lange vor Beginn einer Sportgroßveranstaltung stellt einen Eingriff in das Recht auf informationelle Selbstbestimmung aus Art. 2 Abs. 1 i.V.m. Art. 1 Abs. 1 GG dar. Die deshalb erforderliche Ermächtigungsgrundlage findet sich in den Polizeigesetzen der Länder. Danach sind informationelle Tätigkeiten nur zulässig, wenn die Datenerhebung zur Gefahrenabwehr, insbesondere zur vorbeugenden Bekämpfung von Straftaten, erforderlich ist (vgl. nur § 20 PolG BW, Art. 31 BayPAG, § 19 ASOG Bln, §§ 29 ff. BbgPolG, §§ 25–27 SOG MV, § 11 PolG NW, § 26 SPolG, § 33a SächsPolG, § 179 LVwG SH, § 32 ThürPAG). Während die Datenerhebung bei Mitgliedern echter Fanclubs regelmäßig erleichtert wird durch eine große Kooperationsbereitschaft, gestaltet sich die Datenerhebung bei Gruppierungen, die ausschließlich an Gewalt interessiert sind, naturgemäß schwierig.

Um das Personengefüge dieser Gruppen und deren personelle Zusammensetzung zu erkennen, hat beispielsweise das Bayerische Staatsministerium des Innern bereits Anfang der 90er Jahre der Errichtung einer Arbeitsdatei mit dem Titel „Straftäter bei Sportveranstaltungen und gewalttätige Jugendgruppen" zugestimmt. Der Einsatz dieser Datei ist eine, nach Art. 38 Abs. 1 S. 1 i.V.m. Art. 37 Abs. 1 BayPAG rechtlich zulässige Form der Datenspeicherung und -nutzung, mit der das Erfassen von Personen ermöglicht wird, die u.a. wegen Straftaten und Ordnungswidrigkeiten im Zusammenhang mit Ausschreitungen bei Sportveranstaltungen in Erscheinung getreten sind. Hinzu kommt ein steter Informationsaustausch zwischen den Polizeibehörden der Länder und des Bundes, der die polizeilichen Beobachtungen und Datenerhebungen der Fanszene der Gastmannschaft erleichtern soll. Auf Bundesebene existiert zudem die mit Beschluss der IMK vom 14.5.1993 eingerichtete Datei „Gewalttäter Sport" als Fahndungs- und Abfragebestand des „Inpol-Systems". Seit Beginn der Fußballsaison 1994/95 wird diese Datei genutzt und verfügte im September 1998 über 2.480 Datensätze. Die Datei dient der Verhinderung gewalttätiger Auseinandersetzungen und sonstiger Straftaten im Zusammenhang mit Sportveranstaltungen, insbesondere bei Fußballspielen. Speicherungsfähig sind Personendaten von Beschuldigten und Verurteilten nach der Begehung von Katalogstraftaten sowie Adressaten polizeilicher Maßnahmen zur Verhinderung anlassbezogener Straftaten.

Offene Grenzen in Europa verstärken die Entwicklung einer grenzüberschreitenden Kriminalität, wie die Ereignisse im Rahmen der Fußballweltmeisterschaft in Frankreich 1998 auf dramatische Weise verdeutlicht haben. Da die Begehung von Straftaten deutscher Hooligans im Ausland dem Ansehen der Bundesrepublik empfindlich schadet, liegt es im öffentlichen Interesse, Gewalttäter von vornherein an der Ausreise zu hindern, um so Ausschreitungen vorzubeugen. Die Verhinderung der Ausreise deutscher Hooligans kann auf der Grundlage des Passgesetzes geschehen. So ist es nach § 7 Abs. 2 S. 1 i.V.m. Abs. 1 S. 1 Nr. 1 Var. 2 PaßG zulässig, den Geltungsbereich oder die Geltungsdauer eines Passes zu beschränken, wenn ohne die Beschränkung sonstige erhebliche Belange der Bundesrepublik Deutschland gefährdet sind. Dies ist regelmäßig dann der Fall, wenn Tatsachen vorliegen, die auf eine Gefährlichkeit des deutschen Hooligans schließen lassen und damit zu rechnen ist, dass die betreffende Person bei dem bevorstehenden Anlass erneut gewalttätig wird. Von dem Vorliegen dieser Voraussetzungen wird bei einer Person ausgegangen, die als gewaltbereiter Hooligan bekannt ist und in jüngerer Zeit, d.h. innerhalb der letzten zwölf Monate im Zusammenhang mit Gewalttaten oder als Teilnehmer an gewalttätigen Ausschreitungen aufgefallen war. Ist die Gültigkeit eines Passes beschränkt, so sind die für die polizeiliche Kontrolle des grenzüberschreitenden Verkehrs zuständigen Behörden nach § 10 Abs. 1 PaßG verpflichtet, dem Deutschen die Ausreise zu versagen. Das passgesetzliche Eingriffsinstrumentarium ist damit in präventiver Hinsicht als abgerundet zu bezeichnen. Da nach früherer Gesetzeslage lediglich die Ausreise ohne Pass oder nach einer ausdrücklichen Untersagung der Ausreise gem. § 24 Abs. 1 PaßG unter Strafe stand und die verbotene Ausreise bei räumlichen oder zeitlichen Beschränkungen der Passgültigkeit straffrei blieb, wurde das Pass- und Personalausweisrecht vor der Fußballeuropameisterschaft im Jahre 2000 novelliert und eine Strafbewehrung gemäß § 24 Abs. 1 PaßG auch für das verbotswidrige Ausreisen bei Passbeschränkungen normiert.

2.2.1.2 Kontrollstellen und Aufklärungsgespräche

Im unmittelbaren Vorfeld einer Sportgroßveranstaltung (zweite Phase) bedient man sich regelmäßig sog. Kontrollstellen, die bereits weit vor den Stadioneingängen an Busabfahrtspunkten, Bahnhöfen oder bekannten Anmarschrouten bzw. Treff- und Sammelpunkten platziert werden und der Überprüfung von Personen und Fahrzeugen dienen. Stellt die Einrichtung einer Kontrollstelle selbst keinen Grundrechtseingriff dar, so bildet sie jedoch den Ort für die Vornahme anderer freiheitsverkürzender Handlungen wie dem Anhalten von Personen, um diese nach verbotenen Gegenständen und Waffen wie Schreckschuss- oder Reizstoffwaffen, Geräten zum Verschießen von Signalmunition, Messern, Wurfsternen, Totschlägern, abgesägten Stuhlbeinen, Baseballschlägern und Feuerwerkskörpern zu durchsuchen. Letztere schränken die allgemeine Handlungsfreiheit aus Art. 2 Abs. 1 GG (Anhalten), das allgemeine Persönlichkeitsrecht gem. Art. 2 Abs. 1 i.V.m. Art. 1 Abs. 1 GG und bei der Durchsuchung von Gegenständen auch die Eigentumsfreiheit aus Art. 14 GG ein, so dass sie das Vorliegen ausdrücklicher Befugnisse erfordern, die sich in den entsprechenden Landespolizeigesetzen finden. Stößt die Polizei auf verbotene Gegenstände, so wird die Identität der betreffenden Inhaber festgestellt, womit ein weiterer Grundrechtseingriff in das Recht auf informationelle Selbstbestimmung gem. Art. 2 Abs. 1 i.V.m. Art. 1 Abs. 1 GG verbunden ist. Ist die Identität nicht feststellbar, etwa weil der Betroffene keinerlei Ausweispapiere mit sich führt oder bei der Identitätsfeststellung nicht mitwirken will, so ist es erforderlich, die entsprechende Person unter Einschränkung ihrer Bewegungsfreiheit aus Art. 2 Abs. 2 S. 2 i.V.m. Art. 104 GG zur Dienststelle zu verbringen (Art. 13 II 3 BayPAG, § 26 PolG BW, §§ 21 f. ASOG Bln, §§ 15, 17 BbgPolG, § 11 BremPolG, § 18 HSOG, §§ 29 f. SOG MV, § 12 Nds SOG, §§ 12 f. PolG NW, § 10 POG RP, § 9 SPolG, § 19 SächsPolG, § 20 SOG LSA, §§ 181 f. LVwG SH, §§ 14 f. Thür PAG), um beispielsweise erkennungsdienstliche Maßnahmen (Art. 14 I und III BayPAG, § 36 PolG BW, § 23 ASOG Bln, § 6 BbgPolG, § 31 BremPolG, § 19 HSOG, § 31 SOG MV, § 13 Nds SOG, § 14 PolG NW, § 11 POG RP, § 10 SPolG, § 20 SächsPolG, § 21 SOG LSA, § 183 LVwG SH, § 16 ThürPAG) durch die Aufnahme von Polaroidfotos und die Abnahme von Fingerabdrücken durchzuführen, die ihrerseits wiederum das Recht auf informationelle Selbstbestimmung gem. Art. 2 Abs. 1 i.V.m. Art. 1 Abs. 1 GG einschränken.

Neben diesen grundrechtseinschränkenden Maßnahmen bedienen sich die Sicherheitskräfte jedoch auch sog. Aufklärungsgespräche mit den Zuschauern, um diese von jeglicher Form der Gewaltanwendung gegen Sachen und Personen bei der Veranstaltung abzuhalten. Das Gespräch soll die Empfindung wecken, Gewalt als verpönt und verwerflich anzusehen. Problematisch dabei ist nur, dass die eigentliche Zielgruppe der gewaltbereiten Hooligans regelmäßig durch Aufklärungsgespräche nicht erreicht wird, da die Gewalttäter kaum ansprechbar sind und den Kontakt zu Polizeibeamten meiden. So besteht der Haupterfolg dieser Maßnahme darin, nichtgewaltbereite Fans davon zu überzeugen, den Gewalttätern ihren Schutz zu entziehen, um auf diese Weise das polizeiliche Grundziel der Deanonymisierung der Hooligans zu unterstützen. Ist dieses Ziel erreicht, so ist ein Großteil der Gefahrenabwehr geleistet, da persönliche Verantwortung für Untaten gescheut wird und sich die Gewalttäter nur in der Anonymität der Masse stark fühlen (Markert & Schmidbauer, 1993, S. 518).

2.2.1.3 Datenerhebungen, Observationen, Bild- und Tonaufzeichnungen

Eine andere Wirkung bezwecken Datenerhebungen und Observationen auf dem Anreiseweg zu Sportgroßveranstaltungen, die regelmäßig zur Vermeidung konkreter Gefährdungssituationen eingesetzt werden. Geht es bei der Datenerhebung um die Beschaffung und Feststellung von Einzelangaben über eine bestimmte oder bestimmbare Person, so erfordert diese Maßnahme im Gegensatz zum aufklärenden Gespräch eine ausdrückliche Ermächtigungsgrundlage, da sie einen Eingriff in das Recht auf informationelle Selbstbestimmung aus Art. 2 Abs. 1 i.V.m. Art. 1 Abs. 1 GG darstellt.

Ähnliches gilt für eine Observation, dass heißt dem offenen oder verdeckten (getarnten, heimlichen, bewusst verschleierten) planmäßigen Vorgehen der Polizei zur gezielten Beobachtung einer Person, um bestimmte Erkenntnisse über sie zu gewinnen. Auch sie führt zu einem Eingriff in das Recht auf informationelle Selbstbestimmung und bedarf deshalb ausdrücklicher parlamentarischer Ermächtigung. Während offene Observationen zumeist an Ankunfts-, Sammel- und Treffpunkten, auf den Anmarschwegen zum Stadion und an den Stadioneingängen durchgeführt werden und das Ziel verfolgen, die fanatischen und gewaltbereiten Fans zu verunsichern und damit von Straftaten abzuhalten, werden verdeckte Observationen regelmäßig bei Bestehen konkreter Gefahren der Begehung von Straftaten, kurzfristig und durch Polizeibeamte in Zivil durchgeführt. Das schärfste Eingriffsinstrumentarium im Gesamtsystem der Datenerhebungen ist schließlich die längerfristige Observation, die eine verdeckte Beobachtung einer Person über 24 Stunden oder zwei Tage hinaus ermöglicht und nur zulässig ist, wenn der konkrete Verdacht einer planmäßigen Begehung von Straftaten besteht. Des Weiteren sind die staatlichen Sicherheitskräfte vor allem in der zweiten und dritten Phase einer Sportgroßveranstaltung befugt, personenbezogene Daten auch durch den Einsatz technischer Mittel zur Anfertigung von Bild- und Tonaufnahmen oder -aufzeichnungen zu erheben. Zulässig sind diese Maßnahmen jedoch nur, wenn tatsächliche Anhaltspunkte die Annahme rechtfertigen, dass Ordnungswidrigkeiten von erheblicher Bedeutung oder Straftaten begangen werden. Dass unbeteiligte Dritte mit aufgenommen werden, ist häufig unvermeidbar und führt nicht zur Unzulässigkeit der Aufnahme. Die Bild- und Tonaufzeichnungen verfolgen dabei das Ziel, Risikobereiche wie beispielsweise Fanblöcke, Zu- und Abgänge ständig zu beobachten. Damit werden Informationen über entstehende Gefahren wie Abschießen von Feuerwerkskörpern, Körperverletzungen und Landfriedensbruch frühzeitig erlangt und können im Keim erstickt werden. Da die Durchführung von Bild- und Tonaufzeichnungen in Kreisen gewaltbereiter Fans bekannt ist, entfalten sie eine signifikante generalpräventive Wirkung und ermöglichen schließlich auch eine effiziente Strafverfolgung von Gewalttätern.

2.2.1.4 Sicherstellungen, Platzverweise und Ingewahrsamnahmen

Die Gefahrenabwehr erfordert mitunter die Sicherstellung von Gegenständen (§§ 32 f. PolG BW, Art. 25 BayPAG, § 38 ASOG Bln, § 29 BbgPolG, § 23 BremPolG, § 14 HmbSOG, § 40 HSOG, §§ 61 f. SOG MV, § 24 Nds SOG, § 43 PolG NW, § 22 POG RP, § 21 SPolG, §§ 26 f. SächsPolG, § 34 SOG LSA, § 210 LVwG SH, § 27 ThürPAG), die beispielsweise von Hooligans zu gewalttätigen Auseinandersetzungen verwendet werden. Hierbei muss es sich keinesfalls um technische Waffen handeln oder deren Besitz anlassbezogen strafbar sein. Demzufolge dürfen auch bestimmte, als Flammenwerfer einsetzbare Pressluftfanfaren sichergestellt werden. Rechtskonstruktiv bewirkt eine Sicherstellung, dass dem Eigentümer und Besitzer unter Einschränkung seiner Grundrechts aus Art. 14 Abs. 1 GG die Verfügung über die Sache entzogen und ein öffentlich-rechtliches Verwahrungsverhältnis über die Sache unter Ausschluss anderer begründet wird.

Sind Zuschauer vor der Veranstaltung bereits alkoholisiert oder führen sie verbotene Gegenstände mit sich, so wird es ratsam sein, die betreffenden Personen im Wege des Platzverweises von vornherein aus dem Stadion fernzuhalten. Ein Platzverweis kommt jedoch nicht nur dann in Betracht, wenn eine Person von einem bestimmten Ort ferngehalten werden soll, sondern auch mit dem Ziel, die Person oder Personengruppe zu dem Verlassen eines bestimmten Ortes zu bewegen (Art. 16 BayPAG, § 29 ASOG Bln, § 19 BbgPolG, § 14 BremPolG, § 12a HmbSOG, § 31 HSOG, § 52 SOG MV, § 15 Nds SOG, § 34 PolG NW, § 13 POG RP, § 12 SPolG, § 21 SächsPolG, § 36 SOG LSA, § 201 LVwG SH, § 18 ThürPAG). Letzteres bietet sich vor allem dann an, wenn eine bestimmte Person gegen Auflagen des Sportveranstalters verstößt, indem Feuerwerkskörper verschossen oder Zäune überstiegen werden, der Blockzwang missachtet oder gegen das Alkoholverbot im Stadion verstoßen wird.

Steht die Begehung einer Straftat oder einer Ordnungswidrigkeit von erheblicher Bedeutung unmittelbar bevor, so kann die betreffende Person ohne oder gegen ihren Willen an einem fest umgrenzten Ort (§ 28 PolG BW, § 17 Bay PAG, § 30 ASOG Bln, § 15 BremPolG, § 13 HmbSOG, § 32 HSOG, § 55 SOG MV, § 16 Nds SOG, § 35 PolG NW, § 14 POG RP, § 13 SPolG, § 22 SächsPolG, § 37 SOG LSA, § 19 ThürPAG) unter Inkaufnahme ihrer Bewegungsfreiheit aus Art. 2 Abs. 2 S. 2 GG i.V.m. Art. 104 GG in Gewahrsam genommen werden. Die Annahme einer unmittelbar bevorstehenden Straftat oder Ordnungswidrigkeit kann sich dabei insbesondere auf das Mitführen von Waffen, Werkzeugen oder sonstigen Gegenständen stützen, wenn sie ersichtlich zur Tatbegehung bestimmt sind oder erfahrungsgemäß bei derartigen Taten verwendet werden. Da die Zulässigkeit und Fortdauer einer polizeilichen Ingewahrsamnahme von einer unverzüglichen richterlichen Entscheidung abhängt (Art. 104 GG), hat es sich zwischenzeitlich bewährt, bei entsprechenden Risikoveranstaltungen mit dem Leiter des Amtsgerichts entsprechende Vereinbarungen über eine Richterpräsenz zu treffen. Eine eventuell erforderliche Entscheidung wird dadurch zwar beschleunigt (Markert & Schmidbauer, 1994, S. 52 f.). Doch besteht das Problem häufig darin, dass dem Richter bei einer größeren Anzahl von Ingewahrsamnahmen ausreichendes Aktenmaterial über den Einzelfall fehlt und er darüber hinaus verpflichtet ist, jeden Einzelnen mündlich zu hören. Ist eine ordnungsgemäße Überprüfung nicht möglich, hat das Gericht im Zweifel die Freilassung des Betroffenen anzuordnen.

Ein weiteres sportspezifisches Problem, das sich im Zusammenhang mit Ingewahrsamnahmen stellt, ist die Verzögerung des Abmarsches eines ganzen Fanblocks aus dem Stadion. Die Maßnahme hat das Ziel, den Abzug der Veranstaltungsbesucher zu steuern und ein Zusammentreffen gegnerischer Gruppen zu verhindern. Praktiziert wird diese Verzögerung, wenn die Polizei ernst zu nehmende Hinweise erhält, dass eine größere Gruppe gewaltbereiter Anhänger der einheimischen Mannschaft die Gästefans nach dem Spiel abpassen will. Auch hierbei handelt es sich um eine – wenn auch kurzfristige – Form des sog. Schutzgewahrsams, der in der Regel nach Informationen (verdeckter) Aufklärungskräfte in den Blöcken und an den bekannten Treff-(Kommunikations-)punkten im Stadion angeordnet wird. Sind Straftaten, Ordnungswidrigkeiten oder verfassungsfeindliche Handlungen zu befürchten oder Gefahren abzuwehren und Zustände zu beseitigen, die Leben, Gesundheit oder die Freiheit der Person oder den Zustand gemeinwohldienlicher Sachen beispielsweise durch sog. „Entglasungsaktionen", Massenschlägereien oder Raub und Plündereien in der zweiten oder vierten Phase einer Sportveranstaltung gefährden, so bedient sich die Polizei einschließender Begleitungen der Fans auf der Anreise bis ins Stadion oder dem Rückmarsch der Gruppen bis zu ihren Abfahrtsorten bzw. den Parkplätzen. Die einschließende Begleitung der Fans wird dabei von uniformierten Polizeikräften nach dem Klettenprinzip vorgenommen und erlaubt den Fans im Regelfall den Ort aufzusuchen, den sie wollen.

2.2.2 Ausgewählte Rechtsprobleme sportbezogener Gefahrenabwehr

Zu den wesentlichen Problemen polizeilicher Gefahrenabwehr im Sport gehören:
- die verfassungsrechtliche Zulässigkeit des Einsatzes privater Sicherheitskräfte (vgl. 2.2.2.1) und
- die Frage, ob der Staat die Polizeikosten infolge von Sportgroßveranstaltungen bei dem Veranstalter des Ereignisses regressieren darf (vgl. 2.2.2.2).

2.2.2.1 Einsatz privater Sicherheitskräfte

Zwar verfügt der Staat über ein staatliches Gewaltmonopol. Dieses darf jedoch nicht mit einem umfassenden Sicherheits- und Präventionsmonopol gleichgesetzt werden, da es sich bei den Rechtsgütern Sicherheit und Prävention keinesfalls nur um öffentliche Güter handelt, die vom Staat zu schützen wären, sondern Gegenstände gesamtgesellschaftlicher Vorbeugungsarbeit darstellen (Kulas, 1998, S. 201). Berücksichtigt man ferner, dass sich der Staat zunehmend aus öffentlichen Aufgaben zurückzieht und verstärkt auf private Ressourcen zurückgreift, um seine Sicherheitsaufgaben effektiv wahrzunehmen, stellt sich die Frage nach einer sinnvollen und verfassungsgemäßen Aufgabenteilung zwischen staatlichen und privaten Sicherheitskräften. Von der Politik wird diese Form des kooperativen Zusammenwirkens begrüßt. So formulierte die Ständige Konferenz der Innenminister- und -senatoren der Länder (IMK) bereits 1991 eine Zielvorstellung, wonach ein gemeinsames Handeln aller Sportbeteiligten erforderlich sei, um die Sicherheit bei Sportveranstaltungen zu verbessern. Aus diesem Grunde beteiligte sich die IMK an der Einsetzung einer nationalen Arbeitsgruppe zum Thema „Nationales Konzept Sport und Sicherheit", die sich aus staatlichen (IMK, Deutscher Städtetag, Jugendministerkonferenz, Sportministerkonferenz, Bundesministerium des Innern und Bundesministerium für Frauen und Jugend) und privaten Akteuren (Deutscher Fußballbund, Deutscher Sportbund) zusammensetzte und deren Tätigkeiten in einen gleichnamigen Ergebnisbericht mit einer Konzeption zur Errichtung von Fanprojekten auf örtlicher Ebene und zur Errichtung einer „Koordinationsstelle Fanprojekte" sowie mit einem Vorschlag über „Bundesweit wirksame Stadionverbote" und Rahmenrichtlinien für Ordnerdienste mündeten. Neben der Anwendung dieser Konzeptionen seit Beginn der Fußballsaison 1994/95 unter Beobachtung eines nationalen Ausschusses für Sport und Sicherheit bestehen die weiteren Ziele der IMK darin, den Informationsaustausch zwischen den Polizeibehörden bei größeren Sportveranstaltungen zu intensivieren und neu zu regeln. Kernpunkte hierbei sind regelmäßige Berichtspflichten der beteiligten Polizeibehörden und die durch Standardisierung gewährleistete Auswertbarkeit der Berichte. Zudem wird die Einrichtung eines länderübergreifenden Informationsverbundes verfolgt, an dem anlassbezogen auch private Verbände (z.b. DFB) als Informationsquellen und Empfänger von Informationen teilnehmen. Wesentlich sind außerdem die Einrichtung der Landesinformationsstelle Sporteinsätze (LIS) auf Bundesländerebene und der Zentralen Informationsstelle Sporteinsätze (ZIS), die als polizeiliche Nachrichtenagentur für das gesamte Bundesgebiet Informationen vor und nach den Spielen in sog. Lagebildern zusammenfasst, Prognosen und Schlussfolgerungen für die Polizeieinsätze ermöglicht und darüber hinaus als deutsche Zentralstelle für den anlassbezogenen Informationsaustausch mit Polizeibehörden des Auslands im Rahmen des Korrespondentennetzes „Fußball" der Europäischen Union fungiert. Die Ergebnisse der ZIS werden schließlich an die tangierten Polizeidienststellen, an die LIS und an den Bundesgrenzschutz, der originär für die Sicherheit auf den Gleisstrecken und Bahnhöfen zuständig ist, übermittelt. Der Umfang und die Bedeutung kooperativer Aufgabenteilung werden jedoch vor allem dann deutlich, wenn man sich die Vielzahl der Sicherheitsmaßnahmen privater Sicherheitskräfte bei Sportgroßveranstaltungen vergegenwärtigt. Hierzu zählen die Innen- und Außensicherung des Stadions, insbesondere der Schutz sicherheitsempfindlicher Bereiche (Rettungswege, Mannschafts- und Schiedsrichterräume und VIP-Bereiche), das Freihalten der Ab- und Aufgänge im Zuschauerbereich, die ständige Besetzung der Zugänge zu den Zuschauerblöcken oder wie im Beispielsfall 17 (Private Sicherheitskräfte) die Verhinderung des Vordringens von Zuschauern auf das Spielfeld. Auch die Mitteilung von störungsrelevanten Sachverhalten an die Polizei sowie die Trennung rivalisierender Fangruppen durch entsprechende planerische und organisatorische Maßnahmen beim Kartenverkauf und bei der Beschickung der Zuschauerblöcke zählen zu denjenigen Maßnahmen, die typischerweise privaten Sicherheitskräften vorbehalten bleiben. Die Motive zur Einbeziehung privater Sicherheitsdienstleister sind vielfältig und bestehen neben der Effektuierung staatlicher Aufgabenerfüllung (Effizienzmotiv) in der Entlastung öffentlicher Dienstleister (Entlastungsmotiv) und ihrer Ergänzung (Ergänzungsmotiv) oder Ersetzung (Ersetzungsmotiv) durch Einbeziehung privater Akteure, in Wirtschaftlichkeitsüberlegungen (Fiskalmotiv), in der Nutzung privaten Sachverstands (Sachverstands- und Ressourcenmotiv) und etwaiger Synergieeffekte (Synergiemotiv) sowie in der Mitwirkung Privater (Mitwirkungsmotiv) und der damit verbundenen Realisierung gesellschaftlicher Mitverantwortung (zu allem Stober, 2001, S. 262). Bei alledem ist jedoch zu berücksichtigen, dass die maßgeblichen Entscheidungen, insbesondere die öffentlich-rechtlichen Eingriffsbefugnisse einschließlich ihrer Zwangsrechte nach wie vor beim Staat monopolisiert sind und die privaten Sicherheitskräfte allenfalls im Rahmen privater Hausrechte fungieren, ansonsten aber als zum Teil informationelle Verwaltungshelfer wie im Beispielsfall 17 (Private Sicherheitskräfte) so in den behördlichen Apparat eingebunden sind, dass das staatliche Gewaltmonopol unangetastet bleibt. Erfolgt die Einbindung der privaten Sicherheitskräfte auf Grundlage eines öffentlich-rechtlichen Vertrages zwischen der Verwaltung und dem Dienstleistungsunternehmen/Sportveranstalter, können Einsatzbedingungen insbesondere unter Berücksichtigung verfassungsrechtlicher Bindungen und einfachgesetzlicher Anforderungen (bspw. Datenschutz) auf eine Weise geregelt werden, dass rechtsstaatliche Befürchtungen ausgeräumt werden.

2.2.2.2 Kostentragung bei Sportgroßveranstaltungen

Eine weitere Frage, die bereits im Jahre 1983 auf dem 7. Deutschen Verwaltungsrichtertag thematisiert wurde (Schenke, 1983, S. 678) und angesichts der Engpässe in öffentlichen Kassen gerade in jüngerer Zeit zunehmend gestellt wird, betrifft die Kostentragung für Polizeieinsätze bei Sportgroßveranstaltungen. Dabei ist insbesondere fraglich, ob es nach verfassungsrechtlichen Vorgaben und einfachgesetzlichen Regelungen wie im Beispielsfall 18 (Kostenerstattung) zulässig wäre, privaten Veranstaltern von Sportgroßereignissen die Kosten der Polizeieinsätze ganz oder zumindest teilweise aufzuerlegen. Hält man sich die steigende Gewaltbereitschaft der Fans bei Sportgroßveranstaltungen und die dadurch bedingte hohe Anzahl von benötigten Sicherheitsbeamten vor Augen, so wird das Problem in tatsächlicher Hinsicht deutlich: Waren es in den 60er und 70er Jahren regelmäßig nur eine Handvoll Polizeibeamter der zuständigen Inspektion, mit denen die Sicherheit bei einem normalen Bundesliga-Fußballspiel gewährleistet werden konnte, so wird heute regelmäßig ein Einsatzzug oder gar eine Hundertschaft Bereitschaftspolizei zur Unterstützung hinzugeholt (Markert & Schmidbauer, 1993, S. 517 sowie 1994, S. 493 ff.). Allein die Zahl der polizeilichen „Mann"- und „Frau"-Stunden, die in der Saison 1997/1998 von der Vollzugspolizei zur Sicherung von insgesamt 716 Spielen der Ersten und Zweiten Fußballbundesliga, des DFB-Pokals, der UEFA-Clubwettbewerbe und der Länderbegegnungen geleistet wurde, bezifferte sich auf 844.000 Arbeitsstunden, die bei Zugrundelegung der durchschnittlichen Jahresarbeitszeit eines Beamten im Wach- und Wechseldienst von ca. 1.440 Stunden einer Jahresarbeitsleistung von 586 Beamten entspricht. Die dadurch verursachten Kosten sind gewaltig und stehen in einem eklatanten Missverhältnis zu den enormen Verdiensten, die private Sportveranstalter beispielsweise aus dem Verkauf von Fernsehrechten erzielen.

Zur Beantwortung der Frage nach der Zulässigkeit, die Kosten beim Sportveranstalter zumindest teilweise zu regressieren, kommt es auf folgende Erörterungen an:

- das Erfordernis einer parlamentarischen Erstattungsnorm (vgl. 2.2.2.2.1),
- spezialgesetzliche Kostenregelungen im Polizei- und Vollzugsrecht (vgl. 2.2.2.2.2) sowie
- allgemeine Regelungen im Verwaltungskostenrecht (vgl. 2.2.2.2.3).

2.2.2.2.1 Erfordernis einer parlamentarischen Erstattungsnorm

Beabsichtigt man, mit dem hergebrachten Prinzip zu brechen, dass die Kosten für den Polizeiapparat der Öffentlichkeit zur Last fallen, so bedarf es zunächst in formeller Hinsicht einer parlamentarischen Erstattungsnorm (Würtenberger, 1983, S. 193; Wolff & Bachof, 1974, § 42 IIIa; Albrecht, 1982, S. 166; a.A. Röper, 1981, S. 782), die Grund und Höhe der Kostenforderungen klar regelt und auf diese Weise dem grundrechtlichen Gesetzesvorbehalt (Art. 2 Abs. 1 GG, Art. 9 Abs. 1 GG) genügt. Zwar könnte man erwägen, den Anspruch auf Ersatz der Polizeikosten ohne ausdrückliche Erstattungsnorm mit einer entsprechenden Anwendung der Vorschriften über die Geschäftsführung ohne Auftrag (§§ 677 ff. BGB) zu begründen. Doch steht dieser Lösung der rechtsstaatliche Grundsatz der Gesetzmäßigkeit der Verwaltung (Art. 20 Abs. 3 GG) entgegen, wonach sich die entsprechenden monetären Ersatzpflichten allein nach den einschlägigen Polizei-, Gebühren- und Kostengesetzen bestimmen und nicht durch Rückgriff auf gewohnheitsrechtlich anerkannte Institute des Staatshaftungsrechts umgangen werden dürfen (Wollschläger, 1977, S. 79 f.; Würtenberger, 1983, S. 194). Denkbar wäre zweifellos, den Ersatz von Polizeikosten ggf. durch „Gebührenvereinbarungen" mit den privaten Veranstaltern vor allem in den Fällen zu regeln, in denen die betreffenden Sportveranstaltungen wie beispielsweise Radrennen (§ 29 Abs. 2 StVO) erlaubnis- bzw. genehmigungspflichtig sind. Allerdings dürfen öffentlich-rechtliche Verträge nach dem Grundsatz vom Vorrang des Gesetzes (Art. 20 Abs. 3 GG) *de lege lata* (§ 54 Abs. 1 S. 1 VwVfG) dann nicht geschlossen werden, wenn Rechtsvorschriften entgegenstehen. Analysiert man die Gebührenregelungen der jeweiligen Bundesländer mit Blick auf derartige Handlungsformverbote, so findet man regelmäßig den Grundsatz der Gebührenfreiheit für im öffentlichen Interesse vorgenommene Amtshandlungen (z.B. Art. 3 Nr. 10 BayKostG; § 5 Abs. 1 Nr. 7 BadWürttGebG; § 2 Abs. 2 BerlG über Gebühren und Beiträge i.V.m. § 2 Polizeibenutzungsgebührenordnung; § 6 Abs. 1 Nr. 1 BremGebBeitrG; § 2 Abs. 1 HessVwKostG; § 2 HbgGebO i.V.m. § 2 Abs. 1 HbgGebG; § 2 Abs. 2 RhPfLandesgebührenG; § 6 Abs. 1 SaarlG Nr. 800 über die Erhebung von Verwaltungs- und Benutzungsgebühren), der einer Vertragsvereinbarung über die Kostenerstattung entgegensteht (Weyreuther, 1979, S. 397 ff.; Wolff & Bachof, 1974, § 42 IIIa; Meyer, 1982, § 54 Rdnr. 73). Fehlt ein derartiges Handlungsformverbot, so könnten etwaige Kostenerstattungsverträge aus anderem Grunde unzulässig sein, weil sie insbesondere gegen das Koppelungsverbot (§ 56 Abs. 1 VwVfG) verstoßen, wonach ein Sachzusammenhang zwischen behördlicher Leistung und privater Gegenleistung gefordert wird und die Gegenleistung des Bürgers der Behörde zur Erfüllung ihrer öffentlichen Aufgaben dienen muss. Denn sieht man die Leistung der Behörde in der Erteilung der Genehmigung bzw. Erlaubnis zur Durchführung der Sportveranstaltung (bspw. von Radrennen), so darf die Behörde lediglich die Erstattung der Kosten verlangen, die ihr in Ansehung der von ihr erbrachten Leistung (Genehmigungserteilung) entstanden sind. Die Genehmigungsbehörde ist demgegenüber kein „verlängerter Arm" der Vollzugspolizei, mit dem man Polizeikostenvereinbarungen schließen könnte, um die Staatsausgaben im Bereich der Polizeiverwaltung zu senken (Würtenberger, 1983, S. 194). Deshalb scheiden verwaltungsrechtliche Verträge über die Kostenerstattung für Polizeieinsätze aus unterschiedlichen (einfachgesetzlich verankerten) Gründen aus.

2.2.2.2.2 Spezialgesetzliche Kostenregelungen im Polizei- und Vollzugsrecht

Verlangt man für den Regress der Polizei gegenüber dem Sportveranstalter eine gesetzliche Grundlage, so hat man sich zunächst an die ältere und zwischenzeitlich außer Kraft gesetzte Regelung des § 81 Abs. 2 S. 1 BadWürttPolG zu erinnern, wonach bei privaten Veranstaltungen Ersatz der Polizeikosten von den jeweiligen Veranstaltern verlangt werden durfte. Hinter dieser Regelung stand die Erwägung, dass bei Veranstaltungen, die einerseits mit der Absicht der Gewinnerzielung stattfinden und andererseits die öffentliche Sicherheit und Ordnung gefährden können, billigerweise dem Veranstalter als Veranlasser der Ersatz besonderer Polizeikosten, insbesondere die Kosten für die Heranziehung weiterer als der im üblichen Dienst eingesetzten Beamten, aufgebürdet werden konnte (Wöhlre & Belz, 1982, S. 309). Der Sache nach waren die Erwägungen zwar zutreffend; doch bereitete die offen formulierte und daher zu unbestimmt gehaltene (Majer, 1982, S. 175 ff.) Vorschrift in der Praxis zunehmend Schwierigkeiten, weil mit Blick auf einen gezielteren Einsatz der örtlichen Polizeikräfte angezweifelt wurde, dass das Hinzuziehen größerer Polizeikontingente zur Aufrechterhaltung von Sicherheit und Ordnung wirklich erforderlich gewesen sei (VGH Mannheim, NJW 1981, S. 1226 ff.). So wurde die Vorschrift außer Kraft gesetzt, ohne dass sie vergleichbare Nachahmungen fand.

Fehlen demnach spezialgesetzliche Regelungen, die eine spezielle Kostenerstattungspflicht des Sportveranstalters vorsehen, so wäre es zumindest denkbar, die Polizeikosten infolge der Sicherstellung von Sachen und für die Durchführung eines polizeilichen Gebots im Wege der Ersatzvornahme (zu den hierfür maßgeblichen Rechtsgrundlagen bereits Albrecht, 1982, S. 166) bei dem Sportveranstalter zu regressieren. Folgt man polizeirechtlichen Grundsätzen, dürfen Privaten diese Kosten indes nur dann auferlegt werden, wenn die betreffenden Personen Störer im polizeirechtlichen Sinne sind (zur Erörterung dieses Grundsatzes im Zusammenhang mit der Erstattung der Kosten von Polizeieinsätzen Broß, 1983, S. 378 ff.). Wendet man diesen Grundsatz auf die Verteilung der Verantwortlichkeiten an, so ist die (sekundäre) Finanzierungsverantwortung unmittelbar mit der (primären) Verantwortlichkeit zur Gefahrenabwehr verbunden, wenngleich die Regelungen unterschiedlichen Zwecksetzungen (Gefahrenabwehr, Kostenverteilung) dienen. Entscheidend dabei ist also die Frage, ob der Sportveranstalter durch Ausrichtung eines Sportereignisses zum Verhaltensstörer in Gestalt des Zweckveranlassers wird. Zwar setzt der Veranstalter mit der Durchführung der Sportveranstaltung ohne Zweifel die entscheidende Vorbedingung des gefahrenträchtigen Verhaltens ihrer Besucher, doch reicht dieser Beziehungszusammenhang allein für die Zuweisung einer polizeilichen Verantwortlichkeit nicht aus, wobei über die Art der weiteren Umstände gestritten wird. So sehen die subjektiv ausgerichteten Auffassungen das ausschlaggebende Moment für die Haftung des Zweckveranlassers in dessen subjektiver (sich in geistiger – verbaler oder optischer – Beeinflussung anderer Personen ausdrückender) Willensrichtung. Der Zweckveranlasser soll nur dann für ein Verhalten anderer verantwortlich sein, wenn er dieses Verhalten bezweckt, gezielt veranlasst, subjektiv intendiert im Sinne von vorsätzlich herbeiführt, beabsichtigt, herbeiführen will, bewusst auslöst oder zumindest billigend in Kauf nimmt (Erbel, 1985, S. 259). Zielrichtung des Sportveranstalters ist es, möglichst viele Zuschauer für das von ihm ausgerichtete Sportereignis zu gewinnen. Ein Interesse an Ausschreitungen oder dem Zusammentreffen gewaltbereiter Hooligans hat er demgegenüber nicht. Sieht man also den Grund des kostenverursachenden Polizeiaufgebots weniger in dem bloßen Zusammenkommen der Zuschauer, sondern mehr in den Ausschreitungen und dem Aufeinandertreffen gewaltbereiter Hooligans, so müsste man die Verantwortlichkeit des Sportveranstalters unter dem Gesichtspunkt des Zweckveranlassers verneinen. Vertritt man jedoch einen objektiven Begründungszusammenhang, wonach die Handlung des „Hintermannes" und der polizeiwidrige Erfolg (kraft Wertungszusammenhang) eine natürliche Einheit zu bilden haben, indem die Handlung des Ersten (bei objektiver Betrachtung) die entscheidende Ursache oder die unmittelbar die Gefahrengrenze überschreitende Bedingung für den polizeiwidrigen Erfolg ist, so müsste man den Sportveranstalter zumindest in den – doch eher seltenen – Fällen als Zweckveranlasser ansehen, in denen die Ausschreitungen eine typische Folge der jeweiligen Sportveranstaltung sind. Vergegenwärtigt man sich ferner, dass die klare Zuweisung von Verantwortlichkeiten bereits aus Gründen der Rechtssicherheit nicht von subjektiven Erwägungen abhängig sein kann und Polizeihaftung Kausal- und nicht Verschuldenshaftung ist, so wird man den Sportveranstalter auf Grundlage der objektiven Auffassungen durchaus unter den Begriff des Zweckveranlassers des gefahrträchtigen Verhaltens von Zuschauern, Fans oder Hooligans subsumieren können (Broß, 1983, S. 380; Würtenberger, 1983, S. 195; a.A. Schenke, 1983, S. 678). Dass er die Ausschreitungen missbilligt, kann dabei keine Rolle spielen, da die Feststellung der Verantwortlichkeiten von mitunter schwierigen Beweisfragen abhängt, die der Effizienz polizeilichen Handelns entgegensteht. Zwar dürfte der Sportveranstalter im Normalfall eine Genehmigung zur Durchführung der jeweiligen Veranstaltung besitzen, doch führt dieser Umstand nicht dazu, dass etwaige Ausschreitungen legalisiert würden. Denn Gegenstand der Konzession sind allenfalls gewerberechtliche Fragen, nicht aber die Gewalttätigkeiten von Zuschauern. So muss sich der Veranstalter bei objektiver Betrachtungsweise durchaus als Zweckveranlasser ansehen lassen. Dies bedeutet jedoch nicht automatisch, dass er auch zur Kostentragung herangezogen werden darf. Eine Pflicht zur Kostentragung durch den Sportveranstalter wäre vielmehr nur dann rechtmäßig, wenn eine solche auch dem Grundsatz der Verhältnismäßigkeit entsprechen würde. So kann sich der Veranstalter in Ansehung seiner vereins- oder verbandsgemäßen Durchführung des (auch) kommerziell genutzten Sportereignisses regelmäßig auf die Vereinsautonomie des Art. 9 Abs. 1 GG und die Berufsfreiheit des Art. 12 Abs. 1 GG berufen. Die nachträgliche Einforderung der Kostenlast betrifft zwar unmittelbar nur das Vermögen des Sportveranstalters, doch würde sich die finanzielle Überforderung mittelbar auch auf die Abhaltung (zukünftiger) Sportereignisse und die Erwerbsaussichten auswirken. So könnten insbesondere weniger finanzstarke Vereine an den Rand der wirtschaftlichen Leistungsfähigkeit geraten und dabei in ihrer Existenz gefährdet sein. Die Einforderung der Kosten bei dem Sportveranstalter dient wiederum der Leistungsfähigkeit des Staates, insbesondere seiner wirtschaftlichen Liquidität und seiner Möglichkeiten, Gefahrenabwehr nicht nur auf Minimalniveau zu leisten. Da die Gefahrenabwehr letztlich den Rechtsgütern von Gesundheit und Leben zugute kommt, erscheint eine – zumindest anteilige – Kostenpflicht des Sportveranstalters bei Abwägung aller Vor- und Nachteile auch nicht als unverhältnismäßig. Sollten einzelne Vereine/Verbände durch die Kostenlast in ihrer Existenz gefährdet sein, wäre es darüber hinaus denkbar, die finanziellen Verpflichtungen auf einen (gerade noch) leistbaren Minimalbetrag herabzusetzen. Würde von den Sportveranstaltern der zweifellos richtige Einwand erhoben, dass die Veranstaltung nicht nur den privaten (kommerziellen) Belangen des jeweiligen Sportveranstalters dient, sondern auch allgemeinen Unterhaltungsinteressen zugute kommt, so wird man dieses zu berücksichtigen haben. Handelt es sich danach um eine Veranstaltung, die lediglich kostendeckend durchgeführt wird und ganz überwiegend gemeinnützigen Belangen bestimmt ist, könnte man von der Kostenlast sogar ganz absehen. Bezieht man diese Grundsätze auf den Beispielsfall 18 (Kostenerstattung), erscheint es zumindest anteilig und zwar mit Blick auf den kommerziellen Nutzen des Fußballspieles zulässig, die Kosten für die polizeilichen Standardmaßnahmen und Vollzugshandlungen auf der Grundlage des jeweiligen Polizei- und Vollzugsrechts von V erstattet zu verlangen.

2.2.2.2.3 Allgemeine Regelungen im Verwaltungskostenrecht

Können spezialgesetzliche Regelungen im Polizei- und Vollzugsrecht lediglich zu einem Regress des Staates gegenüber dem Sportveranstalter hinsichtlich der Kosten führen, die infolge von Standardmaßnahmen und Vollzugshandlungen entstanden sind, so stellt sich vor allem die Frage nach der Finanzierung der „normalen" Präsenz eigener oder hinzugezogener Polizeikräfte. Diese Kosten könnten nach allgemeinen Regelungen des Verwaltungskostenrechts als Verwaltungsgebühren von dem Sportveranstalter (zumindest anteilig) verlangt werden, wenn dieser als Kostenschuldner anzusehen wäre. Kostenschuldner im Verwaltungskostenrecht ist grundsätzlich derjenige, der die Amtshandlung veranlasst, zu dessen Gunsten sie vorgenommen wird oder wer einer besonderen Überwachung oder Beaufsichtigung unterliegt. Könnte man den Sportveranstalter bereits nach polizeirechtlichen Grundsätzen als Zweckveranlasser ansehen, so erscheint es folgerichtig, auch nach allgemeinen Grundsätzen die Kosten für den Polizeieinsatz als vom Veranstalter veranlasst anzusehen. Dass der Polizeieinsatz auf einer positiven Willensbetätigung des Sportveranstalters (Bitte, Nachfrage) beruhen muss, ist nicht erforderlich, weil dieser willentlich einen Tatbestand herbeigeführt hat (Durchführung der Sportveranstaltung), der für sich genommen ursächlich war für den Polizeieinsatz. So wäre der Sportveranstalter nach allgemeinen Verwaltungskostenregelungen dem Grunde nach Schuldner der Kosten für die polizeilichen Amtshandlungen. Problematisch ist nur, dass die allgemeinen gesetzlichen Regelungen keine weiteren Aussagen über die Höhe der jeweiligen Kostenerstattungspflicht treffen. Die Vorschriften enthalten vielmehr Ermächtigungen zum Erlass entsprechender Ausführungsverordnungen, in denen die einzelnen Amtshandlungen mit den jeweiligen Gebührentarifen konkretisiert werden. Dies ist zwar zulässig, solange die Ausführungsverordnungen den Anforderungen des Art. 80 Abs. 1 S. 2 GG (bzw. entsprechender Landesregelungen) genügen (Broß, 1983, S. 382). Doch fehlen entsprechende Tatbestände, die einen Gebührentarif für polizeiliche Amtshandlungen vorsehen, die durch einen Sportveranstalter veranlasst wurden. So müssten zumindest die entsprechenden Ausführungsverordnungen um den Tatbestand der durch Sportveranstaltungen veranlassten Polizeikosten ergänzt werden. Aber auch in diesem Fall wäre fraglich, ob der Regress zulässig wäre, da dieser gegen den in den meisten Gebührengesetzen normierten Grundsatz verstoßen könnte, wonach überwiegend im öffentlichen Interesse vorgenommene Amtshandlungen gebührenfrei sind (Würtenberger, 1983, S. 196). So könnte man argumentieren, dass die Polizeimaßnahmen zwar auch dem ordnungsgemäßen Verlauf der Veranstaltung entgegen kommen und damit einem etwaigen Gewinnstreben dienen. Gleichwohl weist Würtenberger (1983, S. 196) darauf hin, dass die Polizeieinsätze trotz alledem überwiegend im öffentlichen Interesse erfolgen, da die Gemeinschaft getreu dem Motto *panem et circenses* ein Interesse an lokal oder regional integrierenden Veranstaltungen hat und der einzelne Teilnehmer im Rahmen von Sportgroßveranstaltungen besonders geschützt werden muss. Auf diese Weise fungiert das öffentliche Interesse an der Durchführung der Veranstaltung als entscheidendes Abgrenzungsmerkmal zwischen privater Kostenpflicht und Gemeinlast. Wollte man dieses Ergebnis, das angesichts gewisser Variabilität des Begriffes des öffentlichen Interesses unbefriedigend erscheint, zumindest abschwächen, so würde es sich empfehlen, den Polizeikostenersatz im Gebührenrecht durch eindeutigere Formulierungen dahingehend zu erweitern, dass ggf. auch für Amtshandlungen, die überwiegend im öffentlichen Interesse erfolgen, vom Veranstalter Gebühren erhoben werden dürfen (Würtenberger, 1983, S. 196). Vor einer entsprechenden Erweiterung der maßgeblichen Kostenbestimmungen (verordnungsrechtliche Konkretisierung der Amtshandlung und Festlegung eines Gebührentarifs und gesetzliche Modifizierung der Kostentragungspflicht dem Grunde nach) wäre allerdings ein Regress der Polizeikosten für die „normale Präsenz" – wie teilweise im Beispielsfall 18 (Kostenerstattung) angedacht – unzulässig.

2.3 Umweltrecht

Beispielsfall 19 (Motorsport): M ist Motorsportler und fährt täglich auf Wegen in der freien Landschaft (Flur). Eines Tages wird ihm dies von der zuständigen Naturschutzbehörde untersagt. Er beruft sich auf das in § 56 S. 1 BNatSchG und dem entsprechendem Landesnaturschutzgesetz verbürgte Recht, die Flur auf Straßen und Wegen sowie auf ungenutzten Grundflächen zum Zwecke der Erholung auf eigene Gefahr betreten zu dürfen. Zu Recht?

Beispielsfall 20 (Eissporthalle): Rentner R ist Eigentümer eines Einfamilienhauses, das etwa 60 m von der Eissporthalle des eingetragenen Vereins V entfernt liegt. Amtliche Schallmessungen ergeben, dass der Hallenbetrieb, insbesondere die ständige Berieselung mit Unterhaltungsmusik, Pfiffe und Rufe sowie schussartige Geräusche beim Aufprall des Pucks gegen die Bande, einen Pegelwert von 78 dB (A) erzeugt, der damit weit über dem nach § 2 Abs. 2 der Sportanlagenlärmschutzverordnung zulässigen Wert von 50 dB (A) liegt. Kann R gegen die Geräusche vorgehen und hätte die zuständige Behörde das Recht, gegenüber V die Einhaltung der zulässigen Pegelwerte anzuordnen?

Beispielsfall 21 (Freiluftschießanlage): Der Schützenverein S betrieb bis zum Jahre 2000 eine (naturschutzrechtlich genehmigte) Freiluftschießsportanlage. Amtliche Bodenproben im Jahre 2004 ergeben, dass der Boden stark bleikontaminiert ist. Das Grundwasser ist zwar nicht gefährdet, dennoch bestehen für Fauna, Flora und Menschen erhebliche Gefahren. Die zuständige Behörde überlegt, aufgrund welcher Vorschriften sie S zur Sanierung des Bodens verpflichten kann.

Die Veränderung äußerer Lebensbedingungen sowie der Wandel innerer Einstellungen sind die zentralen Ursachen einer quantitativen und zugleich qualitativen Zunahme sportbedingter Umweltbelastungen. Zu den zentralen Regelwerken, mit denen der Konflikt zwischen Sportausübung und Umweltschutz verhindert oder zumindest abgeschwächt werden soll, zählen die präventiv wirkenden Bestimmungen des

- Naturschutzrechts (vgl. 2.3.1),
- Forst- und Waldrechts (vgl. 2.3.2),
- Immissionsschutzrechts (vgl. 2.3.3) und
- Wasserrechts (vgl. 2.3.4)

sowie die repressiv wirkenden Regelungen des
- Umwelthaftungsrechts (vgl. 2.3.5)

über die Wiederherstellung geschädigter Naturbestandteile, über die Vornahme von Ausgleichs- und Ersatzmaßnahmen oder über Schadensersatzzahlungen.

2.3.1 Naturschutzrecht

Befasst man sich mit dem Konflikt zwischen Sportausübung und Umweltschutz, so stellt sich vor Erörterung der nationalen Bestimmungen des Bundesnaturschutzrechts sowie der Landesnaturschutzgesetze einschließlich bestimmter Formen des Zusammenwirkens zwischen Verwaltungsträgern und Privaten zunächst die Frage, ob und inwieweit gemeinschaftsrechtliche Vorschriften das Sportgeschehen steuern.

2.3.1.1 Gemeinschaftsrechtliche Vorgaben

Zu den wesentlichen Vorgaben des Gemeinschaftsrechts, mit denen das Beziehungsverhältnis zwischen Sport und Naturschutz gesteuert wird, zählen die naturschutzbezogenen Gemeinschaftsziele mit ihren unterschiedlichen Rechtsbindungen auch der Einzelstaaten einschließlich der sie konkretisierenden Richtlinien. So formuliert Art. 2 EGV das umweltpolitische Generalziel eines hohen Maßes an Umweltschutz und einer Verbesserung der Umweltqualität, woraus eine Politik der Gemeinschaft auf dem Gebiet der Umwelt (Art. 3 Abs. 1 Nr. 1 EGV) folgt, deren Bedeutung durch die Ausgestaltung der umweltpolitischen Querschnittsklausel des Art. 6 EGV als Bestandteil der „Grundsätze" des Vertrags unterstrichen (Ukrow, 1998, S. 170 sowie ders., 2002, Art. 3 EGV, Rn. 16) und nach den Art. 174 – 176 EGV inhaltlich und verfahrensrechtlich konkretisiert wird. Während Art. 174 EGV differenzierte Ziele der europäischen Umweltpolitik (Abs. 1), umweltpolitische Handlungsgrundsätze (Abs. 2), Berücksichtigungs- und Abwägungspflichten (Abs. 3) sowie Umweltaußenkompetenzen (Abs. 4) normiert, vermittelt Art. 175 Abs. 1 EGV eine Kompetenz für ein Tätigwerden der Gemeinschaft zur Verwirklichung der in Art. 174 EGV beschriebenen Ziele. Die darauf beruhenden Richtlinien mit ihren zum Teil erheblichen Auswirkungen auf das naturbezogene Sportgeschehen verpflichten die Mitgliedstaaten zu einer möglichst wirksamen (*effet-utile*) Umsetzung in Einklang mit den Geboten der Rechtsklarheit und Rechtssicherheit.

Zu den wichtigsten Richtlinien auf dem Gebiet des europäischen Naturschutzrechts mit sportbezogenen Auswirkungen zählen hierbei die bereichsübergreifende, prozedural orientierte Richtlinie über die Umweltverträglichkeitsprüfung (sog. UVP-Richtlinie: Richtlinie 85/337/EWG des Rates vom 27.6.1985, Abl. EG Nr. L 175 vom 5.7.1985, S. 40 sowie die Richtlinie 97/11/EG des Rates zur Änderung der UVP-RL, Abl. EG Nr. L 73 vom 14.3.1997, S. 5; näher hierzu Epiney, 1997, S. 147), die raumbezogene Richtlinie über die Erhaltung der wildlebenden Vogelarten (sog. Vogelschutzrichtlinie: Richtlinie 79/409/EWG des Rates der Europäischen Union vom 2.4.1979, Abl. EG 1979 Nr. L 103, S. 1 ff.; zuletzt geändert in Abl. EG 1994 Nr. L 164, S. 68 ff.) und die ebenfalls raumbezogene Richtlinie zur Erhaltung der natürlichen Lebensräume sowie der wildlebenden Tiere und Pflanzen (sog. FFH-Richtlinie: Richtlinie 92/43/EWG des Rates der Europäischen Gemeinschaft vom 21.5.1992, Abl. EG Nr. L 206 vom 22.7.1992, S. 7; zuletzt geändert in Abl. EG L 305 vom 8.11.1997, S. 42). Hinzu tritt schließlich das Übereinkommen zum Schutz der Alpen (sog. Alpenkonvention: Übereinkommen zum Schutz der Alpen vom 7.11.1991, Abl. EG 1996, Nr. L 61, S. 31 f.; 1998, Nr. L 33, S. 22), dem neben der Bundesrepublik Deutschland verschiedene weitere Anrainerstaaten der Alpen und die Europäische Gemeinschaft beigetreten sind und das zur grenzüberschreitenden Zusammenarbeit und zum schonenden Umgang mit natürlichen Ressourcen insbesondere bei der Planung von Wintersportanlagen verpflichtet. Die UVP-Richtlinie stellt hierbei ihrer Zwecksetzung nach ein weit reichendes Mittel der frühzeitigen Überprüfung von Vorhaben auf ihre Umweltauswirkungen zum Zwecke der Umweltvorsorge dar und verpflichtet die Mitgliedstaaten, vorhabenbezogene Erlaubnis- bzw. Planfeststellungsverfahren um den Verfahrenstatbestand der Umweltverträglichkeitsprüfung zu erweitern (Erbguth & Stollmann, 2001, S. 139 f. sowie dies., 1999, S. 428). Erfasst man die aktuellen, durch die UVP-Änderungsrichtlinie (hierzu Feldmann, 2003, § 34, Rn. 123 ff.) genannten Vorhaben, so erkennt man zwar, dass das Erfordernis einer Umweltverträglichkeitsprüfung auch einige Sportanlagen wie Skipisten, Skilifte, Seilbahnen und zugehörige Einrichtungen sowie Jachthäfen betrifft (Richtlinie des Rates Nr. 85/337/EWG vom 27.6.1985 über die Umweltverträglichkeitsprüfung bei bestimmten öffentlichen und privaten Projekten, Abl. EG Nr. L 175/40; zuletzt geändert durch Richtlinie 97/11/EG vom 3.3.1997, Abl. EG Nr. L 73/5, Anhang II Ziff. 12a und 12b). Andererseits muss man jedoch auch feststellen, dass bestimmte Anlagen wie etwa solche zur Erzeugung von Kunstschnee und Golfplätze trotz ihrer erheblichen ökologischen Auswirkungen und ungeachtet entsprechender Vorschläge nicht aufgeführt sind. Ungeachtet dieser inhaltlichen Defizite wurde bereits die ursprüngliche Fassung der UVP-Richtlinie wie auch deren Erweiterung verfristet in das innerstaatliche Recht durch den Erlass des UVP-Gesetzes und dessen Erweiterung umgesetzt (Gesetz über die Umweltverträglichkeitsprüfung vom 12.2.1990, BGBl. I, S. 205 – Frist bis zum 2.7.1988 –, sowie Erweiterung mit Gesetz vom 15.12.2001, BGBl. I, S. 2350 – Frist bis zum 30.4.1999 –). Hinzu kommt, dass selbst das aktuelle UVP-Gesetz ausdrückliche Aussagen über Sportanlagen vermissen lässt und dabei vielmehr auf das Landesrecht verweist (so Anlage 1 der „UVP-pflichtigen Vorhaben", Punkt 18.9.). Dies führt zu weiteren Verzögerungen und birgt die Gefahr einer uneinheitlichen Rechtslage, bei der wesentliche Sportanlagen mit naturschädigender Wirkung in dem einen Land einer Umweltverträglichkeitsprüfung unterfallen und in dem anderen Land nicht. Dies bedeutet wiederum, dass der Bund seiner Pflicht zur Umsetzung der Richtlinie nur defizitär nachgekommen ist und die konfliktlösenden Wirkungen der Richtlinie nicht voll zur

Entfaltung kommen. Ähnliche Versäumnisse zeigen sich bei der Vogelschutzrichtlinie, die dem Erhalt sämtlicher wild lebender, im europäischen Gebiet der Mitgliedstaaten beheimateter Vogelarten dient und erst nach zweifacher Verurteilung durch den Europäischen Gerichtshof (EuGH, Urt. v. 17.9.1987 – Rs. 412/85 –, NuR 1988, S. 53 f.; ders., Urt. v. 23.3.1993 – Rs. C 345/92 –, NuR 1993, S. 505 ff.; dazu Schmidt, 1993, S. 1087) in nationales Recht (Bundesnaturschutzgesetz) umgesetzt wurde. Ihrem Inhalt nach verpflichtet die Richtlinie die Mitgliedstaaten im Interesse einer wirksamen Schutzregelung, die erforderlichen Maßnahmen zu treffen, damit die in ihren Anwendungsbereich fallenden Vogelarten unter Berücksichtigung wirtschaftlicher und freizeitbedingter Interessen (Art. 2 RL 79/409) auf einem Stand gehalten oder gebracht werden, der ökologischen, wissenschaftlichen und kulturellen Erfordernissen entspricht. Zu den maßgeblichen Instrumentarien, die der Erhaltung und Wiederherstellung der Lebensstätten und Lebensräume dienen sollen, zählt dabei vor allem die Einrichtung von Schutzgebieten (Art. 3 Nr. 2a) RL 79/409), die mit entsprechenden Handlungsverboten insbesondere auch sportlicher Tätigkeiten verbunden ist und daher maßgeblich auf den Konflikt zwischen Naturschutz und Sport einwirkt. Ähnliches gilt schließlich für die FFH-Richtlinie, die allgemein auf die Erhaltung natürlicher Räume und des europäischen Naturerbes zielt und gleichfalls verspätet in das innerdeutsche Recht (Bundesnaturschutzgesetz) nach einmaliger Verurteilung durch den EuGH (Urt. v. 11.12.1997 – Rs. C 83/97 –, BayVBl. 1998, S. 718) transformiert wurde. Konzeptionell greift sie den Ansatz der Vogelschutzrichtlinie auf, indem sie ein „zusammenhängendes europäisches ökologisches Netz" (vgl. Art. 6 RL 92/43) besonderer Schutzgebiete errichten will, das die Bezeichnung *Natura 2000* (Art. 3 Abs. 1 RL 92/43) tragen soll. Zu den Verpflichtungen der Mitgliedstaaten zählt die etappenmäßige Ausweisung besonderer Schutzgebiete (Art. 4 RL 92/43) sowie die Beachtung weiterer Handlungsgebote, insbesondere die Festlegung notwendiger Erhaltungsmaßnahmen und die Vermeidung einer Verschlechterung der natürlichen Lebensräume oder Störung der Arten mit weitreichenden Einschränkungen auch sportlicher Tätigkeiten.

2.3.1.2 Bundes- und landesnaturschutzrechtliche Bestimmungen

Der Blick in das weitgehend rahmenrechtliche Bundesnaturschutzgesetz lässt zunächst erkennen, dass sich der Bund des verfassungsrechtlichen Konflikts zwischen Naturschutz und Sportausübung durchaus bewusst ist, indem er in § 1 die einzelnen, gleichrangig nebeneinander stehenden Schutzziele formuliert, zu denen er neben der Leistungs- und Funktionsfähigkeit des Naturhaushalts (Nr. 1) und der Regenerationsfähigkeit der Naturgüter (Nr. 2) sowie der Tier- und Pflanzenwelt (Nr. 3) unter anderem auch den Erholungswert von Natur und Landschaft (Nr. 4) zählt (vgl. § 1 NatSchG BW, Art. 1 Abs. 1 BayNatSchG, § 1 Abs. 1 BbgNatSchG, § 1 BremNatSchG, § 1 HENatG, § 1 LnatG M-V, § 1 NnatSchG, § 1 LG NW, § 1 LPflG RP, § 1 SNG, § 1 Sächs NatSchG, § 1 NatSchG LSA, § 1 Abs. 1 LNatSchG SH, § 1 Abs. 1 und 2 ThürNatG). Problematisch ist jedoch, dass der Schwerpunkt des Erholungswerts nach wie vor in reinem Naturgenuss und Naturerlebnis erblickt wird mit der Folge, dass nur kontemplative sportliche Betätigungen als Erholung verstanden werden. Die jüngsten Änderungen des Bundesnaturschutzgesetzes haben diesen Zustand nicht geändert, sondern petrifiziert, indem ausschließlich natur- und landschaftsverträgliche sportliche Betätigungen in der freien Natur als Erholung begriffen und dementsprechend privilegiert werden (vgl. § 2 Abs. 1 Nr. 13 S. 5 BNatSchG). Naturschädigende Sportarten wie etwa Drachenfliegen, Klettern, Sportbootfahren oder der im Beispielsfall 19 (Motorsport) genannte Motorsport sind von dem Erholungsziel demgegenüber ausgenommen (Meßerschmidt, 2002, § 1 Rn. 59) mit der Folge, dass den entsprechenden Sportlern das allgemeine Betretungsrecht nicht zusteht. Nach verfassungsrechtlichen Maßstäben ist dieses Ergebnis kaum verständlich und angesichts der vielfältigen Abwägungsmöglichkeiten im Einzelfall unterhalb der einfachgesetzlichen Ebene unnötig. Es führt vielmehr zu einer vorweggenommenen Überbetonung der umweltschützenden Staatszielbestimmung nach Art. 20 a GG und bewirkt zugleich eine Unterberücksichtigung der verfassungsrechtlichen Absicherung auch umweltschädigender Sportausübung. Denn bleibt der verfassungsrechtlich begründete Schutz naturbeanspruchender Sportbetätigungen bereits bei den Zielsetzungen des Bundesnaturschutzgesetzes außer Betracht, so unterbindet dies eine verfassungsgemäße Optimierung der konfligierenden Interessen zwischen Umweltschutz und naturschädigender Sportausübung auf Grundlage aller weiteren Bestimmungen. Die einschränkende Auslegung des Erholungsbegriffs auf natur- und landschaftsverträgliche Sportbetätigungen gilt dabei explizit (§ 2 Abs. 1 Nr. 13 S. 6 BNatSchG) auch für das allgemeine Abwägungsgebot, das als wesentliches Kennzeichen staatlichen Handelns den rechtsstaatlichen Verhältnismäßigkeitsgrundsatz in das Naturschutzrecht übersetzt und folgerichtig auch bei sportbetreffenden Abwägungs- bzw. Planungsentscheidungen wie der Ausweisung und Ausgestaltung von Schutzgebieten zu beachten ist (Wilken & Winkelmann, 1998, S. 26: „Dreh- und Angelpunkt für eine Harmonierung der Interessen von Sport und Umwelt"). Dies verpflichtet zu einer einzelfallbezogenen Abwägung, bei der sämtliche abwägungserheblichen Belange berücksichtigt werden, die Bedeutung der betroffenen öffentlichen und privaten Belange erkannt und der Ausgleich zwischen ihnen in einer, ihrer objektiven Bedeutung gerecht werdenden Weise vorgenommen wird. Ein wesentliches Instrumentarium zur Umsetzung dieser Verpflichtungen ist dabei insbesondere die (örtliche) Landschaftsplanung, mit der die Erfordernisse und Maßnahmen zur Erhaltung und Entwicklung von Natur und Landschaft unter anderem auch als Erlebnis- und Erholungsraum des Menschen für den jeweiligen Planungsraum dargestellt und begründet werden (§ 14 Abs. 1 S. 2 Nr. 4 f) BNatSchG). Innerhalb des Sports verbreitet ist dabei das von *Schemel* und *Erbguth* entwickelte Modell einer Zonierung, die zwischen den unterschiedlichen Nutzungsintensitäten unterscheidet und die Landschaft in Tauräume, Naturerholungsräume und Kulissenräume einteilt (Schemel & Erbguth, 2000, S. 88 ff., S. 112 ff.). Hinzu tritt die naturschutzrechtliche Eingriffsregelung (§§ 10 LNatSChG BW, Art. 6 ff. Bay NatSchG, §§ 14 ff. BlnNatSchG, §§ 10 ff. BbgNatSchG, §§ 11 ff. BremNatSchG, §§ 9 ff. HmbNatSchG, §§ 5 ff. HENatG, §§ 14 ff. LNatSchG M-V, §§ 7 ff. NdsNatSchG, §§ 4 ff. LG NW, §§ 4 ff. LPflG RP, §§ 10 ff. SNG, §§ 8 ff. SächsNatSchG, §§ 8 ff. NatSchG LSA, §§ 7 ff. LNatSchG SH, §§ 6 ff. ThürNatG), mit der naturschädigende Sportanlagen wie etwa Golfplätze, Sportboothäfen, Schießplätze, Segelflugplätze und sogar Erdarbeiten für künstliche Beschneiungsanlagen einer öffentlich-rechtlichen Steuerung unterworfen werden, die in einer gestuften Abfolge strikter Vermeidungs-, Ausgleichs-, Untersagungs- und Ersatzpflichten besteht und durch ein behördliches Genehmigungsverfahren aktiviert wird, das im Regelfall nach anderen Gesetzen als den Naturschutz- und Landschaftsschutzgesetzen vorgeschrieben ist (vgl. § 20 Abs. 1 BNatSchG). In gleicher Weise hierarchisch ist das Instrumentarium der Ausweisung von Schutzgebieten wie Naturschutzgebieten (§ 23 BNatSchG), Nationalparks (§ 24 BNatSchG) oder Landschaftsschutzgebieten (§ 26 BNatSchG), das zwar den Erfordernissen der Verhältnismäßigkeit und den Grundsätzen der Gleichbehandlung und der Bestimmtheit genügen muss, dabei aber gleichwohl strikte Einschränkungen sportlicher Betätigungen etwa durch die Regelung von Sperrungen und Pflegeauflagen zulässt. Ähnliches gilt für Einrichtungen von Schutzobjekten wie Naturdenkmälern (§ 28 BNatSchG; § 24 NatSchG

BW, Art. 9 BayNatSchG, § 21 BlnNatSchG, § 23 BbgNatSchG, § 21 Brem NatSchG, § 19 HmbNatSchG, § 14 HENatG, § 25 LNatSchG M-V, § 27 NdsNatSchG, § 22 LPflG RP, § 20 SNG, § 21 SächsNatSchG, § 22 NatSchG LSA, § 19 LNatSchG SH, § 16 ThürNatG) und Landschaftsbestandteilen (§ 29 BNatSchG; § 25 NatSchG BW, Art. 12 BayNatSchG, § 22 BlnNatSchG, § 24 BbgNatSchG, § 22 Brem NatSchG, § 20 Hmb NatSchG, § 15 HENatG, § 26 LNatSchG M-V, § 28 NdsNatSchG, § 23 LG NW, § 20 LPflG RP, § 19 SNG, § 22 SächsNatSchG, § 23 NatSchG LSA, § 20 LNatSchG SH, § 17 Thür NatG) sowie von Biotopen (§ 30 BNatSchG), die umfangreiche Verbote von Handlungen beinhalten, die zu einer Zerstörung, Beschädigung oder Veränderung (Schutzobjekte) bzw. Zerstörung oder nachhaltigen Beeinträchtigung (Biotope) der betroffenen Schutzgebilde führen. Gegenpol dieser vielfältigen Instrumentarien zum Zwecke des Naturschutzes ist die grundsätzliche und unentgeltliche Offenheit und Zugänglichkeit von Natur und Landschaft für jedermann zu Erholungszwecken, die vor allem durch das allgemeine (rahmen-rechtliche und daher nicht unmittelbar wirkende) Betretungsrecht in § 56 S. 1 BNatSchG sowie die subjektiv-rechtlichen Verbürgungen der entsprechenden Landesnaturschutzgesetze abgesichert ist (§ 35 S. 1 i.V.m. § 37 Abs. 1 S. 1 NatSchG BW, Art. 21 Abs. 1 S. 1 i.V.m. Art. 22 Abs. 1 Bay NatSchG, § 35 Abs. 1 S. 1 BlnNatSchG, § 44 Abs. 1 S. 1 und 2 BbgNatSchG, § 34 Abs. 1 S. 1 Brem NatSchG, § 33 Abs. 1 S. 1 HmbNatSchG, § 10 Abs. 1 S. 1 HENatG, § 49 Abs. 1 S. 1 LG NW, § 11 Abs. 1 LPflG RP, § 4 Abs. 1 S. 1 SNG, § 29 Abs. 1 S. 1 i.V.m. § 30 Abs. 1 S. 1 SächsNatSchG, § 3 Abs. 1 FFOG LSA, § 30 Abs. 1 LNatSchG SH, § 34 Abs. 1 S. 1 Thür NatG). Der Begriff des Betretens ist dabei weit zu verstehen und erfasst neben dem Wandern, Gehen und Laufen auch gerätegebundene Sportaktivitäten wie Schlittenfahren, Skifahren und Fahrradfahren, solange es sich um naturverträgliche Verhaltensweisen handelt.

2.3.2 Forst- und Waldrecht

Zu den raumbezogenen Referenzgebieten, die das Verhältnis zwischen Umweltschutz und Sportausübung steuern, zählt ferner das Forst- und Waldrecht mit seinen speziellen Regelungen über die Erhaltung des Waldes und dessen Nutzung zu sportbezogener Erholung. Im Gegensatz zu den nationalen Bestimmungen des Naturschutzrechts, die in weiten Teilen an europarechtliche Vorgaben anzupassen sind, ist das nationale Waldrecht zumindest in Bezug auf das Verhältnis zwischen

Naturschutz und Sportausübung weitgehend unbeeinflusst. Dieses darf jedoch nicht dahingehend missverstanden werden, dass bewaldete Gebiete in weiten Teilen von der Geltung des Gemeinschaftsrechts ausgenommen sind. So gelten die allgemeinen Bestimmungen des Naturschutzes, insbesondere die Ausweisungen von Schutzgebieten und die Regelungen über sportbezogene Nutzungen, im Regelfall auch für den Wald als einen der wichtigsten Bestandteile der Natur. Das Verhältnis zwischen Naturschutzrecht und Waldrecht im Bereich der sportbezogenen Nutzung ist im Detail, insbesondere bei der Einräumung sportbezogener Betretungsrechte, jedoch äußerst kompliziert und kann an dieser Stelle nicht vertieft werden (hierzu Nolte, 1999, S. 133 f., S. 138 ff., S. 169 ff.). Im vorliegenden Kontext steht vielmehr die Frage im Vordergrund, ob der Staat den Belangen des Umweltschutzes einerseits und der Sportförderung andererseits auf dem Gebiet des Forst- und Waldrechts ausreichend Rechnung trägt.

In Umsetzung seiner verfassungsrechtlichen Pflicht, die Interessen an der Erhaltung bewaldeter Gebiete und deren Nutzung zu sportbezogenen Zwecken miteinander in Ausgleich zu bringen, formuliert der Bundesgesetzgeber die auf unterschiedlichen Kompetenzbestimmungen beruhende Zielsetzung der Waldgesetzgebung in Deutschland, die nach § 1 Nr. 1 BWaldG unter anderem darin besteht, den Wald wegen seiner Bedeutung für die Umwelt und für die Erholung der Bevölkerung zu erhalten, erforderlichenfalls zu mehren und seine ordnungsgemäße Bewirtschaftung nachhaltig zu sichern. Hinzu treten nach § 1 Nr. 2 und 3 BWaldG weitere, verfassungsrechtlich begründete Belange wie die Förderung der Forstwirtschaft und der Ausgleich zwischen dem Interesse der Allgemeinheit und den Belangen der Waldbesitzer, die der ersten Zielsetzung gegenübergestellt werden und staatlichen Forstbehörden aufgeben, die multiplen Interessen gegeneinander und untereinander auszugleichen. Die Landeswaldgesetze orientieren sich an diesen Zielsetzungen und zeichnen diese für den Bereich des jeweiligen Landesgebietes in wesentlichen Grundzügen, zum Teil jedoch mit nicht unerheblichen textlichen und systematischen Abweichungen nach. Zur Verfolgung der in § 1 Nr. 1 BWaldG genannten Zielsetzung, den Wald aus unterschiedlichen Gründen zu erhalten, setzen die Forstbehörden unterschiedliche administrative Maßnahmen ein. So dient die Aufstellung forstlicher Rahmenpläne gemäß § 6 Abs. 1 BWaldG der Ordnung und Verbesserung der Forststruktur und ist darauf gerichtet, die für die Entwicklung der Lebens- und Wirtschaftsverhältnisse notwendigen Funktionen (Nutz-,

Schutz- und Erholungsfunktionen) zu sichern. Die Einpassung der forstlichen Rahmenplanung als eine sektoral ausgerichtete Fachplanung in die allgemeine Raumplanung geschieht über § 6 Abs. 2 BWaldG, wonach die Ziele der Raumordnung und Landesplanung bei der forstlichen Rahmenplanung zu beachten sind. Ferner stellt der Bundesgesetzgeber tragende materielle Prinzipien auf, die bei der forstlichen Rahmenplanung gelten und das in § 1 BWaldG formulierte Optimierungsgebot instrumental umsetzen. So soll der Wald insbesondere so erhalten und gestaltet werden, dass er einerseits die Leistungsfähigkeit des Naturhaushaltes möglichst günstig beeinflusst, dem Schutz vor natürlichen oder zivilisatorischen Gefahren dient und andererseits der Bevölkerung möglichst weitgehend zur Erholung zur Verfügung steht (§ 6 Abs. 3 Nr. 1 HS 1 BWaldG). Zusätzlich soll Wald in Gebieten, in denen die Schutz- und Erholungsfunktion des Waldes von besonderem Gewicht ist, für Schutz- und Erholungszwecke in entsprechender räumlicher Ausdehnung und Gliederung unter Beachtung wirtschaftlicher Belange ausgewiesen werden, wozu auch geeignete Anlagen und Einrichtungen insbesondere der erholungsgerechten Freizeitgestaltung vorzusehen sind (§ 6 Abs. 3 Nr. 4 S. 1 BWaldG). Die aufgestellten Pläne haben zwar zunächst für sich genommen keine Rechtswirkungen, können aber durch Verwaltungsvorschriften für Forstbehörden und Besitzer öffentlichen Waldes verbindlich gemacht und als eigenständiger oder ergänzender Teil in die Programme und Pläne der Landesplanung aufgenommen werden. Neben fachplanerischer Instrumentarien zur Erhaltung des Waldes bedienen sich die Forstbehörden der Schutz- und Erholungswaldausweisung, die zwar regelmäßig in Gestalt der Rechtsverordnung (Klose & Orf, Forstrecht, 1998, § 12 Rn. 40 ff.) teilweise jedoch auch in Ermangelung entsprechender bundeswaldgesetzlicher Vorgaben (§§ 12 Abs. 4 S. 1, 13 Abs. 2 S. 1 BwaldG) durch förmliches Gesetz (etwa Baden-Württemberg, Bayern und Sachsen) oder durch vertragliche Abmachung (Brandenburg, Nordrhein-Westfalen und in Baden-Württemberg für Biotopschutzwald) vorgenommen wird. So dient insbesondere die Ausweisung von Erholungswald dazu, die Erholungsmöglichkeiten zu verbessern, den Erholungsverkehr im Interesse der Waldbesitzer und Benutzer zu lenken sowie Begleiterscheinungen wie etwa Verunreinigungen in den Griff zu bekommen; daneben treten statische Zielsetzungen, die im Vergleich zu den dynamischen Zwecken gleichrangig sind. So dient die Ausweisung von Erholungswäldern zugleich auch der Erhaltung bestehender Walderholungsmöglichkeiten und damit dem Schutz der Bevölkerung vor „erholungsfeindlichen" Bewirtschaftungsmaßnahmen, ggf. auch vor Inanspruchnahme zu Gunsten anderer Nutzungsarten oder dem Schutze des Waldes selbst (Klose & Orf, 1999, § 13 Rn. 4). Da ein gewohnheitsrechtlicher Anspruch, den Wald zum Zwecke des Gemeingebrauchs betreten zu dürfen, aus unterschiedlichen Gründen abzulehnen ist (Nolte, 1999, S. 113 ff.; a.A. Tettinger, 1997, S. 111), regelt der Bundesgesetzgeber in § 14 BWaldG ein rahmenrechtliches Betretungsrecht. Dieses geht weit über den reinen Fußgängerverkehr hinaus und erfasst dem Grundsatz nach auch sportliche Betätigungen wie Skilaufen, Schlittenfahren oder Klettern. Ausgenommen sind hingegen intensivere Nutzungsformen des Waldes wie beispielsweise der Reitsport, motorsportliche Betätigungen (Beispielsfall 19 – Motorsport) oder organisierte Sportveranstaltungen, da diese nach überwiegender Ansicht nicht mehr der Erholung dienen (so beispielsweise Klose & Orf., 1999, § 14 Rn. 26 ff. m.w.N.; kritisch hierzu Nolte, 1999, S. 108 ff.). Während sich weiterführende Aussagen über spezielle Formen sportlicher Betätigungen im Bundeswaldgesetz nicht finden, regeln die Länder, zum Teil sehr dezidiert, unter welchen Voraussetzungen und in welchen Schranken Sportausübung im Wald etwa Radfahren einschließlich Mountainbiking, Reiten, Motorsport oder organisierte Veranstaltungen zulässig sein sollen. Verbürgen die Vorschriften damit einerseits subjektiv-öffentliche Rechtsansprüche gegenüber Behörden und Waldbesitzern, so normieren sie andererseits öffentlich-rechtliche Handlungsgebote (bspw. Verhaltensregeln für Waldbesucher) oder Handlungsverbote (Sperrungen), die zum Teil unter Genehmigungsvorbehalt gestellt werden wie beispielsweise im Zusammenhang mit Sportveranstaltungen oder Rodungen bzw. Waldumwandlungen zum Zwecke der Anlage von Golfplätzen. Damit bedienen sich die zuständigen Behörden klassischer und in erster Linie nichtkooperativer Steuerungsinstrumentarien. Gleiches gilt für die Beschränkungsmöglichkeiten etwa in Gestalt formellgesetzlicher Regelungen, mit denen bestimmte Nutzungsformen gänzlich untersagt, in bestimmten Gebieten oder auf bestimmten Wegen zugelassen oder aber nachträglichen Einschränkungen durch den Erlass eines Verwaltungsaktes (bspw. Sperrung von Waldflächen aus wichtigen Gründen) oder einer Rechtsverordnung (bspw. die Ausweisung von Schutzgebieten) unterworfen werden.

2.3.3 Immissionsschutzrecht

Die Frage nach der Auflösung des Konfliktes zwischen sportlicher Betätigung einerseits und dem Schutz von Menschen und Tieren vor schädlichen Umwelteinwirkungen durch Immissionen andererseits betrifft des Weiteren die mittlerweile jahrzehntelangen Rechtsprobleme um die Abwehr und Vermeidung sportbedingter, insbesondere sportanlagenverursachter Geräusche mit ihren negativen biozönotischen, allgemeinen ökosystematischen und humanökologischen Auswirkungen. So verurteilte das OLG Hamm (Urteil vom 6.12.1976 – 5 U 166/75) die Stadt Gelsenkirchen bereits im Jahre 1976 dazu, die im Gelsenkirchener Parkstadion – FC Schalke 04 – installierte Lautsprecheranlage so zu betreiben, dass die dadurch verursachten Geräusche auf das Nachbargrundstück einen Immissionswert von 55 dB (A) tagsüber nicht überschreiten. Gut sechs Jahre später gab dann der Bundesgerichtshof (Urteil vom 17.12.1982, NJW 1983, S. 751 f.) im Jahre 1982 in seinem sog. Tennisplatzurteil einem Sportverein auf, das Tennisspiel auf einer ihm von der Stadt überlassenen Tennisanlage gänzlich zu unterlassen. Die Anzahl der seitdem ergangenen Gerichtsentscheidungen und Publikationen zu dem Problemfeld Sport und Lärmschutz ist nahezu unübersichtlich und deutet die Praxisrelevanz lediglich an. Analysiert man die entsprechenden Rechtsvorschriften, so ist zwischen den Regelungsbereichen des

- privaten (vgl. 2.3.3.1) und
- öffentlichen Immissionsschutzrechts (vgl. 2.3.3.2)

zu unterscheiden.

2.3.3.1 Privatrechtlicher Immissionsschutz

Sportbedingte Lärmbelästigungen treten wie etwa im Beispielsfall 20 (Eissporthalle) häufig im Verhältnis zwischen Privaten und dabei regelmäßig in Gestalt sportanlagenverursachter Geräusche auf die nachbarschaftliche Wohnbevölkerung auf. Während Geräusche anderer Quellen etwa spielender Kinder, des Verkehrs oder selbst von Bautätigkeiten im Großen und Ganzen als sozialadäquat gelten, wird sportanlagenverursachter Lärm im Allgemeinen als lästig empfunden, weil er meist konstant auftritt, durch wiederkehrende Impulse (bspw. Tennisspiel) und unerwünschten Informationsgehalt (bspw. bei Sportveranstaltungen) hervorgehoben wird und dabei vorwiegend in solchen Zeiten wie beispielsweise am Abend oder an Wochenenden auftritt, in denen sich Nichtbeteiligte von ihrer Tagesarbeit erholen oder Beschäftigungen nachgehen, bei denen sie möglichst viel Ruhe haben wollen (Pikart, 1984, S. 8 f.). Öffentlich-rechtliche Vorschriften, insbesondere die konträren Grundrechtspositionen von Sporttreibenden und Anwohnern, umweltschützende oder sportbegünstigende Staatszielbestimmungen sowie die einfachgesetzlichen Bestimmungen des öffentlich-rechtlichen Immissionsschutzrechts, entfalten dabei keine unmittelbaren Wirkungen zwischen den privaten Störern und Gestörten. Konfliktlösungen sind daher im Wesentlichen auf dem Boden des zivilrechtlichen Immissionsschutz- und Haftpflichtrechts zu suchen. Im Vordergrund stehen dabei die verschuldensunabhängigen Beseitigungs- und Unterlassungsansprüche gestörter Grundstückseigentümer oder -besitzer (Mieter oder Pächter) aus § 1004 BGB bzw. § 862 BGB, der Anspruch von Grundstückseigentümern auf den Schutz vor künftigen Einwirkungen durch den Bau von Sportanlagen nach § 907 BGB sowie die Ausgleichs-, Entschädigungs- und Schadenersatzansprüche nach den §§ 906 Abs. 2 S. 2, 823 Abs. 1 und 2 BGB. So kann etwa der Eigentümer – wie im Beispielsfall 20 (Eissporthalle) der Rentner R – nach § 1004 BGB von dem Störer (hier: dem Verein) die Beseitigung (Abs. 1 S. 1) und Unterlassung (Abs. 1 S. 2) der Beeinträchtigung seines Eigentums durch Sportlärm verlangen, wobei von einer Beeinträchtigung nur dann gesprochen werden kann, wenn es sich um erhebliche, aktuelle und rechtswidrige Störungen handelt (Pikart, 1984, S. 8 f.). Richtet sich der Beseitigungsanspruch auf die Entfernung oder Abschirmung der aktuellen Störquelle etwa durch das Anbringen von Schallschutzvorrichtungen oder durch örtliche, zeitliche oder gegenständliche Beschränkungen des Sportbetriebs mit dem Ziel, eine Beendigung der beeinträchtigenden Einwirkungen und damit die Wiederherstellung eines ungestörten Rechts zu erreichen, so richtet sich der Unterlassungsanspruch auf die Unterbindung zukünftiger Beeinträchtigungen. Beide Ansprüche sind indes ausgeschlossen, wenn der Eigentümer aus gesetzlichem oder rechtsgeschäftlichem Grund oder wegen eines Hoheitsaktes zur Duldung verpflichtet ist (§ 1004 Abs. 2 BGB). Von besonderer Bedeutung sind in diesem Zusammenhang die für das Nachbarschaftsverhältnis aufgestellten gesetzlichen Regeln nach § 906 Abs. 1, 2 BGB. So normiert § 906 Abs. 1 BGB eine Duldungspflicht des Grundstückeigentümers bei unwesentlichen Beeinträchtigungen, deren Beurteilung sich regelmäßig nach den speziellen Grenz- und Richtwerten beispielsweise der 18. Sportanlagenlärmschutzverordnung oder der TA Lärm richtet (§ 906 Abs. 1 S. 2 und S. 3 BGB) und sich darüber hinaus nach dem Empfinden eines verständigen Durchschnittsbenutzers des betroffenen Grundstücks in seiner durch Natur (bspw. Wohn- oder Außenbereich) Gestaltung (bspw. Einfach- oder Doppelverglasung) und Zweckbestimmung (bspw. Wohn- oder Gewerbegrundstück) geprägten konkreten Beschaffenheit bemisst. Im Beispielsfall 20 (Eissporthalle) sind die

Grenzwerte der maßgeblichen Sportanlagenlärmschutzverordnung bei weitem überschritten, so dass eine Duldungspflicht des R von daher nicht besteht. Doch selbst in den Fällen wesentlicher Beeinträchtigungen des Nachbargrundstücks müssen die Immissionen gemäß § 906 Abs. 2 S. 1 BGB geduldet werden, wenn sie ortsüblich und nicht durch Maßnahmen zu verhindern sind, die Benutzern dieser Art wirtschaftlich zugemutet werden können (zu diesen Prämissen Pikart, 1984 S. 21 ff.). So hängt es im Beispielsfall 20 (Eissporthalle) letztlich davon ab, ob Vorkehrungen etwa Schallschutzmaßnahmen die Immissionen verhindern können, was regelmäßig der Fall sein dürfte. In Erweiterung des durch § 1004 BGB abgesicherten Eigentumsfreiheitsanspruchs, kann der Nachbar nach § 907 Abs. 1 BGB ferner verlangen, dass auf dem Nachbargrundstück nicht Anlagen hergestellt oder gehalten werden, von denen mit Sicherheit vorauszusehen ist, dass ihr Bestand oder ihre Benutzung eine unzulässige Einwirkung auf sein Grundstück zur Folge hat. Dürfte es bei Sportanlagen zwar im Regelfall problematisch sein, den Nachweis für einen das Maß des Zulässigen überschreitenden künftigen Störungsumfang zu führen, so liegen wesentliche Lärmimmissionen zumindest bei einer räumlichen Verbindung der geplanten Anlage wie etwa einer Kegelbahn oder eines Schießstandes zum Nachbargrundstück nahe, so dass dem potenziell Gestörten bei Fehlen spezieller Duldungspflichten (§ 1004 Abs. 2 BGB) ein vorbeugender Abwehranspruch zusteht. Schließlich werden auch dem Besitzer nach § 862 BGB Beseitigungs- und Unterlassungsansprüche gegenüber störenden, sportbedingten Lärmimmissionen zugesprochen. Diese ähneln zwar den Ansprüchen des Eigentümers aus § 1004 BGB weitgehend. Doch genießt der Besitzer im Rahmen der Abwägung zwischen den widerstreitenden Interessen eine regelmäßig geringere Schutzwürdigkeit als der Eigentümer. Muss allerdings der Eigentümer eine Einwirkung auf sein Grundstück dulden, so kann er von dem Sporttreibenden oder -veranstalter des anderen Grundstücks einen angemessenen Ausgleich in Geld verlangen, wenn die Einwirkung eine ortsübliche Benutzung seines Grundstücks oder dessen Ertrag über das zumutbare Maß hinaus beeinträchtigt, § 906 Abs. 2 S. 2 BGB. Schlägt eine sportbedingte Störhandlung in eine Verletzungshandlung um und ist dieses mit einem substanziellen Eingriff in geschützte Rechte des Gestörten verbunden, so können neben den Abwehr- und Unterlassungsansprüchen auch Schadensersatzansprüche nach § 823 Abs. 1 BGB oder aus § 823 Abs. 2 BGB i.V.m. §§ 1004, 858 BGB entstehen.

2.3.3.2 Öffentlich-rechtlicher Immissionsschutz

Die Auflösung des Konfliktes zwischen Sport und Lärmschutz wird ferner auf Grundlage des öffentlich-rechtlichen Bundesimmissionsschutzgesetzes, der hierzu ergangenen Bundesimmissionsschutzverordnungen sowie der Landesimmissionsschutzgesetze wahrgenommen. Das Bundesimmissionsschutzgesetz gilt hierbei als Herzstück des Umweltrechts schlechthin und formuliert in seiner Zwecksetzung einen allgemeinen behördlichen Schutz- und Vorsorgeauftrag, wonach Menschen, Tiere und Pflanzen, der Boden, das Wasser, die Atmosphäre sowie Kultur- und sonstige Sachgüter vor schädlichen Umwelteinwirkungen zu schützen sind und dem Entstehen schädlicher Umwelteinwirkungen vorzubeugen ist (§ 1 Abs. 1 BImSchG).

Handelt es sich um eine genehmigungsbedürftige Anlage, dient das Gesetz darüber hinaus der integrierten Vermeidung und Verminderung schädlicher Umwelteinwirkungen durch Emissionen in Luft, Wasser und Boden unter Einbeziehung der Abfallwirtschaft, um ein hohes Schutzniveau für die Umwelt insgesamt zu erreichen (Integrationsklausel) sowie dem Schutz und der Vorsorge gegen Gefahren, erhebliche Nachteile und erhebliche Belästigungen, die auf andere Weise herbeigeführt werden (§ 1 Abs. 2 BImSchG). Der sachliche Anwendungsbereich des Gesetzes richtet sich nach § 2 und bezieht sich im Wesentlichen (Abs. 1 Nr. 1) auf die Errichtung und den Betrieb von Anlagen (anlagenbezogener Immissionsschutz). Da Sportstätten nach einhelliger Auffassung als „sonstige ortsfeste Einrichtungen" gemäß § 3 Abs. 5 Nr. 1 BImSchG zu den Anlagen des Bundesimmissionsschutzgesetzes zählen, ist das Gesetz mit seinem umfänglichen instrumentalen, organisatorischen und verfahrensrechtlichen Regelungssystem zum anlagenbezogenen Immissionsschutz nach den §§ 4 – 33 BImSchG prinzipiell sachlich anwendbar. Der daneben bestehende, eher schmale Anwendungsbereich des produktbezogenen (§§ 34–37 BImSchG), verkehrsbezogenen (§§ 38–43 BImSchG) sowie des gebietsbezogenen Immissionsschutzes (§§ 44–47 BImSchG) spielt im Bereich sportverursachter Umwelteinwirkungen dagegen kaum eine Rolle. Analysiert man die Sportanlagen mit Blick auf das öffentliche Immissionsschutzrecht, so ist zwischen

- genehmigungsbedürftigen Anlagen (vgl. 2.3.3.2.1) und
- nicht genehmigungsbedürftigen Anlagen (vgl. 2.3.3.2.2)

zu differenzieren.

2.3.3.2.1 Genehmigungsbedürftige Sportanlagen

Analysiert man das bundesimmissionsschutzrechtliche Regelungssystem in seiner Tiefe, so ist zunächst zwischen genehmigungsbedürftigen Sportanlagen (§§ 17–21 BImSchG) und nichtgenehmigungsbedürftigen Sportanlagen (§§ 22–33 BImSchG) zu differenzieren. Genehmigungsbedürftig im Sinne des Bundesimmissionsschutzgesetzes sind dabei prinzipiell nur solche Anlagen, die auf Grund ihrer Beschaffenheit oder ihres Betriebs in besonderem Maße geeignet sind, schädliche Umwelteinwirkungen hervorzurufen oder in anderer Weise die Allgemeinheit oder die Nachbarschaft zu gefährden, erheblich zu benachteiligen oder erheblich zu belästigen (§ 4 Abs. 1 S. 1 BImSchG). Da von dieser Definition vornehmlich nur gewerbliche Anlagen mit einem hohem Emissionsausstoß (Feuerungsanlagen) oder von hoher Gefährlichkeit (chemische Fabriken, Mineralöllager) erfasst werden, unterfallen nur wenige Sportanlagen dem präventiven Genehmigungsvorbehalt, wie sich aus der enumerativen Auflistung genehmigungsbedürftiger Anlagen nach der Vierten Verordnung zur Durchführung des Bundes-Immissionsschutzgesetzes (Verordnung über genehmigungsbedürftige Anlagen – 4. BImSchV) ergibt. Danach gilt der Genehmigungsvorbehalt nur für die Errichtung und den Betrieb von Anlagen, die an fünf Tagen oder mehr je Jahr der Übung oder Ausübung des Motorsports dienen, ausgenommen Anlagen mit Elektromotorfahrzeugen und Anlagen in geschlossenen Hallen sowie Modellsportanlagen (vgl. Anlage, Ziff. 10.17., 2. Spalte), von Schießständen für Handfeuerwaffen, ausgenommen solche in geschlossenen Räumen, und von Schießplätzen (vgl. Anlage, Ziff. 10.18., 2. Spalte). Eine Eissporthalle wie im Beispielsfall 20 (Eissporthalle) gehört also nicht zu den genehmigungsbedürftigen Anlagen. Der Genehmigungstatbestand des § 6 Abs. 1 BImSchG, wonach eine Genehmigung zu erteilen ist, wenn sichergestellt ist, dass die sich aus § 5 und einer auf Grund des § 7 zu erlassenden Rechtsverordnung ergebenden Pflichten erfüllt werden (Nr. 1) und andere öffentlich-rechtliche Vorschriften und Belange des Arbeitsschutzes der Errichtung und dem Betrieb der Anlage nicht entgegenstehen (Nr. 2), scheint auf den ersten Blick auf den normalen Fall einer gesetzlichen Kontrollerlaubnis ohne Ermessensspielraum („ist zu erteilen") hinzudeuten. Allerdings entziehen sich alle wesentlichen Genehmigungsvoraussetzungen einer eindeutigen tatbestandsmäßigen Festlegung und enthalten komplexe Verweisungen auf gesetzlich oder verordnungsrechtlich weiter aufgefächerte Rechtsgrundlagen, die ihrerseits eine Ermittlung der eigentlichen Genehmigungs-voraussetzungen ermöglichen (Wolf, 2002, S. 405 ff.). So ergeben sich die durch § 6 Abs. 1 Nr. 1 BImSchG in Bezug genommenen verschiedenen Betreiberpflichten aus § 5 BImSchG, zu denen Schutz-, Vorsorge-, Abfallvermeidungs- und Abfallbeseitigungs- sowie Abwärmenutzungs- und Abwärmeüberlassungspflichten zählen, nicht allein aus dieser Vorschrift, sondern werden vielmehr durch untergesetzliche Regelungswerke, namentlich der auf Grund von § 7 BImSchG erlassenen Rechtsverordnungen sowie verschiedener technischer Anleitungen wie etwa der TA-Luft und der TA-Lärm nach Maßgabe des § 48 BImSchG, konkretisiert. Das Genehmigungsverfahren für die in der 4. BImSchV genannten Sportanlagen findet dabei nicht als förmliches Verfahren nach den Vorschriften des § 10 BImSchG und der 9. BImSchV, sondern auf Grund des geringeren Umweltgefährdungspotenzials gemäß § 2 Abs. 1 S. 1 Nr. 2 der 4. BImSchV lediglich als vereinfachtes Verfahren nach § 19 BImSchG statt, in dem bestimmte Verfahrensmodalitäten und -wirkungen wie etwa die Konzentrationswirkung oder die privatrechtsgestaltende Wirkung der immissionsschutzrechtlichen Genehmigung nach den §§ 13 f. BImSchG nicht gelten (vgl. § 19 Abs. 2 BImSchG). Nach Erteilung der Genehmigung werden Behörden ihrer Überwachungsaufgabe zur Abwendung des Gefahren- und Gefährdungspotenzials im Wege repressiver Anordnungen, Untersagungs-, Stillegungs- oder Beseitigungsverfügungen nach den §§ 17, 20 BImSchG gerecht. Als *ultima ratio* behördlicher Kontrolle fungiert dabei schließlich der Widerruf einer Anlagengenehmigung gemäß § 21 BImSchG, der ggf. zu einer Entschädigungspflicht der Genehmigungsbehörde führt (Abs. 4). In jedem Fall ist die Behörde bei Auswahl der repressiven Handlungsinstrumentarien auf Grund der schrankensetzenden Funktionen der Grundrechte an den Verhältnismäßigkeitsgrundsatz gebunden.

2.3.3.2.2 Nichtgenehmigungsbedürftige Sportanlagen

Ungeachtet anderer, insbesondere bauordnungsrechtlicher Genehmigungserfordernisse handelt es sich bei Sportanlagen regelmäßig – wie etwa auch bei der im Beispielsfall 20 (Eissporthalle) erwähnten Eissporthalle – um immissionsschutzrechtlich nichtgenehmigungsbedürftige Anlagen, die ein geringeres Gefährdungspotenzial aufweisen, auf das die Regelungen der §§ 22 ff. BImSchG reagieren. So statuiert § 22 BImSchG allgemeine Betreiberpflichten, die von besonderen Anforderungen an die Errichtung, die Beschaffenheit und den Betrieb nicht genehmigungsbedürftiger Anlagen gemäß § 23 Abs. 1 BImSchG flankiert werden und von der zuständigen Immissionsschutzbehörde durch die Anordnungs- und Untersagungsbefugnisse nach den §§ 24 f. BImSchG seit der jüngsten Rechtsprechung des Bundesverwaltungsgerichts (UPR 2003, S. 70 ff.) auch gegenüber Verwaltungsträgern durchgesetzt werden können. Folgt man dem Wortlaut und der Systematik der in § 22 BImSchG geregelten Betreiberpflicht, so lässt sich diese in verschiedene Schutzpflichten gliedern, von denen bei Sportanlagen vor allem die Pflicht zur Verhinderung vermeidbarer schädlicher Umwelteinwirkungen (Abs. 1 S. 1 Nr. 1) und die Pflicht zur Beschränkung unvermeidbarer schädlicher Umwelteinwirkungen (Abs. 1 S. 1 Nr. 2) relevant sind. Diese bleiben zwar deutlich hinter der Schutzpflicht des § 5 Abs. 1 Nr. 1 BImSchG bei genehmigungsbedürftigen Anlagen zurück, wie beispielsweise der Verzicht auf einen strikten Ausschluss schädlicher Umwelteinwirkungen nach § 22 Abs. 1 S. 1 Nr. 2 BImSchG zeigt. Doch ist der Unterschied zwischen den jeweiligen Pflichten nur marginal: So hat sich der Betreiber bereits bei der Errichtung der Sportanlage Klarheit darüber zu verschaffen, welche Maßnahmen erforderlich sind, um vermeidbare schädliche Umwelteinwirkungen im Sinne von § 3 Abs. 1 BImSchG zu verhindern. Schädliche Umwelteinwirkungen im Sinne von § 3 Abs. 1 BImSchG sind dabei Immissionen, die nach Art, Ausmaß oder Dauer geeignet sind, Gefahren, erhebliche Nachteile oder erhebliche Belästigungen für die Allgemeinheit oder die Nachbarschaft herbeizuführen. Die nähere Bestimmung der sich aus § 22 Abs. 1 S. 1 Nr. 1 und 2 BImSchG i.V.m § 3 Abs. 1 BImSchG ergebenden Verpflichtungen, Sportanlagen so zu betreiben, dass schädliche Umwelteinwirkungen, die nach dem Stand der Technik vermeidbar sind, verhindert und nicht vermeidbare auf ein Mindestmaß beschränkt werden, ist auf Grund des § 23 Abs. 1 BImSchG durch die 18. Verordnung zur Durchführung des BImSchG vom 18.7.1991, BGBl. I 1588 (18. BImSchV), erfolgt. Diese gilt ihrem – gleichwohl beschränkten – Regelungsgehalt nach unmittelbar für die Beurteilung der von Sportanlagen ausgehenden Geräusche und enthält eine normative Konkretisierung des gesetzlichen Maßstabs für die Zumutbarkeit von Sportlärm, um die bisherige einzelfallbezogene Beurteilung anhand unbestimmter Rechtsbegriffe durch ein differenziertes Regelungssystem zu ersetzen, das auf Grundlage allgemeingültiger Immissionsrichtwerte und Beurteilungsgrundsätze eine interessengerechte und gleichmäßige Bewertung der belästigenden Wirkung von Sportanlagen ermöglicht (BVerwG, UPR 1995, S. 108). Dabei konkretisiert § 2 der 18. BImSchV das vom Normgeber für erforderlich gehaltene Lärmschutzniveau differenzierend nach Gebietscharakter und Zeitraum (Tages-, Nacht- und Ruhezeiten, Werktagen sowie Sonn- und Feiertagen) durch Festlegung bestimmter Immissionsrichtwerte und durch das Verfahren für die Ermittlung und Beurteilung der Geräuschimmissionen. Da die Sportanlagenlärmschutzverordnung gerade darauf abzielt, die bisherige einzelfallbezogene Beurteilung durch ein abstrakt-generelles Regelungssystem zu ersetzen und dadurch zur Rechtssicherheit beiträgt, wäre eine Abweichung von den normierten Maßstäben und Grundsätzen im Einzelfall mit dem Normzweck unvereinbar. Aus diesem Grunde geht das Bundesverwaltungsgericht davon aus, dass die Sportanlagenverordnung nur dann eine einzelfallbezogene Beurteilung zulässt, wenn sie durch Verweise auf weitergehende Vorschriften generell (vgl. § 4 der 18. BImSchV) oder durch Sollvorschriften für atypisch gelagerte Fälle Abweichungen zulässt (BVerwG, UPR 1995, S. 108). Demgegenüber geht eine andere Auffassung davon aus, dass die Anforderungen der Sportanlagenlärmschutzverordnung nicht als abschließende Regelung zu verstehen seien und die in ihr festgelegten Immissionsrichtwerte nur als absolute, nicht zu überschreitende Zumutbarkeitsschwellen dienten, nicht hingegen als absolute Zumutbarkeitsgrenzen fungierten, die von der immissionsbetroffenen Nutzung in jedem Falle hingenommen werden müssten (so OVG Münster, UPR 1994, S. 310; Bender, Sparwasser & Engel, 1995, S. 386). Für ein derartiges Verständnis spreche der Wortlaut der Sportanlagenschutzverordnung und vor allem auch die Wahl des Wortes „Richtwert", der nach allgemeinem Sprachgebrauch keine absoluten Grenzwerte markiere, sondern nur einen Maßstab enthalte, an dem sich die vorzunehmende weitere Wertung auszurichten habe (OVG Münster, UPR 1994, S. 310 f.; kritisch Berkemann, 1998, S. 575 f.). Entscheidend ist jedoch nicht die Formulierung der Verordnung, sondern der mit ihr bezweckte Wille, im Spannungsfeld zwischen Sport und Umwelt für ein Höchstmaß an Rechtssicherheit zu sorgen, auch wenn dieser Wille nicht ausdrücklich in der Sportanlagenlärmschutzverordnung zum Ausdruck gebracht wird. So ist die Sportanlagenlärmschutzverordnung im Rahmen ihres Anwendungsbereichs als abschließend zu beurteilen, so dass Sportanlagenbetreiber darauf vertrauen können, den Anforderungen des § 22 Abs. 1 Nr. 1 und 2 i.V.m. § 3 Abs. 1 BImSchG unter dem Aspekt des Lärmschutzes gänzlich zu genügen, wenn ihr Anlagenbetrieb mit § 2 Abs. 1 der 18. BImSchV in Einklang steht (BVerwG, UPR 1995, S. 108; Wollenschläger & Schraml, 1996, S. 162; Ketteler, 1992, S. 467 f.). Überschreitet der Anlagenbetrieb wie im Beispielsfall 20 (Eissporthalle) die zulässigen Pegelwerte, so ist die zuständige Behörde befugt, die Einhaltung der Pegelwerte und ggf. auch die Untersagung des Betriebs auf Grund der §§ 24 f. BImSchG anzuordnen.

2.3.4 Wasserrecht

Viele Sportarten wie etwa Kanufahren, Segeln und Windsurfen, aber auch Tauchen und Schwimmen sind auf das Medium Wasser angewiesen. Umweltbelastungen der freien Natur sind dabei vorgezeichnet. Allein die direkten Auswirkungen auf den Uferbereich sind vielfältig und reichen von Trittschäden, Schleifschäden (bei technischen Ausrüstungen oder Booten) und Trittspuren, über Störungen der Ufervegetation sowie der Bodenfauna und -flora bis hin zu Beeinträchtigungen der Lebenstätigkeit der Vogelwelt im Bereich der Uferstreifen. Die Aufgabe des Staates zur umweltgerechten Lenkung der sportbezogenen Nutzung von Gewässern erledigt dieser vor allem nach den Vorschriften des Wasserrechts, das sich in

- wasserwegerechtliche Postulate (vgl. 2.3.4.1)und
- wasserwirtschaftliche Postulate (vgl. 2.3.4.2)

gliedern lässt.

2.3.4.1 Wasserwegerechtliche Bestimmungen

Für die Benutzung der Bundeswasserstraßen in ihrer Eigenschaft als Verkehrswege ist das Bundeswasserstraßengesetz erlassen worden, das als Teildisziplin des öffentlichen Sachenrechts von den Wasser- und Schifffahrtsbehörden des Bundes durchgeführt wird (§ 45 Abs. 1 WaStrG) und diesen eine Reihe instrumentaler Bestimmungen an die Hand gibt, die auch zur Steuerung der Freizeit- und Erholungsnutzung von Gewässern beitragen. So konkretisiert § 5 Abs. 1 S. 1 WaStrG die Indienstnahme der Bundeswasserstraßen (vgl. § 1 WaStrG) als Verkehrswege für die Schifffahrt und regelt die Nutzungsgewährung für das Befahren mit Wasserfahrzeugen. Die Vorschrift räumt dabei jedermann die subjektivrechtliche Befugnis ein, Bundeswasserstraßen mit Wasserfahrzeugen zu befahren. Der Begriff des Wasserfahrzeugs ist dabei weit zu verstehen und erfasst jedes Verkehrsmittel, das sich auf dem Wasser bewegen kann wie etwa auch Gleitboote und Sportboote jeglicher Art (Knauber, 1985, S. 310; Kloepfer & Brandner, 1988, S. 117). Das Befahren ist einerseits begrenzt durch widmungsimmanente Schranken, die das Wegerecht an sich betreffen, und durch Schranken, die sich auf die Ausübung der Gebrauchsbefugnis beziehen und aus dem Verkehrsrecht folgen (zur Differenzierung Salzwedel, 1963, S. 250 ff.). Widmungsimmanente Schranken sind dabei nicht nur aus dem Wesen der Widmung, sondern auch aus Bestimmungen des Bundeswasserstraßengesetzes herzuleiten. So ist das Befahren von bundeseigenen Talsperren und Speicherbecken beispielsweise nur im Rahmen rechtsverordnungsrechtlicher Gestattung zulässig (§ 5 Abs. 1 S. 2 WaStrG) und das Befahren von Wasserstraßen in Naturschutzgebieten und Nationalparken nach umfangreicher Abwägung der widerstreitenden Interessen durch Rechtsverordnung regelbar, einschränkbar und untersagungsfähig (§ 5 Abs. 1 S. 3 WaStrG; zu den Anforderungen an den Erlass derartiger Verordnungen Friesecke, 1999, § 5 Rn. 11 ff.; Kloepfer & Brandner, 1998, S. 118 f.). Eine weitere Schranke folgt schließlich aus der strompolizeilichen Ordnungsgewalt nach den §§ 24 ff. WaStrG, die der Gefahrenabwehr zum Schutz der Schifffahrt und damit der ständigen Erfüllung des Widmungszwecks dient. Daneben wird das Befahren mit Wasserfahrzeugen durch den gleichen Mitgebrauch anderer (Grundsatz der Gemeinverträglichkeit des wegerechtlichen Gemeingebrauchs: Friesecke, 1960, S. 711; Salzwedel, 1962, S. 88) eingeschränkt, wonach die Wasserstraßen nur im Einklang mit den Interessen der anderen Schifffahrtstreibenden befahren werden dürfen. Zu den Ausübungsschranken der wasserstraßenrechtlichen Gebrauchsbefugnis zählen demgegenüber verkehrsrechtliche Bestimmungen, die sich auf die Fortbewegung im weitesten Sinne, also Ortsveränderung und Transport beziehen und insbesondere durch das Gesetz über die Aufgaben des Bundes auf dem Gebiet der Binnenschifffahrt, das Gesetz über die Aufgaben des Bundes auf dem Gebiet der Seeschifffahrt und die dazugehörigen Verkehrsvorschriften geregelt sind. Anders als § 5 WaStrG gehört § 6 WaStrG nicht zum Kreis der widmungsrechtlichen Vorschriften, sondern setzt vielmehr eine nach anderen Rechtsgrundlagen bereits bestehende Widmung der Bundeswasserstraßen zum Gemeingebrauch voraus. Dieser kann wiederum durch Rechtsverordnung nach Maßgabe des § 46 Abs. 3 WaStrG geregelt, beschränkt oder untersagt werden, soweit es zur Erhaltung der Bundeswasserstraßen in einem für die Schifffahrt erforderlichen Zustand notwendig ist. So verfolgen die Einschränkungen der Befahrensbefugnisse, die im Bundeswasserstraßengesetz angelegt sind, unterschiedliche Zwecke und dienen einerseits wege- bzw. verkehrsrechtlichen und andererseits naturschutzrechtlichen Belangen. Die weiteren Bestimmungen des Bundeswasserstraßengesetzes, insbesondere die verfahrensrechtlichen Bestimmungen über den Ausbau und Neubau von Bundeswasserstraßen im Wege der Planfeststellung nach den §§ 12 ff. WaStrG, Entschädigungsvorschriften im Sinne von

§§ 36 ff. WaStrG oder Ordnungswidrigkeitenbestimmungen nach § 50 WaStrG sind für die Steuerung des Konfliktes zwischen Sportausübung und Gewässerschutz von untergeordneter Bedeutung.

2.3.4.2 Wasserwirtschaftliche Bestimmungen

Die gewässergebundene Sportausübung findet jedoch nicht in erster Linie auf Bundeswasserstraßen, sondern überwiegend auf Flüssen, Seen und Gewässern niedrigerer Rangordnung statt. Dort ist das Bundeswasserstraßengesetz nicht anwendbar. Maßgeblich sind vielmehr die rahmenrechtlichen (Art. 75 Abs. 1 Nr. 4 GG) Vorschriften des Wasserhaushaltsgesetzes (WHG), die der geordneten Bewirtschaftung ober- und unterirdischen Wassers und damit dem medialen Schutz und der Nutzung der Gewässer dienen (BVerfGE 58, S. 300, 329), und die zu deren Ausfüllung und Ergänzung ergangenen Landeswassergesetze (zur subsidiären Geltung wasserwirtschaftlicher Grundsätze auf Bundeswasserstraßen BVerfGE 15, S. 1, 22; sowie Burgi, 1993, S. 401). Mit diesen Gesetzen werden eine Vielzahl unterschiedlicher Steuerungsoptionen eröffnet. Auszugehen ist dabei von der Eröffnung des wasserwirtschaftlichen (erlaubnisfreien) Gemeingebrauchs, der mit der wasserwegerechtlichen Befahrensbefugnis trotz gewisser struktureller Unterschiede (hierzu Friesecke, 1999, § 5 Rn. 2) zumindest in seiner subjektivrechtlichen Wirkweise und den unterschiedlichen Beschränkungsmöglichkeiten verglichen werden kann. So darf nach § 23 WHG jedermann oberirdische Gewässer in einem Umfang benutzen, der nach Landesrecht als Gemeingebrauch gestattet ist, soweit nicht Rechte anderer entgegenstehen und soweit Befugnisse oder der Eigentümer- oder Anliegergebrauch anderer (§ 24 WHG i.V.m. Landeswassergesetzen) dadurch nicht beeinträchtigt werden. § 23 WHG überlässt damit die sachliche und räumliche Abgrenzung der erlaubnis- und bewilligungsfreien Gewässerbenutzung zunächst den Landeswassergesetzen, in denen unterschiedliche Nutzungsformen als Gemeingebrauch aufgefasst werden wie etwa das Baden, das Fahren mit kleinen Fahrzeugen ohne oder mit eigener Triebkraft, der Eissport, das Windsurfen und das Tauchen. Hinzu kommen landesgesetzliche Verordnungsermächtigungen, wonach die Behörden befugt sind, die formellgesetzliche Ausgestaltung des Gemeingebrauchs mit Blick auf wasser- und eissportliche Aktivitäten zu erweitern oder zu begrenzen. Verbieten sich bei dieser landesgesetzlichen Vielfalt generelle Aussagen über einzelne Sportarten, so wird der Gemeingebrauch zumindest gemeinhin und ungeachtet normativer Schranken durch den mitgeschriebenen Grundsatz der

Gemeinverträglichkeit begrenzt, wonach Gewässerbeanspruchungen wie etwa die Abhaltung von Veranstaltungen (Segelregatten, Volksschwimmen etc.), die nach ihrer Art, der Zielsetzung, der Beteiligten und der Intensität über das gemeingebräuchliche Maß hinausgehen, als erlaubnispflichtige Sondernutzung angesehen werden (Grupp, 1987, S. 24 f.). Weitere naturschützende Einschränkungen des Gemeingebrauchs können von den zuständigen Wasserbehörden durch Rechtsverordnung oder Verwaltungsakt zum Schutz und zur Erhaltung von Natur und Landschaft, zur Verhütung von Nachteilen für die öffentliche Sicherheit, zur Verhinderung nachteiliger Veränderungen der Eigenschaften des Wassers oder anderer Beeinträchtigungen des Wasserhaushalts, der Gewässerökologie oder der Uferbereiche, insbesondere zum Schutz der öffentlichen Wasserversorgung sowie zur Gewährleistung der Benutzung eines Gewässers auf Grund von Erlaubnissen, Bewilligungen, alten Rechten oder alten Befugnissen oder des Eigentümer- oder Anliegergebrauchs getroffen werden. Neben diesen Befugnissen enthalten die Landeswassergesetze weitere Ermächtigungen für die Beschränkung oder Untersagung des Gemeingebrauchs (Blumenberg, 1995, S. 213), durch die auch Steuerungen wassersportlicher Aktivitäten wie etwa das Befahren bestimmter Seen mit Wasserfahrzeugen aller Art (BayVGH, NVwZ 1991, S. 19) oder das Baden (BayVGH, NuR 1980, S. 121) ermöglicht werden. Hinzu treten Beschränkungen auf Grund naturschutzrechtlicher Schutzgebietsausweisungen, insbesondere durch die Verabschiedung von Rechtsverordnungen über die Errichtung von Naturschutzgebieten, die beispielsweise Paddelverbote enthalten, das sportbezogene Befahren von Gewässern an Mindestpegelstände oder Mindestbreiten der befahrbaren Gewässer knüpfen und mit Vertragsvorbehalten versehen werden, auf deren Grundlage konsensuale Lösungen zur wassersportlichen Nutzung gefunden werden. Da die vertraglichen Konfliktlösungen nur von Sportlern beachtet werden können, die über deren Inhalte informiert sind, müssen diese durch bildliche oder schriftliche Erklärungen etwa in Form von Informationstafeln oder Sportartenführern der Öffentlichkeit zugänglich gemacht werden. Die Informationsverantwortung tragen hierbei beide Vertragsparteien, also private Sportvereinigungen und Verwaltungsträger gemeinsam. Weitere Einschränkungen gewässersportlicher Nutzung können ferner durch verordnungsrechtliche Festsetzung von Wasser- und Quellenschutzgebieten (§ 19 WHG i.V.m Landeswassergesetzen) oder durch den Erlass von Reinhalteverordnungen (§ 27 WHG i.V.m. Landeswassergesetzen) festgeschrieben werden (Winkelmann & Wilken, 1998, S. 44). Ein weiterer Ansatz zur Lösung von Konflikten zwischen gewässergebundener Sportausübung und Gewässerschutz im weitesten Sinne ist die Kontingentierung der Anzahl der Wasserfahrzeuge auf einem Gewässer, wie sie vor allem im Bereich des nordamerikanischen Raftings, zum Teil jedoch auch schon in Deutschland etwa auf der nordrhein-westfälischen Lippe praktiziert wird (Kayser, 1995, S. 83, 124). Dabei werden Abschnitte von Fließgewässern in einem „Managementplan" nach Biotopqualitäten eingeteilt, die dann für bestimmte Nutzungen (privater oder kommerzieller Motorbetrieb, Fahrzeuge mit Muskelantrieb) und Nutzungsintensitäten zugelassen werden. Derartige Kontingentierungen bieten sich vor allem im Bereich der sportgewerblichen Nutzung von Gewässern wie beispielsweise bei Kanuvermietungen an, bei denen die vorhandenen Hemmschwellen zur Ausübung des Sports durch Übernahme nachgeschalteter Tätigkeiten wie etwa der Bootspflege oder des Bootstransports durch den Verleiher gering (Theisinger, 1987, S. 137; Walter, 1996, S. 502 ff.) und die sportverursachten Naturbelastungen demgegenüber hoch sind.

2.3.5 Umwelthaftungsrecht

Die öffentliche Aufgabe zur Steuerung des Konfliktes zwischen Natursport und Naturschutz wird überwiegend durch den Einsatz präventiver, öffentlich-rechtlicher Handlungsinstrumentarien und Verfahren wahrgenommen. Die Steuerungskraft dieser Regelungen stößt jedoch dort an ihre Grenzen, wo Schäden an der freien Natur durch sportliche Betätigungen eingetreten sind. In diesen Fällen bedarf es einer repressiven „Nach"steuerung, die auf Grundlage umwelthaftungsrechtlicher Bestimmungen erfolgt und in erster Linie der Wiedergutmachung bereits eingetretener Schäden dient (Hüpers, 1995, S. 287). Darüber hinaus hat das Umwelthaftungsrecht jedoch auch die Abschreckung potenzieller Schädiger zum Ziel (Hüpers, 1995, S. 287) und verfolgt damit eine (gleichwohl mittelbare) präventive Verhaltenssteuerung („Vor"steuerung). Zum Umwelthaftungsrecht zählen dabei gemeinhin alle Vorschriften, die den Ersatz von Schäden und von Vermögensaufwendungen zur Beseitigung von Umweltbeeinträchtigungen regeln, die durch eine vom Menschen verursachte Veränderung der physikalischen, chemischen oder biologischen Beschaffenheit von Wasser, Boden oder Luft herbeigeführt wurden. Die Umweltbeeinträchtigungen können dabei sowohl in Gestalt von Gesundheitsschäden beim Menschen, Gebäude- und Sachschäden auftreten, als auch in Form ökologischer Schäden, das heißt erheblicher und nachhaltiger Beeinträchtigungen des Naturhaushalts oder seiner Bestandteile (Luft, Klima, Wasser, Boden, Pflanzen- und Tierwelt; Kadner, 1995, S. 5). Entscheidend bei alledem ist nur, dass die Einbuße an privaten Rechtsgütern (Eigentum, Gesundheit) durch Umweltbelastungen (Lärmimmissionen) entsteht oder Folge von Umweltschäden (Bodenbelastungen) ist und damit auf dem Umweltpfad erfolgt. Den weitreichenden Zielen, Tatbeständen und Rechtsfolgen des so definierten Umwelthaftungsrechts entsprechend, setzt sich dieses mosaikartig aus einer Fülle

- privatrechtlicher Vorschriften (vgl. 2.3.5.1) sowie
- öffentlich-rechtlicher Vorschriften (vgl. 2.3.5.2)

mit jeweils unterschiedlichen Haftungsprinzipien (Verschuldenshaftung, Aufopferung, Gefährdungshaftung: sog. Dreispurigkeit des Haftungsrechts; vgl. Hoppe, Beckmann & Kauch, 2000, S. 306) zusammen.

2.3.5.1 Privatrechtliche Umwelthaftung

Im Rahmen des privaten Umwelthaftungsrechts sind zunächst die verschuldensabhängigen Tatbestände des Deliktsrechts (§§ 823 Abs. 1 und 2, 826, 839 BGB) zu nennen. Im Mittelpunkt steht dabei die Norm des § 823 Abs. 1 BGB, wonach jemand zum Schadensersatz verpflichtet ist, der den Körper, die Gesundheit, die Freiheit, das Eigentum oder ein sonstiges Recht eines anderen widerrechtlich verletzt. Entwickelt beispielsweise der Betrieb einer Tennis- oder Fußballanlage übermäßige Lärmeinwirkungen, die zu Schlafstörungen der Anwohner führen, wird die privatrechtliche Haftungsfolge des § 823 Abs. 1 BGB ausgelöst (BGH, MDR 1971, S. 37 ff.). Gleiches gilt für den Fall, dass der Betrieb einer Schießanlage zu Bodenkontaminationen führt, durch die das schadstoffbelastete Grundstück selbst entwertet wird oder Schäden an dem Vieh auf den angrenzenden Weideflächen eintreten (Hoppe & Beckmann & Kauch, 2000, S. 307). Demgegenüber erfasst § 823 Abs. 1 BGB nicht die Verletzung der Umweltgüter selbst, sondern schützt diese lediglich reflexartig (Hoffmeister & Kokott, 2002, S. 46), wenn sie tatbestandlich unter den Eigentumsbegriff fallen oder ihre Verletzung mit einem Vermögensschaden für den Eigentümer einhergeht. Korrelieren die Umweltschäden daher nicht mit einer Verletzung der durch § 823 Abs. 1 BGB absolut geschützten Rechtspositionen oder ist der zum Teil schwierige Kausalitätsnachweis zwischen umweltrelevanter Handlung und Rechtsgutsbeeinträchtigung nicht zu führen (Hüpers, 1995, S. 295), so sind die Grenzen seiner kompensatorischen Steuerungskraft erreicht. Vergleichbare

Schutzlücken sind auch dem zweiten Absatz des § 823 BGB inhärent: So fordert diese Vorschrift gleichfalls einen ersatzfähigen Schaden, der zwar nicht an einem der in § 823 Abs. 1 BGB genannten Rechtsgütern bestehen muss, doch über einen allgemeinen Umweltschaden hinauszugehen hat und individualisierbar ist. Ferner verlangt auch § 823 Abs. 2 BGB einen Kausalitätsnachweis zwischen Schutzgutsverletzung und Schaden. Die umstrittene Frage, ob drittschützende Vorschriften des öffentlichen Rechts selbst ohne konkretisierenden Einzelakt als Schutzgesetze im Sinne von § 823 Abs. 2 BGB anzusehen sind (dagegen Medicus, 1986, S. 783; dafür BGH, NJW 1993, S. 1580), ist zu bejahen. So fordert § 823 Abs. 2 BGB bereits in grammatikalischer Hinsicht keinen Einzelakt, sondern verlangt allein das Vorliegen eines Schutz"gesetzes", das auf dem Boden der Schutznormtheorie eine hinreichende Konkretisierung der in Frage kommenden Anspruchsteller (personell) und der ersatzfähigen Schäden (sachlich) erlaubt. Verstößt demnach der Betrieb einer Sportanlage gegen drittschützende Vorschriften des Bundesimmissionsschutzgesetzes – etwa gegen die §§ 3, 22 BImSchG i.V.m. 18. BImSchV –, so ist der Betreiber ungeachtet behördlicher Eingriffsbefugnisse (§§ 24, 25 BImSchG) zum Ersatz der Schäden verpflichtet, die nachbarschaftlichen Anwohnern infolge der anlagenverursachten Immissionen entstehen. Hat die verletzte Vorschrift hingegen keinen drittschützenden Charakter oder ist der durch § 823 Abs. 2 BGB geforderte Verschuldensnachweis nicht zu führen, versagt auch dessen Steuerungskraft. Die Möglichkeiten zur mittelbaren Auflösung des Konfliktes zwischen Sport und Naturschutz auf Grundlage der verschuldensabhängigen Vorschriften des privaten Deliktsrechts sind damit begrenzt.

Zu denken wäre ferner an die verschuldensunabhängige Aufopferungshaftung nach § 906 Abs. 2 S. 2 BGB. Danach kann der Eigentümer von dem Benutzer des nachbarlichen Grundstücks einen angemessenen Ausgleich in Geld für gewisse imponderable Beeinträchtigungen (zum Beispiel Geräusche und Erschütterungen) seines Grundstückseigentums verlangen, wenn er die Einwirkungen zu dulden hat und diese eine ortsübliche Benutzung seines Grundstücks oder dessen Ertrag über das zumutbare Maß hinaus beeinträchtigen. War der Eigentümer aus besonderen Gründen – beispielsweise aus Unkenntnis – gehindert, Abwehransprüche gegen den Störer des nachbarlichen Grundstücks geltend zu machen und werden zumutbare Schutzvorkehrungen von diesem unterlassen, so gilt § 906 Abs. 2 S. 2 BGB entsprechend (BGHZ 90, 255, 263). Die Höhe des Ausgleichsanspruchs richtet sich in beiden Fällen nach enteignungsgleichen Grundsätzen und errechnet sich aus der Differenz zwischen dem Wert des betroffenen Grundstücks bei einer noch zumutbaren Beeinträchtigung und dem Wert unter Berücksichtigung der konkreten Beeinträchtigung (BGHZ 49, 148, 152 ff.). Reflektiert man den Tatbestand dieses Anspruchs mit Blick auf die zuvor reklamierten Schutzlücken, so entfällt bei § 906 Abs. 2 S. 2 BGB zwar der mitunter schwierige Verschuldensnachweis, der bei den Ansprüchen aus § 823 Abs. 1 und 2 BGB gefordert wird, doch kommt auch § 906 Abs. 2 S. 2 BGB sowohl bei direkter als auch analoger Anwendung wie bei den deliktischen Ansprüchen nur dann zum Tragen, wenn der Schaden am Naturhaushalt mit einer wesentlichen Beeinträchtigung der Nutzung von Grundeigentum zusammenfällt (Kadner, 1995, S. 50). Rein ökologische Schäden fallen somit auch aus der zivilrechtlichen Aufopferungshaftung des § 906 Abs. 2 S. 2 BGB hinaus, so dass in dieser Hinsicht dieselben Schutzlücken zu beklagen sind wie bei den deliktischen Ansprüchen. Ähnliches würde zwar auch für die regelmäßig privatrechtlichen Vorkehrungs- und Schadensersatzansprüche des Nachbarn gegen einen Anlagenbetreiber aus § 14 S. 1 HS 2 und S. 2 BImSchG gelten, doch sind diese umwelthaftungsrechtlichen Institute bei Anlagen des vereinfachten Genehmigungsverfahrens von vornherein nicht anwendbar (§ 19 Abs. 2 BImSchG). Da die einzigen genehmigungsbedürftigen Sportanlagen (Motorsportanlagen, Schießplätze und Schießstände) nicht im förmlichen, sondern lediglich im vereinfachten Verfahren zu genehmigen sind (§ 19 Abs. 1 BImSchG i.V.m. § 2 Abs. 1 S. 1 Nr. 2 der 4. BImSchV i.V.m. Anlage 10.17 und 10.18, Spalte 2), kommen die Ansprüche aus § 14 S. 1 HS 2 und S. 2 BImSchG für den mittelbaren Ausgleich zwischen Sportausübung und Immissionsschutz nicht zum Tragen. Ähnliches gilt für die zum 1.1.1991 in Kraft getretene verschuldensunabhängige Gefährdungshaftung nach § 1 UmweltHG. Sie normiert zwar eine Pflicht des Anlageninhabers gegenüber Geschädigten zum Ersatz der Schäden, die durch eine Verletzung von Leib und Leben oder durch die Beschädigung einer Sache infolge einer anlagenverursachten Umwelteinwirkung und damit über den Umweltpfad eingetreten sind, dispensiert von dem Verschuldenserfordernis und enthält gewisse Erleichterungen beim Kausalitätsnachweis (vgl. § 6 UmweltHG: Ursachenvermutung; allerdings: § 7 UmweltHG: Ausschluss der Vermutung). Doch ist ihr Anwendungsbereich in zweifacher Hinsicht begrenzt. So erstreckt sie sich von vornherein nur auf solche ökologischen Schäden, die mit dem Eintritt einer privaten Rechtsgutsverletzung einhergehen, so dass ausschließlich umweltschädigende Handlungen nicht erfasst werden. Hinzu kommt, dass das Umwelthaftungsgesetz nur für diejenigen Anlagen gilt, die in der Anlage 1 explizit aufgeführt werden. Sportanlagen gehören nach dem gegenwärtigem Stand nicht dazu. Zu den zivilrechtlichen Bestimmungen des Umwelthaftungsrechts zählt ferner die Gefährdungshaftung des § 22 Abs. 1 und 2 WHG. Danach ist der Verursacher einer schädlichen Gewässereinwirkung sowie Inhaber einer gewässerverschmutzenden Anlage gegenüber dem Gewässereigentümer, Grundeigentümer, Fischereiberechtigten und anderen betroffenen Gewässerbenutzern im Sinne von § 3 WHG zum Schadensersatz verpflichtet. Die Vorschrift erfasst damit die Fälle der Handlungs- (Abs. 1) und Anlagenhaftung (Abs. 2) und erstreckt sich auf den Ersatz der materiellen Schäden, einschließlich der Vermögensschäden. Ob die Kosten für die Wiederherstellung geschädigter Ökosysteme nach § 22 WHG regressiert werden können, wurde kontrovers beurteilt. So lehnte eine Ansicht die Kostenerstattung mit dem Argument ab, dass Wasser kein privates Schutzobjekt der Nutzer sei (Schulte, 1988, S. 283; Henseler, 1988, S. 228 ff.), während eine andere Auffassung zumindest dem Gewässereigentümer einen Anspruch auf Ersatz der Kosten für die Wiederherstellung der ökologischen Ausgangssituation zusprechen wollte (Gassner, 1987, S. 372 ff.). Die jüngere Rechtsprechung des Bundesgerichtshofs spricht für die zweitgenannte Auffassung, indem der Schutzzweck des § 22 WHG weit verstanden und in einer geordneten Bewirtschaftung des ober- und unterirdischen Wassers, in der Vorbeugung von Gewässerverunreinigungen und der Gewährleistung der öffentlich-rechtlichen Benutzungsform gesehen wird (BGH, WM 1999, S. 1685). Daraus folgt, dass der berechtigte Benutzer eines Gewässers grundsätzlich Ersatz sämtlicher Vermögensschäden verlangen kann, die ihm aus Schadstoffbelastungen des genutzten Grundwassers entstehen (BGH, WM 1999, S. 1686). Demgegenüber verleiht § 22 WHG der Behörde keinen Anspruch, von dem Wasserschädiger die gestiegenen Unterhaltslasten aus § 28 Abs. 1 WHG zu verlangen, es sei denn, sie ist gleichzeitig Gewässereigentümerin (Hoffmeister & Kokott, 2002, S. 83 f.). Besitzt sie das Eigentum an dem Gewässer nicht, kann sie ihre zusätzlichen Unterhaltsausgaben schließlich auf Grundlage eines öffentlich-rechtlichen Erstattungsanspruchs geltend machen (Knopp, 1988, S. 268).

2.3.5.2 Öffentlich-rechtliche Umwelthaftung

Die privatrechtlichen Ansprüche aus dem Bereich der Umwelthaftung leiden an unterschiedlichen Schwächen, die ihre Steuerungskraft zum Teil stark reduzieren. Das Hauptproblem besteht darin, dass der Eintritt eines ökologischen Schadens allein die Ersatzpflicht nicht auslöst, sondern nur in Kombination mit einer privaten Rechtsgutsverletzung virulent wird. Hinzu kommt, dass der Geschädigte die geldliche Ersatzleistung auf Grund der privatrechtlichen Dispositionsfreiheit (BGHZ 66, 239, 241) frei verwenden kann und nicht gezwungen ist, diese unbedingt zur Wiederherstellung des ökologischen Gleichgewichts zu verwenden (Hoffmeister & Kokott, 2002, S. 47). Dies bedeutet in der Konsequenz, dass die umwelthaftungs-rechtlichen Ansprüche des Zivilrechts – ungeachtet ihrer präventiv verhaltenssteuernden Wirkung – selbst bei Vorliegen ihrer Voraussetzungen die tatsächliche Verwendung des Schadenersatzes zu umweltschützenden Zwecken nicht garantieren können. Das klassische Zivilrecht erscheint daher für einen systematischen Schutz des Naturhaushalts nur bedingt geeignet (Kloepfer, 1988, S. 250; Rehbinder, 1989, S. 162 ff.) und trägt deshalb auch zur Auflösung des Konfliktes zwischen Sport und Naturschutz nur rudimentär bei. So bleibt die Durchsetzung und Normierung von Schutzstandards für die Natur schwerpunktmäßig eine Aufgabe des öffentlich-rechtlichen Schadensausgleichs (Hoffmeister & Kokott, 2002, S. 47), unter den alle Normen zu fassen sind, die ein im Gemeinwohl tätiges Rechtssubjekt berechtigen, vom Verursacher eines ökologischen Schadens Ausgleich zu verlangen. Der Ausgleich kann durch Wiederherstellung des vorherigen Zustands, durch physisch-reale Kompensation an anderer Stelle oder durch Zahlung eines Geldbetrags im Werte der geschädigten Naturgüter erfolgen, wobei das gegenwärtige Öffentliche Recht keine allgemeinen Haftungsregeln für den Ausgleich ökologischer Schäden anbietet, sondern einen umweltmedialen Querschnittsbereich darstellt, der nach wie vor als „gänzlich ungelöst" (Wolfrum & Langenfeld, 1999, S. 268) bezeichnet werden darf.
Nacheinander sind deshalb die
- naturschutzrechtlichen Bestimmungen (vgl. 2.3.5.2.1),
- forst- und waldrechtlichen Bestimmungen (vgl. 2.3.5.2.2),
- immissions- und bodenschutzrechtlichen Bestimmungen (vgl. 2.3.5.2.3) sowie
- wasserschutzrechtlichen Bestimmungen (vgl. 2.3.5.2.4)

des Umwelthaftungsrechts zu beleuchten, bevor abschließend auf die

- europäische Umwelthaftungsrichtlinie (vgl. 2.3.5.2.5) einzugehen sein wird.

2.3.5.2.1 Naturschutzrechtliche Bestimmungen

Führt der zielgerichtete Bau einer Sportanlage zu einem Eingriff in Natur und Landschaft, der nicht genehmigt ist oder von der vorhandenen Genehmigung abweicht, so steht der zuständigen Behörde im Grunde genommen dasselbe Instrumentarium zur Verfügung wie bei Vornahme eines genehmigten Eingriffs in Natur und Landschaft. Nach den landesgesetzlichen Bestimmungen darf sie vom Verursacher Wiederherstellung des ursprünglichen Zustands verlangen, die Wiederherstellung auf Kosten des Verursachers durchführen lassen, eine Ausgleichsmaßnahme an anderer Stelle fordern oder aber auf die Zahlung einer Ersatzabgabe bestehen. So ausgefeilt dieses Instrumentarium auch sein mag, so begrenzt ist dessen Anwendungsbereich. So werden als Eingriff nur ziel- und zweckgerichtete Tätigkeiten verstanden, die im Regelfall vorhabenbezogen sein müssen und zu einer erheblichen und dauerhaften Beeinträchtigung von Natur und Landschaft führen (zur dreifachen Einschränkung des Anwendungsbereichs Hoffmeister & Kokott, 2002, S. 51). Der überwiegende Teil sportverursachter Naturschädigungen durch alltägliche Einzelhandlungen, etwa die vorübergehende Schädigung der Natur durch einen Motorradfahrer oder die Störung der Fauna durch einen Orientierungsläufer, wird daher zumindest nicht direkt vom differenzierten Eingriffs-Ausgleichssystem erfasst. Signifikante Schutzlücken im Umwelthaftungsrecht sind jedoch kaum zu befürchten, da die zuständigen Behörden bei naturschädigenden Einzelhandlungen im Regelfall entweder ausdrücklich berechtigt sind von dem Verursacher die Kosten zu verlangen, die der Behörde zur Abwendung rechtswidriger Veränderungen von Natur und Landschaft oder zur Beseitigung der Folgen rechtswidrigen Handelns entstanden sind (so etwa nach den § 43b BerlNatSchG; § 41 HessNatSchG) oder auf eine entsprechende Anwendung des Eingriffs-Ausgleichssystems zurückgreifen dürfen (so nach § 25a S. 1 Var. 1 iVm. § 12 Abs. 4 BadWürttNatSchG; Art. 13a Abs. 3 iVm Art. 6a Abs. 5 S. 2 und 3 BayNatSchG; § 52 BremNatSchG; § 52 HbgNatSchG; § 57 Abs. 3 S. 1 MVNatSchG; § 45d Abs. 3 S. 1 SchlHNatSchG). Vergleichbares gilt für den Fall einer rechtswidrigen Beeinträchtigung besonders geschützter wildlebender Tier- und Pflanzenarten. So verweisen die Länder Baden-Württemberg und Bayern im Fall der Verletzung einer Biotopschutzverordnung auf die Anordnungsbefugnisse bei rechtswidrigen Eingriffen in Natur und Landschaft, während die Mehrzahl von Ländern nur den Fall der Ausnahmegenehmigung regeln und diese davon abhängig machen, dass der Betreffende Ausgleichs- und Ersatzmaßnahmen vornimmt (§ 26a Abs. 3 BerlNatSchG; § 22a Abs. 4 BremNatSchG; § 28a NdsNatSchG; § 62 Abs. 2 NWLandschaftsG; § 26 Abs. 4 SächsNatSchG; § 30 Abs. 5 SachsAnhNatSchG; § 18 Abs. 5 S. 2 ThürNatSchG.) oder alternativ eine Ersatzabgabe leistet (§ 25 Abs. 1 S. 3 SaarlNatSchG; § 15a Abs. 5 SchlHNatSchG). Liegt hingegen keine Ausnahmegenehmigung vor, so führen die Verbotshandlungen durchgängig zu empfindlichen Geldbußen. Bewertet man die unterschiedlichen Regelungen in ihrer Gesamtheit, so zeigt sich ein einigermaßen geschlossenes System naturschutzgesetzlicher Umwelthaftung zur mittelbaren Steuerung des Konfliktes zwischen Sportausübung und Naturschutz. Problematisch ist jedoch die Unübersichtlichkeit der Regelungen, die vor allem auf die Offenheit der rahmengesetzlichen Vorgaben des Bundesnaturschutzgesetzes zurückzuführen ist.

2.3.5.2.2 Forst- und waldrechtliche Bestimmungen

Umwelthaftungsrechtliche Regelungen im Bereich des Forst- und Waldrechts sind seltener als auf dem Gebiet der Naturschutzgesetzgebung im engeren Sinne. Eklatante Schutzlücken dürften jedoch auch hier nicht zu befürchten sein, gelten doch die naturschutzgesetzlichen Regelungen grundsätzlich subsidiär auch für bewaldete Gebiete als Bestandteile der freien Natur und Landschaft. Umgekehrt bedeutet dies, dass die Regelungen des Forst- und Waldrechts jedenfalls dann spezieller sind, wenn sie ausdrückliche umwelthaftungsrechtliche Aussagen enthalten. Führen sportliche Betätigungen oder die Errichtung von Sportanlagen zur rechtswidrigen Abholzung oder Umwandlung von Waldflächen, so enthalten einige Länderregelungen die behördliche Ermächtigung zur Anordnung der unverzüglichen Wiederaufforstung (§ 15 Abs. 9 MVWaldG; § 15 NdsWaldG) oder darüber hinaus zur Ersatzvornahme auf Kosten des Verursachers (§ 10 Abs. 3 HessForstG). Sind sportverursachte Waldverschmutzungen zu beklagen, erfolgt deren Beseitigung im Regelfall durch die Behörden auf eigene Kosten (§ 27 Abs. 2 BrandbgWaldG) und nur ausnahmsweise durch und auf Kosten des Schädigers (§ 13 ThürG; ähnlich auch nach § 18 Abs. 1 MWWaldG, wonach die Behörde die Befugnis hat, notwendige Anordnungen zur Abwehr von „Waldverwüstungen" zu treffen). Soll hingegen eine Sportanlage in rechtmäßiger Weise errichtet werden, so bedürfen notwendige Rodungen und Umwandlungen des Waldes einer vorherigen Genehmigung, in der die divergierenden Interessen einzustellen und abzuwägen sind. Wird die Genehmigung erteilt, so sind im Regelfall Ausgleichsmaßnahmen in Form von Ersatzaufforstungen (§ 9 Abs. 3 BadWürttWaldG; § 8 Abs. 3 BrandbWaldG; § 11 Abs. 3 HessForstG; § 15 Abs. 5 MVWaldG; § 39 Abs. 3 S. 2 NWForstG; § 8 Abs. 3 SächsWaldG; § 8 Abs. 3 SachsAnhWaldG; § 10 Abs. 3 ThürWaldG), ggf. Waldabgaben zu leisten (§ 9 Abs. 5 BadWürttWaldG; § 8 Abs. 5 BrandbgWaldG; § 11 Abs. 5 HessForstG; § 15 Abs. 7 MVWaldG; § 8 Abs. 5 SächsWaldG; § 10 Abs. 4 ThürWaldG). Schließlich können auch gemeindliche Baumschulsatzungen Ersatzpflanzungspflichten (Otto, 1992, S. 365 ff.) oder aber Ausgleichsmaßnahmen im Fall der Bestandsminderung vorsehen (§ 25 Abs. 5 S. 2 BadWürttNatSchG; § 28 Abs. 3 S. 2 NdsNatSchG).

2.3.5.2.3 Immissions- und bodenschutzrechtliche Bestimmungen

Da sich das öffentlich-rechtliche Immissionsschutzrecht in erster Linie präventiver Steuerungsinstrumentarien (Genehmigungsvorbehalte, Anordnungsbefugnisse zur Gefahrenabwehr) bedient, sind umwelthaftungsrechtliche Bestimmungen zur mittelbaren Steuerung des Konfliktes zwischen Sportausübung und Naturschutz entsprechend selten. Die zentralen, im Regelfall privatrechtlich einzuordnenden Vorkehrungs- und Schadensersatzansprüche des Nachbarn gegen einen Anlagenbetreiber gemäß § 14 Abs. 1 S. 1 HS 1 und S. 2 BImSchG sind auf die wenigen genehmigungsbedürftigen Sportanlagen nicht anwendbar, da diese dem vereinfachten Genehmigungsverfahren unterliegen (§ 19 Abs. 2 BImSchG). Einen Ersatz für einen rechtmäßigen Eingriff in nicht nachbargeschützte Rechtsgüter zahlt der Sportanlagenbetreiber an die Allgemeinheit daher nur insoweit, als er unter bestimmten Voraussetzungen an den Kosten eines Genehmigungsverfahrens oder behördlicher Ermittlungen gemäß § 30 BImSchG sowie gewisser Überwachungskosten nach § 52 Abs. 4 BImSchG beteiligt werden kann (Hoffmeister & Kokott, 2002, S. 96). Ähnlich unterentwickelt ist auch die Haftung für rechtswidrige Schädigungen der Natur durch sport(anlagen)verursachte Immissionen. Allein die Handlungsoption, gewisse Verstöße gegen immissionsschutzrechtliche Anordnungs- oder Unterlassungspflichten als Ordnungswidrigkeit zu ahnden und mit einem Bußgeld zu belegen, kann als veritables umwelthaftungsrechtliches Steuerungsinstrument bezeichnet werden. Ausgleichs- und Ersatzpflichten, wie sie aus dem naturschutzgesetzlichen Umwelthaftungsrecht bekannt sind, kennt das Bundesimmissionsschutzgesetz demgegenüber nicht.

Umgekehrt ist wiederum die Situation im Bodenschutzrecht, da dessen Regelungen zwar wenig zur präventiven Steuerung des Konfliktes zwischen Sportausübung und Naturschutz beitragen können, dafür aber der nachträglichen (umwelthaftungsrechtlichen) Lösung der dargestellten Konflikte in Gestalt von umfänglichen Sanierungs- und Dekontaminationspflichten zumindest in den Fällen beitragen, in denen der Betrieb der Sportanlage wie etwa einer Schießsportanlage wie im Beispielsfall 21 (Freiluftschießsportanlage) mit bodenverändernden Umwelteinwirkungen verbunden ist. Dabei muss gleichwohl die Subsidiarität des Bundesbodenschutzgesetzes gegenüber dem Bundesimmissionsschutzgesetz, das weitgehend die Vorfeldsteuerung durch präventive Genehmigungspflichten und repressive Anordnungsbefugnisse übernimmt, beachtet werden (vgl. § 3 Abs. 1 Nr. 11 BBodSchG). So richten sich Anordnungen zur Durchsetzung von Nachsorgepflichten (§ 5 Abs. 3 BImSchG), die etwa infolge des Betriebs einer Schießsportanlage (vgl. Beispielsfall 21 – Freiluftschießsportanlage) auftreten können, vorrangig nach § 17 Abs. 4 a S. 2 BImSchG. Erst in zweiter Linie greift die bodenschutzrechtliche Sanierungsermächtigung gemäß §§ 10, 4 Abs. 3 BBodSchG und zwar dann, wenn die Betriebsstilllegung vor dem 1.9.1990 (hierzu Vallendar, 1991, S. 95) oder – wie im Beispielsfall 21 (Freiluftschießsportanlage) – mehr als ein Jahr vor Sanierungsanordnung erfolgte. Das Bundesbodenschutzgesetz besitzt insoweit eine umwelthaftungsrechtliche Subsidiarität, die angesichts des umfänglichen Kreises sanierungsverantwortlicher Personen gemäß § 4 Abs. 3, 5 und 6 BBodSchG mit äußerst weitreichenden Eingriffsoptionen verbunden ist und weit über allgemeingefahrenrechtliche Grundsätze hinausgeht. Des Weiteren eröffnet das Bundesbodenschutzrecht Eingriffsbefugnisse zur Vornahme von Untersuchungen auf Kosten der Behörde (§ 9 Abs. 1 S. 1 BBodSchG) sowie zu Untersuchungsanordnungen zum Zwecke der Gefährdungsabschätzung gegenüber dem Sanierungspflichtigen (§ 9 Abs. 2 S. 1 BBodSchG), der im Regelfall die Kosten für die Untersuchungen selbst zu tragen hat und nur dann von den Kosten befreit wird, wenn sich der Verdacht einer schädlichen Bodenveränderung nicht bestätigt und er die verdachtsbegründenden Umstände nicht zu vertreten hat (§ 24 Abs. 1 BBodSchG). Kommt der Pflichtige bei Vorliegen einer schädlichen Bodenveränderung seiner Sanierungspflicht hingegen nicht nach, so kann die Behörde die notwendigen Maßnahmen einschließlich Sicherungsmaßnahmen auf Kosten des Pflichtigen selbst treffen (§ 10 Abs. 1 S. 1, 2 BBodSchG i.V.m. § 24 Abs. 1 S. 1 Var. 2 BbodSchG; Hasche, 2000, S. 97). Da es sich bei stillgelegten Schießständen auch regelmäßig um Altlasten im Sinne von § 2 Abs. 5 Nr. 2 BBodSchG handeln dürfte, kann vom Pflichtigen begleitend zu den Sanierungsuntersuchungen die Vorlage eines von ihm zu finanzierenden Sanierungsplans verlangt werden (§ 13 Abs. 1 und 2, 24 Abs. 1 S. 1 Var. 4 BBodSchG). Auch in diesem Falle ist die Behörde berechtigt, den Sanierungsplan auf Kosten des Verantwortlichen selbst aufzustellen, falls der von diesem eingereichte Plan nicht fristgemäß eingereicht wurde oder ungenügend ist (§ 14 Abs. 1 BBodSchG i.V.m. § 24 Abs. 1 S. 1 Var. 5 BBodSchG). Das Bundesbodenschutzgesetz stellt bei alledem eine hinreichende Handhabe zur Anordnung oder Selbstvornahme weitreichender Sanierungsmaßnahmen dar, so dass etwaige Schutzlücken nur in besonderen Situationen zu befürchten sind und dann auf dem Boden der subsidiären Bodenschutz-, Altlasten- und allgemeinen Polizeigesetze der Länder geschlossen werden könnten.

2.3.5.2.4 Wasserschutzrechtliche Bestimmungen

Die wasserschutzrechtliche Umwelthaftung ist – abgesehen von der zivilrechtlichen Haftung des Wasserschädigers nach § 22 WHG – weitgehend öffentlich-rechtlich geprägt. So regelt § 30 Abs. 3 WaStrG ein Kostenerstattungspflicht des Eigentümers von Gegenständen, die von der Behörde zur Freiräumung einer Wasserstraße im Wege der Ersatzvornahme beseitigt wurden. Zwar hat diese Vorschrift in erster Linie verkehrsregelnde Funktionen, verfolgt jedoch auch die Verbesserung der Wasserqualität. Auf Länderebene finden sich zahlreiche Bestimmungen, die eine direkte Rückgriffsmöglichkeit der öffentlichen Hand gegenüber demjenigen normieren, der durch unbefugte Gewässerbenutzung behördliche Gewässeraufsichtsmaßnahmen (Schadensermittlungs- und Beseitigungsmaßnahmen) veranlasst hat (§ 107 BrandbGWasserG; § 71 Abs. 1 BerlWasserG; § 64 Abs. 2 BremWasserG; § 67 Hbg WasserG; § 169 Abs. 2 NdsWasserG; § 118 NWWasserG; § 94 Abs. 1 RhPfWasserG; § 87 Abs. 1 S. 2 SaarlWasserG; § 96 Abs. 1 SächsWasserG; § 65 Abs. 2 SachsAnhWasserG; § 85 Abs. 2 SchlHWasserG). Ferner bestehen spezielle Anordnungsbefugnisse im Zusammenhang mit Anlagen zum Umgang mit wassergefährdenden Stoffen im Sinne von § 19 g WHG (§ 23a Abs. 4 BerlWasserG; § 21 Abs. 4 S. 1 BrandbgWasserG; § 28a Abs. 1 S. 2 HbgWasserG; § 20 Abs. 7 S. 2 MVWasserG). Greifen die speziellen Wassergesetze nicht, so besteht Einigkeit darin, dass subsidiär auf das allgemeine Polizeirecht mit der Befugnis zur Vornahme einer kostenpflichtigen Ersatzvornahme zurückgegriffen werden kann (OVG Münster, ZfW 1996, S. 463 ff.; Schink, 1996, S. 12).

2.3.5.2.5 Europäische Umwelthaftungsrichtlinie

Die Vermeidung und Sanierung von Umweltschäden mit den Mitteln des öffentlich-rechtlichen Umwelthaftungsrechts wird zukünftig von den Vorgaben der europäischen Umwelthaftungsrichtlinie (Richtlinie über Umwelthaftung zur Vermeidung von Umweltschäden und zur Sanierung der Umwelt, KOM (2002), S. 17 vom 23.1.2002, Abl. Nr. C 151 E vom 25.6.2002, S. 0132 – 0145) bestimmt werden, die von der Europäischen Kommission nach verschiedenen erfolglos gebliebenen Konzepten (so etwa der Vorschlag zu einer Abfallhaftungsrichtlinie von 1991, Abl. EG vom 23.7.1991, Nr. C 192/6, S. 11) vorgeschlagen wurde und mit deren Verabschiedung bereits im Jahre 2003 zu rechnen war (Spindler & Härtel, 2002, S. 241). Regelungsgegenstand des Kommissionsvorschlags sind näher bestimmte, klar abgrenzbare Umweltschäden, wobei es dem Grunde und der Begründung nach um die Erfassung von Störfällen mit erheblicher Auswirkung auf Fauna, Flora, Gewässer und Böden geht. Tatbestandlich setzt die Haftung, die durch behördliche Anordnungsbefugnisse ohne Ermessensspielraum und finanzielle Regressansprüche bei behördlicher Selbstvornahme (Art. 4 f. RL-E), nicht aber durch private Ansprüche durchgesetzt werden soll (vgl. Art. 3 Nr. 8 RL-E), die Vornahme einer bestimmten umweltgefährlichen beruflichen Tätigkeit voraus, wobei der Begriff der beruflichen Tätigkeit relativ offen verstanden wird und auch gewisse Tätigkeiten ohne Erwerbszweck oder gemeinnützige Dienste erfasst (vgl. Art. 2 Nr. 13 RL-E). Handelt es sich um eine berufliche Tätigkeit im Sinne des Anhangs I der Richtlinie, der sich auf genehmigungspflichtige Tätigkeiten im Sinne EG-rechtlicher Vorschriften oder auf verschiedene gewerbliche Tätigkeiten (Herstellung, Verwendung, Lagerung, Beförderung oder Ableitung von gefährlichen Stoffen) bezieht, tritt die Haftung – unter Beachtung verschiedener Entlastungsgründe (z.B. höhere Gewalt) – verschuldensunabhängig ein. Ansonsten bedarf es des Nachweises von Verschulden (vgl. Art. 8 RL-E). Wird die mitgliedstaatliche Verpflichtung dabei vor allem darin bestehen, die nationalen Regelwerke – auf Bundesebene insbesondere das BBodSchG, das BNatSchG und das WHG – mit diesen Vorgaben, beispielsweise dem Fehlen eines behördlichen Ermessensspielraums, abzustimmen (weitergehende, schutzverstärkende Regelungen des nationalen Rechts bleiben ausdrücklich unberührt, Art. 18 RL-E in Einklang mit Art. 176 EGV), so werden die Auswirkungen für den Konflikt zwischen Umweltschutz und Sportausübung eher gering sein. Denn die Richtlinie ist ihrer Zielsetzung nach auf die öffentlich-rechtliche Vermeidung und Sanierung konkretisierbarer Umweltschäden beispielsweise durch betriebliche Störfälle ausgerichtet und nicht auf die Unterbindung herkömmlicher Umweltschäden (Hager, 2002, S. 901) etwa durch alltägliche Sportausübung. Maßgebliche Änderungen des öffentlich-rechtlichen Haftungsregimes für die repressive Steuerung des Konfliktes zwischen Umweltschutz und Sport sind daher von der Umwelthaftungsrichtlinie nicht zu erwarten.

2.4 Baurecht

Beispielsfall 22 (Sportanlagenplanung): Die Gemeinde G plant den Bau einer Sportanlage in einem Wohngebiet. Bei Aufstellung des Planes müssen die maßgeblichen öffentlichen und privaten Belange gemäß § 1 Abs. 6 BauGB gegeneinander und untereinander gerecht abgewogen werden. Worin bestehen die öffentlichen Belange bei dem projektierten Vorhaben?

Beispielsfall 23 (Sportstättenbau): Der private Investor I plant die Errichtung einer Sportstätte und überlegt, ob er nach bauordnungsrechtlichen Bestimmungen zu besonderen Vorkehrungen verpflichtet ist, damit Menschen mit Behinderungen die Sportstätte ohne fremde Hilfe nutzen bzw. aufsuchen können.

Zielen die vorgenannten umweltrechtlichen Steuerungsinstrumentarien auf einen möglichst optimalen Ausgleich der widerstreitenden Interessen des Umweltschutzes und der Sportausübung, so liegt der Zweck des öffentlich-rechtlichen Baurechts darin, konfligierende Interessen im Rahmen der Bodennutzung (Battis & Krautzberger & Löhr, 1999, Einleitung Rn. 3) beispielsweise bei der Errichtung und dem Betrieb von Sportanlagen in Wohngebieten miteinander in Ausgleich zu bringen. Das zur Auflösung der unterschiedlichen Nutzungsinteressen verfügbare öffentliche Baurecht beruht dabei im Wesentlichen auf zwei Säulen des
- bundesrechtlich vorgegebenen Bauplanungsrechts (vgl. 2.4.1) und

- des landesgesetzlichen Bauordnungsrechts (vgl. 2.4.2).

Während das Recht der Bauleitplanung die Raumnutzung innerhalb einer Gemeinde unter Berücksichtigung überfachlicher Gesichtspunkte festlegt und damit den rechtlichen Rahmen einer geordneten Bodennutzung zum Zwecke des Konfliktausgleichs bildet, besteht das vorrangige Ziel des objektbezogenen Bauordnungsrechts in der ordnungsrechtlichen Abwehr von Gefahren im Zusammenhang mit Bauwerken und verfolgt in zweiter Linie ästhetische, wohlfahrts- und sozialpflegerische und ökologische Funktionen.

2.4.1 Bauplanungsrecht

Die maßgebliche Rechtsquelle des Bauplanungsrechts ist das bundesgesetzliche Baugesetzbuch als Grundlage der Baunutzungsverordnung und der gemeindlichen Bauleitpläne in Gestalt der Flächennutzungs- und Bebauungspläne sowie der örtlichen Entwicklungs- und Ergänzungssatzungen. Das Bauplanungsrecht steht dabei in wechselseitiger Beziehung zum überörtlichen Raumordnungsrecht (Landesplanung), an dessen Ziele die örtlichen Bauleitpläne anzupassen sind (§ 1 Abs. 4 BauGB), die ihrerseits Auswirkungen auf die Entwicklung, Ordnung und Sicherung des Gesamtraums haben (sog. *Gegenstromprinzip*; vgl. § 1 Abs. 3 ROG). Hinzu treten vielfältige Verzahnungen zum Umweltrecht, da sportbedingte Umweltbelastungen zu den zentralen Belangen zählen, die im Rahmen der Bauleitplanung berücksichtigt werden müssen. So fließen beispielsweise immissionsschutzrechtliche Maßstäbe nach der Sportanlagenlärmschutzverordnung (18. BImSchVO) zur Zulässigkeit sportanlagenverursachter Immissionen (vgl. §§ 1 Abs. 5 S. 2 Nr. 7, Abs. 6 BauGB i.V.m. § 1a Abs. 2 Nr. 1 BauGB) und bestimmte Inhalte naturschutzrechtlicher Landschaftspläne im Wege des Integrationsmodells (etwa nach § 6 Abs. 4 S. 2 LNatSchG SH) in die örtliche, den Gemeinden nach § 1 Abs. 3 i.V.m. § 2 Abs. 1 S. 1 BauGB zugewiesene, Bauleitplanung ein.

Stellt man die kommunale Bauleitplanung in den Mittelpunkt des Bauplanungsrechts, so ist das geltende Bauplanungsrecht vor allem im Zusammenhang mit der

- Entfaltung sportbezogener Planungsleitsätze (vgl. 2.4.1.1) sowie
- Festsetzung sportbezogener Planinhalte (vgl. 2.4.1.2)

relevant.

2.4.1.1 Entfaltung sportbezogener Planungsleitsätze

Im Rahmen der Bauleitplanung haben Gemeinden zunächst die Aufgabe zur Entfaltung der gesetzgeberischen Planungsleitsätze nach den § 1 Abs. 4 bis 6 BauGB, §§ 1a, 2 BauGB. So verpflichtet § 1 Abs. 4 BauGB zur Anpassung der Bauleitpläne an die Ziele der Raumordnung, die überörtliche (räumlich-sachliche) Letztentscheidungen formulieren und als abwägungsfeste Schranken des kommunalen Planungsermessens fungieren (BVerwGE 90, 329, 332; Brohm, 1999, § 12/7). Die rechtsverbindliche Anpassungspflicht der Gemeinden besteht hierbei darin, dass ihre Bauleitplanung den überörtlichen Raumordnungszielen nicht widersprechen darf und sie bei nachträglicher Änderung der Ziele auch zur Abänderung ihrer bereits existierenden Bauleitpläne verpflichtet sind. Allerdings ist die Gesamtheit der sportbezogenen Aussagen in Raumordnungsplänen relativ gering, wobei viele Inhalte als unverbindliche Grundsätze formuliert sind und die sportbezogenen Ziele auf wenige Kernaussagen wie beispielsweise dem Verbot der Errichtung von Golfplätzen in Naturschutzgebieten beschränkt bleiben. Daher besteht die Hauptaufgabe der kommunalen Bauleitplanung weniger in der Beachtung äußerer Planungsgrenzen, als vielmehr in der umfassenden inneren Abwägung aller planungsrelevanten öffentlichen und privaten Belange nach § 1 Abs. 6 BauGB („gegen- und untereinander"). So zwingt § 1 Abs. 6 BauGB zu einem komplexen, vierphasigen Abwägungsvorgang, bei dem auf der ersten Stufe alle planungsrelevanten öffentlichen und privaten Belange auf Basis einer rationalen und vertretbaren Prognoseentscheidung zusammengestellt (BVerwGE 45, 309, 322) und in einer zweiten Phase in die Abwägung eingestellt werden müssen (BVerwGE 59, 87, 104); die Erarbeitung aller abwägungsrelevanten Belange findet eine grundrechtlich gebotene verfahrensrechtliche Absicherung in den umfänglichen Beteiligungsrechten der Bürger und Träger öffentlicher Belange nach den §§ 3 ff. BauGB. Im Anschluss hieran müssen die Belange ihrer unterschiedlichen Bedeutung nach gewichtet werden mit der Folge, dass insbesondere Optimierungsgeboten wie beispielsweise der Bodenschutzklausel oder dem Trennungsprinzip des § 50 BImSchG besondere Aufmerksamkeit zu schenken ist. Der Abwägungsvorgang wird schließlich durch die Planentscheidung abgeschlossen, durch welche einzelne öffentliche oder private Belange vorgezogen oder zurückgestellt werden. Welche öffentlichen Belange bei der Aufstellung von Bauleitplänen zu berücksichtigen sind, konkretisiert die Vorschrift des § 1 Abs. 5 S. 2 Nr. 1 – 10 BauGB, deren Nummern 1, 3 und 7 eine besondere Bedeutung für die Planung von Sportanlagen besitzen. So sind bei Aufstellung der Bauleitpläne – wie etwa auch im Beispielsfall 22 (Sportanlagenplanung) – vor allem auch die allgemeinen Anforderungen an gesunde Wohn- und Arbeitsverhältnisse und die Sicherheit der Wohn- und Arbeitsbevölkerung zu berücksichtigen (S. 2 Nr. 1). Ist daher der Betrieb einer Sportanlage mit gesundheitsschädigenden Immissionen etwa in Gestalt von Geräuschen verbunden, so spricht dieser Umstand gegen eine Planungsentscheidung zugunsten einer Sportanlage (vgl. § 136 Abs. 3 Nr. 1f) BauGB), was in vergleichbarer Weise durch das gefahrenvorsorgende Trennungsprinzip des § 50 BImSchG bestätigt wird, wonach Flächen bei raumbedeutsamen Planungen so zugeordnet werden müssen, dass schädliche Umwelteinwirkungen auf Wohngebiete und sonstige schutzbedürftige Gebiete vermieden werden. Demgegenüber ist es für die Herstellung gesunder Wohnverhältnisse auch von Vorteil, dass Sportanlagen gut zu erreichen sind, weshalb sich deren Planung in Wohngebieten wie im Beispielsfall 22 (Sportanlagenplanung) gerade auch empfiehlt (Gaentzsch, 1991, S. 30; Halfmann, 1991, S. 68). Derselbe öffentliche Belang (S. 2 Nr. 1) spricht damit gegen und für die Planung einer Sportanlage, so dass eine Abwägung innerhalb desselben öffentlichen Interesses („untereinander") erforderlich ist. Direkte Erwähnung im Rahmen der abwägungsrelevanten öffentlichen Belange findet der Sport ferner als positives Medium zur Befriedigung der sozialen und kulturellen Bedürfnisse der Bevölkerung (S. 2 Nr. 3), wobei vor allem der Breiten- und Jugendsport in die Abwägung einzustellen sind (Halfmann, 1991, S. 52). Demgegenüber führt die Berücksichtigung von Umweltbelangen (S. 2 Nr. 7) im Regelfall zu einer negativen Bewertung von Sportanlagen, da deren Errichtung und Betrieb mit unterschiedlichen Belastungen der Umweltmedien Wasser, Boden, Luft, Wald sowie der sonstigen freien Natur verbunden ist. Auf diese Weise fungiert das Planungsrecht als vorsorgender Immissionsschutz (vgl. § 50 BImSchG), der darüber hinaus das umweltrechtliche Vorsorgeprinzip (vgl. die Umweltschutzklausel des § 1 Abs. 5 S. 2 Nr. 7 BauGB) umfassend realisiert und schließlich auch zum schonenden Umgang mit Grund und Boden (vgl. § 1a Abs. 1 BauGB) beiträgt. Zu den privaten Belangen, die in eine sportanlagenbetreffende Abwägungsentscheidung eingestellt werden müssen, zählen schließlich auch die subjektiven Interessen der Sporttreibenden, der Sportanlagenbetreiber sowie sonstiger Planbetroffener, insbesondere der Nachbarn. Wird die Gemeinde ihrer Planverantwortung nicht hinreichend gerecht und unterläuft ihr ein Abwägungsfehler, so ist dieser nach dem in § 214 Abs. 3 S. 2 BauGB zum Ausdruck kommenden Grundsatz der Planerhaltung nur erheblich, wenn er offensichtlich und auf das Abwägungsergebnis von Einfluss war.

2.4.1.2 Festsetzung sportbezogener Planinhalte

Das Ergebnis einer ordnungsgemäßen Planung zur Auflösung konfligierender Nutzungsinteressen ist die Festsetzung konkreter Planinhalte. Analysiert man die sportbezogenen Darstellungsmöglichkeiten, ist zwischen dem Flächennutzungsplan (§ 5 BauGB) und dem daraus zu entwickelnden Bebauungsplan (§§ 8 Abs. 2 S. 1, 9 BauGB) zu differenzieren. Der Flächennutzungsplan gilt hierbei als Scharnier zwischen örtlicher und überörtlicher Raumplanung sowie zwischen Bauleitplanung und Fachplanung (Finkelnburg & Ortloff, 1998, S. 63), indem er die Ziele der Raumordnung auf die Ebene der Bauleitplanung übersetzt (§ 1 Abs. 4 BauGB) und zugleich die entsprechende Anpassung öffentlicher Planungsvorhaben verlangt (§ 7 BauGB). Er gilt für das gesamte Gemeindegebiet und enthält deshalb lediglich eine auf Grundzüge beschränkte Darstellung der Bodennutzungsart, die sich aus der beabsichtigten städtebaulichen Entwicklung ergibt und den voraussehbaren Bedürfnissen der Gemeinde Rechnung trägt (§ 5 Abs. 1 S. 1 BauGB). So können im Flächennutzungsplan neben Bauflächen und Baugebieten (§ 5 Abs. 2 Nr. 1 BauGB) selbständige Flächen für (private oder öffentliche) Sport- und Spielanlagen dargestellt werden (§ 5 Abs. 2 Nr. 2 BauGB). Auf diese Weise sind Gemeinden unter anderem berechtigt, wohngebietsnahe Sport- und Spielflächen festzulegen, um die öffentliche Bedeutung des Sports zu unterstreichen (Battis, Krautzberger & Löhr, 2002, § 5 Rn. 16), dem Berücksichtigungsgebot des § 1 Abs. 5 S. 2 Nr. 3 BauGB und der Verpflichtung aus landesverfassungsrechtlichen Sportförderklauseln zu genügen, die zukünftige Bebauungsplanung zu sichern und gleichzeitig zukünftigen Konflikten zwischen Sportausübung und Wohnnutzung vorzubeugen. Vergleichbaren Zwecken dient die weitergehende Möglichkeit der Gemeinde, Sportplätze als Grünflächen in dem Flächennutzungsplan darzustellen (§ 5 Abs. 2 Nr. 5 BauGB). Auch diese Vorschrift konkretisiert letztlich die einfachgesetzlichen und verfassungsrechtlich ableitbaren Berücksichtigungsgebote des § 1 Abs. 5 S. 2 Nr. 1 und 3 BauGB, wonach bei der Bauleitplanung die allgemeinen Anforderungen an gesunde Wohn- und Arbeitsverhältnisse sowie die Belange von Sport, Freizeit und Erholung zu berücksichtigen und miteinander in Abwägung zu bringen sind. Dienen die Darstellungen des Flächennutzungsplanes dazu, die gemeindlichen Planungsabsichten in Grundzügen nach den voraussehbaren Bedürfnissen der Gemeinde zu konkretisieren, so enthält der Bebauungsplan rechtsverbindliche Festsetzungen darüber, welche städtebaurelevanten Maßnahmen auf einem Grundstück zulässig sind (§ 8 Abs. 1 S. 1 BauGB). Auf welche Festsetzungen die Gemeinde dabei im Einzelnen zugreifen darf, regelt der im Gegensatz zu § 5 BauGB *abschließende* Katalog des § 9 Abs. 1 Nr. 1 bis 26 BauGB. So kann die Gemeinde mit dem Bebauungsplan vor allem die Art der baulichen Nutzung unter Verwendung vertypter Baugebietskategorien darstellen (§ 9 Abs. 1 Nr. 1 BauGB i.V.m. § 2 Abs. 5 Nr. 1a BauGB, §§ 1 bis 15 BauNVO), um auf diese Weise die Zulässigkeit der späteren Errichtung von Anlagen für sportliche Zwecke durch Festsetzung der einzelnen Baugebiete zu lenken. Sind Sportanlagen danach in allgemeinen (§ 4 Abs. 2 Nr. 3 BauNVO) und besonderen Wohngebieten (§ 4a Abs. 2 Nr. 5 BauNVO), Dorf- (§ 5 Abs. 2 Nr. 7 BauNVO), Misch- (§ 6 Abs. 2 Nr. 5 BauNVO), Kern- (§ 7 Abs. 2 Nr. 4 BauNVO) und Gewerbegebieten (§ 8 Abs. 3 Nr. 3 BauNVO) grundsätzlich zulässig, so können sie in Kleinsiedlungsgebieten (§ 2 Abs. 3 Nr. 2 BauNVO), reinen Wohngebieten (§ 3 Abs. 3 Nr. 2 BauNVO) und Industriegebieten (§ 9 Abs. 3 Nr. 2 BauNVO) ausnahmsweise zugelassen werden. Darüber hinaus erlaubt § 10 BauNVO die Darstellung von Sondergebieten zum Zwecke der Erholung, wobei Anlagen für sportliche Zwecke gemäß § 10 Abs. 2 S. 2 BauNVO näher zu konkretisieren und beispielsweise als Schwimmbad, Ball- oder Tennisplatz auszuweisen sind. Handelt es sich bei den Sportanlagen, die im Rahmen von Erholungssondergebieten dargestellt werden, zumeist um kleinere Vorhaben, da sie den Erholungssuchenden und nicht allgemein den Bewohnern der Gemeinde zur Verfügung stehen (vgl. § 10 BauNVO), so lassen sich größere Sportanlagen (Fußball-, Eisstadien, Reithallen) nach den gesetzlichen und verordnungsrechtlichen Zielvorstellungen am ehesten als sonstiges Sondergebiet gemäß § 11 BauNVO ausweisen. Schließlich erlaubt § 14 BauNVO die Festsetzung von Sportanlagen als untergeordnete Nebenanlagen, die dem Nutzungszweck der in dem Baugebiet gelegenen Grundstücke dienen und deren Eigenart nicht widersprechen dürfen. Der Zweckrichtung als Nebenanlage entsprechend, dürften nur sehr kleine Sportanlagen wie etwa private Tennisplätze oder Schwimmanlagen für die Wahl dieses Baugebietstyps in Betracht kommen. Blickt man weiter auf den abschließenden Katalog inhaltlicher Darstellungsmöglichkeiten, so sind Gemeinden ferner berechtigt, ebenso wie im Flächennutzungsplan (§ 5 Abs. 2 Nr. 2 BauGB) auch im Bebauungsplan spezielle Flächen für selbständige Sport- und Spielanlagen auszuweisen (§ 9 Abs. 1 Nr. 5 BauGB; hierzu Berkemann, 1992, S. 817 ff.). Konfligierenden Interessen beispielsweise an ungestörter Wohnnutzung des angrenzenden allgemeinen Wohngebiets, kann die Gemeinde ggf. durch Immissionsschutzmaßnahmen und einer geeigneten Verkehrsführung für die Zu- und Abfahrt zum Gelände begegnen (Battis, Krautzberger & Löhr, 2002, § 9 Rn. 28). Nach § 9 Abs. 1 Nr. 15 BauGB ist schließlich auch die Ausweisung einer Grünfläche als Sportplatz im Bebauungsplan zulässig, wobei diese Möglichkeit bereits auch bei den Darstellungen im Flächennutzungsplan besteht (§ 5 Abs. 2 Nr. 5 BauGB).

2.4.2 Bauordnungsrecht

Im Gegensatz zum Bauplanungsrecht, das im Regelfall von den Gemeinden vollzogen wird, obliegt die Anwendung des Bauordnungsrechts übergeordneten Aufsichtsbehörden (Land, Kreis) und verfolgt in erster Linie gefahrenabwehrrechtliche sowie in zweiter Linie ästhetische, wohlfahrts- und sozialpflegerische sowie ökologische Funktionen. Zu diesen Zwecken enthält es eine Vielzahl an Vorschriften über die Art des Baugrundstücks, die Gestaltung baulicher Anlagen, die Anforderungen an die Bauausführung und über Bauprodukte, Bauarten, Wände, Decken, Dächer, Treppen, Rettungswege, Aufzüge und Öffnungen, über haustechnische Anlagen und Feuerungsanlagen, Aufenthaltsräume, Wohnungen sowie Stellplätze und regelt im Übrigen das Baugenehmigungsverfahren, wobei der Anwendungsbereich der Bestimmungen durch den näher konkretisierten Begriff der baulichen Anlage als eine mit dem Erdboden verbundene und aus Bauprodukten hergestellte Anlage begrenzt wird. Unproblematisch anwendbar sind die bauordnungsrechtlichen Vorschriften demnach auf solche Sportanlagen, die nach ihrer Art, Länge, Höhe, Tiefe und Festigkeit unbeweglich sind und aus Steinen, Holz, Stahl, Glas, Zement hergestellt werden, wie dies beispielsweise bei Sporthallen, Frei- und Hallenbäder der Fall ist. Problematischer erscheint jedoch die Beurteilung bei denjenigen Freisportanlagen, die wie Fußball-, Hockey-, Leichtathletik-, Tennis-, Golf- oder Motorsportplätzen im Wesentlichen aus geländeveränderten Freiflächen und damit verbundener realer Bauten (Clubhaus, Gasträume, Toiletten) von untergeordneter Bedeutung bestehen. Analysiert man indes die allgemeinen bauordnungsrechtlichen Vorschriften, so finden sich regelmäßig Gleichstellungsklauseln, wonach auch Sportplätze im Allgemeinen als bauliche Anlagen gelten. Ungeachtet dessen werden viele Freisportanlagen (wie etwa Lauf- oder Spielflächen) mit Bauprodukten hergestellt und sind *per se* unbeweglich, so dass sie bereits aus diesen Gründen als bauliche Anlage gelten. Ferner ist zu berücksichtigen, dass größere Freisportanlagen regelmäßig in eine Gesamtkonzeption mit realen, nicht untergeordneten baulichen Anlagen wie Tribünen, Umkleideräumen und Stadiongebäuden eingebunden sind mit der Folge, dass die Gesamtkonzeption als eine, dem Bauordnungsrecht unterfallende bauliche Gesamtanlage angesehen wird. Die Anwendbarkeit des Bauordnungsrechts auf Sportanlagen, die im Wesentlichen aus Freiflächen bestehen, kann sich schließlich auch aus der Tatsache ergeben, dass die jeweilige Sportstätte wie beispielsweise die Golfbahnen eines Golfplatzes durch Aufschüttungen und Abgrabungen hergestellt wird, die ihrerseits als bauliche Anlage gelten. Die grundsätzliche Anwendbarkeit des Bauordnungsrechts auf Sportanlagen steht bei alledem außer Frage. Dennoch finden sich wenige einfachgesetzliche Bestimmungen mit speziellen Aussagen über Sportanlagen, die über die allgemeinen, für sämtliche baulichen Anlagen geltenden, Anforderungen hinausgehen. Zu den Sportanlagen, die regelmäßig ausdrücklich im Bauordnungsrecht erwähnt und dementsprechend außergewöhnlich behandelt werden, zählen jedenfalls größere Sportstätten mit einer gewissen Hallensportfläche oder Anzahl an Zuschauerplätzen sowie Freisportanlagen mit einer Mindestzahl an Zuschauerplätzen. Da diese Sportstätten wegen ihrer räumlichen Ausdehnung, Höhe, Konstruktion und Personenzahl besondere Gefahren in sich bergen und erhöhte Anforderungen an die Schutzfunktion der baulichen Anlage stellen, gelten sie mitunter als Sonderbauten, bei denen die Vorschriften über das vereinfachte Baugenehmigungsverfahren im Regelfall nicht gelten. Zu den besonderen bauordnungsrechtlichen Regelungen über Sportstätten zählt ferner das sozialstaatlich motivierte Gebot zum *barrierefreien Bauen*: Danach sind die dem allgemeinen Besucherverkehr dienenden Teile der Sportanlagen so herzustellen und instand zu halten, dass sie von Menschen mit Behinderungen, alten Menschen und Personen mit Kleinkindern ohne fremde Hilfe zweckentsprechend genutzt und aufgesucht werden können. Der Investor I ist daher im Beispielsfall 23 (Sportstättenbau) zu entsprechenden Vorkehrungen verpflichtet. Schärfere bauordnungsrechtliche Anforderungen ergeben sich darüber hinaus auch aus Vorschriften unterhalb des einfachen Rechts wie etwa für den Bau und die Errichtung nicht überdachter Sportanlagen, wenn diese mit sog. Versammlungsstätten verbunden sind, welche der Anwesenheit einer größeren Zahl von Menschen bei Sportveranstaltungen dienen und daher im Besonderen die öffentliche Sicherheit (Leben und Gesundheit) gefährden. So regeln die Landesbauordnungen in diesem Zusammenhang gewisse Maximalhöhen, Umwehrungspflichten und Sicherheitsabstände bei der Verwendung erhöhter Sportflächen (sog. Sportpodien) etwa im Bereich des Box- und Catchersports sowie verschiedene Gebote zur Abtrennung der Platzflächen von Sportflächen für Ballspiele (Eishockey) sowie Reitbahnen unter Verwendung geschlossener oder stoßfester Banden; hinzu kommen Verwendungspflichten von Netzen bei Spielfeldern für Handball, Fußball oder Tennis, verschiedene Vorsorgepflichten zur Abwendung der Gefahren, die von giftigen oder explosiven Stoffen ausgehen und bei der Eisherstellung von Kunsteisfeldern oder Kunsteisbahnen eingesetzt werden sowie verschiedene Handlungsgebote bei dem Bau von Sportrennbahnen (Umwehrungen, Über- und Unterführungen zum Innenfeld). Besteht der Zweck aller vorgenannten Anforderungen im Wesentlichen darin, die Gefahren abzuwehren, die von Sportanlagen in ihrer Eigenschaft als Bauwerke ausgehen, so ist es nur logisch und konsequent, dass das Bauordnungsrecht bei unterdurchschnittlich gefährlichen Sportanlagen geringere Anforderungen an den Bau und die Unterhaltung der jeweiligen Sportstätte stellt als bei normal gefährlichen Bauanlagen. Dieses zeigt sich letztlich an der Errichtung, Herstellung oder Änderung kleinerer baulichen Anlagen, die der zweckentsprechenden Einrichtung von Sportplätzen dienen (Tore für Ballspiele) und von dem Erfordernis selbständiger Genehmigungen oder Anzeigen freigestellt sind.

2.5 Medienrecht

Beispielsfall 24 (Kurzberichterstattung): Der Privatsender P erwirbt die Exklusivrechte zur Übertragung einer von V veranstalteten Winterolympiade. Die Sportveranstaltungen sollen im Pay-TV gezeigt werden. Eine Weiterveräußerung der Rechte an andere Sender lehnt P strikt ab. Der rundfunkgebührenfinanzierte und für jedermann empfangbare staatliche Fernsehsender F fragt nach seinen Ansprüchen, gegen diese Art der informativen Monopolisierung vorzugehen.

Beispielsfall 25 (Programmvielfalt): Der nationale Sportverband S beklagt inhaltlich zutreffend, dass die von ihm vertretene Sportart gemessen an der Zahl aktiver Vereinsmitglieder in der deutschen Fernsehberichterstattung beispielsweise im Vergleich zu Mediensportarten wie etwa Skispringen stark unterrepräsentiert sei.

Besteht eine Verpflichtung des Fernsehens zu einer möglichst breiten Sportberichterstattung, die ggf. sogar von den Sportverbänden wie S einklagbar ist?

Die wachsende Veröffentlichung privater Lebensbereiche wird begünstigt durch eine dynamische Entwicklung neuer und ausgefeilterer Medienformen. Dies gilt insbesondere auch für den Sport, über den zunehmend in Printmedien (Zeitungen, Zeitschriften), Rundfunk (Hör- und Fernsehfunk, Sportspartenprogramme und Pay-TV) sowie Internet berichtet wird. Die Ursachen für die signifikante Zunahme der Sportberichterstattung sind vielfältiger Natur und bestehen vor allem in einer gegenseitigen ökonomischen Verflechtung von Sport und Medien: Die Akteure des Sports (Sportler, Trainer, Manager, Vereine, Verbände oder Ligen) verdienen ebenso an den über sie berichtenden Medien wie umgekehrt die Medien an der Vermarktung der Ware Sport.

So zählt der Verkauf von Übertragungsrechten an Sportveranstaltungen neben dem Sponsoring zum zweiten Standbein des Haushaltsvolumens im selbstverwalteten Sport, wobei umgekehrt der wachsende Sportbereich wiederum massive positive Beschäftigungseffekte vor allem in den Printmedien ausgelöst hat. Diese Entwicklung besitzt nicht nur Vorteile etwa für die Öffentlichkeit an einer zumindest zeitintensiveren Sportberichterstattung oder für die Sportbeteiligten an wachsenden Einnahmequellen, sondern birgt eine Reihe von Gefahren, die den Sport in seiner äußeren (zeitlich-örtlichen) und inneren (organisatorisch-regeltechnischen) Unabhängigkeit selbst betreffen.

Strukturiert man die medienrechtlichen Fragen im Sport, so erscheint es ratsam, die

- gemeinschaftsrechtlichen Vorgaben (vgl. 2.5.1),
- das private Medienrecht (vgl. 2.5.2) und

- das öffentliche Medienrecht (vgl. 2.5.3)

nacheinander auf seine Sportbezogenheit in den Blick zu nehmen.

2.5.1 Gemeinschaftsrechtliche Vorgaben

Reflektiert man die verschiedenen Sachbereiche (Kartellrecht, Urheberrecht, Rundfunkrecht u.a.), in denen der zuvor erwähnte Konflikt zwischen Medien und Sport auftreten kann, so stellt man eine facettenreiche Implementierung durch Bestimmungen des primären und sekundären Europarechts fest. Zu den bedeutsamsten

Rechtsquellen des sekundären Rechts zählt dabei sicherlich die Richtlinie 89/552/EWG des Rates vom 3.10.1989 zur Koordinierung bestimmter Rechts- und Verwaltungsvorschriften der Mitgliedstaaten über die Ausübung der Fernsehtätigkeit (EG-Fernsehrichtlinie, Abl. Nr. L 298 vom 17.10.1989, S. 23 bis 30; geändert durch die Richtlinie 97/36/EG des Europäischen Parlaments und des Rates vom 30.6.1997, Abl. Nr. L 202 vom 30.7.1997, S. 60 bis 70) mit einer Vielzahl sportbetreffender Aussagen insbesondere über Werbung und Sponsoring, deren vorrangiges Ziel darin besteht, Hindernisse des durch Art. 49 EGV garantierten freien Dienstleistungsverkehrs zwischen den Mitgliedstaten unter Wahrung ihrer kulturellen Vielfalt zu beseitigen (vgl. hierzu die einleitenden Zielsetzungen der Richtlinie 89/552/EWG vom 3.10.1989 sowie der erste Grund für die Änderungsrichtlinie 97/36/EG vom 30.6.1997). In zweiter Linie bezweckt die EG-Fernsehrichtlinie einen umfassenden und angemessen Schutz der Verbraucher in ihrer Eigenschaft als Zuschauer sowie Gesundheits- und Minderjährigenschutz. Zur Erfüllung dieser Zwecke gibt die Richtlinie den Mitgliedstaaten verschiedene (Mindest-)Ziele vor, zu deren Umsetzung die Mitgliedstaaten gemäß Art. 25 Abs. 1 EG-Fernsehrichtlinie bis zum 3.10.1991 verpflichtet waren. Zu diesen Zielen zählt nach Art. 2 Abs. 2 EG-Fernsehrichtlinie die grundsätzliche Gewährleistung des freien Empfangs und die ungehinderte Weiterverbreitung von Fernsehsendungen aus anderen Mitgliedstaaten in ihrem Hoheitsgebiet. Ferner verbietet Art. 10 Abs. 4 EG-Fernsehrichtlinie jede Form der Schleichwerbung, dass heißt nach der Legaldefinition des Art. 1 c) EG-Fernsehrichtlinie die Erwähnung oder Darstellung von Waren, Dienstleistungen, Namen, Warenzeichen oder Tätigkeiten eines Herstellers von Waren oder eines Erbringers von Dienstleistungen in Programmen, wenn sie vom Fernsehveranstalter absichtlich zu Werbezwecken vorgesehen ist und die Allgemeinheit hinsichtlich des eigentlichen Zwecks dieser Erwähnung oder Darstellung irreführen kann. Außerdem darf die Werbung bei Sportsendungen nach Art. 11 Abs. 2 EG-Fernsehrichtlinie nur zwischen die eigenständigen Teile oder in die Pausen eingefügt werden, so dass es beispielsweise verboten wäre, eine Halbzeit im Fußball, die aus 45 Minuten besteht, durch Werbespots zu zerstückeln (Summerer, 1998, S. 282). Außerdem untersagt Art. 13 EG-Fernsehrichtlinie – in Übereinstimmung mit Art. 15 Abs. 1 des europäischen Übereinkommens über das grenzüberschreitende Fernsehen vom 5.5. 1989 – jede Form der Fernsehwerbung für Zigaretten und andere Tabakerzeugnisse, während die Fernsehwerbung für alkoholische Getränke unter engen Voraussetzungen nach Art. 15 EG-

Fernsehrichtlinie zugelassen wird. Sind bestimmte Fernsehsendungen gesponsert, so untersagt Art. 17 Abs. 1 EG-Fernsehrichtlinie eine Einflussnahme des Sponsors auf Inhalt und Programmplatz, so dass die Verantwortung und redaktionelle Unabhängigkeit des Fernsehveranstalters in Bezug auf die Sendungen unangetastet bleiben. Schließlich verlangt Art. 23 Abs. 1 EG-Fernsehrichtlinie, dass jede natürliche oder juristische Person ungeachtet etwaiger mitgliedstaatlicher Bestimmungen, das Recht zur Gegendarstellung haben muss. Modifikationen und Erweiterungen hat die EG-Fernsehrichtlinie schließlich durch die Richtlinie 97/36/EG des Europäischen Parlaments und des Rates vom 30.6.1997 (Abl. Nr. L 202 vom 30.7.1997, S. 60 bis 70) erfahren. So sei es nach der amtlichen Begründung dieser Richtlinie von entscheidender Bedeutung, dass die Mitgliedstaaten in der Lage seien, Maßnahme zu ergreifen, um das Recht auf Information zu schützen und der Öffentlichkeit breiten Zugang zur Fernsehberichterstattung über nationale oder nichtnationale Ereignisse von erheblicher gesellschaftlicher Bedeutung zu verschaffen wie etwa über die Olympischen Spiele, die Fußballweltmeisterschaft und die Fußballeuropameisterschaft. Aus diesem Grunde wurde ein Art. 3a in die EG-Fernsehrichtlinie eingeführt. Nach dessen ersten Absatz darf jeder Mitgliedstaat Maßnahmen ergreifen um sicherzustellen, dass die seiner Rechtshoheit unterliegenden Fernsehveranstalter keine Ereignisse von erheblicher gesellschaftlicher Bedeutung auf Ausschließlichkeitsbasis in der Weise übertragen, dass einem bedeutenden Teil der Öffentlichkeit in dem Mitgliedstaat die Möglichkeit vorenthalten wird, das Ereignis im Wege direkter oder zeitversetzter Berichterstattung in einer frei zugänglichen Fernsehsendung zu verfolgen.

2.5.2   Privates Medienrecht

Im Regelfall beschränkt sich die staatliche Steuerung der Rechtsprobleme zwischen den Akteuren des Sports und der Medien auf die Anfertigung und Durchsetzung einer privatrechtlichen Rahmenordnung. Dies gilt insbesondere für die verschiedenen wettbewerbsrechtlichen Fragen wie etwa der Ausstrahlung eines Sportereignisses ohne Genehmigung des Sportveranstalters (AG Detmold, SpuRt 1997, S. 65), der unerlaubten Verbreitung von Programmheften für Sportdarbietungen oder des Titelschutzes für geplante Sportsendungen wie etwa „ran" von SAT.1 nach dem Gesetz gegen den unlauteren Wettbewerb oder dem Gesetz über den Schutz von Marken und sonstigen Kennzeichen. Vergleichbares gilt ferner für die komplexen kartellrechtlichen Probleme etwa bei Exklusivvereinbarungen über die Berichterstattung von Spitzensportveranstaltungen oder bei Globalverträgen über Sportübertragungsrechte einschließlich ihrer zentralen Vergabe und Gesamtvermarktung, die im Wesentlichen auf dem Boden des europäischen Kartellrechts und des Gesetzes gegen Wettbewerbsbeschränkungen zu lösen sind (Seitel, 1999, S. 694 ff.). Schließlich ist an die vielfältigen Ansprüche von Sportlern wegen schädigender Sportberichterstattung auf Unterlassung, Widerruf, Schadensersatz und Schmerzensgeld zu denken, die sich hauptsächlich nach dem Bürgerlichen Gesetzbuch richten, sowie an die Ansprüche der Sportler wegen unerlaubter Nutzung ihres Bildes insbesondere zu Werbezwecken nach Maßgabe des Gesetzes betreffend das Urheberrecht an Werken der bildenden Künste und der Photographie (Summerer, 1998, S. 317 ff.). Der (privatrechtliche) Gegendarstellungsanspruch des Sportlers gegenüber privaten Rundfunkveranstaltern nimmt bei diesen Ansprüchen eine Sonderrolle ein, weil dessen Voraussetzungen und Rechtsfolge nicht in privatrechtlichen Regelwerken wie etwa dem Bürgerlichen Gesetzbuch, sondern in den öffentlich-rechtlichen Landesrundfunkgesetzen normiert sind. Danach besitzt der Rundfunkveranstalter die Pflicht, eine Gegendarstellung des Sportlers zu verbreiten, der durch eine in einer Sendung aufgestellte Tatsachenbehauptung betroffen ist, sofern die betreffende Person ein berechtigtes Interesse an der Verbreitung der Gegendarstellung hat und diese ihrem Umfang nach angemessen ist. Die einfache und formale Gestaltung des Anspruchs soll dem Bedürfnis nach schneller Reaktion Rechnung tragen und letztlich dazu dienen, das allgemeine Persönlichkeitsrecht des Sportlers auch gegenüber Privaten durchzusetzen.

2.5.3 Öffentliches Medienrecht

Die Steuerung der regelmäßig grundrechtsbegründeten Konflikte im Bereich des sportrelevanten Medienrechts erfolgt darüber hinaus auf Grundlage öffentlich-rechtlicher Bestimmungen. Exemplarisch hierfür ist die Einführung eines sog. Kurzberichterstattungsrechts im Rundfunkstaatsvertrag sowie den Landesrundfunkgesetzen. Danach hat jeder in Europa zugelassene Fernsehveranstalter wie etwa der im Beispielsfall 24 (Kurzberichterstattung) angesprochene Sender F das Recht auf unentgeltliche Kurzberichterstattung im Fernsehen über Veranstaltungen und Ereignisse, die öffentlich zugänglich und von allgemeinem Informationsinteresse sind. Die Berichterstattung ist hierbei auf eine dem Anlass entsprechende nachrichtenmäßige, das heißt einer im Regelfall bis zu 90 Sekunden langen Kurzberichterstattung zu beschränken. Weiterhin erfasst ist das Recht auf Zugang zu den Veranstaltungsstätten. Als Gegenleistung für die Ausübung des Kurzberichterstattungsrechts kann der Veranstalter seinerseits das allgemein vorgesehene Eintrittsgeld und Ersatz seiner durch die Ausübung des Kurzberichterstattungsrechts notwendigen Aufwendungen verlangen. Im Übrigen haben Fernsehveranstalter, die das Kurzberichterstattungsrecht für sich in Anspruch nehmen, die Pflicht, das Signal und die Aufzeichnung unmittelbar denjenigen Fernsehveranstaltern gegen Ersatz der angemessenen Aufwendungen zur Verfügung zu stellen, die nicht zugelassen werden. Aus dieser Konzeption spricht eine grundrechtliche Kollisionslage: Diese besteht in dem Widerstreit zwischen dem wirtschaftlichen Interesse der Veranstalter von Großereignissen wie etwa Fußballweltmeisterschaften oder Olympiaden, denen die Übertragungsrechte auch zur Weiterveräußerung zustehen und sich insofern auf ihre Berufsfreiheit gemäß Art. 12 Abs. 1 GG berufen können (BVerfGE 97, 228, 253 f.) und dem legitimen Gemeinwohlinteresse der Fernsehveranstalter und Fernsehzuschauer, in „ihrem" (betriebenen bzw. bevorzugten) Fernsehprogramm über Ereignisse von besonderer Bedeutung unterrichtet zu werden, was durch die verfassungsrechtliche Garantie der Rundfunkfreihheit nach Art. 5 Abs. 1 S. 2 GG grundrechtlich abgesichert ist (BVerfGE 97, 228, 256 f.). Das Kurzberichterstattungsrecht verhindert schließlich eine drohende Monopolisierung über Ereignisse von allgemeiner, öffentlicher Bedeutung und begründet damit ein legitimes gesetzgeberisches Anliegen, das eine Einschränkung der Berufsfreiheit grundsätzlich rechtfertigen kann (BVerfGE 97, 228, 257 f.), wobei es auf eine Unterscheidung zwischen öffentlich-rechtlichem und privatem Rundfunk letztlich nicht ankommt. So ist der Eingriff in die Berufsfreiheit aus Art. 12 Abs. 1 GG durch die objektiv-rechtliche Funktion der Rundfunkfreiheit aus Art. 5 Abs. 1 S. 2 GG begründet, wonach der Staat verpflichtet ist, die notwendigen Regelungen zu treffen, um die Rundfunkfreiheit insbesondere in ihrer dienenden Funktion zu gewährleisten (hierzu BVerfGE 57, 295, 320; bezogen auf das Kurzberichterstattungsrecht Tietje, 1999, 648 f.). Das Kurzberichterstattungsrecht ist damit Ergebnis praktischer Konkordanz widerstreitender Grundrechtspositionen. Gegen dessen Konzeption lässt sich im Grundsatz zwar nichts einwenden. Allerdings hat das Bundesverfassungsgericht die prinzipielle Unentgeltlichkeit des Kurzberichterstattungsrechts mit Blick auf eine unangemessene Beschränkung der Berufsfreiheit zu Recht moniert und ausgeführt, dass die Bestimmung des Entgelts, das für die

Ausübung des Kurzberichterstattungsrechts verlangt wird, nicht in das Belieben des Veranstalters gestellt werden dürfe, wie es die ursprüngliche Regelung mehr oder weniger beabsichtige (so BVerfGE 97, 228, 263). Denn die Einräumung des Kurzberichterstattungsrechts komme nicht nur Konkurrenten des Fernsehveranstalters, dem die Erstverwertungsrechte vertraglich eingeräumt worden seien, zugute sondern vor allem auch der Allgemeinheit. Insoweit gehe es um die Bewahrung öffentlicher Belange, so dass der Gesetzgeber durch Schaffung einer Regelung sicherzustellen habe, dass das Kurzberichterstattungsrecht nicht durch überhöhte Entgelte ausgehöhlt werde. Hierbei müsse der Gesetzgeber gleichwohl bedenken, dass das auf eine nachrichtenmäßige Berichterstattung beschränkte Kurzberichterstattungsrecht den wirtschaftlich vor allem interessanten Unterhaltungswert der Veranstaltungen nur begrenzt zu vermitteln in der Lage sei, so dass die vertraglichen Verwertungsrechte nicht ohne weiteres als Bemessungsgrundlage in Betracht kämen (BVerfGE 97, 228, 263). Bemerkenswert an dieser bundesverfassungsgerichtlichen Konzeption ist hierbei vor allem, dass das Gericht seine dogmatischen Erkenntnisse zur Eigentumsgarantie nach Art. 14 GG im Rahmen ausgleichspflichtiger Inhaltsbestimmungen (Art. 14 Abs. 1 S. 2 GG) auf die Berufsfreiheit nach Art. 12 GG überträgt und zugleich den Unterschied zwischen unmittelbaren Belastungen im Verhältnis zwischen Staat und Bürger (bei ausgleichspflichtigen Inhaltsbestimmungen) und mittelbaren Beschränkungen zwischen Privaten (im Rahmen der Kurzberichterstattung) aufhebt. Dies ist konsequent und folgerichtig, da die Berufsfreiheit ebenso wie die Eigentumsgarantie der grundrechtlichen Absicherung privater Vermögenssphären (Schutz des Erworbenen und des Erwerbsvorgangs) dient und durch Handlungen Privater in gleicher Weise gefährdet scheint wie durch Maßnahmen des Staates.

Ein weiteres Problem, das sich im Zusammenhang mit der Sportberichterstattung stellt, ist schließlich die Frage nach deren Vielfalt. So wird häufig wie etwa auch im Beispielsfall 25 (Programmvielfalt) durch S beklagt, dass zwar die Sportberichterstattung quantitativ zugenommen habe, dieses aber sich nicht in der Vielfalt der Programmgestaltung widerspiegele. So entfalle die Hälfte der im Fernsehen gesendeten Beiträge auf die Sportarten Fußball, Tennis und Motorsport, während viele Massensportarten wie etwa Volleyball, Tischtennis, Schwimmen oder Reiten lediglich stiefmütterlich behandelt würden (Hahn, 2000, S. 23). So beklagte einst der Vorsitzende des Springausschusses im Deutschen Olympiakomitee für Reiterei, dass selbst ein Weltcupfinale mit einem deutschen Sieger weder in der ARD, noch im ZDF, sondern lediglich auf Eurosport gezeigt werde, obwohl die deutschen Reiter traditionell zu den olympischen Medaillensammlern zählen (Simeoni, 2003, S. 36). Die mangelnde Medienpräsenz hat wiederum katastrophale Folgen für den Bestand und die Fortentwicklung dieser Sportarten insbesondere im Nachwuchsbereich, der im erheblichen Umfang auf die Einnahmen aus den Fernsehrechten oder von den medial in Szene gesetzten Sponsoren angewiesen ist. Bei Lösung dieser Probleme ist allerdings stets zu bedenken, dass die besondere kulturelle Verantwortung des öffentlich-rechtlichen Rundfunks und seine Aufgabe, auch Minderheiteninteressen wahrzunehmen aus grundrechtlicher Perspektive vor einer inhaltlichen Vorgabe der Programmgestaltung Halt machen muss. So ist es zwar der Sache nach richtig, wenn an die vielfältigen Funktionen des öffentlich-rechtlichen Rundfunks wie beispielsweise an die Grundversorgung als Rechtfertigung des Gebührensystems erinnert wird, doch kollidieren diese Belange mit der Programmhoheit der Sender, so dass weder den einzelnen Fernsehkonsumenten, noch den Sportverbänden Ansprüche auf einen bestimmten Berichtumfang oder -inhalt zustehen können. S hat im Beispielsfall 25 (Kurzberichterstattung) daher keine rechtlichen Möglichkeiten, auf die Fernsehsender einzuwirken.

2.6 Versicherungsrecht

Beispielsfall 26 (Versicherungsschutz): Der Profifußballer P wird bei einem Bundesligaspiel so schwer von seinem Gegner gefoult, dass er einen erheblichen Gesundheitsschaden erleidet, der zu dauernder Berufsunfähigkeit führt. Da P in keinster Weise privat versichert ist, fragt er nach etwaigen gesetzlichen (sozialversicherungsrechtlichen) Ansprüchen aus seiner Unfall- und Rentenversicherung.

Die Kommerzialisierung des organisierten Sports hat ihre Ursache in einer vielfältigen Verflechtung zwischen Sportorganisationen und Wirtschaftsunternehmen sowie Medien und ist verbunden mit einer massiven Expansion sportverbandlicher Strukturen und Sportveranstaltungszyklen. Diese Entwicklung führt zu erheblichen wirtschaftlichen Risiken bei Sportveranstaltern, Sportstättenbetreibern, Fernsehunternehmen und Werbeträgern, die durch den Abschluss privater Versicherungsverträge kalkulierbarer gemacht werden. Zu den in Frage kommenden Versicherungen zählen Sportveranstaltungs-, Fernseh- sowie Werbeausfallversicherungen, Nichtauftrittsversicherungen, Versicherungen gegen Erfolg oder Misserfolg (Prize Indemnity), Death-and-Disgrace-Versicherungen, D & O-Polices oder Sportstätten-all-risk-Polices (Stadion-Sachversicherungen; vgl. zu allem Himmelseher, 1999, S. 9 ff.). Die Absicherung reiner Vermögensschäden richtet sich hierbei nach zivilrechtlichen Bestimmungen. Komplexer ist die Situation bei Absicherung von Risiken monetarisierbarer Gesundheitsschäden infolge sportlicher Betätigung. So führt die quantitative und qualitative Zunahme sportlicher Betätigungen, insbesondere in Mannschaftssportarten wie Handball, Fußball oder Volleyball sowie Risikosportarten wie etwa des (alpinen) Skisports zu zahlreichen Sportunfällen mit zum Teil erheblichen Kurz-, Langzeit- und Spätschäden, auf deren Haftung die vertraglichen und deliktischen Vorschriften des BGB (etwa §§ 823 Abs. 1, 833 S. 1 BGB), des Straßenverkehrsgesetzes (§§ 7, 18 StVG) oder des Luftverkehrsgesetzes (§ 33 LuftVG) Anwendung finden und die unfallbedingten Risiken durch ein komplexes System gesetzlicher und vertraglicher Versicherungen minimiert werden. Als gesetzliche Versicherungen kommen dabei die Kranken-, Unfall-, Renten- und Arbeitslosenersicherung in Betracht, während private Versicherungen als Kranken-, Unfall-, Haftpflicht- und Sportversicherung existieren. Entscheidend für die Frage, unter welchen Voraussetzungen und in welchem Umfang dem Versicherungsnehmer ein Leistungsanspruch gegen die Versicherung zusteht, ist dabei die personelle Reichweite des Versicherungsverhältnisses, das heißt der versicherte Personenkreis, das Vorliegen eines Versicherungsfalles und die Konzeption der Versicherungsleistungen, wobei etwaige Leistungsbeschränkungen die Zuerkennung des grundsätzlich verschuldensunabhängigen Versicherungsanspruches ausschließen können.

Gliedert man die versicherungsrechtlichen Ansprüche, die infolge sportbedingter Verletzungen entstehen können, so ist zwischen dem
- Versicherungsprivatrecht (vgl. 2.6.1) und dem
- Sozialversicherungsrecht (vgl. 2.6.2)

zu unterscheiden.

2.6.1 Versicherungsprivatrecht

Zu dem bedeutenden Komplex privater Versicherungen zählen Unfall-, Kranken-, Haftpflicht- sowie spezielle Sportversicherungen im Bereich des nicht-organisierten Sports und als zusätzliche Absicherung im Berufssport. Sportunfall, -krankheitsfall und -haftpflichtfall beurteilen sich dabei nach den gängigen Kriterien des Versicherungsvertragsrechts, welches aus dem Versicherungsvertragsgesetz (VVG), den Allgemeinen Versicherungsbedingungen (AVB) sowie den Bedingungen der verschiedenen Versicherungszweige Unfall (AUB), Krankheit (AKB) und Haftpflicht (AHB) besteht. Analysiert man die Rechtsprechung, so herrscht vor allem Streit bei Auslegung des Unfallbegriffes und dem Vorliegen bestimmter Ausschlusstatbestände. Bei der privaten Haftpflichtversicherung muss außerdem beachtet werden, dass sich der Versicherungsschutz weder auf das Halten oder Führen von Luft-, Kraft- oder Wasserfahrzeugen (abgesehen von Ruderbooten), noch auf Schäden infolge der Teilnahme an Pferde-, Rad- oder Kraftfahrzeugrennen, Box- oder Ringkämpfen sowie den Vorbereitungen hierzu (Training) erstreckt (§ 1 Abs. 2b) sowie § 4 Abs. 1 Nr. 4 AHB). Neben diesen privaten Versicherungen, die weitestgehend auch auf sportbedingte Schäden anwendbar sind, existieren spezielle Sportversicherungen, die von den Landes-Sportbünden für ihre Mitglieder als Gruppenversicherung abgeschlossen werden und in den Sparten Unfall-, Kranken-, Haftpflicht-, Rechtsschutz- sowie Vertrauensschadenversicherung und für Volkswettbewerb- und Trimm-Dich-Aktionen bestehen (Schimmel, 1999, S. 67 ff.). Das Versicherungsverhältnis besteht dabei kraft Vereinsmitgliedschaft und erstreckt sich auf die Landessportbünde, ihre Fachverbände, Vereine und Mitglieder, Funktionäre, Personen im bezahlten Angestellten- und Arbeitsverhältnis, freie Mitarbeiter gegen Vergütung, Betreuer, Schieds-, Kampf- und Zielrichter (Fritzweiler, 1998, S. 404) mit Ausnahme von Berufssportlern sowie Vertrags- und Lizenzspielern der Fußballvereine. Der Eintritt eines Versicherungsfalles und die einzelnen Versicherungsleistungen im Rahmen der Sportunfallversicherung orientieren sich zunächst an den Allgemeinen Bedingungen der Unfallversicherung (AUB) und erfahren zusätzliche Erweiterungen um sporttypische Risiken: So gilt etwa der Einwand der degenerativen Mitwirkung nach § 10 Abs. 1 AUB im Rahmen von Sportunfallversicherungen nicht, wobei zusätzlich auch Bauch- und Unterleibsbrüche, Gesundheitsschäden und Todesfälle infolge von Temperatur- und Witterungseinflüssen (Sonnenstiche) sowie Mitglieder von Rennveranstaltungen im Motorsport anders als nach den gewöhnlichen AUB versichert sind. Die Versicherungsleistung ist auch in diesem Falle auf einen Höchstbetrag begrenzt und erstreckt sich ggf. auch auf Renten, Nachhilfestunden für Schüler oder Tagegelder. Im Unterschied hierzu werden von der Sportkrankenversicherung die entsprechenden Behandlungskosten von Ärzten und weitere Heilbehandlungskosten für die Dauer von 2 Jahren sowie die Kosten stationärer Krankenhausbehandlung bis zu einem bestimmten Höchstsatz bezahlt. Der Eintritt des Versicherungsfalles bei der Sporthaftpflichtversicherung regelt sich wiederum nach den allgemeinen Bestimmungen für die Haftpflichtversicherung (§ 149 VVG, § 5 Nr. 1 AHB). Dabei muss die haftungsbegründende Handlung während der Spiel- oder Trainingsdauer vorgenommen worden sein. Allerdings entfällt der Versicherungsschutz gemäß § 152 VVG dann, wenn der versicherte Sportler vorsätzlich den Eintritt der haftungsbegründenden Tatsache herbeigeführt hat wie dies beispielsweise im Boxsport der Fall ist. Demgegenüber bleibt der Haftpflichtversicherungsschutz selbst dann bestehen, wenn die Verletzung grob fahrlässig und unter Verstoß gegen das sportverbandliche Regelwerk herbeigeführt wurde. Schließlich ist zu beachten, dass die Sporthaftpflichtversicherung entgegen der allgemeinen Haftpflicht auch die Vorbereitung auf und die Teilnahme an Radrennen einschließt (§ 4 Abs. 4 AHB), während es bei dem Haftungsausschluss für Schäden infolge der Teilnahme an Pferde- sowie Kraftfahrzeugrennen, Box- und Ringkämpfen sowie den Vorbereitungen hierzu (Training) bleibt. Die Versicherungsleistungen erstrecken sich dabei auf den Ersatz des berechtigten Schadens für Dritte oder Vereinsmitglieder, wobei eine Höchstsumme der Versicherungssumme pro Schadensereignis und Versicherungsjahr festgelegt ist.

2.6.2 Sozialversicherungsrecht

Die zu dem System der (öffentlich-rechtlichen) Sozialversicherung zählenden Bereiche der gesetzlichen Kranken-, Renten-, Unfall- und Arbeitslosenversicherung etablieren eine Art gesetzlicher Haftpflicht des Arbeitgebers, bei welcher Personen aufgrund bestimmter Tatbestände kraft Gesetzes (unabhängig von Anmeldung oder Beitragszahlung) versichert sind. Gesetzliche Unfallversicherungen im Sport kommen dabei grundsätzlich für alle Beschäftigten eines Arbeits-, Dienst- oder Lehrverhältnisses (§ 2 Abs. 1 Nr. 1 SGB VII) in Betracht und sind dabei gegenüber den Leistungen der Krankenversicherung (§ 11 Abs. 4 SGB V) vorrangig. Damit gelten sie für Regelarbeitsverhältnisse des Betriebssports, in Sportarbeitsverhältnissen wie etwa bei Fußballspielern der 1. und 2. Bundesliga, Eishockeyspielern, Berufsrennfahrern oder Vertragsamateuren sowie bei Spitzensportlern, die mit Veranstaltern Dienstverträge abschließen wie etwa in der Leichtathletik, im Skisport oder Tennis. In den Kreis der gesetzlichen Unfallversicherung fallen schließlich auch sporttreibende Schüler und Sportstudenten im Rahmen der sportlichen Betätigung nach § 2 Abs. 1 Nr. 8b) und 8c) SGB VII, Helfer bei Sportunglücksfällen wie etwa die Mitglieder der „Bergwacht" und sonstige Hilfspersonen (§ 2 Abs. 1 Nr. 12, 13a) SGB VII) oder aber Organisatoren und Schiedsrichter bei Sportveranstaltungen, soweit sie gegen Entgelt tätig werden und weder als Vereinsmitglieder ihre Mitgliedschaftspflichten erfüllen, noch in einem Beschäftigungsverhältnis stehen (§ 2 Abs. 2 S. 1 SGB VII). Der Versicherungsfall im Sinne der gesetzlichen Unfallversicherung kann dabei sowohl in Gestalt eines Arbeitsunfalls oder einer Berufskrankheit vorliegen (§ 7 Abs. 1 SBG VII). Ein Arbeitsunfall im Sinne der gesetzlichen Unfallversicherung liegt gemäß § 8 Abs. 1 SGB VII bei einem Unfall eines Versicherten infolge einer den Versicherungsschutz nach den §§ 2, 3 oder 6 SGB VII begründenden Tätigkeit (versicherten Tätigkeit) vor. Der Unfall selbst wird dabei als ein zeitlich begrenztes, von außen auf den Körper einwirkendes Ereignis verstanden, das zu einem Gesundheitsschaden oder zum Tod führt. Arbeitsunfälle im Sport sind danach die typischen Sportunfälle bei Training, Wettkämpfen (wie etwa im Beispielsfall 26 (Versicherungsschutz) das Fußballbundesligaspiel), Schauveranstaltungen, Freundschaftsspielen und den dazu notwendigen Vorbereitungshandlungen, ebenso wie bei Repräsentationen oder Werbeveranstaltungen und auf dem Weg zur Arbeitsstätte. Verbotswidrige Handlungen wie etwa ein übertriebener und regelwidriger Körpereinsatz (BSGE 37, 41), der möglicherweise als fahrlässige Körperverletzung zu ahnden ist, lassen den Versicherungsfall ebenso wenig entfallen (§ 7 Abs. 2 SGB VII) wie die Ausübung einer besonders gefährlichen Sportart. Der Kreis der Berufskrankheiten ist demgegenüber durch die Berufskrankheiten-Verordnung vom 31.10.1997 auf Grundlage des § 9 Abs. 1 und 6 sowie des § 193 Abs. 8 SGB VII enumerativ festgelegt und erstreckt sich nach Ziff. 2 der Anlage auch auf Krankheiten, die durch physikalische Einwirkungen verursacht wurden, wie etwa die typischen Sporterkrankungen der Sehnenscheiden (Ziff. 2101), der Meniskusschäden (Ziff. 2102) oder die bandscheibenbedingten Erkrankungen der Lenden- oder Halswirbelsäule (Ziff. 2108 bis 2110). In welchem Umfang die Versicherungsleistung gewährt wird, bestimmt sich nach den §§ 26 ff. SGB VII. Danach hat der versicherte Sportler einen Anspruch auf diverse medizinische Heilbehandlungen (§ 27 Abs. 1 SGB VII), Leistungen zur Teilhabe am Arbeitsleben und am Leben in der Gemeinschaft (§§ 35, 39 ff. SGB VII), Leistungen bei Pflegebedürftigkeit (§ 44 SGB VII) und Verletztengeld (§§ 45 ff. SGB VII) für die Dauer der Arbeitsunfähigkeit. Von besonderer Bedeutung für den Sportler ist ferner sein Anspruch auf eine Verletztenrente bei Minderung der

Erwerbsfähigkeit (§§ 56 ff. SGB VII), da Sportverletzungen häufig mit nachhaltigen Einschränkungen der Erwerbsfähigkeit verbunden sind. Die Minderung der Erwerbsfähigkeit bemessen nach der generellen Arbeits- und Erwerbsmöglichkeit auf dem allgemeinen Arbeitsmarkt und nicht auf die konkret vor dem Unfall ausgeübte Tätigkeit muss dabei mindestens 20% betragen (§ 56 Abs. 1 S. 1 SGB VII; Einzelheiten hierzu Gitter & Schwarz, 1982, S. 39). Die Höhe der Verletztenrente berechnet sich nach dem Grad der Erwerbsminderung und dem Jahresverdienst (§ 56 Abs. 2 SGB VII). In der Regel beträgt die Rente 2/3 des Jahresverdienstes, der allerdings nur bis zu einer gewissen Maximalhöhe (§§ 56 Abs. 3, 85 Abs. 2 SGB VII) berücksichtigt wird, es sei denn, die Satzung des Versicherungsträgers setzt wie die Verwaltungsberufsgenossenschaft für Sportler andere Höchstbeträge fest (§ 83 SGB VII). Reflektiert man diese Regelungen im Lichte der hohen Verdienstmöglichkeiten im bezahlten Profisport, so ist die gesetzliche und satzungsmäßige Absicherung des Risikos, durch einen Sportunfall dauernd erwerbsunfähig zu werden, trotz alledem noch relativ gering.

Handelt es sich nicht um einen Sportunfall im Rahmen eines Dienst-, Arbeits- oder Lehrverhältnisses, sondern beispielsweise um einen Freizeitsportunfall, so hat der pflichtversicherte (§ 5 Abs. 1 SBG V) oder freiwillig versicherte (§ 9 SBG V) Sportler einen Anspruch gegen seine gesetzliche Krankenversicherung. Der Versicherungsfall liegt dann vor, wenn der Sportler infolge seiner sportlichen Betätigung krank und damit behandlungsbedürftig geworden ist (BSGE 33, 202). Die Versicherungsleistungen reichen hierbei von der Krankenbehandlung (§§ 27 ff. SGB V), über das Krankengeld (§§ 44 ff. SGB V) bis hin zum Sterbegeld und die Übernahme von Fahrtkosten (§§ 58 ff. SGB V). Dabei werden sie grundsätzlich unabhängig vom Bestehen anderer Versicherungen etwa privater Sportversicherungen (BSG, NJW 1959, S. 2327) und eines etwaigen Mitverschuldens gewährt, es sei denn, der versicherte Sportler hat sich die Krankheit vorsätzlich herbeigeführt, so dass er an den Kosten der Leistungen in angemessener Höhe beteiligt und das Krankengeld ganz oder teilweise für die Dauer dieser Krankheit versagt oder zurückgefordert werden kann (§ 52 SGB V). Dies bedeutet, dass weder die Ausübung besonders riskanter Sportarten, noch schwere Regelverstöße oder grob fahrlässiges Verhalten zum Ausschluss der Versicherungsleistungen führt. Anders als die gesetzliche Krankenversicherung tritt die gesetzliche Rentenversicherung nur für Berufssportler wie etwa dem im Beispielsfall 26 (Versicherungsschutz) geschilderten F sowie freiwillig versicherte Sportler ein (§ 1 Abs. 1 Nr. 1 SGB VI, § 7 SGB VI). Der Versicherungsfall ist dann gegeben, wenn der Sportberuf verletzungsbedingt nicht mehr ausgeübt werden kann, wobei das Spektrum geleisteter Renten wegen verminderter Erwerbsfähigkeit von Renten wegen teilweiser Erwerbsminderung, über Renten wegen voller Erwerbsminderung und Renten wegen Berufsunfähigkeit bis hin zu Renten wegen Erwerbsunfähigkeit reicht (§ 33 Abs. 3 SGB VI).

Aufgrund der hohen Zahl von Sportunfällen und Verletzungen ist anlässlich der Reformbestrebungen des Sozialversicherungssystems immer wieder die Frage aufgeworfen worden, ob es der Solidargemeinschaft der Versicherten unter Berücksichtigung der Subsidiarität des Sozialversicherungssystems zuzumuten ist, die Kosten für die Ausübung sog. Risikosportarten mitzutragen. Den Begriff der Risikosportart könnte man dabei quantitativ und/oder qualitativ verstehen. So belegen Statistiken, dass das quantitativ höchste Verletzungsrisiko etwa bei den Sportarten Fußball, Basketball, Handball, Hockey, Volleyball, Boxen, Kraftsport, Reiten und Skisport auftritt, während das qualitativ höchste Verletzungsrisiko (Todesrisiko) in den Sportarten Segelfliegen, Drachenfliegen, Autorennsport, Skisport und Reitsport besteht (Menge, 1984, S. 3 ff.). Allerdings würde die Herausnahme dieser Sportarten aus dem gesetzlichen Versicherungsschutz gegen den sozialversicherungsrechtlichen Grundsatz der Verschuldensunabhängigkeit verstoßen, wonach selbst grob fahrlässiges Verhalten nicht zum Ausschluss der Versicherungsleistungen führen kann. Hinzu kommt das Prinzip der Sozialversicherungen, den Versicherten in allen Schicksalsfällen und somit auch dann beizustehen, wenn dieser sich seine Krankheit durch eigenes Verhalten, insbesondere durch die Ausübung einer besonders riskanten Sportart zugezogen hat (BSG, SGb 1960, S. 208). Würde man hingegen das eigene Verhalten der risikosportausübenden Person und deren persönliches Vertretenmüssen als Maßstab für den Ausschluss sog. Risikosportarten von dem System der gesetzlichen Versicherungen wählen, so würde man außerdem unberücksichtigt lassen, dass in erster Linie individuelle physische Fähigkeiten des Sportlers und dessen psychische Einstellung zur Eingehung besonderer Risiken über die Höhe des Verletzungsrisikos entscheiden. Aus Sicht des Staates ist zudem entscheidend, dass die Herausnahme sog. Risikosportarten (etwa Fußball oder Volleyball) aus dem Sozialversicherungssystem zur Ausblendung der biologischen Wohlfahrtsfunktionen normaler sportlicher Betätigungen und dadurch zu einer mittelfristigen Steigerung der Kosten des öffentlichen Gesundheitssystems führen würde. Der Ausschluss riskanter oder gefährlicher Sportarten aus dem Sozialversicherungssystem ist daher abzulehnen.

2.7 Vereins- und Verbandsrecht

Beispielsfall 27 (Rechtsschutz): Der Berufssportler B wird durch seinen Verband wegen sportwidrigen Verhaltens für vier Jahre von der Teilnahme an Wettkämpfen ausgeschlossen („gesperrt"). In dem anschließenden Verfahren vor dem (unechten) Schiedsgericht des Sportverbandes wird diese Sperre bestätigt. Allerdings wurde B rechtliches Gehör verwehrt, da das Schiedsgericht der Auffassung war, nicht an Art. 103 Abs. 1 GG gebunden zu sein. Daraufhin klagt B vor dem (staatlichen) Zivilgericht und rügt zum einen die Länge der Sperre und zum anderen die fehlende Anhörung im schiedsgerichtlichen Verfahren. Zu Recht?

Die für sportliche Betätigungen prägenden Elemente wie etwa Bewegung, Zweckfreiheit, Organisation, Leistungsvergleich, Wettkampf und Chancengleichheit erfordern einheitliche Regeln, die von privaten Sportvereinen und -verbänden im Rahmen ihrer gemeinschafts- und verfassungsrechtlichen Autonomie (Art. 6 Abs. 2 EU-Vertrag i.V.m. Art. 11 Abs. 1 HS 1 EMRK; Art. 9 Abs. 1 GG) sowie privatrechtlicher Bestimmungen des Vereinsrechts (etwa der §§ 21 ff. BGB) aufgestellt werden und zumindest das Ziel der sportlichen Aktivität vorgeben und deren Rahmenbedingungen setzen. Das selbstgeschaffene, als wirkliche *lex sportiva* bezeichnete Regelwerk der Vereine/Verbände gilt hierbei als typisches Merkmal des Sports überhaupt (Pfister, 1998, S. 4) und steht in einem wechselseitigen (Spannungs-)Verhältnis zu den gleichfalls geltenden, sportrelevanten Normen des staatlichen Rechts, mit denen es zusammen die beiden Säulen des Sportrechts bildet (sog. „Zweispurigkeit" bzw. „Zweisäulenmodell"). Analysiert man diese Beziehung genauer, so lassen sich im Wesentlichen zwei gegenstromförmige Einwirkungen erkennen (Pfister, 1991, S. 174 ff.): Diese bestehen darin, dass sportverbandliche Regeln bei Anwendung staatlicher Rechtsnormen ebenso zu berücksichtigen sind wie staatliche Rechtsnormen bei Ausgestaltung und Anwendung des selbstgesetzten Regelwerks etwa im Rahmen der Sanktionierung von Regelverstößen (etwa Dopingverstößen) durch sporteigene Streitschlichtungsinstanzen. Von besonderem Interesse sind hierbei die Einwirkungen der staatlichen Rechtsnormen

auf das sportverbandliche Regelwerk als Grundlage des Ein-Platz-Prinzips sowie der pyramidalen Verbandsstrukturen und der
- privaten Sport(verbands)gerichtsbarkeit (BGHZ 28, 131, 135; Merten, 1989, § 144 Rn. 48) – vgl. hierzu 2.7.1 –,
- deren Verhandlungen rechtsstaatlichen Verfahrensgrundsätzen genügen muss (vgl. 2.7.2) und
- mit einem umfangreichen Sanktionsinstrumentarium innerhalb von Grundrechtsschranken ausgestattet ist (vgl. 2.7.3).

2.7.1 Private Sport(verbands)gerichtsbarkeit

Die gemeinschafts- und verfassungsrechtliche Gewährleistung einer umfassenden Autonomie zugunsten der Sportvereine und -verbände schließt die erstmalige Einrichtung und verfahrensmäßige sowie organisatorische Ausgestaltung einer privaten Sport(verbands)gerichtsbarkeit ein (Haas & Prokop, 1998, S. 45 ff.), deren Aufgabe darin besteht, Verstöße gegen Satzungsbestimmungen zu ahnden, Vereins- bzw. Verbandsstrafen zu verhängen (Hilpert, 1988, S. 161 ff.) und innerverbandliche Streitigkeiten zwischen der Vereinigung und dem einzelnen Mitglied sowie zwischen den Mitgliedern untereinander zu schlichten. Die Bezeichnung der zumeist zwei- bis dreistufigen Sport(verbands)gerichtsbarkeit, die im Regelfall von den Schiedsrichtern im sportlichen Sinne über die Wettkampfgerichtsbarkeit bis zu den Organen reicht, die sich Sportgericht, Disziplinarausschuss, Schiedsgericht, Verbandsgericht, Ehrenrat oder Ältestenrat nennen (Lindemann, 1994, S. 19), mag irreführend sein. Denn sie erinnert an das Vorhandensein einer staatlichen Gerichtsbarkeit (Art. 95 Abs. 1 GG), die von den privaten Sportvereinen bzw. -verbänden weder eingerichtet werden kann, noch von ihnen gewollt ist, weshalb das staatliche Rechtsprechungsmonopol des Art. 92 GG unberührt bleibt (Bauer, 1999, S. 296 f.). Differenziert man weitergehend nach der Art der verschiedenen Spruchstellen, die zur Sportgerichtsbarkeit gehören, so gibt es Vereinsgerichte (im engeren Sinne), die in die jeweilige Vereinigung organisatorisch sowie personell eingebunden sind sowie echte Schiedsgerichte, die den Anforderungen der §§ 1025 ff. ZPO nicht nur durch die Beachtung rechtsstaatlicher Verfahrensgrundsätze, sondern auch durch die Unabhängigkeit und Neutralität des Schiedsrichters erfüllen, und unechte Schiedsgerichte, welche sich aus Vereinsorganen zusammensetzen, dabei aber gewissen gerichtlichen Minimalanforderungen (Unparteilichkeit der Richter, Neutralität der Verfahrensführung; Schlosser, 1972, S. 168) genügen und deshalb in ihrer Stellung zwischen Vereinsgerichten (im engeren Sinne) und den echten Schiedsgerichten anzusiedeln sind. Rechtserhebliche Auswirkungen hat diese Differenzierung vor allem auf die Überprüfbarkeit der sportgerichtlichen Entscheidungen durch staatliche Gerichte. Einigkeit herrscht zumindest darin, dass die Entscheidungen echter Schiedsgerichte als Rechtsprechung im materiellen Sinne anzusehen sind, so dass die staatlichen Gerichte auf eine bloße Missbrauchskontrolle, die Prüfung der Gültigkeit der Schiedsvereinbarung und auf den Ausspruch der Vollstreckbarkeit der Entscheidung beschränkt sind. Ist der Schiedsvertrag wirksam und beruft sich eine Partei auf ihn, so ist eine Klage nach § 1032 ZPO bereits unzulässig. Demgegenüber unterliegt die staatliche Kontrolle vereinsgerichtlicher Entscheidungen zumindest keinen prozessualen Beschränkungen, während die Auffassungen über die Reichweite des materiell-inhaltlichen Kontrollmaßstabs weit auseinander gehen und von einer vollständigen Überprüfbarkeit der Entscheidung (Habscheid, 1972, S. 161; Westermann, 1972, S. 100 ff. m.w.N.), über deren eingeschränkte Inhaltskontrolle (so die Rechtsprechung und ein Teil der Literatur wie etwa BGHZ 13, 5, 11; Stern, 1980, S. 923) bis hin zu einer bloßen Inhaltskontrolle der zugrunde liegenden Satzung (Wiedemann, 1968, S. 219 f.) reichen. Die Präzisierung des materiell-inhaltlichen Kontrollmaßstabs kann dabei nur mit Blick auf die grundrechtlich ableitbaren Belange der gerichtsunterworfenen Personen aus Art. 2 Abs. 1, 12 Abs. 1 GG sowie der Vereins- bzw. Verbandsautonomie nach Art. 9 Abs. 1 GG erfolgen, auf deren Grundlage die vereinsrechtlichen Entscheidungen beruhen und sich prinzipiell als Konkretisierung der grundrechtlichen Freiheitssphäre darstellen (Bauer, 1999, S. 302). Demgemäß ist es grundrechtskonform, die Überprüfbarkeit der vereinsrechtlichen Entscheidung auf die Wirksamkeit der satzungsrechtlichen Grundlage, dem Vorhandensein einer konkreten Rechtsgrundlage für die Entscheidung und deren grobe Billigkeit zu begrenzen (Stern, 1980, S. 923). Noch problematischer erscheint hingegen die Auslotung der materiellrechtlichen Überprüfbarkeit unechter Schiedsgerichtsentscheidungen im Sport, die in Teilen der Literatur mit echten Schiedssprüchen und der Folge einer bloßen Missbrauchskontrolle gleichgestellt werden (Stern, 1980, S. 923). Dies erscheint vor allem aus rechtsstaatlichen Gesichtspunkten problematisch. Denn zum einen bestehen die unechten Schiedsgerichte aus Organen der Verbände und besitzen demzufolge nicht dieselbe Unabhängigkeit und Neutralität, die für Richter der echten Schiedsgerichtsbarkeit gemäß Art. 92, 97 GG i.V.m. §§ 1034 ff. ZPO gefordert werden, und zum anderen existieren keine allgemeingültigen Minimalanforderungen, die an die Einrichtung einer unechten Schiedsgerichtsbarkeit gestellt werden. So sind die Entscheidungen unechter Schiedsgerichte weniger mit denen echter Schiedsgerichte zu vergleichen, sondern stehen eher auf der Stufe vereinsgerichtlicher Entscheidungen, deren prozessuale und materiell-inhaltliche Kontrollmaßstäbe mit Blick auf einen angemessen Ausgleich der widerstreitenden Verfassungsbelange (Vereinsautonomie, Interessen der Gewaltunterworfenen, Rechtsstaatsprinzip) auf unechte Schiedssprüche übertragen werden können.

2.7.2 Rechtsstaatliche Verfahrensgrundsätze

Berücksichtigt man den verfassungsrechtlichen Rahmen, in dem sich die Sportgerichtsbarkeit zu bewegen hat, so muss diese nicht nur in personeller und organisatorischer Hinsicht den verfassungsrechtlichen Minimalanforderungen genügen, sondern auch in verfahrensmäßiger Weise so nach grundgesetzlichen Parametern ausgestaltet sein, wie es der prozedurale Schutz der materiell-rechtlichen Freiheitsgewährleistungen erfordert und im Allgemeinen über die einfachgesetzlichen Schranken der §§ 134, 138, 142, 826 BGB vor staatlichen Gerichten einklagbar ist. Zu den verfahrensrechtlichen Mindestbedingungen, die von den Sportverbänden in ihren Regelwerken zu formulieren und nach denen die Sport(gerichts-)verfahren wie etwa im Beispielsfall 27 (Rechtsschutz) durchzuführen sind, zählt jedenfalls die Gewährung eines (subjektiven) Anspruch auf rechtliches Gehör. Die Anerkennung eines solchen Rechts ergibt sich zwar nicht aus Art. 103 Abs. 1 GG, da dieser Anspruch nur vor staatlichen Gerichten geltend gemacht werden kann und die Sportgerichte private Institutionen sind. Doch zählt dieser Anspruch zu den unabdingbaren Bestandteilen des Rechtsstaats (BVerfGE 9, 89, 95) und ist so sehr mit der Achtung der Menschenwürde (BVerfGE 9, 89, 95) verknüpft, dass er auch im privaten Vereins- und Schiedsverfahren zu beachten ist und dort allgemeine Anerkennung findet (BGHZ 31, 43, 45). Deshalb hat B im Beispielsfall 27 (Rechtsschutz) zu Recht gerügt, im Verfahren nicht angehört worden zu sein. Zählt die Gewährung des Anspruchs zu den anerkannten Verfahrensgrundsätzen, stellen sich die weitergehenden Fragen nach Art und Weise des eingeräumten Anspruchs, insbesondere seiner konkreten Ausgestaltung und des Sorgfaltsmaßstabs, der von den Sportgerichten bei seiner Gewährung angewandt werden muss. Die Antworten auf diese Fragen lassen sich nur auf dem Boden der verfassungsrechtlichen Determinanten finden, die über die Generalklauseln des Privatrechts mittelbare Geltung erlangen und vor staatlichen Gerichten durchgesetzt werden können. Danach kann folgender Grundsatz formuliert werden: Je größer die grundrechtliche Bedeutung der jeweiligen Angelegenheit für den einzelnen Sportler oder den Verein (Art. 2 Abs. 1, 9 Abs. 1, 12 Abs. 1 GG) und je geringer die Kontrolldichte der staatlichen Gerichte bei der konkreten Streitschlichtungsinstanz ist, desto höher sind die Verfahrensanforderungen an die konkrete Ausgestaltung des Anspruchs auf rechtliches Gehör. Zu den weiteren Mindestbedingungen, die sich aus allgemeinen rechtsstaatlichen Grundsätzen auch auf nichtstaatliche Gerichte übertragen lassen, zählt ferner die Durchführung eines fairen (sportgerichtlichen) Verfahrens (Bauer, 1999, S. 305 ff.). Wozu dieses Gebot die Sportverbände im Einzelnen zwingt, ergibt sich wiederum aus einer verfassungsrechtlichen Bewertung von Bedeutung und Intensität betroffener Grundrechtspositionen und der Kontrolldichte der staatlichen Gerichte. Zu den minimalen Verpflichtungen eines fairen Verfahrens gehört es hierbei, die Verfahrensbeteiligten über den Verfahrensgegenstand hinreichend zu informieren, ihnen die Gelegenheit zur Akteneinsicht zu gewähren und ausreichend einzuräumen, um sich auf projektierte Einlassungen vorzubereiten und ggf. einen Beistand hinzuziehen (Reichert & van Look, 2003, Rn. 671; Hilpert, 1988, S. 166; Stern, 1984, S. 847 f.). Weiterhin darf ein sportgerichtliches Verfahren, das der Sanktionierung eines Regelverstoßes dient, nur unter der Voraussetzung aufgenommen werden, dass sich ein anderes Vereins- oder Sportgericht nicht bereits mit dieser Sache befasst und eine Sanktionierung ausgesprochen hat. Dieses Verfahrenserfordernis leitet sich zwar nicht aus dem Verbot der Mehrfachbestrafung (*ne bis in idem*) ab, wie es in Art. 103 Abs. 3 GG normiert und ausschließlich auf staatliche Gerichte anzuwenden ist. Doch weist Art. 103 Abs. 3 GG auf die Existenz eines allgemeinen Rechtsprinzips hin, das in dem Rechtsstaatsprinzip und der Menschenwürde wurzelt. Da auf den Schutz der Menschenwürde nicht wirksam verzichtet werden kann, ist die Anerkennung einer entgegenstehenden Satzungsbestimmung unwirksam. Dennoch gilt es lediglich für das horizontale Verhältnis zwischen den privaten Sportgerichten, während es den staatlichen Strafanspruch ebenso unberührt lässt, wie umgekehrt die staatliche Entscheidung keine Ahndung durch Sportgerichte verbietet. Schließlich erfordert der Grundsatz eines fairen Verfahrens, dass die sportgerichtliche Entscheidung den Beteiligten von der zuständigen Stelle in geeigneter und begründeter Form mitgeteilt wird (Baecker, 1985, S. 87), damit die Betroffenen in die Lage versetzt werden, die Entscheidung von staatlichen Gerichten überprüfen zu lassen. Handelt es sich hierbei um eine grundrechtlich bedeutsame Angelegenheit, so wird man verlangen können, dass die Mitteilung in schriftlicher Weise ergeht.

2.7.3 Grundrechtsschranken sportgerichtlicher Sanktionen

Zur Durchsetzung ihrer Regelwerke bedienen sich die Sportgerichte eines ausgefeilten Sanktionsinstrumentariums, das sich aus den – zumeist unanfechtbaren – spiel- und wettkampfleitenden Tatsachenentscheidungen der Schiedsrichter vor Ort, den sog. Spielstrafen, sowie den Vereins- bzw. Verbandsstrafen im engeren Sinne zusammensetzt, die der Ahndung eines Regelverstoßes nach Durchführung eines sportgerichtlichen Verfahrens dienen und über das einzelne Spiel oder Wettkampf hinausgehende Wirkung entfalten (zur Typologie Schlosser, 1972, 53 ff.). Zu diesen Vereins- bzw. Verbandsstrafen zählen die Verwarnung, der Verweis, die Geldbuße, das Verbot der Platzbenutzung, der Verlust der Ämterbekleidung, die Sperre auf Dauer und auf Zeit wie etwa die vierjährige Wettkampfsperre im Beispielsfall 27 (Rechtsschutz), der Punkte und Lizenzentzug, der Zwangsabstieg sowie der Ausschluss vom Verein bzw. Verband (Summerer, 1998, S. 141). Dabei werden die Vereins- bzw. Verbandsstrafe nur wirksam, wenn sie zuvor in dem sportverbandlichen Regelwerk einschließlich der Nebenordnungen satzungsmäßig normiert waren (BGH NJW 1984, S. 1355; Hilpert, 1988, S. 162), so dass sich die Regelunterworfenen hinreichend auf deren Geltung einstellen können. Die Möglichkeit zur Vorbereitung auf die zu erwartenden Sanktionen setzt ferner voraus, dass diese hinreichend bestimmt in dem Regelwerk beschrieben werden. Unter Berücksichtigung der freiheitsrechtlichen Entscheidungsprärogative der Vereine aus Art. 9 Abs. 1 GG gelten in diesem Kontext zwar nicht dieselben Anforderungen, die durch den rechtsstaatlichen Bestimmtheitsgrundsatz aufgestellt werden (Vieweg, 1991, S. 1514). Doch wird man aus (mittelbar) grundrechtlicher Sicht ein Mindestmaß an Konkretheit fordern müssen, das nach der jeweiligen Grundrechtsrelevanz der auszusprechenden Sanktion nach oben korrigiert wird. Nach diesen Grundsätzen dürften Sanktionsnormen, die in Tatbestand und/oder Rechtsfolge generalklauselartig formuliert sind, nicht zum Ausspruch weitestgehender Sanktionen wie beispielsweise einer mehrjährigen Wettkampfsperre berechtigen. Neben diesen formalen Erfordernissen müssen die Strafen bestimmten materiellen Anforderungen genügen, da sie ausschließlich in Anwendung der grundrechtlichen Vereinsautonomie ergehen und dabei regelmäßig die mittelbare Einschränkung konfligierender Grundrechtspositionen der betroffenen Sportler, Vereine oder sonstiger regelunterworfener Personen bewirken. Daraus folgt, dass eine (mittelbar) grundrechtseinschränkende Strafe oder Disziplinarmaßnahme nur dann in die eigentliche Interessenabwägung eingestellt werden darf, wenn sie der Verwirklichung des Vereins- bzw. Verbandszwecks dient und damit in einem inneren Zusammenhang mit der wahrgenommenen Vereinsautonomie steht (Baecker, 1972, S. 89). Als problematisch erweisen sich in diesem Zusammenhang sanktionsbewehrte Verhaltensnormen, die an das Privatleben der Sportler anknüpfen (Bauer, 1999, S. 309), da diese nur unter besonderem Begründungsaufwand in den Zusammenhang mit dem Vereins- bzw. Verbandszweck gestellt werden können. Steht hingegen ein innerer Zusammenhang zwischen der jeweiligen Vereinsstrafe und dem Vereinszweck fest, so findet eine Güterabwägung statt, in der insbesondere zu untersuchen ist, ob die Sanktion mit Blick auf die Bedeutung der eingeschränkten Belange der Adressaten und der Intensität der ihnen drohenden Beeinträchtigungen erforderlich und angemessen war. An dieser Angemessenheit würde es im Beispielsfall 27 (Rechtsschutz) fehlen, da ein (möglicherweise auch grob) sportwidriges Verhalten keinesfalls zu einer vierjährigen Sperre eines Berufssportlers und damit faktisch zu dessen Karriereende führen darf.

2.8   Arbeitsrecht

Beispielsfall 28 (Arbeitsvertragsklauseln): Der Fußballverein M ist Arbeitgeber des Spielers B. Der zwischen ihnen abgeschlossene Arbeitsvertrag sieht vor, dass B zum einen für eine Bierbrauerei zu bestimmten Anlässen werben muss und zum anderen verpflichtet ist, 24 Stunden vor jedem Fußballspiel keinen Alkohol mehr zu trinken. B hält diese Klauseln für rechtswidrig: Entweder trinke er und mache Werbung oder er lebe enthaltsam und werbe nicht. Hat B Recht?

Bereits die Ausführungen zu den subjektivrechtlichen Dimensionen der Grundrechte haben belegt, dass sportliche Betätigungen bei Vorliegen bestimmter Voraussetzungen unter dem Schutz der Berufsfreiheit gemäß Art. 12 Abs. 1 GG stehen und nicht nur unter soziologischen Maßstäben, sondern auch in rechtlicher Hinsicht als Arbeit anzusehen sind, soweit der Sportler auf Grund eines privatrechtlichen Vertrages über entgeltliche Dienste für einen anderen in persönlicher

Abhängigkeit tätig ist (Hilpert, 1997, S. 94). Dabei hat die von Sportverbänden vorgenommene Differenzierung zwischen Amateur- und Profisportler keine Auswirkungen auf die Feststellung, ob eine sportliche Betätigung nur als Freizeitvergnügen gilt. Denn die Voraussetzungen für die Einordnung als Arbeit hängen ebenso wenig wie die des Berufes von den Satzungsstatuten der Sportverbände oder dem allgemeinen Sprachgebrauch, sondern allein von realen Gegebenheiten ab (Hilpert, 1997, S. 94). Sind bestimmte sportliche Betätigungen als Arbeit anzusehen, so stellt sich vor allem die Frage, ob und inwieweit arbeitsrechtliche Vereinbarungen i.S.v. §§ 611 ff. BGB zwischen dem Sportler und dem Verein getroffen werden dürfen. Die Zulässigkeit von Vereinbarungen hängt dabei maßgeblich von dem Ausgleich der widerstreitenden Interessen ab, wobei zu berücksichtigen ist, dass der Vertragsschluss auf Ausübung beidseitiger Vertragsautonomie und damit auf einem weitgehend freiwilligen Entschluss der Vertragspartner beruht. Dies gilt insbesondere für die zum Teil sehr weitgehenden und von gewöhnlichen arbeitsvertraglichen Pflichten abweichenden Vereinbarungen, die der einzelne Sportler gegenüber seinem Verein auf Grund der Besonderheiten des Sports einzugehen hat. Die Leistungsvereinbarungen lassen sich hierbei im Einzelnen nach Art, Umfang, Zeit und Ort darstellen und durch das grundsätzlich bestehende Direktionsrecht des Trainers oder der Vereinsleitung konkretisieren.

Fasst man die wechselseitigen Verpflichtungen von Sportlern und Arbeitgebern zusammen, so interessieren vor allem die

- Sportleistungspflicht (vgl. 2.8.1) und die
- Werbeleistungspflicht (vgl. 2.8.2).

2.8.1 Sportleistungspflicht

Differenziert man zwischen den Haupt- und Nebenpflichten des Sportlers gegenüber seinem Arbeitgeber (Verein), so bestehen die Hauptpflichten in der Erbringung der eigentlichen Sportleistung und weiterer Leistungen (Trainingsleistungen, Freizeitgestaltung, Nebentätigkeiten), die unmittelbar zur Verwirklichung der Sportleistung beitragen und deshalb in einem direkten Zusammenhang mit ihr stehen. Nimmt man dabei die Erbringung der eigentlichen Sportleistung in den Blick und fragt nach einem Beschäftigungsanspruch insbesondere bei Mannschaftssportarten, so wird man es für grundsätzlich zulässig halten, wenn Trainer und Vereinsleitung bestimmen, ob ein Spieler in Wettkampfspielen eingesetzt wird oder nicht, da die sportliche Tätigkeit prinzipiell leistungsabhängig ist und taktische Konzeptionen und Einsätze dem Trainer zustehen müssen (Kaske, 1983, S. 41). Zwar besitzt der Sportler als Arbeitnehmer einen einfachgesetzlich garantierten Beschäftigungsanspruch gegenüber seinem Arbeitgeber (§ 611 Abs. 1 BGB), doch wird dieser durch das Direktionsrecht eingeschränkt, soweit dessen Ausübung auf sachgerechten Kriterien beruht, was bei leistungsbezogenen oder taktischen Überlegungen der Fall ist. Ähnliches gilt für die genaue Gestaltung des Trainings. Auch hierbei steht es dem Trainer kraft seines Direktionsrechts zu, den Gesamtumfang zeitlich, örtlich und sachlich so zu bestimmen, dass seine taktischen Zielsetzungen am besten erreicht werden. Die damit verbundenen Einschränkungen der eigenen Persönlichkeit des Sportlers, insbesondere seines Stils und seiner individuellen Entfaltungskraft, sind hierbei stets zu Gunsten des mannschaftlichen Erfolgs hinzunehmen (Fritzweiler, 1998, S. 226 f.). Unzulässig sind demgegenüber solche Trainings- oder Wettkampfverpflichtungen, deren Erfüllung vor allem in sog. Risikosportarten (Auto-, Motorsport, Ski alpin) mit gefährlichen oder schädigenden Konsequenzen für den Sportler verbunden sind und damit gegen die einfachgesetzlich verankerte Fürsorgepflicht des Arbeitgebers (§§ 617, 618 BGB) verstoßen (Gitter & Schwarz, 1982, S. 38). Problematischer zu beurteilen sind hingegen generelle oder teilweise Rauch-, Alkohol- (Beispielsfall 28 – Arbeitsvertragsklauseln) oder Freizeitsportverbote sowie Ruhegebote für Sportler etwa in Form bestimmter Schlafzeiten, die mit empfindlichen Einschränkungen der Privatsphäre des Sportlers einhergehen und im Grunde genommen nur insoweit gerechtfertigt werden können, als sie hinter den Interessen des Arbeitsgebers mit Blick auf die Leistungsfähigkeit des Sportlers zurückstehen (Fritzweiler, 1998, S. 227). So wird es im Beispielsfall 28 (Arbeitsvertragsklauseln) davon abhängen, ob die Leistungsfähigkeit des B durch den Alkoholkonsum eingeschränkt wird, was maßgeblich von Erfahrungswerten abhängen dürfte. Eng verbunden mit der Frage nach der Zulässigkeit freizeitbeschränkender Handlungsverbote oder Verhaltensgebote ist die Frage nach der Rechtswirksamkeit absoluter Verbote oder präventiver Zustimmungsvorbehalte in Bezug auf Nebentätigkeiten des Sportlers. Fehlen konkrete Vereinbarungen über Nebentätigkeiten, so wird man diese als erlaubt ansehen, wenn die Erfüllung der Sportleistung gegenüber dem Arbeitgeber gemessen an den spezifischen Anforderungen in jeder einzelnen Sportart nicht beeinträchtigt wird. Besteht die Nebentätigkeit des Sportlers jedoch darin, in eigenem Namen für ein bestimmtes Produkt zu werben, so können der Nebentätigkeit nicht nur die Interessen des Arbeitgebers an der Erbringung der Sportleistungspflicht durch den Sportler entgegenstehen, sondern auch etwaige, nachfolgend darzustellende Werbeverpflichtungen, die der Sportler gegenüber seinem Arbeitgeber etwa für ein Konkurrenzunternehmen eingegangen ist.

2.8.2 Werbeleistungspflicht

Auf Grund der Kommerzialisierung und Professionalisierung des Sports bestehen die Arbeitspflichten häufig nicht nur in der Erbringung der eigentlichen Sportleistung, sondern erstrecken sich auch auf integrierte Werbeleistungen (sog. Sponsoring) bei bestimmten Veranstaltungen oder für bestimmte Zeiträume. Das besondere und grundrechtssensible Element an diesen Verpflichtungen besteht im Regelfall darin, dass sich der Sportler nicht nur zur positiven Erbringung der vereinbarten Werbeleistung verpflichtet, sondern sich zugleich mit dem Verbot der werbemäßigen Vermarktung auf eigene Rechnung einverstanden erklärt. Werden derartige Werbeabreden am Maßstab der Sittenwidrigkeit gem. §§ 138, 242 BGB gemessen, müssen die widerstreitenden Interessen zunächst grundrechtlich bewertet werden. Das Interesse der Sportler an der eigenen werbemäßigen Vermarktung genießt hierbei den Schutz der Berufsfreiheit. Eine Verpflichtung, Fotos und Filmaufnahmen zur öffentlichen werbemäßigen Verwertung wie etwa im Beispielsfall 28 (Arbeitsvertragsklauseln) zur Verfügung zu stellen und sich auf den Sponsor berufen zu müssen (z.B. „Danksagung") bzw. dieses zu dulden, bedeutet weiterhin eine Beeinträchtigung des Rechts am eigenen Bild und am gesprochenen Wort (BVerfGE 35, 202, 220) aus Art. 2 Abs. 1 GG i.V.m. Art. 1 Abs. 1 GG. Zu denken ist gar an eine Verletzung der Menschenwürdegarantie, wenn die Sportler durch Werbemaßnahmen zum Objekt herabgesetzt werden, indem sie sich als kommerziell verwertbare lebendige Werbeträger präsentieren (BVerfGE 27, 1, 6). Auf Seiten des Verbandes/Vereins wird die externe wirtschaftliche Betätigung durch Art. 9 Abs. 1 GG geschützt, soweit sie zum Kernbereich seines Vereinslebens gehört und dessen Existenzsicherung dient (BVerfGE 80, 244, 253; Höfling, 1999, Art. 9, Rn. 19 f.), was bei privaten Zuwendungen, die einen Hauptteil der Vereinsmittel darstellen, regelmäßig der Fall sein dürfte. Bei Abwägung der widerstreitenden Interessen sind wirtschaftliche, organisatorische und sportliche Belange zu beachten. Da die Vereine als Veranstalter von Sportveranstaltungen die wirtschaftliche und organisatorische Verantwortung für diesen Teilbereich übernehmen (Krogmann,

2001, S. 122) und sie deshalb das Kostenrisiko tragen, ist es nachvollziehbar, ihnen die eigenverantwortliche Finanzplanung zu übertragen (BGH, NJW 1990, S. 2817). In sportlicher Hinsicht kann sich die Koordinierung der Werbemaßnahmen dadurch rechtfertigen, dass durch übermäßigen Einsatz von Werbung an der Kleidung der Spielbetrieb gestört werden könnte. Schließlich wird für den Verein die Zulassung privater Sponsorensuche unzumutbar sein, wenn der Sportler Vereinbarungen mit einem Konkurrenzunternehmen der Vereinssponsoren treffen will. Eine Befriedung beider Seiten könnte zwar durch eine Beteiligung des Sportlers am Gewinn des Vereins oder Verbands erreicht werden (Krogmann, 2001, S. 123 f.). Damit werden jedoch die Fälle nicht erfasst, in denen der Sportler seine Vermarktung nicht gegen eine Geldzahlung in Kauf nehmen, sondern schlechthin verbieten will. Faktisch ist eine solche Weigerung nahezu unmöglich, da seine Lebenshaltung, sein Lebensstandard oder zumindest der Verbleib im Verein gefährdet wären und öffentliche Zuschüsse die benötigten Gelder bei weitem nicht decken. Dass der Verein und der Sponsor sich des Sportlers zur Verfolgung ihrer finanziellen Interessen bedienen und ihn damit zum Objekt degradieren, lässt sich auch durch freiwillige vertragliche Einwilligungen nicht rechtfertigen. Freiwilligkeit kann nämlich zumindest dann nicht angenommen werden, wenn der Sportler keine andere Wahl hat, als sich den Bedingungen zu unterwerfen. Sofern man also in Extremfällen einen Menschenwürdeverstoß annimmt, sind die Belange des Vereins unerheblich, da die Menschenwürde als höchster Verfassungswert keinerlei Beschränkungsmöglichkeiten unterliegt (Jarass, 2002, Art. 1, Rn. 10) und die Möglichkeit eines Güterausgleichs von vornherein verwehrt ist (BVerfGE 75, 369, 380; Höfling, 2003, Art. 1, Rn. 10 f.). Fälle einschneidender Fremdbestimmung über die Persönlichkeit des Sportlers sind demnach stets verfassungswidrig. Da eine derartige Verfassungswidrigkeit im Beispielsfall 28 (Arbeitsvertragsklauseln) außer Rede steht, stellt sich letztlich die Frage, ob das Alkoholverbot mit dem Werbegebot sachwidrig gekoppelt ist. Dabei wird man berücksichtigen müssen, dass das Alkoholverbot nur teilweise gilt und die primäre Sportleistungspflicht betrifft, während das Werbegebot nicht auf die Erfüllung der Sportleistungspflicht, sondern auf die der Werbeleistungspflicht gerichtet ist. Eine sachwidrige Koppelung besteht daher nicht.

2.9 Strafrecht

Beispielsfall 29 (Eishockey): Während eines Eishockeyspiels setzt E seinen Schläger bewusst gegen den Kopf eines Gegenspielers G ein, der trotz Helmes schwere Kopfverletzungen davonträgt. In dem anschließenden Strafverfahren gegen E wegen schwerer Körperverletzung wendet dieser ein, G habe zumindest konkludent in Verletzungen eingewilligt, zumal der Eishockeysport erwiesenermaßen eine Risikosportart sei. Hat sich E strafbar gemacht?

Beispielsfall 30 (Masseur): Der Masseur M spritzt dem Fahrradfahrer F mit dessen Einwilligung verbotene Substanzen, damit dieser bei einem Preisrennen gewinnt. Der Staatsanwalt ist der Ansicht, M habe sich durch das Doping einer Körperverletzung an F schuldig gemacht, da dessen Einwilligung wegen des beabsichtigten Sportbetrugs gegen die guten Sitten verstoße. Zu Recht?

Die Verletzung von Sportregeln wird im Normalfall mit sportverbandlichen Sanktionen wie etwa dem Ausspruch einer Verwarnung, der Verhängung einer Geldbuße oder dem Abzug von Punkten geahndet, die gemeinhin unter dem Topos der Vereins- bzw. Verbandsstrafen zusammengefasst werden, was mit Blick auf das staatliche Strafmonopol zumindest missverständlich ist. Der Staat beschränkt sich in diesem Regelungsbereich auf die vereinsgerichtliche Kontrolle und Überprüfung der abstrakt-generellen Sanktionsbestimmungen einschließlich ihrer einzelfallbezogenen Anwendung anhand elementarer rechtsstaatlicher, insbesondere grundrechtlicher Maßstäbe.

Daneben können sportbezogene Verhaltensweisen auch den Tatbestand von Normen des (staatlichen) Kern- oder Nebenstrafrechts erfüllen, worauf *Schroeder* bereits im Jahre 1972 hinwies (1972, S. 21 ff.). Zu denken ist etwa an den absichtlichen Biss des Boxers in das Ohr seines Gegners (§ 223 StGB), die Blutgrätsche des Fußballspielers (§§ 223, 229 StGB), der im Beispielsfall 29 (Eishockey) beschriebene Schlag mit dem Eishockeyschläger an den behelmten Kopf des Gegenspielers (§§ 223, 224, 303 StGB), Beleidigungen von Mit- oder Gegenspielern (§§ 185 ff. StGB) oder Betrügereien durch die Einnahme von Dopingsubstanzen (§ 263 StGB). Die Verfolgung und Sanktionierung dieser Rechtsgutverletzungen obliegt staatlichen Behörden (Staatsanwaltschaften einschließlich ihrer Hilfsbeamten) und Strafgerichten. Zwar wird nach wie vor und vornehmlich von Funktionären sowie Sportlern behauptet, das Strafrecht habe auf dem Spielfeld nichts zu suchen, da es wesensfremd sei und mit seinen strengen Sanktionen jeden Sportgeist und Spielfluss zerstöre. Allerdings widerspräche eine strafrechtliche Bereichsausnahme zu Gunsten des Sports der allgemeinen Erkenntnis, dass weder der nationale Sport ein Staat im Staate, noch der internationale Sport ein Staat neben den völkerrechtlich anerkannten Staaten ist (von Mutius & Nolte, 2003, S. 203).

Es ist daher nur konsequent, wenn man das gesellschaftliche Subsystem des Sports nicht nur seinen eigenen Regelwerken unterwirft, sondern auch nach staatlichen Rechtsnormen und dabei insbesondere nach den Vorschriften des Strafrechts beurteilt. Dabei ist gleichwohl zu beachten, dass

- die sportverbandlichen Regelwerke nicht in einer beziehungslosen zweiten Spur neben den strafrechtlichen Vorschriften stehen, sondern in vielfältiger Weise bei der strafrechtlichen Beurteilung sportlicher Betätigungen zumindest solange zu berücksichtigen sind, wie diese einer verfassungsrechtlichen, insbesondere grundrechtlichen Überprüfung standhalten (vgl. hierzu 2.9.1).
- Befasst man sich ferner mit dem sportpolitischen Kernproblem der Dopingbekämpfung, so stellt sich weiterhin die Frage, ob der Staat die Selbsteinnahme verbotener Stoffe pönalisieren sollte (vgl. 2.9.2).

2.9.1 Sportverbandsregeln und Strafrecht

Die Berücksichtigung der verbandsinternen Regelwerke ist charakteristisch für die strafrechtliche Beurteilung sportbedingter Rechtsgutsverletzungen und erfolgt auf verschiedenen Ebenen der Strafrechtsprüfung etwa unter dem Gesichtspunkt der rechtfertigenden Einwilligung des Sportlers in bestimmte Verletzungsfolgen, der sog. Sozialadäquanz (Dölling, 1996, S. 36) oder Sportadäquanz sportbezogener Verhaltensweisen, des erlaubten Risikos (Eser, 1978, S. 372 ff.) oder des wettkampfadäquaten Sorgfaltsmaßstabs (Rössner, 1968, S. 313).

So unterwirft sich ein Sportler freiwillig der jeweiligen Sportordnung und gibt damit regelmäßig seine Einwilligung dazu, nach diesen Regeln beurteilt zu werden. Lassen die Spielregeln Verletzungen oder risikoreiche Verhaltensweisen zu, dann willigt er im Regelfall in diese ein.

Problematisch sind allerdings die Fälle,

- in denen sich die Einwilligung des Sportlers wie etwa im Beispielsfall 29 (Eishockey) auf andere als die tatsächlichen Verletzungshandlungen be-

zieht (vgl. hierzu 2.9.1.1)
- oder aber die Einwilligung selbst aus unterschiedlichen Gründen defekt und deshalb unwirksam ist (vgl. hierzu den Beispielsfall 30 – Masseur; vgl. 2.9.1.2).

2.9.1.1 Diskrepanz zwischen Einwilligung und Verletzung

Die Einwilligung des Sportlers geht zunächst in den Konstellationen fehl, in denen eine Diskrepanz zwischen der in Bezug genommenen Verletzung und der eingetretenen Verletzung besteht. Bei der Ermittlung einer etwaigen Diskrepanz sind wiederum die Wettkampfregeln von indizieller Bedeutung. So nimmt beispielsweise der Beteiligte an einem gegeneinander ausgetragenen Wettkampf wie etwa Boxen, Ringen, Fußball, Eishockey oder Fechten mit seiner Teilnahme zumindest solche Verletzungen in Kauf, die infolge regelgerechten Verhaltens eingetreten sind. Dies gilt selbst für schwere Verletzungsfolgen, wie sie beispielsweise im Boxsport durch erlaubte Schläge eintreten können. Ferner umfasst die mit der Teilnahme (konkludent) bekundete Einwilligung auch solche Beschädigungen, die auf leicht fahrlässig begangene Regelverstöße zurückzuführen sind oder aber auf Übereifer, Erregung, Unüberlegtheit, Benommenheit, unvollkommene Spieltechnik, mangelnde Körperbeherrschung und vergleichbaren Gründen beruhen und mit denen jeder Sportler rechnet (Stree, 2001, § 228 Rn. 16) Die Schwere der zugefügten Schäden ist bei den Verletzungen infolge fahrlässiger Regelverstöße für die Wirksamkeit der Einwilligung ebenso irrelevant (BayOLG St, NJW 1961, S. 2073) wie bei Einhaltung der Wettkampfregeln. Die Grenze der Einwilligung ist indes dann erreicht, wenn die Verletzungen durch vorsätzliche oder grob fahrlässige Regelverstöße beispielsweise dadurch herbeigeführt wurden (BayOLG St, 90, 209), dass wie im Beispielsfall 29 (Eishockey) ein Eishockeyspieler seinen Schläger bewusst gegen den Körper eines Gegenspielers einsetzt (OG Zürich, SchwJZ 1990, S. 425) oder ein Boxer absichtlich in das Ohr seines Gegners beißt. In diesen Konstellationen bewegt sich der schädigende Sportler soweit außerhalb des sportinternen Regelwerks, dass eine rechtswirksame Einwilligung auf Grund der privaten Regelübereinkunft zwischen den Sportlern ausscheidet. Die Ansicht des E im Beispielsfall 29 (Eishockey), G habe zumindest konkludent in Verletzungen eingewilligt, geht daher fehl. E ist daher wegen einer schweren Körperverletzung an G zu bestrafen.

2.9.1.2 Defekt der Einwilligung selbst

Die Einwilligung des Sportlers in sportbedingte Verletzungen könnte selbst an einem Defekt leiden und unwirksam sein. Die Unwirksamkeit einer Einwilligung in sportbedingte Verletzungsfolgen kann dabei insbesondere auf fehlender Rechtsinhaberschaft, mangelnder Dispositionsbefugnis oder unzureichender Einwilligungsfähigkeit des erklärenden Sportlers beruhen. So setzt eine wirksame Einwilligung zunächst voraus, dass der Betroffene überhaupt Inhaber des verletzten Rechtsguts ist, weshalb eine Einwilligung im Regelfall nur möglich ist bei Tatbeständen, die Individualrechtsgüter schützen. Würde demnach ein Straftatbestand geschaffen, der die Selbsteinnahme von Dopingsubstanzen wegen des damit verbundenen Angriffs auf die (wertbildende) Funktion des sportlichen Wettkampfs unter Strafe stellt und damit den Sportethos schlechthin schützt (zur Diskussion Cherkeh & Momsen, 2001, S. 1747 f.), so wäre es dem dopenden Sportler bereits auf Grund fehlender Inhaberschaft verwehrt, in die Beschädigung dieses Allgemeinguts mit rechtfertigender Wirkung einzuwilligen. Hinzu kommt, dass der Rechtsgutsinhaber in die Verletzung seiner Güter nur einwilligen darf, wenn und soweit diese seiner Dispositionsbefugnis unterliegen. Die Schranken des Selbstbestimmungsrechts lassen sich hierbei verfassungsrechtlich bestimmen und im einfachen Recht verschiedentlich nachweisen (vgl. nur die §§ 216, 228 StGB). So entspricht es Grundsätzen moderner Grundrechtsdogmatik, dass bestimmte grundrechtliche Individualverbürgungen wie etwa die Menschenwürde oder das Leben nicht nur subjektivrechtliche Freiheitselemente enthalten, sondern darüber hinaus objektivrechtliche Grundrechtsaufgaben formulieren, die den Staat zum Schutz der gefährdeten Positionen auch gegen den Willen des Rechtsgutsinhabers verpflichten. Die Einwilligung eines Kampfsportlers, für den Fall des Unterliegens von dem Gegner getötet zu werden, hat danach keine rechtfertigende Wirkung, weil sie gegen die staatliche Pflicht zum Schutz des Lebens verstößt. Problematischer sind hingegen Verletzungen der körperlichen Unversehrtheit, in die nach Maßgabe des § 228 StGB unter Beachtung der guten Sitten eingewilligt werden kann. Der Begriff der guten Sitten ist hierbei dem Bürgerlichen Recht entlehnt und wird wie dort als Anstandsgefühl aller billig und gerecht Denkenden verstanden (RGSt JW 38, 30; BGHSt 4, 32, 91). Da diese Definition wenig geeignet erscheint, klare Grenzlinien zu liefern und deshalb Zweifel an der Verfassungsmäßigkeit der Bestimmung nährt (Art. 103 Abs. 2 GG; Lenckner, 1968, S. 251 f., 307; Roxin, 1964, S. 379), sind in der Literatur verschiedene Konkretisierungsvorschläge gemacht worden, um dem verfassungsrechtlichen Bestimmtheitspostulat zu genügen. So sollen insbesondere nach *Horn* nur solche Körperverletzungen als sittenwidrig anzusehen sein, die zum Zweck der Vorbereitung, Vornahme, Verdeckung oder Vortäuschung einer Straftat erfolgen (Horn, 1999, § 228, Rn. 9). Würde man dieser Auffassung folgen, dann würde sich ein Betreuer, Trainer oder Masseur wie etwa im Beispielsfall 30 (Masseur), der einen Sportler mit dessen Einwilligung zur Begehung eines anschließenden Sportbetrugs dopt, einer sittenwidrigen Körperverletzung schuldig machen. Dieses Ergebnis erscheint indes aus unterschiedlichen Gründen nicht sachgerecht. So ist die Anbindung des Begriffs der guten Sitten an andere Straftaten weder dem Wortlaut noch der Systematik der Vorschrift zu entnehmen. Insbesondere der Umkehrschluss zur ausdrücklichen Formulierung des § 211 Abs. 2, 3. Gruppe („um eine andere Straftat zu ermöglichen oder zu verdecken") spricht gegen eine vergleichbare Auslegung des Begriffs der guten Sitten in § 228 StGB. Letztlich entscheidend ist aber der Sinn und Zweck des § 228 StGB, der als einfachgesetzliche Mediatierung der grundrechtlichen Schutzpflicht aus Art. 2 Abs. 2 S. 1 GG dem Schutz der körperlichen Unversehrtheit dient (Stree, 2001, § 228 Rn. 18) und damit nicht auf andere körperverletzungsfremde Straftaten bezogen ist. Die Verabreichung von Dopingstoffen an wissende Sportler wie etwa F im Beispielsfall 30 (Masseur) verstößt damit nicht deshalb gegen die guten Sitten, weil sie zum Zwecke der Begehung eines anschließenden Betrugs vorgenommen wird (zur Problematik Jung, 1992, S. 132; Ahlers, 1994, S. 164 ff.). Daraus folgt, dass eine durch die Verabreichung von Dopingsubstanzen herbeigeführte Körperverletzung auf Grund der Einwilligung des Sportlers straflos bleibt, soweit man die Einwilligung des Sportlers nicht aus anderen (nur schwer konturierbaren) Gründen wie etwa wegen gesundheitspolitischer und finanzieller Folgen von Spätschäden (Jung, 1992, S. 131 ff.; Turner, 1991, S. 2943 ff.) oder sport-ethischer Aspekte (Fairness: Linck, 1982, S. 2545 ff.) für sittenwidrig halten möchte, was jedoch überwiegend und zu Recht verneint wird (vgl. etwa Fritzweiler, 1998, S. 148 ff.). Die Auffassung des Staatsanwaltes, die Einwilligung des F im Beispielsfall 30 (Masseur) verstoße gegen die guten Sitten, ist daher unzutreffend. Problematisch sind ferner auch solche Konstellationen, in denen Körperverletzungen zwar von der Einwilligung der betroffenen Sportler gedeckt sind, das Sportgeschehen aber nicht nach allgemein anerkannten Wettkampfregeln abläuft, sondern nach eigenen Regeln der Teilnehmer ausgetragen wird, die ihrerseits den guten Sitten widersprechen. Bleiben bei diesen Regeln angemessene Sicherheitsvorkehrungen unbeachtet und sind die Wettkämpfer infolgedessen der Gefahr erheblicher Verletzungen ausgesetzt – wie beispielsweise bei einem Boxkampf ohne Boxhandschuhe – so liegt ein körperlicher Eingriff trotz der ausgesprochenen Einwilligung außerhalb des sozialethisch Tragbaren (BGHSt 4, 92).

Erforderlich zur Wirksamkeit der Einwilligung ist ferner die Einwilligungsfähigkeit, für die nach h.M. im Strafrecht generell die von Geschäftsfähigkeit und bestimmten Altersgrenzen unabhängige tatsächliche („natürliche") Einsichts- und Urteilsfähigkeit genügen soll (BGHSt 23, 1; Kühl, 2002, S. 316). Von welchem Alter an die Einsichts- und Urteilsfähigkeit anzunehmen ist, hängt insbesondere von der jeweils betroffenen Rechtsposition ab. So entspricht es dem Wesen der Einwilligung als Rechtsschutzverzicht die Wirksamkeit der Erklärung im Bereich der Vermögensdelikte regelmäßig von der Einhaltung der zivilrechtlichen Bestimmungen über die Geschäftsfähigkeit nach den §§ 104 ff. BGB abhängig zu machen, um so zu einer einheitlichen Beurteilung des straf- und zivilrechtlichen Güterschutzes zu gelangen. Da jedoch die meisten sportbedingten Verletzungsfolgen nicht das Vermögen, sondern höchstpersönliche Güter wie etwa die Ehre oder die Gesundheit betreffen, stellt sich die Frage, wie bei diesen Rechtspositionen die Einwilligungsfähigkeit zu beurteilen ist. Eine analoge Anwendung der Vorschriften über die Geschäftsfähigkeit erscheint in diesen Bereichen zumindest aus zwei Gründen nicht sachgerecht. Erstens sind die höchstpersönlichen Rechtspositionen unmittelbar mit dem allgemeinen Persönlichkeitsrecht verbunden, das seiner Natur nach in wesentlich stärkerem Maße als vermögenswerte Rechtspositionen nach Selbst- statt Fremdbestimmung verlangt (Lenckner, 2001, Vorbem §§ 32 ff. Rn. 40); hinzu kommt zweitens, dass die Einwilligung in die Verletzung höchstpersönlicher Rechtsgüter nicht zu den Geschäften des täglichen Rechtsverkehrs gehört und somit das Bedürfnis nach pauschalierter Rechtssicherheit durch die Anwendung der zivilrechtlichen Bestimmungen über die Geschäftsfähigkeit weniger ausgeprägt ist als im Bereich der Vermögensdelikte (Gernhuber, 1962, S. 94; Lenckner, 1972, S. 457). Geht es daher um die Einwilligung in die Verletzung höchstpersönlicher, grundrechtlich ableitbarer Rechtsgüter, so korreliert die Einwilligungsfähigkeit mit der verfassungsprozessual bedeutsamen Grundrechtsmündigkeit. Danach ist wiederum entscheidend, ob der betreffende Sportler das Wesen, die Bedeutung und die Tragweite des betroffenen Rechtsguts mit Blick auf den in Rede stehenden Eingriff voll erfassen kann und seinen Willen danach zu bestimmen im Stande ist. Während bei volljährigen Sportlern die Fähigkeit zur Einwilligung in die Verletzung höchstpersönlicher Rechtspositionen ungeachtet von Sonderfällen (z.b. Trunkenheit) im Grundsatz ohne weiteres unterstellt werden kann, kommt es bei Minderjährigen auf den individuellen Reifegrad und die Schwere der sportbedingten Schädigung einschließlich ihrer Abschätzbarkeit an (BGHSt 12, 379). So dürfte die Einwilligung eines 14-jährigen Jungen in fußballbedingte Prellungen beim Spiel mit Freunden zumindest nicht an mangelnder Einwilligungsfähigkeit leiden, während die Wirksamkeit der Einwilligung eines Gleichaltrigen in die Verabreichung von Dopingmitteln wegen der schwer abschätzbaren Gesundheitsschäden verbotener Substanzen unwirksam ist. Zwar kann bei fehlender Einwilligungsfähigkeit des Betroffenen die Einwilligung von dem gesetzlichen Vertreter erteilt werden (BGHSt 12, 379; Jescheck & Weigend, 1996, S. 382). Allerdings ist dieses nur insoweit zulässig, als es dem Recht und der Pflicht des Vertreters zur Vermögens- und Personensorge entspricht. Daraus folgt beispielsweise, dass die fehlende Einwilligungsfähigkeit des Kindes in die Verabreichung von Dopingstoffen nicht durch eine Einwilligung der Eltern überwunden wird, da dieses Ergebnis verfassungsrechtlichen Grundsätzen, insbesondere grundrechtlichen Schutzaspekten zuwider laufen würde.

2.9.2 Strafrechtliches Dopingverbot

Die Anwendung des geltenden Strafrechts auf sportbezogene Lebenssachverhalte ist von der Frage zu unterscheiden, ob und inwieweit der Staat zur Lösung sportpolitischer Probleme neue Straftatbestände schaffen sollte. Als größtes sportpolitische Problem, bei welchem die Schaffung eines neuen Straftatbestandes sogar auf höchster politischer Ebene diskutiert wird und mittlerweile zu einem europäischen Kernthema in dem Verhältnis zwischen Staat und Gesellschaft (Steiner, 2000, S. 12) geworden ist, gilt der Dopingmissbrauch im Sport. Die aktuelle Debatte bezieht sich hierbei auf die Frage, ob der Staat die regelwidrige Einnahme von Dopingsubstanzen durch den Sportler selbst und die damit verbundene Schädigung der eigenen Gesundheit sowie den Angriff auf das sportverbandliche Wertegefüge, den sog. Sportethos, wie in anderen europäischen Ländern (z.B. Italien) durch die Schaffung eines neuen abstrakten Gefährdungstatbestandes etwa nach § 299 a StGB unter Strafe stellen sollte (Fritzweiler, 1998, S. 234 f., erwägt dabei folgende Formulierung: „Wer als Leistungssportler bei einem sportlichen Wettkampf oder

Training Dopingmittel einnimmt und dadurch die Gefahr einer Wettbewerbsverfälschung herbeiführt, wird mit einer Freiheitsstrafe bis zu .... oder Geldstrafe bestraft"). Die Antwort auf diese Frage lässt sich nur aus einer Gesamtschau verfassungsrechtlicher, strafrechtlicher und kriminologischer Implikationen beantworten. Dabei wäre es zu kurz gegriffen, die Einführung einer speziellen, dopingbezogenen Strafnorm allein mit dem Hinweis auf bestehende Strafrechtsnormen abzulehnen, wonach Dopingvergehen zumindest insofern bestraft werden können, als damit zugleich Angriffe auf aktuell geschützte Rechtsgüter verbunden sind.

So belegen medizinische Studien über Sportler, dass die Verabreichung von Dopingsubstanzen durch Ärzte in einigen Fällen zum Tod oder zur Körperverletzung des Sportlers geführt hat, so dass sich ein behandelnder Arzt durchaus einer Tötung bzw. Körperverletzung gemäß den §§ 211 ff., 223 ff. StGB schuldig machen kann (Parzeller, 2001, S. 162), soweit man die Eigenverantwortlichkeit des Sportlers etwa durch das überlegene Sachwissen des dopenden Arztes (Haas & Prokop, 1997, S. 56 ff.; Körner, 1989, S. 418 ff.), die bessere Risikoerfassung des Arztes (Haas & Prokop, 1997, S. 56 ff.) oder die Autorität der Wissenschaft (Linck, 1987, S. 2545 ff. sowie ders., 1993, S. 55 ff.) entfallen lassen möchte.

Ferner ist es denkbar, dass der Einsatz von Dopingsubstanzen bei kommerziellen Sportveranstaltungen das Vermögen von Zuschauern, Mitkonkurrenten, Sportveranstaltern und Verbänden beschädigt (§ 263 StGB; hierzu etwa Parzeller, 2001, S. 166).

Schließlich steht außer Streit, dass die Verordnung bestimmter Dopingsubstanzen ohne medizinische Notwendigkeit nach dem Betäubungsmittelgesetz (§ 29 Abs. 1 Nr. 6 a oder § 29 Abs. 1 Nr. 6 b BtMG) strafbar ist und das Inverkehrbringen, das Verschreiben oder Anwenden von Dopingsubstanzen zu anderen Zwecken als der Behandlung von Krankheiten bei Menschen unter Umständen eine Strafbarkeit nach dem Arzneimittelgesetz (§§ 6 a, 95 Nr. 2 AMG) nach sich ziehen kann.

Doch geht es bei der Diskussion um die Einführung eines speziellen Dopingstraftatbestandes gerade nicht um jene Fallkonstellationen, in denen die Verabreichung der Dopingsubstanzen durch einen Dritten erfolgt oder das Vermögen anderer beeinträchtigt, sondern im Kern um die Frage, ob es nach anerkannten Grundsätzen des freiheitlichen Rechtsstaats gerechtfertigt ist, die Selbsteinnahme von Dopingstoffen zu pönalisieren. Die Rechtfertigung neuer Straftatbestände hängt nach der Rechtsprechung des Bundesverfassungsgerichts (BVerfGE 39, 1 ff.), der sich die

Literatur (Rössner, 2000, S. 51; Günther, 1978, S. 1 ff.) angeschlossen hat, im Wesentlichen von drei Faktoren ab. So ist zu beachten,
- dass das Strafrecht auf den Schutz von Rechtsgütern, zumal elementarer und allgemeiner Positionen beschränkt ist.
- Ferner darf eine Strafrechtsnorm nur dann erlassen werden, wenn die Auswirkungen der Rechtsgutsverletzung sozialschädlich sind (Sozialschädlichkeit der Auswirkungen) und
- das Strafrecht unter Beachtung seiner Funktion als *ultima ratio* das einzige Mittel darstellt, den Missstand wirksam bekämpfen zu können (Strafbedürfnis).

Orientiert man sich an diesen drei Voraussetzungen, so stellen sich nacheinander die drei Fragen,
- ob der Staat eine Schutzpflicht zu Gunsten des dopenden Sportlers hat (vgl. 2.9.2.1),
- eine solche zu Gunsten des Sportethos besteht (vgl. 2.9.2.2) oder
- aber der Staat lediglich das Recht zur Pönalisierung, nicht aber die Pflicht zur Schaffung eines Straftatbestandes hat (vgl. 2.9.2.3).

2.9.2.1 Staatliche Schutzpflicht zu Gunsten des dopenden Sportlers

Zunächst könnte man erwägen, dass die Schaffung eines Straftatbestandes in Erfüllung einer grundrechtlichen Schutzpflicht zu Gunsten der Gesundheit und des Lebens des freiverantwortlich handelnden Sportlers erfolgen würde. Zwar ist das Bestehen einer grundrechtlichen Schutzpflicht zu Gunsten der Gesundheit und des Lebens aus Art. 2 Abs. 2 S. 1 GG dem Grunde nach unbestritten, doch wird diese Schutzpflicht im konkreten Fall nicht virulent, da es der Einzelne in der Hand hat, durch eigenen Verzicht auf die Dopingsubstanzen die ihm drohenden Gefahren abzuwehren. Würde man das Recht auf körperliche Unversehrtheit nach Art. 2 Abs. 2 S. 1 GG in eine Pflicht zur gesundheitsmäßigen Lebensführung durch die Einführung eines dopingverbietenden Straftatbestandes umdeuten, so würde dies in der Konsequenz nichts anderes bedeuten, als dass man den freiheitlichen Charakter unserer Gesellschaftsordnung *diametral* umkehren würde (Tettinger, 1996a, S. 72). Hinzu kommt, dass die summarische Grundrechtsaussage als Maßstab legislatorischer Entscheidungen nur unter Abwägung objektiv- und subjektivrechtlicher Grundrechtskomponenten ermittelt werden kann und die Annahme einer grundrechtlichen Schutzpflicht zu Lasten des freiverantwortlich handelnden Sportlers gegen dessen eindeutige Entscheidung sprechen würde, auf seinen Gesundheitsschutz nach Art. 2 Abs. 2 S. 1 GG verzichten zu wollen. Der objektivrechtliche Grundrechtsgehalt in Ausprägung einer prinzipiell bestehenden Schutzpflicht des Staates ist somit durch den subjektivrechtlichen Freiheitsgehalt derselben Grundrechtsnorm in ähnlicher Weise begrenzt wie das Recht des einen Grundrechtsträgers an dem Recht eines anderen Grundrechtsträgers seine Schranke findet. Eine staatliche Pflicht, die Selbsteinnahme von Dopingstoffen zum Schutze der Gesundheit des dopenden Sportlers gegen dessen Willen zu verbieten, besteht daher nach unserem Staats- und damit auch Strafrechtsverständnis nicht (Rössner, 2000, S. 55).

2.9.2.2 Staatliche Schutzpflicht zu Gunsten des Sportethos

Legislatorische Tätigkeiten des Staates, die auf eine Bestrafung der regelwidrigen Einnahme von Dopingsubstanzen zielen, könnten jedoch nicht nur den Schutz der Gesundheit des dopenden Sportlers, sondern vor allem auch den mit der Dopingeinnahme gefährdeten Sportgeist, den Sportethos, im Blick haben. Um eine staatliche Rechtspflicht zum Schutze des Sportethos konstruieren zu können, wäre jedoch zunächst erforderlich, den Sportethos selbst rechtsnormativ zu fundieren. Denn schließlich gehört es nicht zu den Aufgaben des Staates, auf divergentes Verhalten im ausschließlich innergesellschaftlichen Bereich mit rechtlichen, zumal strafrechtlichen Mitteln zu reagieren. Bei der Frage, ob die Chancengleichheit als elementarer Bestandteil des Sportethos ein schützenswertes Rechtsgut ist, für dessen Verteidigung sich der Staat mit den Mitteln des Strafrechts einsetzen darf, muss von dem Grundsatz ausgegangen werden, dass es sich in erster Linie um ein hohes sportliches Gut und damit nicht um einen primär staatlichen Wert handelt (Rössner, 2000, S. 51). Allerdings ist die Chancengleichheit im Sport als Teil des Sportethos kein ausschließlich sportverbandliches Regelinternum, sondern partizipiert durch Kodifizierung in den Regelwerken an der gemeinschafts- wie grundrechtlich geschützten Vereinsautonomie gemäß Art. 11 EMRK i.V.m. Art. 6 Abs. 2 EUV bzw. Art. 9 Abs. 1 GG (Steiner, 2000, S. 12) und hat darüber hinaus in dem Übereinkommen des Europarats gegen Doping vom 16.11.1989 auch völkerrechtliche Anerkennung gefunden. So ist bereits ausgeführt worden, dass die Vereinsfreiheit in kollektivrechtlicher Hinsicht den Vereinen das Recht auf Funktionsentfaltung insbesondere durch satzungsmäßige Regelung ihrer inneren Ordnung verleiht. Danach sind Vereine und Verbände berechtigt, ihre eigenen sportethischen Wertvorstellungen wie etwa das Prinzip der Chancengleichheit zu entwerfen und diese etwa durch verbandsinterne Streitschlichtungsinstanzen durchzusetzen (Steiner, 1991, S. 2730). Insoweit sind die in Regelwerken kodifizierten sportverbandlichen Wertevorstellungen, wie insbesondere das Dopingverbot, plastischer Ausdruck rechtlich geschützter Grundrechtsfreiheit, so dass der Sportethos zumindest einen Belang darstellt, der durch das staatliche Rechtssystem anerkannt wird und damit ein von staatlicher Seite zu schützendes Rechtsgut ist (so beispielsweise auch Cherkeh & Momsen, 2001, S. 1747). Die Feststellung, dass der Sportethos ein schützenswertes Rechtsgut darstellt, zwingt jedoch nicht zur automatischen Annahme, dass dieser staatliche Schutz auch durch Schaffung strafrechtlicher Tatbestände abzusichern sei. Ansonsten müsste jedes grundrechtlich ableitbare Verhalten in irgendeiner Weise strafrechtlichen Schutz genießen und das Strafrecht wäre nicht mehr *ultima ratio* im System normativer Verhaltenssteuerung. Mit Blick auf das Erfordernis eines strafrechtlichen Schutzes muss daher vielmehr die Frage gestellt werden, worin der gemeinschafts- und verfassungsrechtliche Schutz des Sportethos genau besteht. So besteht der kollektivrechtliche Schutz der Vereinsfreiheit auf Grund der primär abwehrrechtlichen Funktion der Grundrechte darin, eine Freiheitssphäre der Vereine bzw. Verbände vor staatlichen Eingriffen zu sichern, während eine unmittelbare Wirkung im Verhältnis zwischen Sportlern und Verbänden abzulehnen ist. Die Schaffung eines Straftatbestandes, mit dem die regelwidrige Einnahme von Dopingstoffen wegen des damit verbundenen Angriffs auf den Sportethos staatlich sanktioniert werden würde, zielt hingegen auf die Abwehr von Angriffen, die von privaten Sportlern drohen. Der Schutzzweck eines dopingverbietenden Straftatbestandes würde sich damit in personeller Wirkrichtung von dem grundrechtlichen Schutzinhalt als Grundlage der Rechtsgutsanerkennung unterscheiden. Der Unterschied zwischen grund- und strafrechtlicher Schutzrichtung wäre zwar an sich nichts Ungewöhnliches, da das Strafrecht im Regelfall auf die Abwehr nichtstaatlicher Rechtsgutgefährdungen gerichtet ist und einen einfachgesetzlichen Drittschutz der Grundrechte mediatisiert. Allerdings würde dabei übersehen, dass mittelbare Gefährdungen der Vereinsfreiheit sowie weiterer Grundrechte im Sport regelmäßig den Sportlern von den monopolartig strukturierten Verbänden drohen und nicht umgekehrt von Sportlern ausgehen und die Freiheitssphären der Verbände betreffen. Die Pönalisierung des Dopings würde damit auf die Abwehr einer mittelbaren Grundrechtsgefährdung zielen, die keinesfalls als typische Gefährdungslage bezeichnet werden kann. Hinzu kommt, dass der Sportethos als ein unter die Vereinsautonomie fallendes Rechtsgut nicht an dem Kernbestand der Grundrechte teilhat, wie dies beispielsweise bei der Menschenwürde oder dem Recht auf Leben und körperliche Unversehrtheit der Fall ist. So handelt es sich zwar um eine wesentliche Regel der Sportverbände, die Ausstrahlungswirkungen für das allgemeine Verhalten in der Gesellschaft (Chancengleichheit, Fairplay) besitzt, doch sind diese Kriterien zu vage, um daraus eine legislatorische *Pflicht* zur Schaffung eines Straftatbestandes abzuleiten.

2.9.2.3 Staatliches Recht zur Pönalisierung des Dopings

Eine verfassungsrechtlich geführte Diskussion um die Einführung eines Straftatbestandes, der die Einnahme von Dopingsubstanzen sanktioniert, darf gleichwohl nicht bei den objektivrechtlichen Schutzpflichten der Grundrechte stehen bleiben, sondern muss nach weiteren verfassungsrechtlichen Fundierungen fragen. So besteht zwar keine Pflicht zur Schaffung eines dopingbezogenen Straftatbestands. Möglicherweise könnte jedoch der Staat aus verfassungsrechtlicher Perspektive zumindest berechtigt sein, die Einnahme von Dopingstoffen unter Strafe stellen. Denn grundsätzlich besitzt er eine auf seine formale Bestimmungskompetenz rückführbare legislative Einschätzungsprärogative, diejenigen Verhaltensweisen unter Strafe zu stellen, die seiner Auffassung nach strafwürdig sind. Materielle Verfassungspositionen, die die Schaffung eines dopingbezogenen Straftatbestandes durch den Bund begünstigen würden, sind dem Grundgesetz demgegenüber nicht zu entnehmen. So fehlt insbesondere eine grundgesetzliche Staatszielbestimmung, wonach der Sport und insbesondere die Sportverbände von staatlicher Seite zu fördern seien. Denn aus einer so formulierten Zielbestimmung ließe sich zumindest die bundesgesetzgeberische Aufgabe ableiten, den Sport und dabei insbesondere die Sportverbände mit ihren selbstnormierten Wertevorstellungen zumindest bei Gesetzesvorhaben als zu berücksichtigenden Abwägungsbelang einzustellen. Die landesverfassungsrechtlichen Förderklauseln, aus denen sich entsprechende positive gesetzgeberische Impulse ableiten ließen, entfalten dabei keine bindende Wirkung für den Bundesgesetzgeber. Geht man daher von einer grundsätzlichen Entscheidungsfreiheit des Gesetzgebers auch mit Blick auf einen dopingbezogenen Straftatbestand aus, so stellt sich vor dem Hintergrund einer verfassungsrechtlich verstandenen Verantwortung des Staates die Frage nach den formellen und materiellen Verfassungsgrenzen, die einer derartigen Strafrechtsnorm entgegen gehalten werden könnten. In formaler Hinsicht könnte man erwägen, ob das sog. Subsidiaritätsprinzip einer Pönalisierung des Selbstdopings entgegen steht. Dabei ist jedoch zu erkennen, dass das Subsidiaritätsprinzip keine allgemeine verfassungsrechtliche Fundierung gefunden hat, sondern nur bereichsspezifisch als rechtsnormative Schranke staatlichen Handelns fungiert. Demgegenüber wäre es jedoch auch verfehlt, wenn man dem Subsidiaritätsprinzip jegliche verfassungsrechtliche Bedeutung absprechen würde. Immerhin kommt ihm die Bedeutung eines sozialethischen Prinzips zu, das zumindest im Rahmen der Verfassungskonkretisierung Bedeutung erlangt und dabei das jeweilige Ziel der staatlichen Betätigung kritisch hinterfragt. Dabei kann es allenfalls als grobe Leitlinie für einfach strukturierte Beziehungen im Verhältnis von Staat und Gesellschaft fungieren (Bull, 1977, S. 199). Wendet man diese Grundsätze auf die Frage nach der Pönalisierung des mit Doping verbundenen Angriffs auf die in erster Linie sport- und damit gesellschaftsinternen Wertevorstellungen an, so würde man auf Grund des formalen Subsidiaritätsprinzips zunächst daran zweifeln können, dass der Staat berechtigt wäre, private Ziele (Sicherung des Sportethos) mit den Mitteln des Strafrechts zu erreichen. Allerdings gibt das Subsidiaritätsprinzip nur eine grobe Leitlinie in dem Verhältnis von Staat und Gesellschaft vor, so dass es zur Lösung von Einzelproblemen nur unter Zuhilfenahme weiterer verfassungsrechtlicher Kriterien, insbesondere grundrechtlicher Wertungen, beiträgt. Hinzu kommt schließlich, dass der durch Doping in Gefahr gebrachte Sportethos nicht ausschließlich sportinterne Bedeutung besitzt, sondern mit vielfältigen allgemeingesellschaftlichen Funktionen verbunden ist. So stellt beispielsweise das Prinzip der Chancengleichheit einen sportethischen Grundsatz dar, der dem Individuum zur Entfaltung persönlicher Charaktereigenschaften verhilft und zugleich die Bereitschaft und Fähigkeit zu sozial-normativem Handeln prägt und festigt. Der Schutz dieser Werte mit den Mitteln des Strafrechts würde das Bemühen der Sportverbände um gesellschaftliche Einübung von Werten und damit die sozialisierende Funktion des Sportethos unterstreichen. Eine grundsätzliche Nachrangigkeit des Staates bei der Dopingbekämpfung gegenüber den sportinternen Selbstbemühungen um die Bewahrung der eigenen Werte ist daher zumindest aus verfassungsrechtlicher Sicht nicht erkennbar. So könnte man ferner danach fragen, ob sich die Einführung eines dopingbezogenen Straftatbestandes nicht aus materiellen, insbesondere grundrechtlichen Belangen verbietet, da die Strafrechtsnorm einen Eingriff in das Recht auf Selbstgefährdung darstellt und bei professionellen Sportlern zugleich eine Beschränkung der Berufsausübungsfreiheit bedeutet. Bei Anwendung des Verhältnismäßigkeitsgrundsatzes als Schranke staatlichen Handelns müsste man jedoch berücksichtigen, dass die Einführung einer Strafrechtsnorm sich ebenfalls auf grundrechtliche Interessen zurückführen lässt. Zwar besteht keine objektivrechtliche Grundrechtsverpflichtung, die körperliche Unversehrtheit der dopenden Sportler und die Vereinsautonomie zu schützen, doch würde die Strafrechtsnorm zumindest diesen Interessen dienen. Bei Abwägung der widerstreitenden Gesichtspunkte, die der Staat bei den Schranken gesetzgeberischer Tätigkeiten einstellen müsste, wäre indes weder zu erkennen, dass die gegen eine Pönalisierung sprechenden Belange die Interessen an einer Bestrafung des Dopings überwiegen, noch umgekehrt die für eine Bestrafung sprechenden Argumente so durchschlagend sind, dass die gegen eine Bestrafung sprechenden Belange auf jeden Fall zurückzustehen haben. Aus grundrechtlicher Perspektive wäre somit die Einführung einer dopingverbietenden Strafrechtsnorm zwar nicht unzulässig. Allerdings bestehen massive Zweifel, dass ein solcher Straftatbestand aus kriminalpolitischen Erwägungen sinnvoll wäre. Denn die eigentliche Wirkung des Strafrechts liegt im Vollzug, wobei die entscheidenden Prozesse des Normerlernens und der Normverwirklichung in der Gemeinschaft selbst in sozialer Nähe verlaufen und ohne diesen Resonanzboden das weit vom Ort des Geschehens entfernte Strafrecht wenig Wirkung zeigt. So stellt Doping zwar ein sozialschädliches Ereignis dar, aber es ist - in den Worten von *Rössner* (2000, S. 49) – auch kein *crimen magiae*, mit dessen brutaler Verfolgung und ebensolchen Strafen man es ausrotten und damit die Welt des Sports wieder heil machen könnte. Dem Strafrecht eine Leitfunktion bei der rechtlichen Begrenzung des Dopings zusprechen zu wollen, ist daher verfehlt (Franz & Hartl, 1988, S. 2277 ff.). Dies sollte bei den politischen Überlegungen zur Schaffung eines dopingverbietenden Straftatbestandes berücksichtigt werden.

Nachwort

Der Sport zählt heute zu einem wesentlichen Teilsystem unserer Gesellschaft. Viele „Gesichter" prägen ihn. So können wir z.b. unter organisatorischen Prämissen folgende fünf Bereiche unterscheiden: Berufssport, Sport in staatlichen Institutionen, Vereinssport, Kommerzielle Sportangebote und Privaten Sport. Analog zu der Entwicklung des Sports hat auch die Bedeutung von Sporterziehung und Sportwissenschaft zugenommen. Das Rechtswesen kann ebenfalls als ein ganz wesentliches Teilsystem der Gesellschaft angesehen werden. Hier müssen wir davon ausgehen, dass die Verrechtlichung des Lebens gerade in jüngster Zeit sehr stark zugenommen hat und das gesellschaftliche sowie private Leben wesentlich bestimmt.

So wird in diesem Buch „Sport und Recht" gleichsam das „Aufeinandertreffen" zweier gesellschaftlicher Teilsysteme thematisiert, erklärt und den in beiden Systemen handelnden Akteuren erläutert. Für beide Teilsysteme ist dies eine große Herausforderung. Das Sportsystem – auf der einen Seite – wird mit seinem eigenen etablierten Rechtssystem mit den grundlegenden Rechtsverfahren konfrontiert. Das Rechtssystem – auf der anderen Seite – wird vor die Aufgabe gestellt, sich an Hand des Sportrechts daran zu gewöhnen, dass es solche thematisch gleichsam quer liegenden Rechtsbereiche gibt, die mehr oder weniger alle etablierten Teilbereiche des Rechtswesens tangieren.

Genauso wie die Sporterziehung der Bedeutungssteigerung des Sports unmittelbar folgt, ist dies mit der Rechtserziehung bezogen auf das Recht. Zu beidem kann das vorliegende umfassende Werk „Sport und Recht" ganz wesentlich beitragen.

Schließlich folgt auch für die beiden tangierten Wissenschaftsbereiche – Sportwissenschaft und Rechtswissenschaft – die Notwendigkeit, entsprechende Konsequenzen im Verhältnis von Sport und Recht aus dieser Entwicklung zu ziehen. Für die akademische Disziplin „Sportwissenschaft" kann dies wie folgt angedeutet werden: Sportrecht ist heute ein legitimes Theoriefeld der Sportwissenschaft. Letztere kann mit 12 Theoriefeldern in vier Bereichen in ihrem Gegenstand wie folgt beschrieben werden:

- Natur- und medizin-wissenschaftliche Orientierung (Sportmedizin, Sportbiomechanik, Sporttechnik),
- Sozial- und verhaltenswissenschaftliche Orientierung (Sportpsychologie, Sportpädagogik, Sportsoziologie),
- Politik-, wirtschafts- und rechtswissenschaftliche Orientierung (Sportpolitik, Sportökonomie, Sportrecht),
- Kulturwissenschaftliche Orientierung (Sportgeschichte, Sportphilosophie, Sportinformatik).

Für die akademische Disziplin Rechtswissenschaft heißt dies – wie bereits angedeutet – die Aufnahme des Themas „Sportrecht" in ihren Gegenstandsbereich zu verwirklichen.

So wird sowohl die Sportwissenschaft als auch die Rechtswissenschaft durch das vorliegende Buch „Sport und Recht" bereichert und herausgefordert.

Dieser Veröffentlichung wird als Konsequenz viel Erfolg, d.h. eine breite Leserschaft gewünscht. Sie kann dann zur konstruktiven Weiterentwicklung von Sport und Recht, Sporterziehung und Rechtserziehung sowie Sportwissenschaft und Rechtswissenschaft beitragen.

Herbert Haag
Kiel, Mai 2004

Literaturverzeichnis

Ahlers, R. (1994). Doping und strafrechtliche Verantwortlichkeit: zum strafrechtlichen Schutz des Sportlers vor Körperschäden durch Doping (1. Aufl.). Baden-Baden: Nomos.

Albrecht, K.-D. (1982). Probleme der Kostenerhebung für polizeiliche Maßnahmen. In M. Schreiber (Hrsg.), Polizeilicher Eingriff und Grundrechte, Festschrift zum 70. Geburtstag von Rudolf Samper (S. 165-179). Stuttgart u.a.: Boorberg.

Alexy, R. (1994). Theorie der Grundrechte (2. Aufl.). Frankfurt a.M.: Suhrkamp.

Arens, W. (1994). Transferbestimmungen im Fußballsport im Lichte des Arbeits- und Verfassungsrechts. SpuRt, 1994, 179-188.

Baecker, W. (1985). Grenzen der Verbandsautonomie im deutschen Sportverbandswesen. Berlin: Duncker & Humblot.

Bar, C. von (1991). Internationales Privatrecht, Band 2. München: Beck.

Battis, U., Krautzberger, M. & Löhr, R.-P. (2002). Baugesetzbuch (8. Aufl.). München: Beck.

Bauer, M. (1999). Kultur und Sport im Bundesverfassungsrecht. Frankfurt a.M. u.a.: Lang.

Bender, B., Sparwasser, R. & Engel, R. (1995). Umweltrecht (3. Aufl.). Heidelberg: Müller.

Berkemann, J. (1992). Sportstättenbau in Wohngebieten – Alte und neue bau- und immissionsschutzrechtliche Probleme. NVwZ, 1992, 817-829.

Berkemann, J. (1998). Sport und Freizeitaktivitäten in der gerichtlichen Auseinandersetzung. NuR, 1998, 565-577.

Beste, H. (1998). Policing the Poor – Profitorientierte Sicherheitsdienste als neue Kontrollunternehmer. In C. Gusy (Hrsg.), Privatisierung von Staatsaufgaben, Kriterien, Grenzen, Folgen (S. 180-214). Baden-Baden: Nomos.

Blank, E. (1983). Sportförderung der Gemeinden. In E. Gieseler (federführend), E. Blank, H. J. Dellmann, A. Kirsch, G. Pelshenke, D. R. Quanz, J. K. Rühl, K. Schmidt & W. Tröger (Hrsg.), Der Sport in der Bundesrepublik (S. 177-186). Wiesbaden: Wirtschaftsverlag.

Bleckmann, A. (1989). Staatsrecht II, Die Grundrechte (3. Aufl.). Köln: Heymann.

Blümel, W. (1990). Verwaltungszuständigkeit. In J. Isensee & P. Kirchhof (Hrsg.), Handbuch des Staatsrechts (Band IV, § 101, Rn. 3). Heidelberg: Müller.

Blumenberg, H. (1995). Steuerung des Wassersports durch Umweltrecht. Baden-Baden: Nomos.

Böckenförde, E.-W. (1990). Grundrechte als Grundsatznormen – zur gegenwärtigen Lage der Grundrechtsdogmatik. Der Staat 29, 1- 31.

Böckenförde, E.-W. (1980). Zum Ende des Schulgebetsstreits. DÖV, 323-327.

Böckenförde, E.-W. (1980). Elternrecht – Recht des Kindes – Recht des Staates. In W. Geiger (Hrsg.), Essener Gespräche zum Thema Staat und Kirche, Heft 14, 54-127.

Breuer, R. (2001). *Freiheit des Berufs*. In J. Isensee & P. Kirchhof (Hrsg.), Handbuch des Staatsrechts, Band VI, § 147. Heidelberg: Müller.

Bröhmer, J. (2002). Art. 43. In C. Calliess & M. Ruffert (Hrsg.), Kommentar des Vertrags über die Europäische Union und des Vertrages zur Gründung der Europäischen Gemeinschaft – EUV / EGV (2. Aufl.). Neuwied: Luchterhand.

Brohm, W. (2002). Öffentliches Baurecht (3. Aufl.). München: Beck.

Broß, S. (1983). Zur Erstattung der Kosten von Polizeieinsätzen. DVBl., 377-383.

Bull, H. P. (1977). Die Staatsaufgaben nach dem Grundgesetz (2. Aufl.). Kronberg/Taunus: Athenäum.

Burgi, M. (1993). Erholung in freier Natur. Berlin: Duncker & Humblot.

Burgi, M. (1999). Funktionale Privatisierung und Verwaltungshilfe, Staatsaufgabendogmatik – Phänomenologie – Verfassungsrecht. Tübingen: Mohr Siebeck.

Burmeister, J. (1978). Sportverbandswesen und Verfassungsrecht. DÖV, 1-11.

Calliess, C. & Ruffert, M. (Hrsg.) (2002). Kommentar des Vertrags über die Europäische Union und des Vertrages zur Gründung der Europäischen Gemeinschaft – EUV / EGV (2. Aufl.). Neuwied: Luchterhand.

Cherkeh, R. T. & Momsen, C. (2001). Doping als Wettbewerbsverzerrung?. NJW, 1745-1752.

Cremer, W. (1995). Forschungssubventionen im Lichte des EGV. Baden-Baden: Nomos.

Cremer, W. (2002). Art. 87. In C. Calliess & M. Ruffert (Hrsg.), Kommentar des Vertrags über die Europäische Union und des Vertrages zur Gründung der Europäischen Gemeinschaft – EUV / EGV (2. Aufl.). Neuwied: Luchterhand.

Degenhart, C. & Meissner, C. (1997). Handbuch der Verfassung des Freistaates Sachsen. Stuttgart u.a.: Boorberg.

Deutsch, E. (Hrsg.) (1993). Teilnahme am Sport als Rechtsproblem: verbands-, vereins- und deliktsrechtliche Probleme. Recht und Sport, Band 16, 23 ff.

Dölling, D. (1984). Die Behandlung der Körperverletzung im Sport im System der strafrechtlichen Sozialkontrolle. ZStW 96, 36-65.

Dreier, H. (Hrsg.) (1996, 1998, 2000). Grundgesetz Kommentar, Band I (Art. 1-19), Band II (Art. 20-82), Band III (Art. 83-146). Tübingen: Mohr Siebeck.

Ehlermann, C.-D. & Bieber, R. (1983). Handbuch des europäischen Rechts, Loseblatt. Baden-Baden: Nomos.

Epiney, A. (1997). Umweltrecht in der Europäischen Union. Köln: Heymanns.

Erbel, G. (1985). Zur Polizeiplichtigkeit des sog. „Zweckveranlassers". JuS, 257-263.

Erbguth, W. & Stollmann, F. (2001). Sport, Tourismus und Umwelt: Europarechtliche Vorgaben. SpuRt, 138-142.

Erbguth, W. (1999). Sport und Umwelt- Europarechtliche Vorgaben. NuR, 426-430.

Eser, A. (1978). Zur strafrechtlichen Verantwortlichkeit des Sportlers, insbesondere des Fußballspielers. JZ, 368-374.

Feldmann, F.-J. (2003). § 34 Umweltverträglichkeitsprüfung. In H.-W. Rengeling (Hrsg.), Handbuch zum europäischen und deutschen Umweltrecht: eine systematische Darstellung des europäischen Umweltrechts mit seinen Auswirkungen auf das deutsche Recht und mit rechtspolitischen Perspektiven, Band I (2. Aufl.) (S. 1115-1159). Köln: Heymann.

Finkelnburg, K. & Ortloff, K.-M. (1998). Öffentliches Baurecht, Band I (Bauplanungsrecht) (5. Aufl.). München: Beck.

Fischer, H. G. (1994). EG-Freizügigkeit und Sport. SpuRt, 174-178.

Fischer, H. G. (1996). EG-Freizügigkeit und bezahlter Sport – Inhalt und Auswirkungen des Bosman-Urteils des EuGH. SpuRt, 34-38.

Franz, K. & Hartl, M. (1988). „Doping" durch den Arzt als „ärztliche Tätigkeit". NJW, 2277-2279.

Frey, G. (1982). Kindgemäßes Leistungstraining, Trainingspraktische Überlegungen aufgrund trainingswissenschaftlicher Erkenntnisse. Sportwissenschaft, 275-300.

Friauf, K. H. (1966). Bemerkungen zur verfassungsrechtlichen Problematik des Subventionswesens. DVBl., 729-738.

Friauf, K. H. (1999). Polizei- und Ordnungsrecht. In E. Schmidt-Aßmann & P. Badura (Hrsg.), Besonderes Verwaltungsrecht (11. Aufl.) (S. 105-217). Berlin: de Gruyter.

Friesecke, A. (1960). Bundeswasserstraßengesetz: Kommentar (4. Aufl.). Köln: Heymann.

Friesecke, A. (1960). Die Gemeinverträglichkeit im Wasserrecht. DVBl., 711-714.

Fritzweiler, J. (1998). Ein § 299a StGB als neuer Straftatbestand für den sich dopenden Sportler?. SpuRt, 234-235.

Fritzweiler, J., Pfister, B. & Summerer, T. (Hrsg.) (1998). Praxishandbuch Sportrecht. München: Beck.

Gaentzsch, G. (1991). Sport im Bauplanungs- und Immissionsschutzrecht. In W. Lenz (Hrsg.), Festschrift für Konrad Gelzer zum 75. Geburtstag (S. 29-42). Düsseldorf: Werner.

Gassner, E. (1987). Der Ersatz des ökologischen Schadens nach dem geltenden Recht. UPR, 370-374.

Gernhuber, J. (1962). Elterliche Gewalt heute. FamRZ, 89-96.

Gitter, W. & Schwarz, W. (1982). Sport und Sozialversicherung. RdA 92, 37-46.

Gitter, W. (1992). Arbeitsverhältnisse der Sportler. In R. Richardi & O. Wlotzke (Hrsg.), Münchener Handbuch zum Arbeitsrecht (2. Aufl.) (S. 1759-1800), Band 2. München: Beck.

Götz, V. (1966). Recht der Wirtschaftssubventionen. München: Beck.

Grabitz, E. & Hilf, M. (Hrsg.) (Stand: 2003). Das Recht der Europäischen Union, Band I, Loseblatt. München: Beck.

Gramlich, L. (1996). Grundfreiheiten contra Grundrechte im Gemeinschaftsrecht? – Überlegungen aus Anlaß der EuGH-Entscheidung „Bosman". DÖV, 801-811.

Grimm, D. (1984). Kulturauftrag im staatlichen Gemeinwesen. VVDStRL, 42, 46-82.

Grupp, K. (1987). Sportliche Nutzungen und Gemeingebrauch an öffentlichen Gewässern sowie ihre Begrenzungen. In C. Krähe (Hrsg.), Wassersport auf Binnengewässern und Bodensee, Recht und Sport, Band 8 (S. 13-34). Heidelberg: Müller.

Gubelt, M. (1995, 1996, 2000). Art. 12. In I. v. Münch & P. Kunig (Hrsg.), Grundgesetz-Kommentar, Band 1 (5. Aufl. 2000). Band 2 (Art. 21 bis Art. 69) (3. Aufl. 1995). Band 3 (Art. 70-146) (3. Aufl. 1996). München: Beck.

Günther, H.-L. (1978). Die Genese eines Straftatbestandes. JuS, 1-8.

Günther, H. L., Horn, E., Hoyer, A., Rudolphi, H.-J. & Samson, E. (Stand 1999). Systematischer Kommentar zum Strafgesetzbuch, Band II, Besonderer Teil (6. Aufl.). Neuwied: Luchterhand.

Günther, K. (1990). Der Wandel der Staatsaufgaben und die Krise des regulativen Rechts. In D. Grimm (Hrsg.), Wachsende Staatsaufgaben – sinkende Steuerungsfähigkeit des Rechts (S. 51-68). Baden-Baden: Nomos.

Haas, U. (1997). Sind Staatsanwälte verpflichtet, gegen Dopingärzte Ermittlungsverfahren einzuleiten?. SpuRt, 56-59.

Haas, U. & Prokop, C. (1998). Die Autonomie der Sportverbände und die Rechtsstellung der Athleten. JR, 45-53.

Habscheid, W. J. (1972). Vereinsrecht und staatliche Gerichtsbarkeit. In F.-C. Schroeder & H. Kauffmann (Hrsg.), Sport und Recht (S. 158-174). Berlin u.a.: de Gruyter.

Häberle, P. (1994). Die Verfassungsbewegung in den fünf neuen Bundesländern Deutschlands 1991 bis 1992. JöR 42, 149-200 sowie 201-324 (Textanhänge).

Hager, J. (2001). Kindersport und Elternverantwortung. In W. D. Walker (Hrsg.), Kinder- und Jugendschutz im Sport, Recht und Sport, Band 30, Stuttgart u.a.: Boorberg.

Hager, G. (2002). Der Vorschlag einer europäischen Richtlinie zur Umwelthaftung. JZ, 901-911.

Hahn, J. (2000, 1. April). Guten Sportjournalismus bekommt man nicht per Gesetz. F.A.Z., S. 23.

Halfmann, C. (1991). Nachbarrechtliche Konflikte bei Planung, Bau und Betrieb von Sportanlagen. Sankt Augustin: Academia-Verlag Richarz.

Hannamann, I. (2001). Kartellverbot und Verhaltenskoordinationen im Sport. Berlin: Duncker & Humblot.

Hasche, F. (2000). Die Pflichten des Bundes-Bodenschutzgesetzes. DVBl., 91-102.

Haverkate, G. (1983). Rechtsfragen des Leistungsstaats. Tübingen: Mohr Siebeck.

Heermann, P. W. (1997). Der Deutsche Fußballbund (DFB) im Spannungsfeld von Kartell- und Konzernrecht. ZHR 161, 665-714.

Henke, W. (1979). Das Recht der Wirtschaftssubventionen als öffentliches Vertragsrecht. Tübingen: Mohr.

Hennes, W. (1994). Sicherheitsfragen bei Sportveranstaltungen, Anforderungen und Maßnahmen des DFB. In W. Schild (Hrsg.), Rechtliche Aspekte bei Sportgroßveranstaltungen, Recht und Sport, Band 18 (S. 1-11). Heidelberg: Müller.

Henseler, P. (1988). Grundfragen einer Umweltgefährdungshaftung. Jahrbuch des Umwelt- und Technikrechts, 205-259.

Hepp-Schwab, H., Palme, C. & Wilske, S. (1994). Freizügigkeit im Profisport – EG-rechtliche Gewährleistung und prozessuale Durchsetzbarkeit. JZ, 343-349.

Hesse, K. (1995). Grundzüge des Verfassungsrechts der Bundesrepublik Deutschland (20. Aufl.). Heidelberg: Müller.

Hilf, M. & Pache, E. (1996). Das Bosman-Urteil des EuGH, Zur Geltung der EG-Grundfreiheiten für den Berufsfußball. NJW, 1169-1177.

Hilf, M. (1984). Die Freizügigkeit des Berufsfußballspielers innerhalb der Europäischen Gemeinschaft. NJW, 517-523.

Hilpert, H. (1997). Sport und Arbeitsrecht. RdA, 92-100.

Hilpert, H. (1988). Organisation und Tätigkeit von Verbandsgerichten – Eine Erläuterung am Beispiel der Sportgerichtsbarkeit. BayVBl., 161-171.

Himmelseher, V. (1999). Besondere Versicherungen des organisierten Sports für seinen Betrieb und seine Veranstaltungen. In ders. (Hrsg.), Privat- und Sozialversicherungsrechtliche Probleme im organisierten Sportbetrieb, Recht und Sport, Band 26 (S. 9-42). Suttgart u.a.: Boorberg.

Höfling, W. (1999). Art. 9 GG. In M. Sachs (Hrsg.), Grundgesetz (2. Auflage). München: Beck.

Hoffmeister, F. & Kokott, J. (2002). Öffentlich-rechtlicher Ausgleich für Umweltschäden in Deutschland und in hoheitsfreien Räumen. Berlin: Schmidt.

Hofmann, K. (2002). Das Internationale Sportschiedsgericht (CAS) in Lausanne. SpuRt, 7-11.

Holste, H. (2002). ...und die Tiere – Das Staatsziel Tierschutz in Art. 20a GG. JA, 907-912.

Hoppe, W., Beckmann, M. & Kauch, P. (2000). Umweltrecht (2. Aufl.). München: Beck.

Huber, P.-M. (1994). Erziehungsauftrag und Erziehungsmaßstab der Schule im freiheitlichen Verfassungsstaat. BayVBl., 545-554.

Hüpers, F. (1995). Umwelthaftungsrecht. In W. Kahl & A. Vosskuhle (Hrsg.), Grundkurs Umweltrecht (S. 285-313). Heidelberg u.a.: Müller.

Isensee, J. (1992). Grundrechtsvoraussetzungen und Verfassungserwartungen. In ders. & P. Kirchhof (Hrsg.), Handbuch des Staatsrechts, Band V (§ 115) Heidelberg: Müller.

Isensee, J. (1977). Demokratischer Rechtsstaat und staatsfreie Ethik. Essener Gespräche, Band 11, 92-120.

Isensee, J. & Kirchof, P. (Hrsg.) (1987, 1988, 1990, 1992, 1997, 2001). Handbuch des Staatsrechts der Bundesrepublik Deutschland, Band I, Grundlagen von Staat und Verfassung, 1987; Band II, Demokratische Willensbildung – Die Staatsorgane des Bundes, 1987; Band III, Das Handeln des Staates, 1988; Band IV, Finanzverfassung – Bundesstaatliche Ordnung, 1990; Band V, Allgemeine Grundrechtslehren, 1992; Band VI, Freiheitsrechte (2. Aufl.), 2001; Band VII, Normativität und Schutz der Verfassung – Internationale Beziehungen, 1992; Band IX, Die Einheit Deutschlands – Festigung und Übergang, 1997. Heidelberg: Müller.

Jänich, V. M. (1998). Fußballübertragungsrechte und Kartellrecht, Anmerkungen zu BGH, Beschl. v. 11.12.1997 – KVR 7/96 – Europapokalheimspiele. GRUR, 438-444.

Jarass, H. D. & Pieroth, B. (Hrsg.) (2002). Grundgesetz für die Bundesrepublik Deutschland (6. Aufl.). München: Beck.

Jescheck, H.-H. & Weigend, T. (1996). Lehrbuch des Strafrechts, Allgemeiner Teil (5. Aufl.). Berlin: Duncker & Humblot.

Jung, H. (1992). Der praktische Fall, – Strafrecht –, Der listige Sportler. JuS, 131-134.

Kadner, G. T. (1995). Der Ersatz ökologischer Schäden. Berlin: Duncker & Humblot.

Kaske, J. (1983). Das arbeitsrechtliche Direktionsrecht und arbeitsrechtliche Treuepflichten im Berufssport. Bayreuth: Univ. Diss.

Kayser, C. (1995). Ordnungsrechtliche Regelungen im europäischen Ausland. In Deutscher Sportbund (Hrsg.), H. Jägemann & R. Strojec (Redaktion), Fließgewässer und Freizeitsport, Dokumentation der Fachtagung am 9.11.1995 in Neu-Isenburg. Frankfurt a. M.: Dt. Sportbund.

Ketteler, G. (1992). Die Bedeutung der Sportanlagenlärmschutzverordnung im Spannungsfeld zwischen Sport und Wohnen. BauR, 459-471.

Kirchhof, P. (1978). Die Grundrechte des Kindes und das natürliche Elternrecht. In Sammlung Göschen, Praxis des neuen Familienrechts (S. 171-187). Berlin: de Gruyter.

Klein, H. H. (1965). Zum Begriff der öffentlichen Aufgabe. DÖV, 755-759.

Kloepfer, M. (1988). Umweltrisiken und Haftungsregeln – Rechtspolitische Aspekte, ZfU, 243-258.

Kloepfer, M. & Brandner, T. (1988). Wassersport und Umweltschutz, Beschränkungsmöglichkeiten des Wassersports durch die Gemeingebrauchs- und Schiffahrtsvorschriften im Wasserrecht, NVwZ, 115-121.

Klose, F. & Orf, S. (1998). Forstrecht – Erhaltung des Waldes, Sicherung der Waldfunktionen, Förderung der Forstwirtschaft, Kommentar zum Forstrecht (2. Aufl.). Münster: Aschendorff.

Kluth, W. (2002). Art. 50. In C. Calliess & M. Ruffert (Hrsg.), Kommentar des Vertrags über die Europäische Union und des Vertrages zur Gründung der Europäischen Gemeinschaft – EUV / EGV (2. Aufl.). Neuwied: Luchterhand.

Knauber, R. (1985). Gemeinwohlbelange des Naturschutzes und Gemeinwohlgebrauch der Landschaft durch Sport. NuR, 308-318.

Knopp, G.–M. (1988). Wiedergutmachung ökologischer Schäden nach § 22 WHG. ZfW, 261-269.

Koenig, C. & Kühling, J. (2002). EG-Beihilferecht, private Sportunternehmen und öffentliche Förderung von Sportinfrastrukturen, Wie lange lässt die Brüsseler Löwin die Antilopen noch in Ruhe grasen?. SpuRt, 53-59.

Körner, H. (1989). Doping – Der Drogenmißbrauch im Sport und im Stall. ZRP, 418-422.

Körner, M. (2000). Die rechtliche Stellung des Sportlers bei der Vermarktung. Bonn: Univ. Diss.

Kohl, J. (1984). Schule und Eltern in der Rechtsprechung des Bundesverfassungsgerichts. In T. Maunz, W. Zeidler & G. Roellecke (Hrsg.), Festschrift für Hans Jochachim Faller (S. 201-215). München: Beck.

Krogmann, M. (1998). Grundrechte im Sport. Berlin: Duncker & Humblot.

Krogmann, M. (2001). Sport und Europarecht (1. Aufl.). Baden-Baden: Nomos.

Kühl, K. (2002). Strafrecht – Allgemeiner Teil (4. Aufl.). München: Beck.

Kulas, A. (2001). Privatisierung hoheitlicher Verwaltung: Zur Zulässigkeit privater Strafverfolgungsanstalten (2. Aufl.). Köln u.a.: Heymann.

Kummer, M. (1973). Spielregel und Rechtsregel. Bern: Stämpfli & Cie.

Lagodny, O. (1996). Strafrecht vor den Schranken der Grundrechte: die Ermächtigung zum strafrechtlichen Vorwurf im Lichte der Grundrechtsdogmatik; dargestellt am Beispiel der Vorfeldkriminalisierung. Tübingen: Mohr.

Lefèvre, D. (1977). Staatliche Ausfuhrförderung und das Verbot wettbewerbsverfälschender Beihilfen im EWG-Vertrag. Baden-Baden: Nomos.

Lenckner, T. (1968). Wertausfüllungsbedürftige Begriffe im Strafrecht und der Satz „nullum crimen sine lege". JuS, 249-257 (1. Teil) sowie 304-310 (2. Teil).

Lenckner, T. (1960). Die Einwilligung Minderjähriger und deren gesetzlicher Vertreter. ZStW, 72, 446-463.

Lenz, R. (2000). Die Verfassungsmäßigkeit der Anti-Doping-Bestimmungen. Frankfurt a. M. u.a.: Lang.

Linck, J. (1987). Doping und staatliches Recht. NJW, 2545-2551.

Linck, J. (1993). Doping aus juristischer Sicht. MedR, 55-62.

Lindemann, H. (1994). Sportgerichtsbarkeit, Aufbau, Zugang, Verfahren. SpuRt, 17-23.

Lücke, J. (1982). Soziale Grundrechte als Staatszielbestimmungen und Gesetzgebungsaufträge. AöR, 107, 15-60.

Majer, D. (1982). Die Kostenerstattungspflicht für Polizeieinsätze aus Anlaß von privaten Veranstaltungen, Ein Beitrag zur Inanspruchnahme öffentlicher Einrichtungen für privatnützige Zwecke. VerwArch, 73, 167-195.

Majerski-Pahlen, M. (1990). Sozialleistungen für Sportlerinnen und Sportler. SGb, 49-58.

Markert, L. & Schmidbauer, W. (1993). Polizeirechtliche Probleme von Sportgroßveranstaltungen. BayVBl., 517-521.

Markert, L. & Schmidbauer, W. (1994). Polizeitaktische und polizeirechtliche Probleme bei Sportgroßveranstaltungen. In W. Schild (Hrsg.), Rechtliche Aspekte bei Sportgroßveranstaltungen, Recht und Sport, Band 18 (S. 35-61). Heidelberg: Müller.

Markert, L. & Schmidbauer, W. (1994). Gewalt im Sportstadion, Polizeitaktische Überlegungen zur Problembewältigung. Kriminalistik, 493-498.

Martens, W. (1972). Grundrechte im Leistungsstaat. VVDStRL, 30, 7-42.

Martin, D. (1982). Zur sportlichen Leistungsfähigkeit von Kindern, Eine Zusammenfassung des gegenwärtigen Erkenntnisstandes aus trainingswissenschaftlicher Sicht. Sportwissenschaft, 255-274.

Mathieu, T. (1983). Sport und Freizeit. In G. Püttner (Hrsg.), Handbuch der kommunalen Wissenschaft und Praxis, Band 4, Die Fachaufgaben (2. Aufl.) (§ 82). Berlin u.a.: Springer.

Medicus, D. (1986). Zivilrecht und Umweltschutz. JZ, 778-785.

Menge, M. (1984). Medizinische Aspekte des Kinderhochleistungssports. In U. Steiner (Hrsg.), Kinderhochleistungssport, Recht und Sport, Band 1 (S. 1-14). Heidelberg: Müller.

Merten, D. (1989). Vereinsfreiheit. In J. Isensee & P. Kirchhof (Hrsg.), Handbuch des Staatsrechts, Band VI (§ 144). Heidelberg: Müller.

Meßerschmidt, K. (Stand: Oktober 2002). Bundesnaturschutzgesetz, Kommentar. Heidelberg: Müller.

Meyer, H. & Borgs-Maciejewski, H. (1982). Verwaltungsverfahrensgesetz (2. Aufl.). Frankfurt a.M.: Metzner.

Münch, I. von & Kunig, P. (Hrsg.) (1995, 1996, 2000). Grundgesetz-Kommentar, Band 1 (5. Aufl.) 2000; Band 2 (Art. 21 bis Art. 69) (3. Aufl.) 1995; Band 3 (Art. 70-146) (3. Aufl.) 1996. München: Beck.

Münch, I. von (1995). In: R. Dolzer & K. Vogel (Hrsg.), Bonner Kommentar, GG Band II, Heidelberg 1995, (Zweitbearbeitung 1975), Band III (Art. 19 Abs. 3) (Zweitbearbeitung 1975), Band IV (Art. 20a) (1996), Band V (Art. 46) (Zweitbearbeitung 1981). Heidelberg: Müller.

Münch, I. von (1986). Die Stellung des Sports in der modernen Verfassungsordnung unseres Sozial- und Kulturstaates. Hamburg: Univ. Hamburg.

Mutius, A. von (1983). Die Vereinigungsfreiheit gem. Art. 9 Abs. 1 GG, Repetitorium Öffentliches Recht. Jura, 193-203.

Mutius, A. von & Nolte, M. (2002). Das vereinsrechtliche Kennzeichenverbot zwischen internationaler Terrorismusbekämpfung und nationaler Vereinsfreiheit. In dies. (Hrsg.), Das vereinsrechtliche Kennzeichenverbot als Instrument zur internationalen Terrorismusbekämpfung (S. 1-29). Kiel: Lorenz-von-Stein-Institut für Verwaltungswissenschaften.

Mutius, A. von & Nolte, M. (2003). Sportrecht. In H. Haag & B. Strauß (Hrsg.), Theoriefelder der Sportwissenschaft (S. 201-219). Schorndorf: Hofmann.

Nolte, M. (1999). Die Erholungsfunktion des Waldes (2. Aufl.). Kiel: Lorenz-von-Stein-Institut für Verwaltungswissenschaften.

Nolte, M & Polzin, C. (2001a). Grundrechtskollisionen im Sport – Zur Grundrechtskonformität sportverbandlicher Satzungsbestimmungen. NZG, 838-841.

Nolte, M. & Polzin, C. (2001b). Zum Aufnahmezwang für Verbände mit überragender Machtstellung. NZG, 981 f.

Oppermann, T. (2001). Schule und berufliche Ausbildung. In J. Isensee & P. Kirchhof (Hrsg.), Band VI (2. Aufl.) (§ 135). Heidelberg: Müller.
Ossenbühl, F. (1977). Schule im Rechtsstaat. DÖV, 801-812.
Ossenbühl, F. (1981). Das elterliche Erziehungsrecht im Sinne des Grundgesetzes. Berlin: Duncker & Humblot.
Otto, F. (1992). Ersatz für geschützte Bäume. UPR, 365 ff.
Parzeller, M. (2001). Die strafrechtliche Verantwortung des Arztes beim Doping, Criminal law and the responsibilities of physicians in cases of doping.Deutsche Zeitschrift für Sportmedizin, 162-167.
Pernice, I. (1998). Art. 32. In H. Dreier (Hrsg.), Kommentar zum Grundgesetz, Band II (Art. 20-82). Tübingen: Mohr Siebeck.
Pfister, B. & Steiner, U. (1995). Sportrecht von A-Z. München: Dt. Taschenbuchverlag.
Pfister, B. (1991). Autonomie des Sports, sport-typisches Verhalten und staatliches Recht. In ders. & M. R. Will (Hrsg.), Festschrift für Werner Lorenz zum siebzigsten Geburtstag (S. 171-192). Tübingen: Mohr Siebeck.
Pfister, B. (1995). Das „Krabbe-Urteil" – Urteilsanmerkung 2. Teil, Kollisions- und materiellrechtliche Probleme. SpuRt, 250-253.
Pieroth, B. (1994). Erziehungsauftrag und Erziehungsmaßstab der Schule im freiheitlichen Verfassungsstaat. DVBl, 549-961.
Pieroth, B. & Schlink, B. (2002). Grundrechte, Staatsrecht II (18. Aufl.) Heidelberg: Müller.
Pikart, H. (1984). Bürgerlich-rechtliche Rechtsfragen bei Lärmbelästigungen durch den Betrieb von Sportanlagen im Wohnbereich. In ders., K. Gelzer & H.-J. Papier (Hrsg.), Umwelteinwirkungen durch Sportanlagen (S. 3-48). Düsseldorf: Werner.
Prokop, C. (2000). Die Grenzen der Dopingverbote (1. Aufl.). Baden-Baden: Nomos.
Rain, J. (1998). Die Einwilligung des Sportlers beim Doping. Frankfurt a.M.: Lang.
Randelzhofer, A. (Stand 2003). Art. 39. In E. Grabitz & M. Hilf (Hrsg.), Das Recht der Europäischen Union, Band I, Loseblatt. München: Beck.
Rehbinder, E. (1989). Fortentwicklung des Umwelthaftungsrechts in der Bundesrepublik Deutschland. NuR, 149-163.

Reichert, B. & Look, F. van (2003). Handbuch des Vereins- und Verbandsrechts (9. Aufl.). Neuwied: Luchterhand.

Ress, G. & Uckow, J. (Stand: 2003). Art. 151. In E. Grabitz & M. Hilf (Hrsg.), Das Recht der Europäischen Union, Band I, Loseblatt. München: Beck.

Röhl, H. C. (1994). Allgemeine Rechtslehre. Köln: Heymann.

Röper, E. (1981). Kostenabwälzung des Polizeieinsatzes auf Verursacher. DVBl, 780-782.

Rössner, D. (2000). Rechtssoziologische Aspekte des Dopings. In H. Digel (Hrsg.), Spitzensport – Chancen und Probleme –, Jahrestagung der DVS- Sektion „Sportsoziologie" vom 29. Juni bis 1. Juli 2000 in Tübingen (S. 43-64). Schorndorf: Hofmann.

Rössner, D. (1968). Fahrlässiges Verhalten im Sport als Prüfstein der Fahrlässigkeitsdogmatik. In Mitglieder der juristischen Fakultät der Freien Universität Berlin, Berliner Festschrift für Ernst E. Hirsch zum 65. Geburtstag (S. 313-325). Berlin: Duncker & Humblot.

Röthel, A. (2001). Verfassungsprivatrecht aus Richterhand? – Verfassungsbindung und Gesetzesbindung der Zivilgerichtsbarkeit. JuS, 424-429.

Roxin, C. (1964). Verwerflichkeit und Sittenwidrigkeit als unrechtsbegründende Merkmale im Strafrecht. JuS, 373-381.

Rupp, H. H. (1975). Die « Verwaltungsvorschriften » im grundgesetzlichen Normensystem – Zum Wandel einer verfassungsrechtlichen Institution. JuS, 609-616.

Sachs, M. (1993). Zur Verfassung des Landes Brandenburg. LKV, 241-248.

Salzwedel, J. (1962). Gemeingebrauch im Wegerecht und Wasserrecht. ZfW, 73-93.

Salzwedel, J. (1963). Gedanken zur Fortentwicklung des Rechts der öffentlichen Sachen. DÖV, 241-251.

Schemel, H.-J. & Erbguth, W. (2000). Handbuch Sport und Umwelt: Ziele, Analysen, Bewertungen, Lösungsansätze, Rechtsfragen (3. Aufl.). Aachen: Meyer & Meyer.

Schenke, W.-R. (1983). Erstattung der Kosten von Polizeieinsätzen. DVBl., 678.

Scheuner, U. (1972). Staatszielbestimmungen. In R. Schnur (Hrsg.), Festschrift für Ernst Forsthoff zum 70. Geburtstag (S. 325-346). München: Beck.

Schimke, M. (1996). Sportrecht. Frankfurt a.M.: Fischer Taschenbuchverlag.

Schimmel, B. (1999). Die Versicherung der Landessportverbände. In V. Himmelseher (Hrsg.), Privat- und Sozialversicherungsrechtliche Probleme im organisierten Sportbetrieb, Recht und Sport, Band 26 (S. 67-82). Stuttgart u.a.: Boorberg.

Schlosser, P. (1972). Vereins- und Verbandsgerichtsbarkeit. München: Goldmann.

Schmidt, R. (1993). Neuere höchstrichterliche Rechtsprechung zum Umweltrecht. JZ , 1086-1096.

Schmidt-Aßmann, E. (Stand: 2003). Art. 103 GG. In T. Maunz & G. Dürig (Hrsg.), Kommentar zum Grundgesetz- Loseblatt. München: Beck.

Schmidt-Bleibtreu, B. & Klein, H. H. (Hrsg.) (1999). Kommentar zum Grundgesetz (9. Aufl.). Neuwied: Luchterhand.

Schmitt Glaeser, W. (1978). Die Eltern als Fremde. DÖV, 629-635.

Schmitt-Kammler, A. (2003). Art. 6 GG. In M. Sachs (Hrsg.), Grundgesetzkommentar (3. Aufl.). München: Beck.

Schmittmann, M. & Lehmann, M. (1996). Blick nach Brüssel. AfP, 255-260.

Schneider, K.-H. (2002). Die Verankerung des Sports im Gemeinschaftsrecht. SpuRt, 137-141.

Schnorr, G. (1965). Öffentliches Vereinsrecht: Kommentar zum Vereinsgesetz. Köln u.a.: Heymann.

Schönke, A. & Schröder, H. (Hrsg.) (2001). Strafgesetzbuch: Kommentar (26. Aufl.). München: Beck.

Scholz, R. & Aulehner, J. (1996). Die „3 plus 2"-Regel und die Transferbestimmungen des Fußballsports im Lichte des europäischen Gemeinschaftsrechts. SpuRt, 44-47.

Schroeder, F.-C. (1972). Sport und Strafrecht. In ders. & H. Kaufmann (Hrsg.), Sport und Recht (S. 21-41). Berlin u.a.: Duncker & Humblot.

Schütz, H.-J. (1998). Cassis de Dijon, EuGH-Urteil vom 20.2.1979 = Slg. 1979 S. 649. Jura, 631-641.

Schulte, M. (1995). Schlichtes Verwaltungshandeln. Verfassungs- und verwaltungsrechtsdogmatische Strukturüberlegungen am Beispiel des Umweltrechts. Tübingen: Mohr Siebeck.

Schwarz, K.-A (1998). Neue Staatsziele in der Niedersächsischen Verfassung. NdsVBl., 225-229.

Schweitzer, M. & Hummer, W. (1996). Europarecht (5. Aufl.). Neuwied u.a.: Luchterhand.

Segerer, J. (1999). Wirkung der Grundrechte zwischen Sportlern, Sportvereinigungen und Staat. Bayreuth: Verl. P.C.O.

Seitel, P. (1999). Sportübertragungen im Fernsehen – Wettbewerbspolitik gegen Exklusivrechte. Wirtschaft und Wettbewerb, 7/8, 694-704.

Simeoni, E. (2003, 23. April). Alarmglocken schrillen wegen der Funkstille im Reitsport, Funktionäre versuchen sich im Spagat zwischen Tradition und Ökonomie/Ein Modus-Diktat soll Fernsehpräsenz bewirken. F.A.Z., S. 36.

Sommermann, K.-P. (1997). Staatsziele und Staatszielbestimmungen. Tübingen: Mohr Siebeck.

Spindler, G. & Härtel, I. (2002). Der Richtlinienvorschlag über Umwelthaftung, Europarechtliche Vorgaben für die Sanierung von „Neu"-Lasten. UPR, 241-249.

Springer, U. (1998). Die zentrale Vermarktung von Fernsehrechten im Ligasport nach deutschem und europäischem Kartellrecht unter besonderer Berücksichtigung des amerikanischen Antitrust-Rechts. WRP, 477-486.

Steiner, U. (1980). Amateurfußball und Grundrechte. In Das Recht des Fußballspielers, Schriftenreihe des Württembergischen Fußballverbandes, Heft Nr. 12. Stuttgart: Württembergischer Fußballverband.

Steiner, U. (1983). Staat, Sport und Verfassung. DÖV, 173-180.

Steiner, U. (1984). Verfassungsrechtliche Aspekte des Kinderhochleistungssports. In ders. (Hrsg.), Kinderhochleistungssport, Recht und Sport, Band 1 (S. 41-57). Heidelberg: Müller.

Steiner, U. (1991). Verfassungsfragen des Sports. NJW, 2729-2736.

Steiner, U. (1994). Der Sport auf dem Weg ins Verfassungsrecht, Sportförderung als Staatsziel. SpuRt, 2-5.

Steiner, U. (1995). Aktuelle Entwicklungen des Verhältnisses von Sport und Recht. BayVBl., 417-420.

Steiner, U. (2000, 25. April). Konsequente Bekämpfung, rechtsstaatliche Verfahren, angemessene Sanktionen. F.A.Z., S.12.

Stern, K. (1993). Verfassungsrechtliche und verfassungspolitische Grundfragen zur Aufnahme des Sports in die Verfassung des Landes Nordrhein-Westfalen. In B. Becker, H. P. Bull & O. Seewald (Hrsg.), Festschrift für Werner Thieme zum 70. Geburtstag (S. 269-285). Köln u.a.: Heymann.

Stern, K. (1972). Grundrechte der Sportler. In F.-C. Schroeder & H. Kaufmann (Hrsg.), Sport und Recht (S. 142-157). Berlin u.a.: Duncker & Humblot.

Stern, K. (1983). Menschenwürde als Wurzel der Menschen- und Grundrechte. In N. Achterberg (Hrsg.), Recht und Staat im sozialen Wandel: Festschrift für Hans Ulrich Scupin zum 80. Geburtstag (S. 627-642). Berlin: Duncker & Humblot.

Stern, K. (1980, 1984, 1988, 1994). Das Staatsrecht der Bundesrepublik Deutschland, Bd. II, Staatsorgane, Staatsfunktionen, Finanz- und Haushaltsverfassung, Notstandsverfassung, 1980; Band I, Grundbegriffe und Grundlagen des Staatsrechts, Strukturprinzipien der Verfassung (2. Aufl.), 1984; Band III, Allgemeine Lehren der Grundrechte, 1. Halbband, 1988; Band III, Allgemeine Lehren der Grundrechte, 2. Halbband (zus. mit Sachs), 1994. München: Beck.

Stettner, R. (1998). Art. 73. In H. Dreier (Hrsg.), Grundgesetz Kommentar, Band II (Art. 20-82). Tübingen: Mohr Siebeck.

Stober, R. (2001). Private Sicherheitsdienste als Dienstleister für die öffentliche Sicherheit?. ZRP, 260-266.

Stopper, M. (2000). Deutsche Rechtsprechung zu Transfer-Zahlungen seit „Bosman" – Übersicht und Kritik. SpuRt, 1-5.

Streinz, R. (1998). Die Auswirkungen der europäischen Gesetzgebung auf den Sport. In W. Tokarski (Hrsg.), EU-Recht und Sport (S. 14-69). Aachen: Meyer & Meyer.

Tettinger, P. J. (1987). Rechtsprobleme der Subventionierung des Sports. In ders. (Hrsg.), Subventionierung des Sports, Recht und Sport, Band 6 (S. 33-54). Heidelberg: Müller.

Tettinger, P. J. (1996a). Blutentnahme zum Zwecke der Dopinganalytik?, Verfassungsrechtliche Überlegungen zur Zulässigkeit einer Blutentnahme bei Leistungssportlern zum Nachweis von Dopingsubstanzen. In Bundesinstitut für Sportwissenschaft (Hrsg.), Blut und/oder Urin zur Dopingkontrolle (1. Aufl.) (S. 67-88). Schorndorf: Hofmann.

Tettinger, P. J. (1996b). Die rechtliche Ausgestaltung von Public Private Partnership. DÖV, 764 -770.

Tettinger, P. J. (1997). Sportliche Freizeitaktivitäten und Umweltschutz. SpuRt, 109-118.

Tettinger, P. J. (2000). Sport als Verfassungsthema, Die Rolle des Sports im deutschen Verfassungsrecht und innerhalb der gemeinsamen Werte der Europäischen Union. JZ, 1069-1076.

Tettinger, P. J. (2001). Sport als Verfassungsthema. In ders. (Hrsg.), Sport im Schnittfeld von europäischem Gemeinschaftsrecht und nationalem Recht. Bosmann – Bilanz und Perspektiven. Recht und Sport, Bd. 29 (S. 9-25). Stuttgart: Boorberg.

Tettinger, P. J. (2003). In M. Sachs (Hrsg.), Grundgesetz Kommentar (3. Aufl.). München: Beck.

Theisinger, T. (1987). Bootsvermietung an naturnahen Fließgewässern – Zur Rechtslage in Baden-Württemberg. ZfW, 137-143.

Thom, V. (1992). Sportförderung und Sportförderungsrecht als Staatsaufgabe. Frankfurt a.M. u.a.: Lang.

Tietje, C. (1999). Kurzberichterstattung im Fernsehen als Verfassungsproblem – BVerfGE 97, 228. JuS, 644-651.

Turner, G. (1991). Die Einwilligung des Sportlers zum Doping, Zur strafrechtlichen und zivilrechtlichen Problematik der Sittenwidrigkeit. NJW, 2943-2945.

Ukrow, J. (1998). Die Fortentwicklung des Rechts der Europäischen Union durch den Vertrag von Amsterdam. ZeuS, 141-170.

Ukrow, J. (2002). In C. Calliess & M. Ruffert (Hrsg.), Kommentar des Vertrags über die Europäische Union und des Vertrages zur Gründung der Europäischen Gemeinschaft – EUV / EGV (2. Aufl.). Neuwied: Luchterhand.

Vallendar, W. (1991). Die Betriebseinstellung – ein neuer Regelungstatbestand des BimSchG. UPR, 91-96.

Vieweg, K. (1983). Zur Einführung: Sport und Recht. JuS, 825-830.

Vieweg, K. (1991). Doping und Verbandsrecht. NJW, 1511-1516.

Walter, S. (1996). Das Vermieten von Booten an Wasserwanderer – Paradebeispiel für die Abgrenzung zwischen Gemeingebrauch und Sondernutzung im Wasserrecht. ZfW, 502-509.

Weiß, W. (1998). Transfersysteme und Ausländerklauseln unter dem Licht des EG-Kartellrechts. SpuRt, 97-103.

Wertenbruch, J. (1993). Die „Gewährleistungsansprüche" des übernehmenden Bundesligavereins bei Transfer eines nicht einsetzbaren DFB-Lizenzspielers. NJW, 179-184.

Westermann, H. P. (1972). Die Verbandsstrafgewalt und das allgemeine Recht: zugleich ein Beitrag zur juristischen Bewältigung des „Bundesliga-Skandals". Bielefeld: Gieseking.

Weyreuther, F. (1979). Ablösungsverträge, entgegenstehende Rechtsvorschriften und gesetzliche Verbote. In H. Ackermann, J. Albers & K. A. Bettermann, (Hrsg.), Aus dem Hamburger Rechtsleben: Walter Reimers zum 65. Geburtstag (S. 379- 396). Berlin: Duncker & Humblot.

Wiedemann, H. (1968). Richterliche Kontrolle privater Vereinsmacht. JZ, 219-221.

Wiedmann, G. (1990). Zuständigkeit der Länder für Entwicklungshilfe. DÖV, 688-694.

Wienholtz, E. (1984). Arbeit, Kultur und Umwelt als Gegenstände verfassungsrechtlicher Staatszielbestimmungen. AöR, 109, 532-554.

Winkelmann, C. & Wilken, T. (1998). Sportaktivitäten in Natur und Landschaft: rechtliche Grundlagen für Konfliktlösungen. Berlin: Erich Schmidt.

Wöhrle-Belz, W. (1982). Kommentar zum Baden-Württembergischen Polizeigesetz (3.Aufl.). Stuttgart u.a.: Boorberg.

Wolf, J. (2002). Umweltrecht. München: Beck.

Wolff, H. J., Bachof, O. & Stober, R. (1999). Verwaltungsrecht I (11. Aufl.). München: Beck.

Wolfrum, R. & Langenfeld, C. (1999). Umweltschutz durch internationales Haftungsrecht, Berichte des Umweltbundesamtes 7/98. Berlin: Schmidt.

Wollenschläger, M. & Schraml, A. (1996). Das Kreuz mit den Biergärten, Einige juristische Anmerkungen zu einem (nicht nur) politischen Thema. BayVBl., 161-165.

Wollschläger, C. (1977). Geschäftsführung ohne Auftrag im öffentlichen Recht und Erstattungsanspruch. Berlin: Duncker & Humblot.

Würtenberger, T. (1983). Erstattung von Polizeikosten. NVwZ, 192-199.

Würtenberger, T. (1991). Risiken des Sports – polizei- und ordnungsrechtliche Fragen. In ders. (Hrsg.), Risikosportarten, Recht und Sport, Band 14 (S. 31-43). Heidelberg: Müller.

Würtenberger, T. (2000). Polizei- und Ordnungsrecht. In N. Achterberg, & G. Püttner (Hrsg.), Besonderes Verwaltungsrecht II (2. Aufl.) (S. 381-534). Heidelberg: Müller.

Zacher, H. F. (1989). Elternrecht. In J. Isensee & P. Kirchhof (Hrsg.), Handbuch des Staatsrechts, Band VI, Freiheitsrechte (§ 134). Heidelberg: Müller.

Zimmermann, B. (2000). Förderung des Sports als Vorgabe des Landesverfassungsrechts zu Art. 18 Abs. 3 Verf. NW, Diss. Bochum: Brockmeyer.

Anhang

I Definition: Sportrecht

1. Der Begriff Sportrecht wird in doppelter Bedeutung verwendet:
(1) Zunächst umfasst er das gesamte staatliche Recht, das den Sport betrifft. Praktisch alle Teile des Rechts sind auch auf Erscheinungen des Sports anzuwenden. Besonders zu nennen sind
- aus dem öffentlichen Recht etwa das Sportförderungsrecht, das Baurecht, das Sozialrecht, das Nachbarrecht, das (Vereins-)Steuerrecht
- aus dem Zivilrecht das Vereins-, Vertrags- und Schadensrecht, das private Nachbarrecht,
- aus dem Strafrecht die Bestimmungen über Tötung und Körperverletzung sowie Betrug.

(2) Weiterhin wird auch das selbstgesetzte Recht des Sportes Sportrecht genannt. Es findet sich in Satzungen, Regelwerken usw. Der Sportverbände und der Sportvereine und regelt die Rechte und Pflichten der Mitglieder und der sonstigen der Verbandsgewalt Unterworfenen soweit die Durchsetzung der Pflichten durch Verbandsorgane und überhaupt die (verbandsmäßige) Sportausübung. Es gehört, soweit es überhaupt relevant im Sinne des staatlichen Rechts ist, zum Zivilrecht.
2. Die Problematik des Sportrechts besteht darin, dass einerseits das Verbandsrecht und vor allem die Entscheidungen von Verbandsorganen keinesfalls außerhalb der staatlichen Rechtsordnung in einem „rechtsfreien Raum" stehen. Vor der Professionalisierung des Sportes konnte man noch weitgehend davon ausgehen, dass das Verbandsrecht und die darauf basierenden Verbandsentscheidungen nicht in Rechtspositionen der Sportler eingreifen, sieht man einmal vom Haftungsrecht, bei dem schon immer das staatliche Recht die Grenzen gezogen hat. Das staatliche Recht konnte daher dem Sport früher weitgehende Autonomie zugestehen. Verbandsrecht und Verbandsentscheidungen greifen nun aber zunehmend in Persönlichkeitsrecht und vermögenswerte Rechte der Sportler ein, so dass der Staat durch seine Gerichte auf der Grundlage seines Rechts den Sportlern Rechtsschutz gewähren muss. Andererseits müssen die Besonderheiten des Sportes, die Typizität der einzelnen Sportarten, auch vom staatlichen Recht berücksichtigt werden, da sonst der Staat verbandsmäßig nicht mehr betrieben werden könnte; alle Sportler haben

aber ein (auch wirtschaftliches) Interesse an der Aufrechterhaltung des Sportbetriebes. Daher gewährt der Staat dem Sport das Recht, seine Angelegenheiten im Rahmen des staatlichen Rechts selbst zu regeln. So sind etwa – vor allem bei Kampfsportarten – typische Körperverletzungen von der staatlichen Rechtsordnung hinzunehmen und führen daher nicht zu Schadensersatzansprüchen; das gleiche gilt für Schiedsrichterentscheidungen oder die zeitweise Sperre eines Berufsportlers wegen Verstoßes gegen das Regelwerk., die beide rechtlich einen Eingriff in vermögenswerte Positionen darstellen können. Die entscheidende Abgrenzung für die Pflicht und die Befugnis des staatlichen Rechts, in die inneren Belange des Sports einzugreifen, liegt also darin, unter Beachtung des Sport-typischen einer jeden Sportart, die Rechte der beteiligten zu schützen. Die Grenzziehung zwischen Autonomie des Sports und staatlichem Recht gehört zu den schwierigen Problemen des Sportrechts (z.B. Vereinstrafe). Soweit der Sport mit dritten Personen in Berührung kommt, die weder vereinsrechtlich noch vertraglich an das Verbundsrecht gebunden sind, gilt allein das allgemeine staatliche Recht.

Aus: Pfister, B. & Steiner, U. (1995), Sportrecht von A–Z, Vereine und Verbände, Sportanlagen, Arbeitsrecht und Besteuerung, Unfallhaftung, Sponsoring, Gerichtsbarkeit, München: dtv

II Informationsnetzwerk

1 Zeitschriften

Zeitschrift für Sport und Recht (SpuRt), München: Beck.
The International Sports Law Journal, Zweimonatsschrift der Sports Lawyers Association.
Entertainment and Sports Law, Vierteljahresschrift der American Bar Association.

2 Schriftenreihen

Schriftenreihe des Württembergischen Fußballverbands e.V., herausgegeben vom Württembergischen Fußballverband.

Schriftenreihe Recht und Sport, herausgegeben vom Konstanzer Arbeitskreis für Sportrecht e.V., Stuttgart u.a.: Boorberg (ursprünglich: Heidelberg: C.F. Müller).

Beiträge zum Sportrecht, Berlin: Duncker & Humblot.

3 Enzyklopädien/Nachschlagewerke

Pfister, B. & Steiner, U. (1995), Sportrecht von A – Z, Vereine und Verbände, Sportanlagen, Arbeitsrecht und Besteuerung, Unfallhaftung, Sponsoring, Gerichtsbarkeit, München: dtv.

4 Handbücher

Fritzweiler, J., Pfister, B. & Summerer T. (1998), Praxishandbuch Sportrecht, München: Beck.

Krogmann, M. (2001), Sport und Europarecht, Baden-Baden: nomos.

Partikel, Andrea M. (2000), Formularbuch für Sportverträge, München: Beck.

Scherrer, U. & DelFabro, M. (2002), Freizügigkeit im europäischen Sport: orrel füsli.

5 Homepages

http://www.sportrecht.org/; Portal für Interessierte des Sportrechts mit Hinweisen auf Publikationen, Datenbanken usw.

http://www.sportrecht-dar,de/; Homepage der Arbeitsgemeinschaft Sportrecht des Deutschen Anwaltsvereins mit Hinweisen auf Veranstaltungen, Datenbanken usw.

http://www.sportrecht.de; Portal zur Information über alle rechtlichen Vorgänge im Sport (Anwälte, Literatur u.a.)

http://www.tas-cas.org/; Homepage des Internationalen Sportschiedsgerichtshofes des IOC in Lausanne mit Hinweisen auf Regelwerke, Entscheidungen usw.

III   Organisationsnetzwerk

Deutscher Sport Bund (DSB), Otto-Fleck-Schneise 12, 60528 Frankfurt am Main.

Nationales Olympisches Komitee (NOK), Otto-Fleck-Schneise 12, 60528 Frankfurt am Main.

Internationale und Nationale Fachverbände, siehe unter www.sportrecht.org.

Nationale Anti Doping Agentur Deutschland (NADA), Heussallee 38, 53113 Bonn.

International Olympic Committee (IOC), Château de Vidy, 1007 Lausanne, Schweiz.

World-Anti-Doping Agency (WADA) Stock Exchange Tower, 800 Place Victoria (Suite 1700), P.O. Box 120, Montreal (Quebec) H4Z1B7, Canada (headquarter).

Tribunal Arbitral Du Sport, Avenue de l'Elysée 28, CH-1006, Lausanne, Schweiz.

Beiträge zur Lehre und Forschung im Sport

DIN A5, 260 Seiten
ISBN 3-7780-1921-X
Bestell-Nr. 1921 € 19.90

Prof. Dr. Robert Prohl / Prof. Dr. Harald Lange (Hrsg.)

Pädagogik des Leistungssports

Grundlagen und Facetten

Der vorliegende Überblicksband stellt den Versuch dar, einen Dialog zwischen der Sportpädagogik und den mit Problemen des Leistungssports befassten wissenschaftlichen Disziplinen einzuleiten. Dieses ebenso schwierige wie fruchtbare Spannungsfeld zwischen Sportpädagogik und Leistungssport zu kultivieren ist die Herausforderung, der sich die Autoren dieses Überblicksbandes gestellt haben. Dabei wird das eingangs konstatierte Neben- und gar Gegeneinander insofern aufgehoben, als in jedem der Beiträge der Versuch unternommen wird, Training und Wettkampf im Leistungssport hinsichtlich möglicher Bildungspotentiale zu untersuchen bzw. Möglichkeiten (und Grenzen) pädagogischen Handelns aufzuzeigen. Dementsprechend ist der Band in zwei Teile untergliedert, in denen einerseits wesentliche Grundlagen und andererseits wichtige Facetten einer Trainings- und Wettkampfpädagogik des Leistungssports erörtert werden.

DIN A5, 194 Seiten
ISBN 3-7780-1931-7
Bestell-Nr. 1931 € 19.90

Wuppertaler Arbeitsgruppe

Schulsport in den Klassen 5-10

Schulsport in den Klassen 5-10 ist das Kernstück und die Gelenkstelle unseres Faches. Daraus erwachsen besondere pädagogische Herausforderungen, die sich auf Grund des erzieherischen Anspruches und der inhaltlichen Vielfalt, der schulischen Differenzierung und der personellen Heterogenität noch verstärken. Mit dem vorliegenden Sammelband wird die Tradition stufendidaktischer Argumentationslinien erneuert und Schulsport in der Sekundarstufe I umfassend reflektiert. Die Wuppertaler Arbeitsgruppe entfaltet didaktisch-methodische Grundlagen und liefert viele praktische Anregungen für den Schulsport 5-10. In 14 Kapiteln werden zentrale Themen wie Entwicklungsaufgaben und heterogene Schülervoraussetzungen, Alltagsprobleme und Koedukation, Trendsport und Schülerunlust behandelt sowie Unterrichtsvorhaben, Materialien und Praxisbeispiele vorgestellt.

Steinwasenstraße 6-8, 73614 Schorndorf
Telefon (07181) 402-125, Telefax (07181) 402-111
Internet: www.hofmann-verlag.de · E-Mail: bestellung@hofmann-verlag.de